高职高专汽车类专业课改系列教材

汽车电气设备与维修

（第二版）

吴　涛　主编

张琴友　主审

本书有配套的工作页

西安电子科技大学出版社

内 容 简 介

本书根据高等职业教育的特点，以汽车电气系统常见的故障检修为线索，对汽车电气系统的教学内容进行了有机整合。全书主要内容包括汽车电气电路基础及系统认知、汽车蓄电池的检测与充电、交流发电机及调节器的检修、启动系统的检修、点火系统的检修、汽车照明与信号系统的检修、汽车仪表与报警信息系统的检修、汽车辅助电器设备的检修、汽车空调系统的检修、汽车电路图识读与电路分析 10 个项目。在阐述汽车电气系统基本结构和原理的同时，重点介绍了汽车电气系统维修检测、故障诊断与分析的方法。各项目前后分别配有学习目标和项目小结，以便读者更好地理解与掌握学习内容。

本书可作为高职高专汽车类专业的教材，适合汽车运用技术、汽车检测与维修、汽车电子技术、汽车制造与装配技术等相关专业师生使用，也可供从事汽车运输管理、汽车维修管理的工程技术人员以及汽车电工、汽车维修工、汽车驾驶员等参考。

★本书配有电子教案，需要者可登录出版社网站下载。

图书在版编目(CIP)数据

汽车电气设备与维修/吴涛主编. —2 版. —西安：西安电子科技大学出版社，2012.6
(2025.7 重印)
ISBN 978-7-5606-2785-4

Ⅰ. ①汽…　Ⅱ. ①吴…　Ⅲ. ①汽车—电气设备—车辆修理—高等职业教育—教材
Ⅳ. ①U472.41

中国版本图书馆 CIP 数据核字(2012)第 064991 号

策　　划　马晓娟
责任编辑　马晓娟
出版发行　西安电子科技大学出版社(西安市太白南路 2 号)
电　　话　(029)88202421　88201467　　邮　　编　710071
网　　址　www.xduph.com　　电子邮箱　xdupfxb001@163.com
经　　销　新华书店
印刷单位　西安日报社印务中心
版　　次　2012 年 6 月第 2 版　　2025 年 7 月第 8 次印刷
开　　本　787 毫米×1092 毫米　1/16　印　张　20
字　　数　473 千字
定　　价　34.00 元
ISBN 978-7-5606-2785-4
XDUP　3077002-8

前 言

随着我国汽车工业的迅速发展，汽车保有量大幅增加，汽车已成为人们生产和生活的重要工具。汽车技术的不断更新，对汽车维修行业从业人员的数量和素质提出了更高的要求。

“汽车电气设备与维修”是高职高专院校汽车类专业的核心课程，为了使学生在掌握相关理论知识的同时，能够熟练地对汽车电气系统的故障进行检测、诊断与维修，我们重新整合了“汽车电气设备与维修”课程的内容。

本书按照汽车运用与维修类专业领域高素质技能型人才培养的目标要求，采用项目式教学的思路编写；在内容编排上，以工作过程为导向，以汽车电气系统故障检修为主线，将教材内容分为10个项目，每个项目又分解为多个学习任务；按照工作过程组织学习任务，每个学习任务既有知识学习，又有技能操作，将工作过程系统化，体现培养综合职业能力为目标的原则。

本书主要内容包括：汽车电气电路基础及系统认知、汽车蓄电池的检测与充电、交流发电机及调节器的检修、启动系统的检修、点火系统的检修、汽车照明与信号系统的检修、汽车仪表与报警信息系统的检修、汽车辅助电器设备的检修、汽车空调系统的检修、汽车电路图识读与电路分析。各项目均给出了学习目标，指出了学习的方向；各工作任务中对任务进行了描述和分析，列出了任务实施过程；各项目进行了项目小结，并留有练习与思考，便于师生检查和总结。

本书由浙江交通职业技术学院吴涛主编，浙江交通职业技术学院的詹远武、刘美灵、颜文华、周志国承担了部分项目的编写工作，全书由张琴友主审。在本书编写过程中，浙江水利水电专科学校高照亮、浙江全通汽车维修有限公司高华、浙江中通物业发展有限公司汽车分公司程龙江、新疆交通职业技术学院吴民和苟春梅等在资料收集、整理和技术支持方面做了大量工作，在此致以诚挚的谢意！

本书在编写过程中，得到了许多专家和同行的热情支持，并参阅了许多国内外公开出版和发表的文献，在此一并表示感谢。

限于编者的经历及水平，书中内容难以覆盖全国各地的实际情况，也难免有不妥之处，恳请读者提出宝贵意见。

编 者

2012年2月

第一版前言

本书是在中国高等职业技术教育研究会的指导下，根据高职高专教育人才培养目标，针对汽车运用与维修等相关专业对汽车电气设备与检修技术的需求，结合当今汽车电气设备的发展情况，精选教学内容而编写的。“汽车电气设备与维修”是汽车类专业的一门主干专业课。通过本课程的学习，可使学生掌握常用汽车电气设备的构造及工作原理，培养学生的汽车电气系统及零部件拆装、检测、维修、试验的实际技能和对故障诊断的能力，增强学生读识汽车电气系统电路图的能力。

本书内容详实，前 7 章主要介绍了汽车电气设备的结构、工作原理及其使用和维修方法；第 8、9 章通过对汽车电路系统的介绍和典型车系电路的分析，使学生对学习的知识能够灵活贯通。每章都有学习目标、实训和小结，并留有复习与思考题，便于学生掌握所学知识。

本书采用模块式教学，课程教学内容分为理论基础模块和实践教学模块，充分注重理论和实际相结合，增强针对性和实用性，使学生在学完知识后便能快速上手。另外，由于采用模块式教学，各单元章节既相对独立，又通过系统分析联系起来，不仅便于教学，也便于学生灵活掌握。

本书理论联系实际，理论以够用为主，以解决实际问题为目标，通过实践环节，使学生达到本课程的学习目标。

本书图文并茂，力求以较多的图形说明，来达到直观、简练、易懂的目的，既便于教师授课讲解，也便于读者自学。

本书由浙江交通职业技术学院吴涛主编，长安大学吴克刚主审。在编写过程中，得到了浙江交通职业技术学院刘美灵、张琴友、詹元武和颜文华等老师的大力帮助，还得到了许多专家和同行的热情支持，在此一并致谢。在编写过程中，编者参阅了许多国内外公开出版和发表的文献，在此对这些文献的作者也表示感谢。

由于编者水平有限，书中难免存在缺点和不足之处，恳请广大读者批评指正。

编　者

2006 年 5 月

目　　录

项目一　汽车电气电路基础及系统认知

【学习目标】

(1) 熟悉汽车电气设备的组成和特点。
(2) 掌握常用的汽车电气与电路故障诊断方法。
(3) 能正确认识汽车上的常用电气设备。
(4) 能熟练使用汽车电气设备中常用的检测仪表和工具。
(5) 掌握汽车电器电路故障诊断的一般思路及方法。
(6) 能进行汽车电路基本故障的诊断与检测。

任务1　汽车电气系统的认识

【任务描述与解析】

通过对某汽车电气系统的学习，能说出各系统的主要功能，各系统组成元件的名称、位置；能根据电路图说出电路的连接关系；能正确进行各电气系统的操作。

本任务的目的是使学习者了解汽车电气系统的特点及组成，能够在汽车上找出各系统的主要组成元件，并进一步认识汽车电气各系统元件的连接关系。

【相关知识】

一、汽车电气系统的发展状况

汽车的发展给人类生活以及整个世界都带来了巨大的变化。早期汽车的发展是以机械设备为主，电气设备在汽车上的应用较少，只是一些必备的电源和用电设备。

随着人们对汽车在速度、灵活性、专用性、可靠性、自动化程度、安全性、经济性、排放量等方面要求的提高以及电子工业，特别是大规模集成电路和计算机技术的飞速发展，汽车电气设备发生了巨大的变化，电子装置和微机控制技术开始大量应用。各系统部分在结构方面向轻量化、小型化方向发展，在性能方面向免维护(或少维护)、长寿命、高可靠性方向发展。

汽车电子技术发展大体可分为四个阶段。

第一阶段：20世纪50年代初到70年代初，主要是开发分立元件和集成电路组成的汽车电子产品，应用电子装置代替传统的机械部件，如集成电路调节器、电子点火器等。

第二阶段：20世纪70年代中期到80年代中期，主要是发展专用的独立系统，电子装置被应用在某些机械装置无法解决的复杂控制方面，如电子控制汽油喷射系统、制动防抱死系统等。

第三阶段：20世纪80年代中期到90年代中期，主要是开发可完成各种功能的综合系统及各种车辆整体系统的微机控制，汽车上的电子装置不仅能自动承担基本控制任务，而且还能处理外部和内部的各种信息，如集发动机控制、自动变速器控制为一体的动力传动控制和制动防抱死/防滑控制等。

第四阶段：20 世纪 90 年代中期开始至今，主要是研究发展车辆的智能控制技术，模拟人的思维和行为对车辆进行控制，如汽车自动驾驶、汽车自动导航等。

今后，汽车电子技术将集中围绕如下几个方面发展：① 满足用户需求，大幅度提高汽车的性能，使之更灵活、方便、安全、可靠；② 满足社会需求，保护环境，节约能源，节约资源；③ 实现包括道路在内的交通系统智能化，将汽车和人有机地连接起来。

进入 21 世纪以来，汽车与社会连接方面获得较大的进展，包括广泛使用蜂窝电话、全球定位系统(GPS)、蓝牙技术，以及采用车载网络来集成所有汽车部件的电子控制模块，使整个系统具有资源共享、故障诊断和自修复功能。随着科技的发展，汽车电气设备会越来越复杂。机电一体化、高性能、智能化已成为汽车电气设备发展的必然趋势。

二、汽车电气系统的组成与特点

1．汽车电气设备的组成

现代汽车的电气设备种类和数量很多，但总的来说，大致可以分为三大部分，即电源、用电设备、全车电路及配电装置。图 1.1 所示是广州本田雅阁轿车点烟器系统电路，由电源、用电设备和中间装置组成。

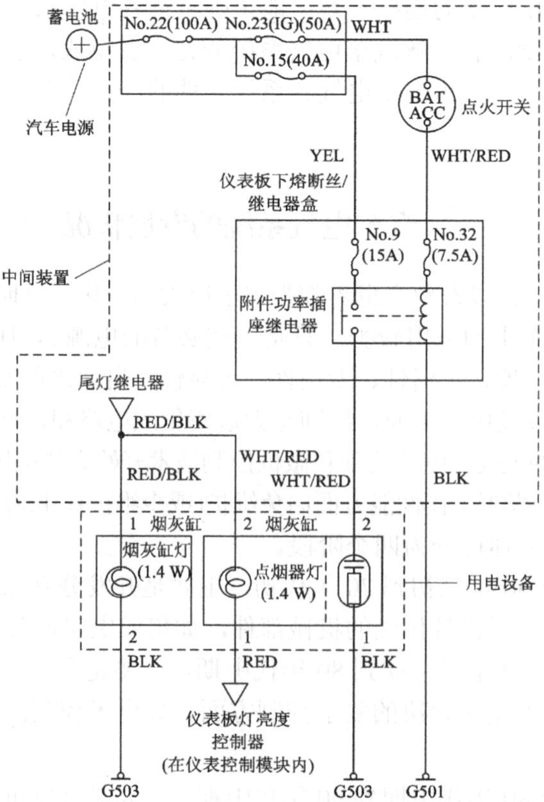

图 1.1　广州本田雅阁轿车点烟器系统电路

任何电气设备和电控装置要想获得电源供应，中间装置的连接必不可少。常见的连接装置有汽车线束、开关装置、保险装置、继电器、连接端子和连接器，这些中间装置的选用和装配直接影响到用电设备的运行状况。

1) 电源

汽车电源有两个：蓄电池和发电机。发动机启动时，由蓄电池供电；发动机达到某一转速后，由发电机供电。在发电机向用电设备供电的同时，也给蓄电池充电。发电机供电时要采用调节器来保持其输出电压的稳定。

2) 用电设备

用电设备包括以下内容：

(1) 启动系统。启动系统主要包括启动机及其控制电路，其作用是启动发动机。

(2) 点火系统。点火系统用于产生电火花，点燃汽油机中的可燃混合气体。它主要包括点火线圈、点火器、火花塞等。

(3) 照明系统。照明系统包括车外和车内的照明灯具，用于提供车辆安全行驶的必要照明。

(4) 信号装置。信号装置包括音响信号和灯光信号两类，用于提供行车所必需的信号。

(5) 仪表与报警装置。仪表与报警装置用于监测发动机及汽车的工作情况，使驾驶员能够及时监视发动机和汽车运行的各种参数及异常情况，确保汽车正常运行。它包括车速里程表、发动机转速表、冷却液温度表、燃油表、机油压力表和各种报警灯等。

(6) 辅助电气设备。辅助电气设备包括风窗电动刮水器、风窗洗涤器、空调系统、汽车视听设备、车窗玻璃电动升降器、电动座椅、电动天窗、电动后视镜等。车用辅助电气设备有日益增多的趋势，主要向舒适、娱乐、安全保障等方面发展。

(7) 汽车电子控制系统。汽车电子控制系统主要是指利用微机控制的各个系统。

发动机的微机控制主要有汽油喷射发动机集中控制系统和电控柴油喷射系统。

底盘电子控制系统用于提高汽车的舒适性、安全性和动力性，主要有电控自动变速器、电控悬架、制动防抱死/防滑控制系统(ABS/ASR)、电控动力转向、牵引力控制、巡航控制等。

车身电子控制系统包括汽车安全性、舒适性控制和信息通信系统，主要有安全气囊、安全带、中央防盗门锁、全自动空调、多功能电动座椅、多媒体界面、电动车窗和满足多种用电设备需求的新型电源管理系统，还有导航系统、车载网络系统、状态监测与故障诊断系统等。

随着汽车电子技术的不断发展，将有越来越多的电子设备应用在汽车上，以提高汽车的安全性、舒适性和方便性。

3) 全车电路及配电装置

全车电路及配电装置包括中央接线盒、保险装置、继电器、电气线束及插接件、电路开关等，它们使全车电路构成一个统一的整体。

2．汽车电气设备的特点

汽车电气设备与普通电气设备相比有如下五个特点。

1) 采用两个电源

汽车采用蓄电池和发电机两个电源，各用电设备均与蓄电池、发电机并联。发电机为主电源，可提供汽车运行时各用电设备的用电；蓄电池为辅助电源，主要供启动时用电。

2) 采用低压直流电

蓄电池作为汽车上的电源之一，始终是直流电供电，主要用于发动机启动。当蓄电池放电完毕后必须由直流电源对其进行充电，因此，汽车上的发电机也必须输出直流电。

汽车电气系统的额定电压主要有12 V和24 V两种。目前汽油机普遍采用12 V电源，重型柴油车多采用24 V电源。汽车运行中的电压，一般12 V系统的为14 V左右，24 V系统的为28 V左右。

随着汽车上电气设备的增多，电气负荷越来越大，要求汽车上采用能量大、体积小的电源。目前，已有汽车公司在研究使用36 V/42 V新型电源的课题。通用、宝马、大众、雷诺等世界各大汽车公司正在积极研究新型的双电压(14 V/42 V)供电系统在汽车上的应用。采用14 V/42 V系统取代现有的12 V/14 V系统，其最大的优势在于：新的供电系统与传统供电系统具有完全的兼容性，针对车内不同电气设备，对需要大功率的设备，提高额定电压值，可大大降低额定电流，有利于由功率半导体器件构成的控制装置的小型化，并提高其集成度。

3) 采用单线制

单线连接是汽车电路的特殊性，它是指汽车上所有电气设备的正极均用导线相互连接，而所有的负极则直接或间接通过导线与车架或车身金属部分相连，即搭铁。任何一个电路中的电流都是从电源的正极出发，经导线流入用电设备后，再由电气设备自身或负极导线搭铁，并通过车架或车身金属流至电源负极而形成回路。采用单线制有导线用量少、线路清晰、接线方便等优点，因此现代汽车普遍采用单线制，但在一些不能形成可靠的电气回路或需要精确电子信号的回路中仍然采用双线。

4) 采用负极搭铁

采用单线制时蓄电池的负极接车架或车身金属称为负极搭铁(蓄电池的正极接车架或车身金属称为正极搭铁)。如果单纯从构成电流回路来说，电气系统的正极或负极均可作为搭铁极，但按照国际通行的做法和我国国家标准GB 2261—1971《汽车、拖拉机用电设备技术条件》的规定，汽车电气系统为负极搭铁。负极搭铁能减少蓄电池电缆铜端子在车架车身连接处的电化学腐蚀，对无线电干扰小，可提高搭铁的可靠性。

5) 采用并联连接

汽车上的两个电源(蓄电池与发电机)之间以及所有用电设备之间，都是正极接正极，负极接负极，并联连接。

【任务实施】

汽车电气系统认识

能说出电源系统、启动系统、点火系统、照明系统、信号系统、仪表系统、辅助电器系统的组成、功能及各元件在汽车上的安装位置，能认识继电器、熔断器等中间装置。

任务 2　汽车电气系统故障诊断与基本检测工具的使用

【任务描述与解析】

某汽车电路系统存在电路故障，请制定汽车电路故障诊断的流程；对汽车电路故障进行检测，找出故障点，指出电路故障的类型与特点。

现代汽车技术中电子技术的广泛应用，使得汽车电气系统越来越复杂。只有充分理解现代汽车电路特点，合理使用各种汽车电气故障诊断方法，才能有效地进行汽车电气系统的故障诊断和维修。

本任务的目的是使学习者认识汽车电路故障的基本类型与特点；学习汽车电路常用检测仪器的正确使用方法；掌握汽车电路检测的基本方法；掌握汽车电路诊断的一般程序及注意事项。

【相关知识】

一、汽车电气系统故障的基本诊断方法

1．汽车电气系统故障常用诊断与检修的一般流程

汽车电气系统的故障总体上可分为两大类：一类是电气设备故障；另一类是线路故障。

汽车电气系统故障诊断的一般流程如图 1.2 所示。首先验证用户所反映的情况，在动手拆检之前，尽量缩小故障产生的范围。通过分析电路原理图，弄清楚电路的工作原理，对问题做出推断。重点检查问题集中的线路或部件。在进行诊断与检修中，可采用直观诊断法、断路法、试灯法和仪表法等常用检修方法。

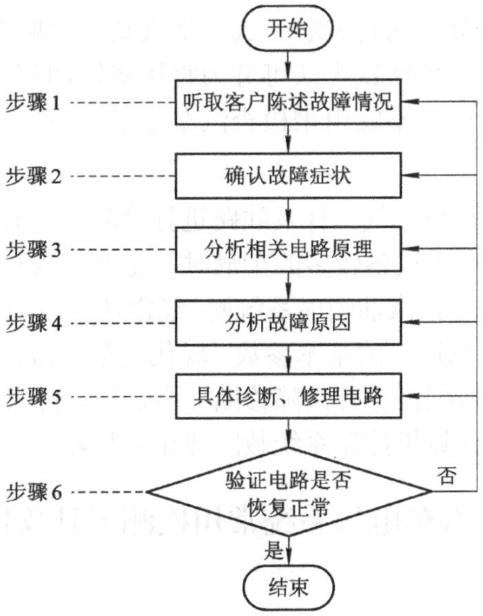

图 1.2　汽车电气系统故障诊断的一般流程

2. 汽车电气系统故障常用诊断与检修的方法

1) 直观诊断法

当汽车电气系统的某个部分发生故障时，会出现冒烟、火花、异响、焦臭、高温等异常现象。通过人体的感觉器官，采用听、摸、闻、看等方式对汽车电器进行直观检查，进而判断出故障的所在部位，从而大大地提高检修速度。

2) 断路法

汽车电路设备发生搭铁(短路)故障时，可用断路法判断，即将怀疑有搭铁故障的电路段断路后，根据电器设备中搭铁故障是否还存在来判断电路搭铁的部位和原因。

3) 短路法

汽车电路中出现断路故障，还可以用短路法判断，即将被怀疑有断路故障的电路短接，观察仪表指针的变化或电器设备工作状况，判断该电路中是否存在断路故障。

4) 试灯法

试灯法就是用一只汽车用灯泡作为试灯，检查电路中有无断路故障。使用临时试灯法应注意试灯的功率不要太大，在测试电子控制器的控制(输出)端子是否有输出及是否有足够的输出时尤其要慎重，防止使控制器超载损坏。

5) 仪表法

观察汽车仪表板上的电流表、水温表、燃油表、机油压力表等的指示情况，判断电路中有无故障。例如，发动机冷态，接通点火开关时，水温表指示满刻度位置不动，说明水温表传感器有故障或该线路有搭铁。

6) 机件更换法

对于难于诊断且涉及面大的故障，可采用更换机件的方法来确定或缩小故障范围。

7) 低压搭铁刮火法

刮火法又称试火法，通常应用于判断线束或导线有无开路。可以拆下用电设备接线的某一线端，用其对汽车的金属部分(搭铁)碰试产生火花来判断故障。这种方法比较简单，是汽车电工经常使用的方法。搭铁试火法可分为直接搭铁和间接搭铁两种。

特别值得注意的是，试火法不宜用来检查汽车电子电路，以免损坏电子元件器材。

8) 仪器法

可以利用万用表等仪表，对电气元件及线路进行检测。随着汽车电气设备的日趋复杂，在维修中，特别是维修装置电子设备较多的车辆时，使用一些专用的仪器是十分必要的。例如，维修奥迪、桑塔纳轿车的电控汽油喷射系统时，经常使用故障诊断仪 V.A.G 1551 或 V.A.G 1552 来读取故障码和发动机怠速时的基本参数。现代汽车上微计算机控制系统越来越多，利用故障诊断仪读取故障码和数据流进行故障诊断非常快捷，能有效地缩小故障范围，甚至能直接完成故障定位。对于微计算机控制系统故障或相关故障，应优先采用故障诊断仪。

二、汽车电气系统常用检测工具及仪器

1. 跨接线

跨接线就是一段多股测试导线，两端分别接有鳄鱼夹或不同形式的插头。跨接线的常

见形式和应用示例如图 1.3 所示。

切勿将跨接线直接跨接在蓄电池的两端或蓄电池正极和搭铁之间！

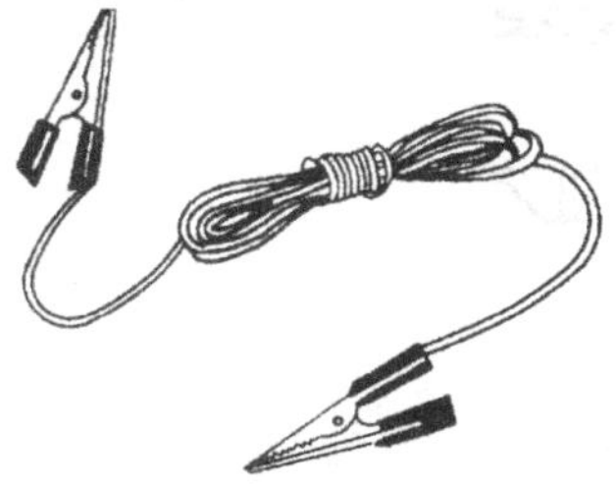

(a) 常见形式

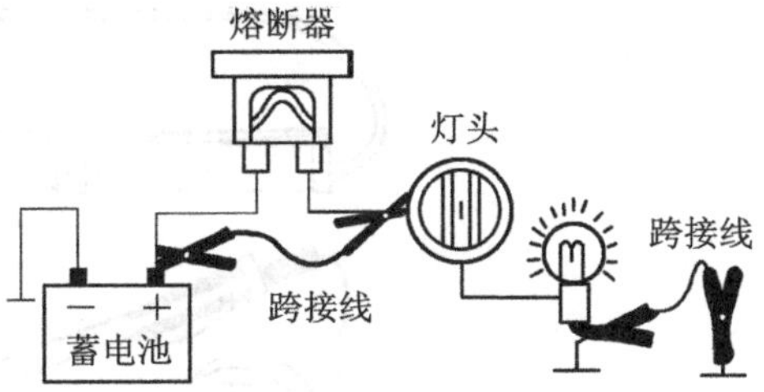

(b) 应用示例

图 1.3　跨接线

2. 汽车专用测试灯

汽车专用测试灯主要用于汽车线路故障的检查，可根据测试灯的亮灭及不同的明暗程度来判断汽车线路有无断路、短路或搭铁故障。汽车专用测试灯有无源测试灯和自带电源测试灯两种。

1) 无源测试灯

无源测试灯由灯泡、导线和各种型号的插头组成，如图 1.4 所示。

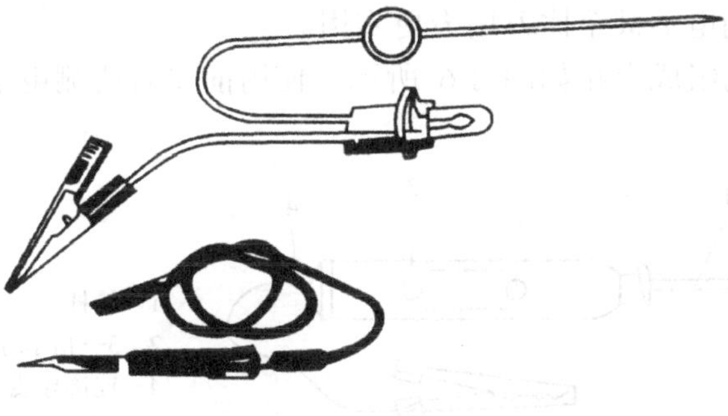

图 1.4　无源测试灯

无源测试灯可以用来检查电源电路各线端是否有电源。使用时，将测试灯一端搭铁，另一端接电气部件的电线路接点。如果灯亮，则说明电气部件的电源电路无故障；如果灯不亮，则顺电源方向找出第二接点测接。如果灯亮，则电路在第二接点与电源接头间有断路故障；如果灯仍不亮，则再顺电源方向测接第三接点……直到灯亮为止。故障一般在最后一个被测接点与上一个被测接点间的电路上，大多为断路故障。

2) 自带电源测试灯

自带电源测试灯如图 1.5 所示，它可用来检查电气电路断路和短路故障。不能用自带电源测试灯测试带电电路，否则会损坏测试灯。

采用测试灯进行断路检测时，应首先断开与电气部件相连接的电源线路，再将测试灯一端搭铁，另一端从电路首端开始依次连接电路各个接点。如果不亮，则断路点在被测点与搭铁之间；如果测试灯亮，则说明断路出现在该被测点与上一个被测点之间。短路检测时，应首先断开与电气部件相连接的电源线和搭铁线，再使测试灯一端搭铁，一端与余下的电气部件电路相连接。若测试灯亮，则表示有短路(搭铁)故障，然后依次断开电路中的接插件，将开关打开，拆除部件等，一直到测试灯熄灭为止。

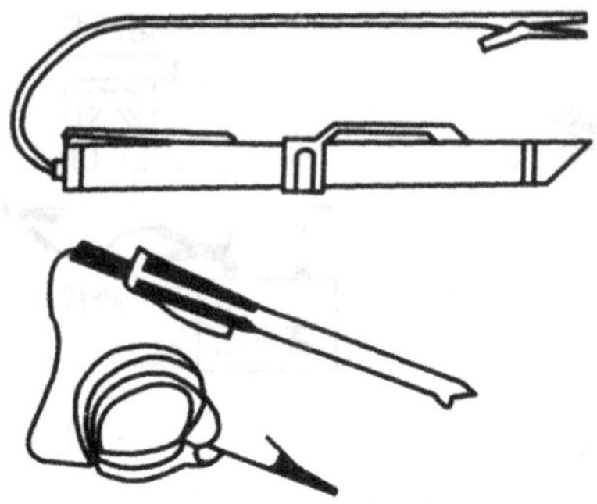

图 1.5 自带电源测试灯

测试灯不可用来测试和检查汽车发动机的微机控制系统，除非在维修手册中有特殊说明。

3. 汽车专用测电笔

汽车专用测电笔是汽车电工专用的一种检测工具。12 V 汽车测电笔不但可以测试全车电路，而且可以很直观地根据测电笔的灯光指示，判断汽车电源系统各个部件的工作状况；5 V 汽车测电笔还可以检测电控汽车的电脑输出正极端和相关用电器，并能进行故障检查。在这方面，汽车专用测电笔甚至比万用表更实用。

汽车专用测电笔的组成电路如图 1.6 所示，使用前要看清测电笔的量程范围，禁止超出其量程范围使用。

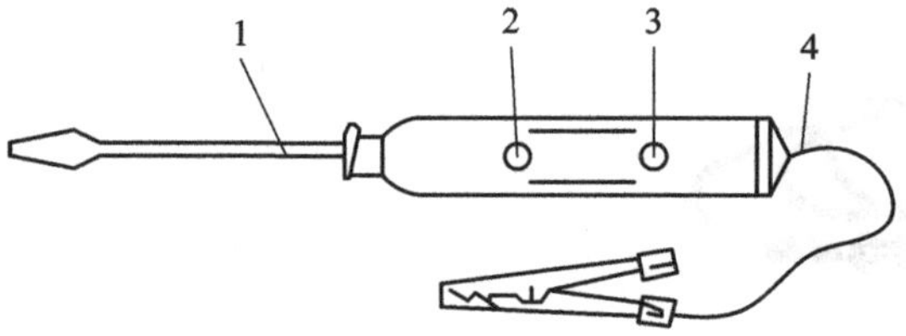

1—量杆；
2、3—指示灯(发光二极管)；
4—连接导线

图 1.6 汽车专用测电笔

4. 万用表

万用表是一种测量电压、电流和电阻等参数的仪表，是汽车电工在汽车维修过程中的必备仪表。常用的万用表有指针式和数字式两种。

1) 指针式万用表

指针式万用表是一种多功能仪表，一般都可用来测量直流电压、直流电流、交流电压、静态电阻等，有的还能测量交流电流、电容量、电感量以及晶体管的某些参数。目前，汽车电路绝大部分采用晶体管电路，当检测这些电路时，要用 10 MΩ 或更大阻抗的仪表，另外要确认被测电路的电压已经断开。

2) 汽车专用数字式万用表

汽车专用数字式万用表其外形与通用数字式万用表几乎没有区别，只是增加了几个汽车专用项目的测试功能，可以用来测量交流/直流电压及电流、电阻、频率、闭合角、转速等。为了实现某些功能，汽车专用数字式万用表还配有一套附件，如热电偶适配器、电流感应夹等，如图 1.7 所示。

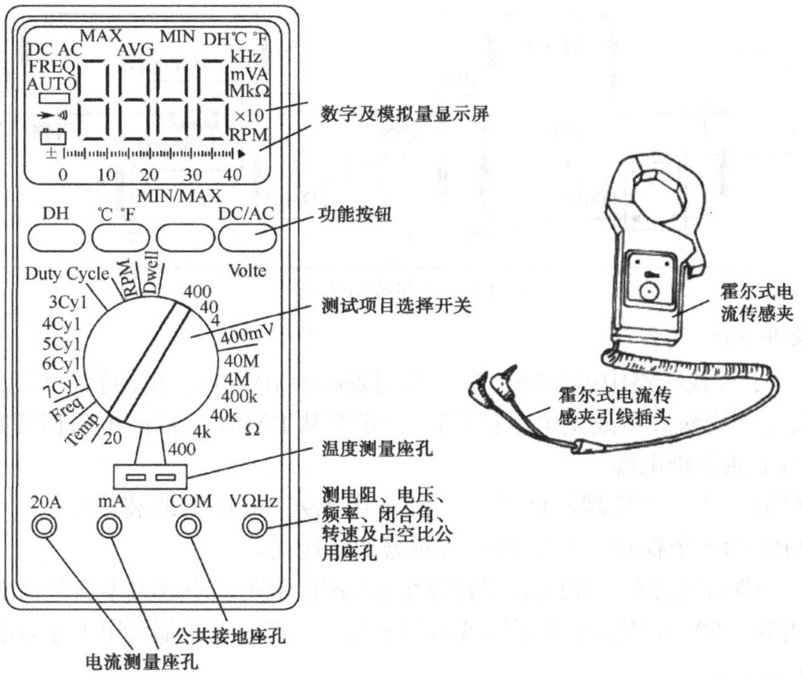

图 1.7　汽车专用数字式万用表

5．汽车示波器

汽车示波器可以将电压的任何变化以曲线的形式在显示器上显示出来。以 SPX OTC 公司的 3850 四通道专用示波器为例，如图 1.8 所示，该示波器模块有一个接地端口和四个测试端口，可作为万用表和示波器使用。它同时配备有专用的测试导线和适配接头，可同时测量传感器、控制电路和点火系统等方面的数据。

图 1.8　SPX OTC3850 四通道专用示波器

各公司生产的示波器外形和功能操作都不相同，具体可参看随机使用说明。

【任务实施】

一、汽车电气线路检查

汽车电路常见的故障有开路(断路)、短路、搭铁和接触不良。本任务的目的是通过汽车专用测试灯、万用表等熟悉电气线路的检查方法。

1．开路故障

电路中某一部分不导通时，即为开路。可以通过线路导通检查方法或电压检查方法来判断线路中的“开路”。图 1.9 可帮助理解开路的诊断方法。

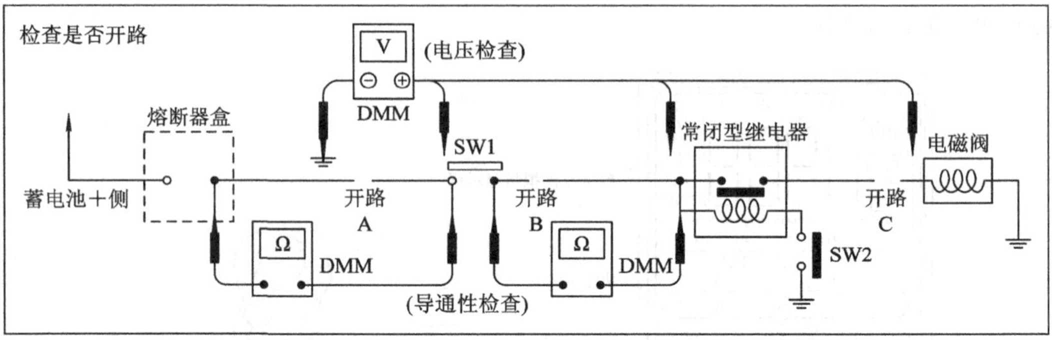

图 1.9 开路故障检查

1) 导通检查方法

导通检查用于查找线路中的开路。数字万用表(DMM)设定在电阻挡，如果读数超过量程则表示开路(无“滴滴”声或无电阻符号)。一定要从 DMM 的最高电阻挡开始检查。

(1) 断开蓄电池负极电缆。

(2) 从线路的一端开始检测，直到另一端(如图 1.9 中的熔断器装置)。

(3) 将 DMM 的一个探针与负载侧的熔断器端口连接。

(4) 将另一个探针连接到 SW1 的熔断器盒(电源)侧。电阻值小或为零表明该段电路导通良好。如果电路开路，DMM 将指示超量程或电阻无穷大。任何电路都可用上述方法进行检查。

2) 电压检查方法

在任何带电线路中，通过有条理地检查系统中的电压可以发现开路。将 DMM 转换到电压挡。

(1) 将 DMM 的一个探针接到已知良好的地线处。

(2) 从电路的一端开始检测，直到另一端。

(3) 断开开关 SW1，在开关 SW1 处测量电压。若电压为零，则开路在熔断器盒和 SW1 之间(A 点)；否则，开路在 SW1 之后更远处。

2．短路故障

一条线路与另一条线路接触并造成正常电阻的改变称为线路短路。线路与地线接触并使电路接地称为接地短路。为简化系统短路的讨论，请参考图 1.10。

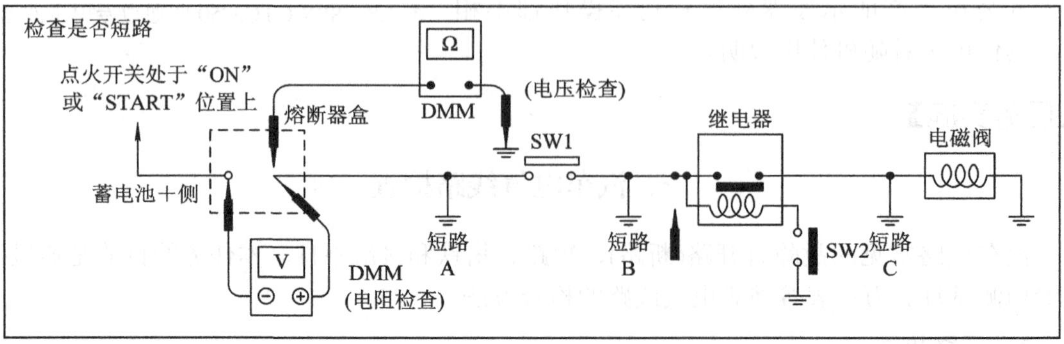

图 1.10 短路故障检查

1) 电阻检查方法

(1) 断开蓄电池负极并拆下已熔断的熔断器。

(2) 断开所有通过熔断器供电的负载(即 SW1 断开，继电器和电磁阀也断开)。

(3) 将欧姆表的一个探针接到熔断器端口的负载侧，将另一探针接到已知良好的地线处。

(4) 断开 SW1，检查导通性。如果导通，则短路在熔断器与 SW1 之间(A 点)；否则，短路在 SW1 之后更远处。

2) 电压检查方法

(1) 拆下烧坏的熔断器，并断开所有通过熔断器供电的负载(即 SW1 断开，继电器及电磁阀也断开)。

(2) 将点火开关转至“ON”或“START”位置。确认在熔断器端口蓄电池正极侧为蓄电池电压(一个探针放在熔断器盒蓄电池正极端口侧，另一个探针放在已知良好的接地处)。

(3) 断开 SW1，将 DMM 探针跨接在熔断器的两个端口上测量电压。如果电压为零，则短路在 SW1 之后更远处；否则短路在熔断器盒和 SW1 之间(A 点)。

3) 接触不良

接地连接处经常暴露在潮湿、腐蚀性化学元素中的元器件，腐蚀(生锈)处会产生附加电阻。附加电阻会改变电路的工作性能。接触不良或腐蚀很容易影响电路，一定要按要求清理，保证接触良好。

二、用万用表检测继电器

1) 开路检测

采用万用表测阻法，如图 1.11 所示，用万用表 $R \times 100\ \Omega$ 挡检查：如果①脚与②脚间导通，③脚与④脚间导通，③脚与⑤脚间电阻为∞，则正常，否则有问题。

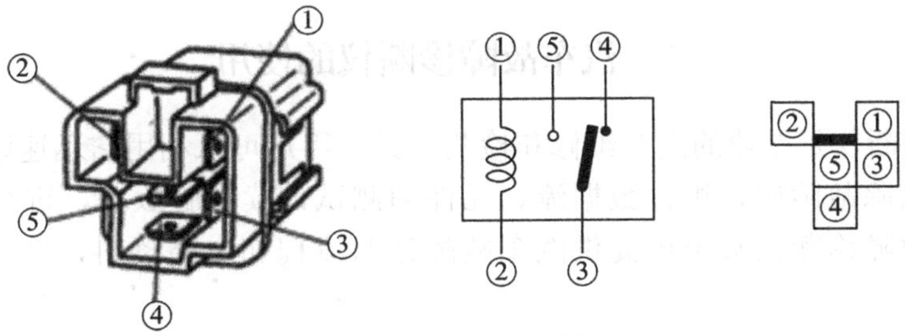

图 1.11　用万用表检测继电器

2) 加电检测

在①脚和②脚之间加 12 V 电压，若③脚与④脚不通，③脚与⑤脚导通，则为正常。

拓 展 知 识

一、导线的维修

剥线是维修导线时常做的工作，应该使用专用剥线钳剥线。

一般应用焊接方式进行导线连接。维修导线时，重要的是要依据电路图所示进行正确操作。

(1) 将每根需要维修绞接的导线去掉 12.7 毫米(1/2 英寸)的绝缘层。

(2) 准备 1 根具有黏性衬的热装管置于导线一侧。要确保管子足够长，以覆盖并封住整个修理区。

(3) 将导线的多股线相互搭叠放在插接器夹内，如图 1.12 所示。

(4) 用压接工具将插接器夹和导线卷缩在一起，如图 1.13 所示。

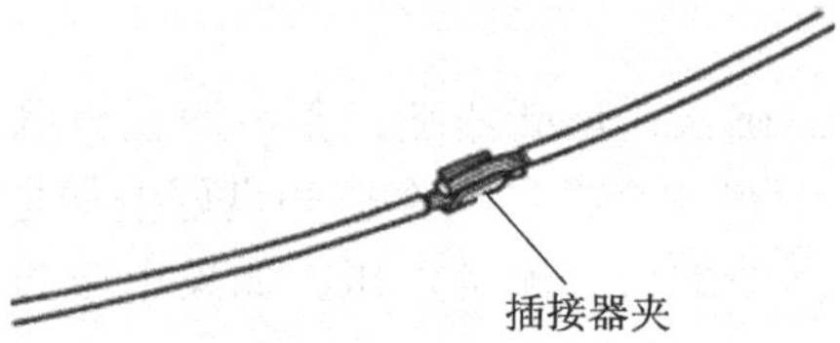

图 1.12　多股线相互搭叠放在插接器夹内

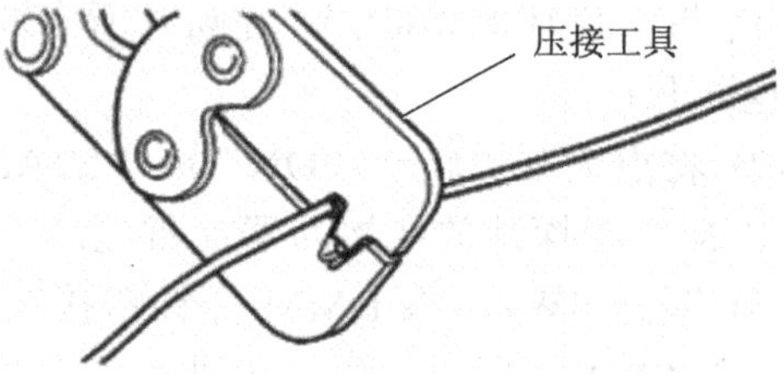

图 1.13　用压接工具将插接器夹和导线卷缩在一起

(5) 用松香心型焊锡丝将连接处焊接在一起，如图 1.14 所示。

(6) 用喷枪加热热缩管，并使连接点处于热缩管的中央位置。应加热连接处直到管子紧紧封住，并使焊液从管子两端流出为止，如图 1.15 所示。

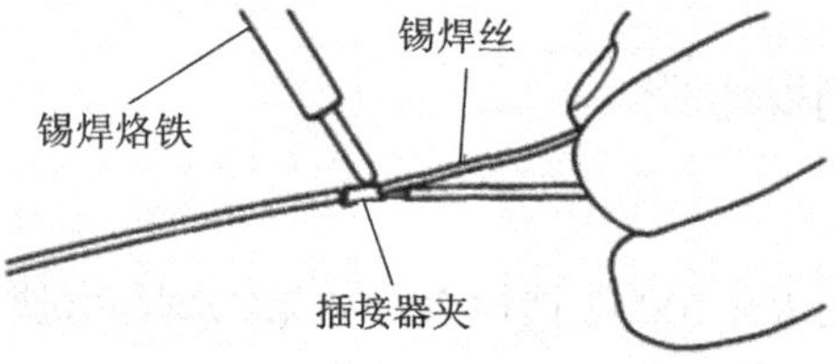

图 1.14　用松香心型焊锡丝将连接处焊接在一起

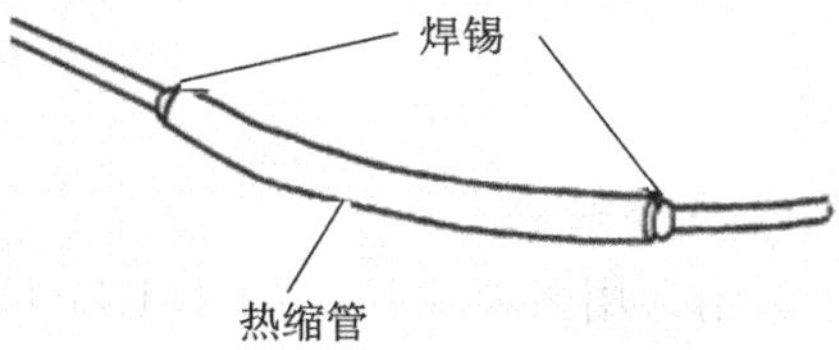

图 1.15　用喷枪加热并使连接点处于热缩管的中央位置

二、汽车故障诊断仪的使用

汽车故障诊断仪是专业的汽车维修和检测工具。用户可以利用它迅速地检测汽车电控系统故障码，清除故障码，进行数据流、元件的测试，读电脑版本，进行基本设定、匹配调整。有的故障诊断仪甚至还提供汽车故障诊断流程和电路资料，为汽车维修提供众多的方便。

汽车故障诊断仪一般分为专用型(针对特定车型设计的故障诊断仪)和通用型(针对各国不同车型设计的通用故障诊断仪，功能全，升级方便)。常用的通用型故障诊断仪如图 1.16 所示。

(a) 车博士汽车故障诊断仪 A-2800

(b) 元征 X431 电眼睛故障诊断仪

图 1.16　常用的通用型故障诊断仪

专用诊断仪只适用于本厂家生产的车型。图 1.17 所示为大众 V.A.G 1552 故障诊断仪，这是德国大众公司设计的便携式电控系统故障诊断仪，可用于大众捷达、高尔夫、奥迪、红旗、帕萨特、桑塔纳、宝来等车型的发动机、自动变速器、ABS、防盗器、自动空调等系统的检测。

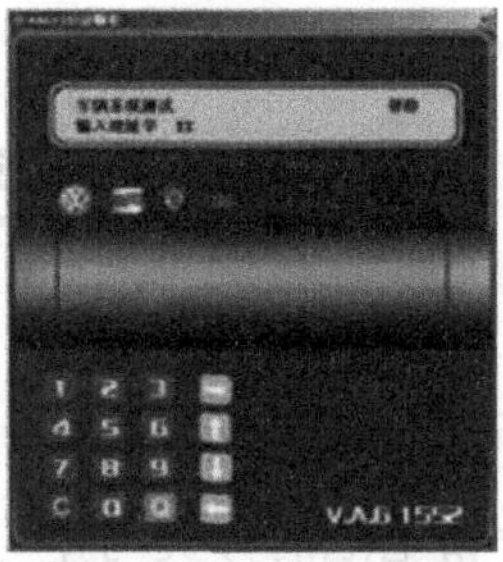
图 1.17　大众 V.A.G 1552 故障诊断仪

根据实际条件和车型情况，可以有选择地对专用型或通用型汽车故障诊断仪进行熟悉操作。

项 目 小 结

(1) 汽车电气设备的组成可以分为三大部分，即电源、用电设备、全车电路及配电装置。

(2) 汽车电气设备具有五个特点：两个电源、低压直流电、单线制、负极搭铁和并联连接。

(3) 汽车电路故障常用诊断与检修的方法有：直观诊断法、断路法、短路法、试灯法、仪表法、机件更换法、低压搭铁试火法、仪器法等。

(4) 汽车电气系统常用检测工具及仪器有跨接线、汽车专用测试灯、汽车专用测电笔、万用表、汽车示波器、故障诊断仪等。

(5) 汽车用电设备包括启动系统、点火系统、照明系统、信号装置、仪表与报警装置、辅助电气设备、汽车电子控制系统等。

练习与思考

1. 汽车电气设备由哪几部分组成？
2. 汽车电气设备有哪些特点？
3. 如何正确使用测试灯？
4. 如何正确使用万用表？
5. 汽车电气设备维修中常用的检测仪表和工具有哪些？
6. 电路中某一部位有断路故障，用测试灯如何检查？
7. 测试灯可分为哪两种？可用来检查哪些故障？
8. 跨接线在修理中有何作用？试举例说明其使用方法。
9. 简述汽车电路故障诊断的一般流程。
10. 汽车电路故障的类型有哪些？

项目二 汽车蓄电池的检测与充电

【学习目标】

(1) 了解蓄电池的分类与型号。

(2) 能正确进行蓄电池的拆装。

(3) 掌握铅酸蓄电池的结构与工作原理、工作特性及充电方法。

(4) 掌握蓄电池的正确使用和维护。

(5) 能进行蓄电池的故障诊断与排除。

(6) 了解新型蓄电池的结构特点及汽车用蓄电池的发展趋势。

任务 1 蓄电池的检测

【任务描述与解析】

汽车蓄电池性能不良将导致很多故障，影响汽车的正常行驶。汽车维修中经常要对蓄电池进行检测、维护和修理作业。现要求对蓄电池进行检测、维护作业，并分析蓄电池的故障原因，记录检测数据。

要完成本任务，首先要认识蓄电池的作用与结构，理解蓄电池的工作过程，接着要掌握蓄电池检测、维护及修理方法。

【相关知识】

一、蓄电池的作用及类型

为了能安全、舒适地驾驶，汽车上装有很多的电气设备。蓄电池作为汽车电源之一，有非常重要的作用。汽车电源系统除蓄电池外，还有发电机。停车时，汽车上的用电设备由蓄电池供电；车辆启动后，发电机正常工作，为用电设备供电，同时给蓄电池充电。

汽车用蓄电池首先必须满足发动机启动的要求，即在 5 s～10 s 内，向启动机连续供给强大电流(汽油机为 200 A～600 A，柴油机为 800 A～1000 A)；其次，在发电机发生故障不能发电时，蓄电池的容量应能维持车辆行驶一定的时间。因此，对蓄电池的要求是：容量大，内阻小，有足够的启动能力。

蓄电池、发电机与汽车用电设备都是并联的，其电路连接如图 2.1 所示。蓄电池的功用如下：

(1) 在发动机启动时，蓄电池向启动机和点火系统供电。

(2) 当发动机低速运转、发电机电压较低或不发电时，蓄电池向用电设备供电，同时还向交流发电机磁场绕组供电。

(3) 在发动机高速运转、发电机正常供电时，将发电机剩余电能转换为化学能储存起来。

(4) 当发电机过载时，与发电机一起向用电设备供电；当电路中电压过高时，能够稳定电气系统电压，以保护电子设备。

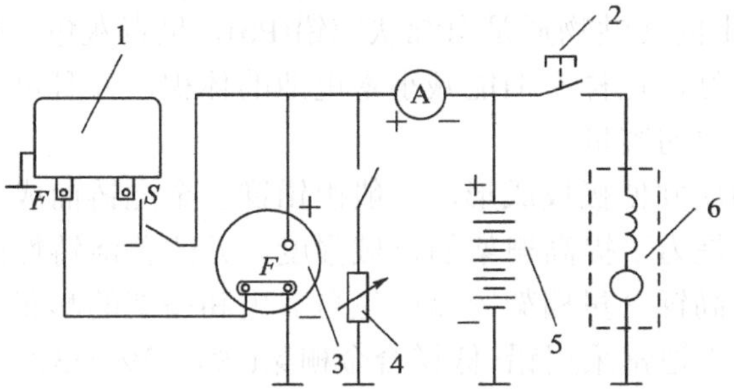

1—调节器；
2—启动开关；
3—发电机；
4—用电设备；
5—蓄电池；
6—启动机

图 2.1　汽车电源系统电路示意图

蓄电池是一种可逆的低压直流电源，它既能将化学能转化为电能，也能将电能转换为化学能。蓄电池有多种类型，电动汽车使用的蓄电池主要有铅酸蓄电池、镍氢电池、镍镉电池、锂离子电池、锌镍电池、空气电池等。在传统汽车上使用最广泛的是启动型铅酸蓄电池，其电解液是稀硫酸溶液。考虑到铅酸蓄电池目前使用仍然较为普遍，故本项目仍对这种蓄电池(以下简称蓄电池)作重点介绍。启动型铅酸蓄电池虽然比能较低，但其内阻小、电压稳定，在短时间内能提供较大电流，结构简单、原料丰富。根据加工工艺不同，汽车用铅酸蓄电池还可以分成普通型、干荷电型、湿荷电型、免维护型和胶体型。

蓄电池在汽车上的安装位置根据车型和结构而定，原则上离起动机越近越好。大多数轿车的蓄电池装在发动机舱内，也有装在行李箱内，或者装在后排乘客座椅下方的。

二、蓄电池的构造与型号

1. 蓄电池的构造

铅酸蓄电池主要由极板、隔板、壳体、电解液、铅连接条、极柱等部分组成，如图 2.2 所示。

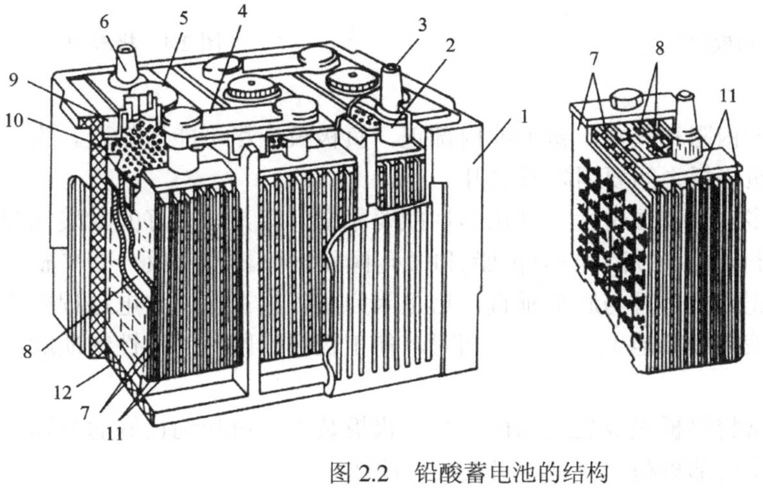

1—蓄电池外壳；
2—电极衬套；
3—正极桩；
4—连接条；
5—加液孔螺塞；
6—负极桩；
7—负极板；
8—隔板；
9—封料；
10—护板；
11—正极板；
12—肋条

图 2.2　铅酸蓄电池的结构

1) 极板

蓄电池的极板由栅架和活性物质组成，活性物质填充在栅架上，如图 2.3 所示。其作用是依靠极板的活性物质和电解液中的 H_2SO_4 的化学反应来实现电能和化学能的相互转化。极板是蓄电池的核心部分，分为正极板和负极板两种，正极板上的活性物质是二氧化铅(PbO_2)，呈深棕色；负极板上的活性物质是海绵状纯铅(Pb)，呈青灰色。技术性能较高的蓄电池极板都比较薄且多孔性好，这样不但能减小蓄电池的体积，并且可以使电解液比较容易渗入极板内部，增加蓄电池的容量。

栅架的作用是容纳活性物质并使极板成形，一般由铅锑合金浇铸而成。铅锑合金中含锑 6%～8.5%，加入少量的锑是为了提高栅架的机械强度，并改善浇铸性能。但是铅锑合金耐电化学腐蚀性比纯铅差，高锑含量栅架容易产生自放电和栅架的膨胀、溃烂，缩短蓄电池的寿命。在免维护蓄电池中通常采用铅-低锑合金栅架(含锑 2%～3%)和铅-钙-锡合金栅架(无锑栅架)。在栅架合金中加入 0.1%～0.2%的砷，可以减缓腐蚀速度，提高硬度与机械强度，增强其抗变形能力，延长蓄电池的使用寿命。

由于单片极板上的活性物质数量少，所以存储的电量少。为了增加蓄电池的容量，通常将多片正、负极板分别并联，用横板焊接，组成正负极板组，如图 2.4 所示。安装时，正、负极板组相互嵌合，中间插入隔板，形成单格电池。由于正极板的力学性能差，所以在每个单体电池中，负极板总比正极板多一片，这样正极板就都处于负极板之间，使其两侧放电均匀，减轻了正极板的翘曲和活性物质的脱落。

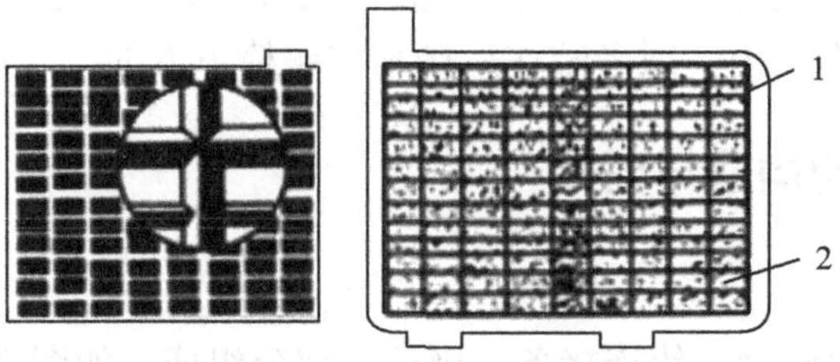

(a) 栅架　　(b) 极板

1—栅架；2—铅膏涂料(活性物质)

图 2.3　极板的构造

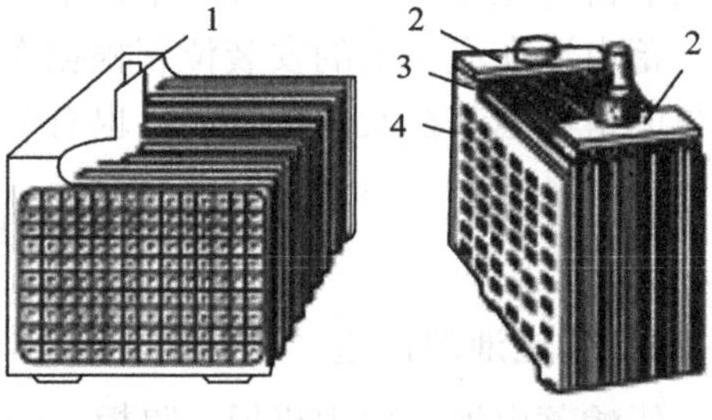

(a) 极板组　　(b) 极板组总成

1—极柱；2—横板；3—隔板；4—极板

图 2.4　极板组

2) 隔板

为了减小蓄电池的内阻和尺寸，蓄电池内部正、负极板应尽可能地靠近。为了避免彼此接触而短路，正、负极板之间要用隔板隔开。

隔板材料应具有多孔性和渗透性，且化学性能要稳定，即具有良好的耐酸性和抗氧化性。常用的是微孔塑料(聚氯乙烯、酚醛树脂)和微孔橡胶隔板。若隔板一面平整，一面带有沟槽，则带槽面朝正极板，且与底部垂直，这是因为正极板在充、放电过程中化学反应剧烈，沟槽能使电解液较顺利地上下流通。同时，使正极板上脱落的活性物质顺利地掉入壳底槽中。

免维护蓄电池通常将隔板做成袋式隔板，将正极板装入，可起到良好的分隔作用，防止活性物质脱落而产生内部短路，并且使组装工艺简化。

3) 壳体

壳体用于盛装电解液和极板组。壳体由电池槽和盖组成，壳体应耐酸、耐热、耐震动冲击。现在普遍采用的是塑料外壳，塑料壳体不仅耐酸、耐热、耐震动冲击，而且具有壳壁薄、质量轻且易于热封合，不会带进有害杂质，生产效率高等优点。

蓄电池的正、负极板所能产生的电动势大约为 2 V，为了获得更高的电动势，通常要将多个蓄电池单元串联起来，为此，蓄电池壳体内部由间壁分隔成若干个互不相通的单格。

极板装入壳体后，上部用与壳体相同材料制成的电池盖密封。在电池盖上对应于每个单格的顶部都有一个加液孔，用于添加电解液和蒸馏水，也可用于检查电解液液面高度和测量电解液相对密度。加液孔平时旋入加液孔螺塞以防电解液溅出，螺塞上有通气孔，可使蓄电池化学反应放出的气体(H_2和O_2等)随时逸出，防止外壳涨裂而发生事故。

4) 电解液

电解液是由密度为 1.84 g/cm^3 的纯硫酸和蒸馏水按一定比例配制而成的混合液，电解液的纯度是影响蓄电池的性能和使用寿命的重要因素。工业用硫酸和一般的水中因含有铁、铜等有害杂质，绝对不能加入蓄电池，否则容易自放电和损坏极板。在 20℃标准温度下，电解液的密度一般为 1.24 g/cm^3～1.31 g/cm^3。电解液的密度高低对蓄电池的性能和寿命有很大的影响。使用中需要根据地区、气候条件和制造厂商的要求而定。

5) 铅连接条

连接条的作用是将单格蓄电池串联起来，提高整个蓄电池的端电压。单格电池的串联方法一般有传统外露式、穿壁式和跨越式三种方式。早期的蓄电池大多采用传统外露式铅连接条连接方式，如图 2.5(a)所示。新型蓄电池则采用穿壁式(如图 2.5(b)所示)或跨越式连接方式(如图 2.5(c)所示)。穿壁式和跨越式连接相比于传统外露式铅连接条连接方式，具有连接距离短、节省材料、电阻小、启动性好等优点。连接条一般由铅锑合金铸造而成，硬橡胶外壳蓄电池的连接条位于电池上方，塑料外壳蓄电池则采用穿壁式联条。

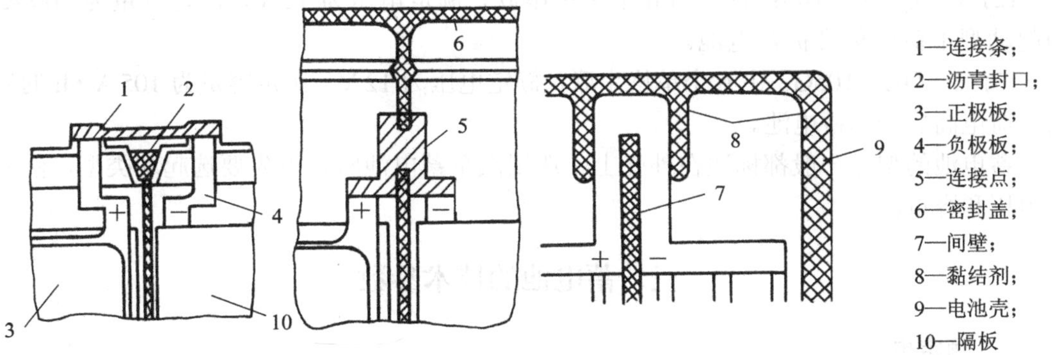

(a) 传统外露式 (b) 穿壁式 (c) 跨越式

图 2.5 单格电池间的连接方式

2. 蓄电池的型号

按照原机械工业部 JB/T 2599－1993《铅酸蓄电池 产品型号编制方法》规定，我国蓄电池产品型号的编制和含义如下。

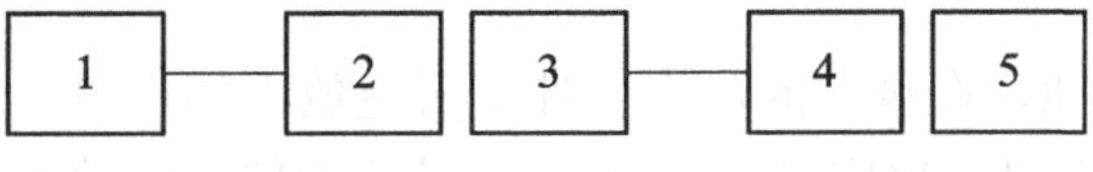

(1) 1表示串联的单格电池数，用阿拉伯数字表示，蓄电池的标准电压是该数字的2倍。

(2) 2表示电池类型，蓄电池的类型根据其主要用途来划分，用汉语拼音字母表示。第一个字母为“Q”时，表示启动型铅酸蓄电池，摩托车用蓄电池代号为“M”。

(3) 3表示蓄电池的特征，为极板类型，用汉语拼音字母表示，省略时表示为普通型极板。例如，干荷蓄电池用“A”表示；半封闭式蓄电池用“B”表示；免(无)维护蓄电池用“W”表示。蓄电池特征代号的含义见表2.1。

表2.1 蓄电池特征代号

蓄电池特征	代号	蓄电池特征	代号	蓄电池特征	代号
干荷电	A	防酸式	F	气密式	Q
湿荷电	H	密闭式	M	激活式	I
免维护	W	半密闭式	B	带液式	D
少维护	S	液密式	Y	胶质电解液	J

(4) 4表示额定容量，指20 h放电率额定容量，用阿拉伯数字表示，单位为A·h，单位略去不写。

(5) 5表示蓄电池特殊性能，用汉语拼音字母表示。例如，高启动率用“G”表示；工程塑料外壳用“S”表示；低温启动性好用“D”表示。省略时表示为普通型蓄电池。

型号和规格举例如下：

(1) 6－QA－100：表示该电池由6个单格串联组成，即额定电压为12 V，额定容量为100 A·h的干荷电式启动型蓄电池。

(2) 6－QAW－100：表示由6个单格串联，额定电压为12 V，额定容量为100 A·h的起动型干荷电免维护蓄电池。

(3) 6－QA－105G：由6个单格串联，额定电压为12 V，额定容量为105 A·h的启动用干荷电高启动率蓄电池。

蓄电池的型号一般都标注在外壳上。选用汽车蓄电池时，首先要选起动类型，然后再选电压和容量。

三、蓄电池的技术参数

1. 额定电压

蓄电池在无充放电且内部电解质的运动处于平衡状态时的电动势，称为静止电动势。静止电动势的大小与电解液的密度和温度有关，一定程度上能够反映蓄电池的荷电状况。蓄电池工作时，电解液密度总是在1.12 g/cm^3～1.31 g/cm^{3}之间变化。选择蓄电池时，一定要选择额定电压和车上电气系统电压等级一致的蓄电池。汽车用蓄电池的额定电压主要有12 V和24 V两种。

2. 蓄电池的容量

完全充足电的蓄电池，在规定的放电条件下所能放出的电量，称为蓄电池的容量，用字母“*C*”表示，单位为 A·h(安时)。蓄电池容量等于放电电流与持续放电时间的乘积，可用下式表示：

$$C = I \cdot t$$

式中，C 为蓄电池容量；I 为放电电流；t 为放电持续时间。

蓄电池的容量是标志蓄电池对外放电能力、衡量蓄电池质量的优劣以及选用蓄电池的最重要指标。为了准确地表示出蓄电池的容量，要规定蓄电池的放电条件。因此，蓄电池出厂时规定的额定容量是在一定的放电电流、一定的终止电压和一定的电解液温度下测得的。

1) 额定容量

国家标准 GB 5008.1－1991《起动用铅酸蓄电池技术要求和试验方法》规定以 20 h 放电率额定容量作为启动型蓄电池的额定容量。额定容量是指完全充电的蓄电池，在电解液温度为 25℃，密度为 1.28 g/cm^3 时，以 20 h 放电率的放电电流连续放电至单格电池平均电压降到 1.75 V 时输出的电量，用 C_{20} 表示，单位为 A・h。

例如，3－Q－90 型蓄电池，在电解液平均温度为 25℃的情况下，以 4.5 A 放电电流连续放电 20 h 后，单格电压降为 1.75 V，它的额定容量 $C_{20} = 4.5 \times 20 = 90$(A・h)。

2) 启动容量

启动容量表示蓄电池在发动机启动时的供电能力。启动容量有低温启动容量和常温启动容量两种规定。

(1) 常温启动容量。常温启动容量是指电解液温度在 25℃时，以 5 min 放电率(3 倍额定容量的电流)持续放电至单格电压下降至 1.5 V 时所输出的电量。其放电持续时间应在 5 min 以上。

例如，3－Q－90 型蓄电池，在电解液平均温度为 25℃的情况下，以 270 A 放电电流连续放电 5 min 后，端电压降至 4.5 V，它的常温启动容量为 $270 \times 5 \div 60 = 22.5$(A・h)。

(2) 低温启动容量。低温启动容量为电解液初始温度在-18℃时，以 5 min 放电率的电流(3 倍额定容量的电流)放电，放电至单格电池电压降至 1 V 时所输出的电量。其放电持续时间应该在 2.5 min 以上。

3) 储备容量

储备容量表示在汽车充电系统失效时，蓄电池能为照明和点火系统等用电设备提供 25 A 恒流的能力。根据国标 GB 5008.1－1991《起动用铅酸蓄电池技术要求和试验方法》规定，蓄电池在(25±2)℃的条件下，以 25 A 的额定电流恒流放电至单格终止电压 1.75 V(整个电池终止电压为 10.5 V)时的放电持续时间，称为蓄电池的储备容量，单位为 min。

3. 冷启动电流

冷启动电流通常规定为在 −18℃时，蓄电池持续放电 30 s 至端电压为 7.2 V 时所能提供的电流，是蓄电池对于低温启动性能的表现。

四、蓄电池的工作原理及特性

1. 蓄电池的工作原理

蓄电池的工作过程就是化学能与电能的转换过程。放电时将化学能转换为电能供用电设备使用；充电时则将电能转换为化学能储存起来。下面将从蓄电池电势的建立、放电过程和充电过程三个方面来介绍蓄电池的工作原理。

1) 电势的建立

蓄电池的电解液是硫酸(H_2SO_4)的水溶液，水和硫酸都是具有极性键的分子。在混合溶液中，硫酸在水分子的作用下电离：

$$H_2SO_4 = HSO_4^- + H^+$$

当极板浸入电解液中，由于少量的活性物质溶解于电解液，因而产生了电极电位；又由于正、负极板电极电位不同，形成了蓄电池的电动势。

正极板上的活性物质二氧化铅(PbO_2)溶于电解液，与水作用生成氢氧化铅($Pb(OH)_4$)，再离解成正四价铅离子(Pb^{4+})和氢氧根离子(OH^-)。这样，正极板上附着 Pb^{4+}，使得正极板的电位比电解液电位高 2.0 V。

负极板上的活性物质铅(Pb)失去电子生成正二价铅离子(Pb^{2+})，溶于电解液中，电子留在负极板上，从而使负极板与电解液之间建立起电极电位。负极板相对于电解液是负电位，约为 −0.1 V。

这样，正、负极板之间就形成约 2.1 V 的电位差，这就是蓄电池的静止电动势，实际测量的结果一般为 $E_0 = 2.044$ V。

2) 放电过程

蓄电池的放电过程是蓄电池的化学能转化为电能的过程。当蓄电池充足电时，正极板上的活性物质是二氧化铅，负极板上的活性物质是纯铅，电解液为硫酸的水溶液。

当电路接通开始放电时，电流从正极经过负载流向负极(即电子从负极到正极)，使正极电位降低，负极电位升高，破坏了原有的平衡。放电时的化学反应过程如图 2.6 所示。

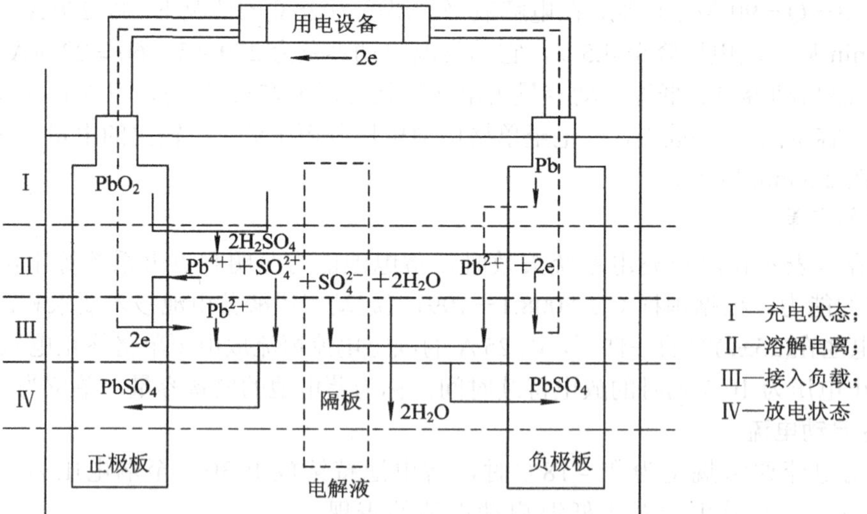

图 2.6　铅蓄电池的放电过程

在正极板处，Pb^{4+} 和电子结合，变成二价铅离子 Pb^{2+}，Pb^{2+} 与电解液中的 SO_4^{2-} 结合生成的 $PbSO_4$，沉附于正极板上。在负极板处，Pb^{2+} 与电解液中的 SO_4^{2-} 结合，生成 $PbSO_4$，沉附在负极板上。而极板上的金属铅继续溶解，生成 Pb^{2+} 和电子。

整个放电过程化学反应方程式为

$$PbO_2 + Pb + 2H_2SO_4 \xrightarrow{\text{放电}} 2PbSO_4 + 2H_2O$$

如果电路不中断，上述化学反应将继续进行，使正极板上的 PbO_2 和负极板上的 Pb 都逐渐转变为 $PbSO_4$，电解液中的 H_2SO_4 逐渐减少而水成分逐渐增多，电解液的相对密度逐渐减小，蓄电池内阻不断升高。这个过程一直持续到化学反应不能继续进行为止。

理论上，放电过程可以进行到极板上的活性物质全部变为硫酸铅为止，而实际上是不可能的，因为电解液不能渗透到活性物质的最内层。因此，采用薄型极板、增加多孔率、提高极板活性物质的利用率可提高蓄电池的容量。

3) 充电过程

蓄电池的充电过程是将电能转化为化学能的过程。如果把放电后的蓄电池接上一个直流电源，使蓄电池的正极接上直流电源的正极，负极接上直流电源的负极，则当外加电源的电压高于蓄电池的电动势时，在直流电源电压的作用下，电流将以与放电电流相反的方向流过蓄电池，使蓄电池正、负极板发生与放电相反的化学变化。其化学反应过程如图 2.7 所示。

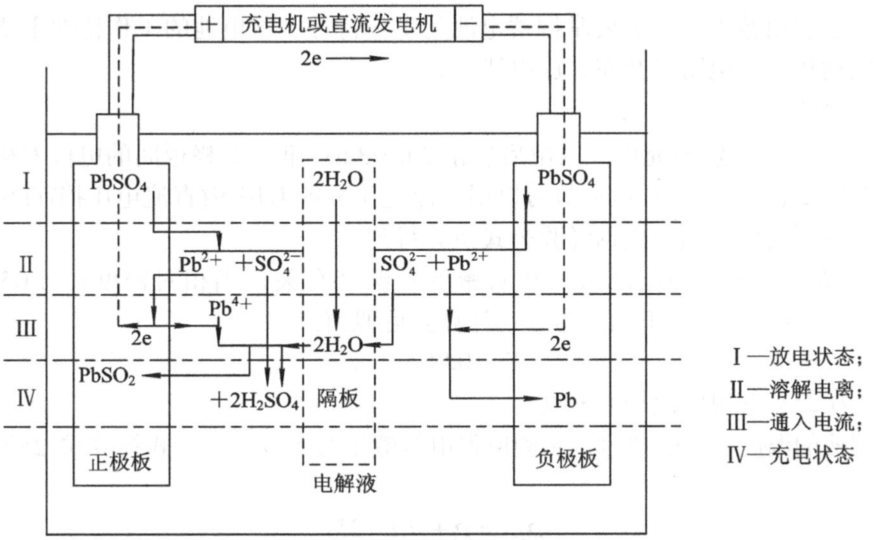

图 2.7　铅蓄电池的充电过程

在正极板处，电解液中的 Pb^{2+} 在电源电动势的作用下失去两个电子变为 Pb^{4+}，它又和电解液中的水离解出来的 OH^- 结合，生成 $Pb(OH)_4$，$Pb(OH)_4$ 又分解为 PbO_2 和 H_2O，而 SO_4^{2-} 则又与电解液中 H^+ 结合生成 H_2SO_4。

在负极板处电解液中的 Pb^{2+} 在电源电动势的作用下获得两个电子变为金属 Pb，沉附在极板上，而 SO_4^{2-} 则与电解液中 H^+ 结合生成 H_2SO_4。

整个充电过程的反应方程式为

$$2PbSO_4 + 2H_2O \xrightarrow{\text{充电}} PbO_2 + Pb + 2H_2SO_4$$

在充电过程中，电解液中的水被消耗，而硫酸不断增多，因此，电解液密度逐渐增大。随着化学反应的不断进行，充电将一直进行到活性物质完全恢复到放电前的状态为止，此时，蓄电池充电完毕。如果此时仍然继续充电将引起水的电离，生成氢气和氧气，从而消耗电解液中的水分。

因此，蓄电池充、放电总的化学反应方程式为

$$PbO_2 + Pb + 2H_2SO_4 \Leftrightarrow 2PbSO_4 + 2H_2O$$

从蓄电池充放电时的化学反应过程可以得出以下几点结论：

(1) 可以通过测量电解液密度的方法来判断蓄电池的充放电程度。蓄电池在放电过程中，电解液中的硫酸将逐渐减少，而水逐渐增多，电解液密度下降；蓄电池在充电过程中，电解液中的水被消耗，硫酸不断增加，电解液密度增加。

(2) 蓄电池放电终了时，极板上尚余有70%～80%的活性物质没有起作用。因此，为了减轻铅蓄电池的质量，提高供电能力，应该充分提高极板活性物质的利用率，在结构上提高极板的多孔性，减小极板厚度。

(3) 蓄电池在充放电过程中，电解液密度发生变化，主要是由于正极板的活性物质发生化学反应的结果，因此要求正极板处的电解液流动性要好。所以在装配蓄电池时，将隔板有沟槽的一面对着正极板，以便电解液的流通。

2. 蓄电池的工作特性

为了合理利用蓄电池，需要掌握蓄电池的工作特性。蓄电池的工作特性主要包括蓄电池的静止电动势、内电阻以及充、放电特性。

1) 静止电动势

蓄电池在静止状态下(充电或放电后静止 2 h～3 h)，正、负极板间的电位差称为静止电动势，一般用 E_0 表示。静止电动势可以用直流电压表或万用表(直流电压挡)直接测量，也可以测出电解液密度，然后根据经验公式换算得到。

静止电动势的大小与电解液的相对密度和温度有关，当相对密度在 1.05 g/cm^3～1.31 g/cm^3 范围内时，可由下面经验公式计算其近似值：

$$E_0 = 0.85 + \rho_{25℃}$$

式中，$\rho_{25℃}$为 25℃的电解液相对密度。

当电解液的温度发生变化时，实测所得电解液相对密度可按下式换算成 25℃时的相对密度：

$$\rho_{25℃} = \rho_t + \beta(t - 25)$$

式中，ρ_t 为实际测得的电解液密度；t 为实际测得的电解液温度；β 为密度温度系数，其值为 0.000 75 g/(cm^3 · ℃)，即温度每升高 1℃，相对密度将下降 0.000 75 g/cm^3。

汽车用蓄电池的电解液密度一般在 1.12 g/cm^3～1.31 g/cm^3 之间，因此蓄电池的单格静止电动势也相应地在 1.97 V～2.15 V 之间变化。

2) 内电阻

铅蓄电池的内电阻包括电解液电阻、极板电阻、隔板电阻和连接条电阻。蓄电池的内电阻大小反映了蓄电池带负载的能力。在相同的条件下，内电阻越小，输出电压越大，带负载能力越强。

电解液电阻与电解液的温度和密度有关，温度降低时会因为电解液的黏度增大，渗透能力下降而引起电阻增加。而电解液的密度过高或过低都会导致电阻增大。适当采用低密度电解液和提高电解液温度(如冬季对电池采取保温措施)，对降低蓄电池内阻，提高起动性能十分有利。

图 2.8 所示为电解液内电阻随相对密度变化的关系曲线。

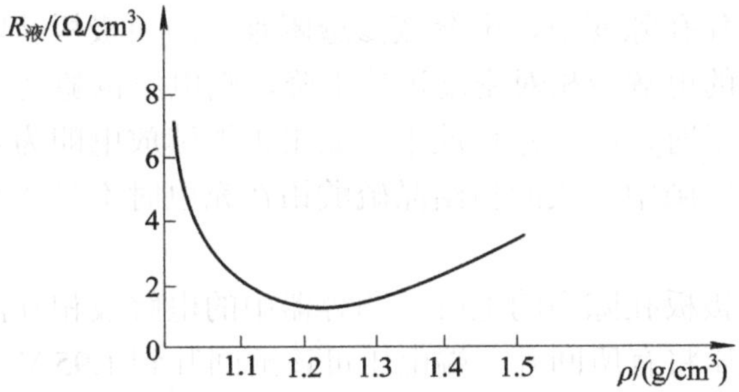

图 2.8　电解液内电阻随相对密度变化的关系曲线

3) 蓄电池的放电特性

蓄电池的放电特性是指充足电的蓄电池在恒流放电过程中，蓄电池的端电压 U_f 和电解液密度 $\rho_{25℃}$ 等参数随时间 t 而变化的规律。图 2.9 所示为完全充足电的蓄电池以 20 h 放电率恒流放电的特性曲线。

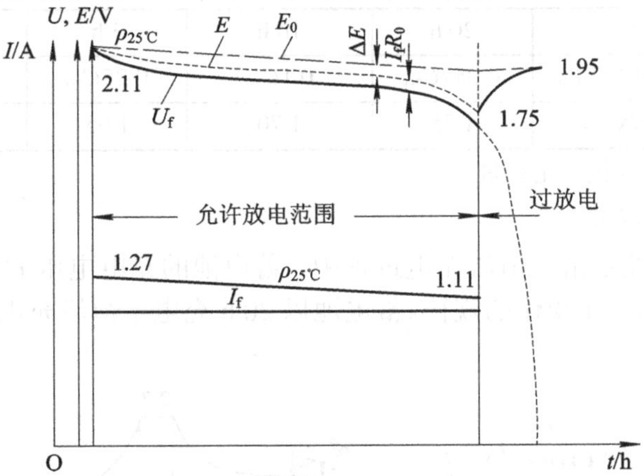

图 2.9　蓄电池恒流放电特性曲线

电解液的相对密度沿直线下降，通常情况下，相对密度数值减小 0.03 g/cm^3～0.038 g/cm^3，蓄电池约放电 25%。在放电过程中，电解液的相对密度不断下降，蓄电池电动势 E 不断下降，同时内阻 R_0 增加。放电时由于孔隙内的电解液密度小于外部电解液密度，所以放电时的电动势 E 总是小于静止电动势 E_0。

蓄电池的端电压(U_f)的变化规律不是均衡的：放电开始时，端电压下降较快，中间较平缓，接近放电终了时又迅速下降。

在开始放电阶段，由于极板孔隙中的硫酸迅速消耗，电解液密度迅速下降，因此，其端电压从 2.1 V 迅速下降。随着极板孔隙内电解液密度的不断下降，孔隙内外电解液相对密度差不断增大。在密度差的作用下，电解液向极板孔隙内渗透，当渗入的新电解液完全补偿了因放电时化学反应而消耗的硫酸量时，端电压将随着整个容器内电解液相对密度的降低而缓慢地下降，此时端电压按照近似直线规律缓慢下降到 1.85 V。接着，电压又迅速下降至 1.75 V，此时应停止放电，并称此电压为单格电池的终止电压。放电接近终了时，端电压迅速下降。这是由于放电接近终了时，化学反应深入到极板的内层，并且放电时生成的硫酸铅比原来活性物质的体积大(是海绵状铅的 2.68 倍，是二氧化铅的 1.86 倍)，硫酸铅聚积在极板孔隙内，使孔隙变小，电解液渗透困难，因而极板孔隙内消耗掉的硫酸难以得到补充，造成孔隙内的电解液相对密度迅速下降，端电压也随之急剧下降。

当蓄电池到放电终了时，必须停止放电，如果再继续放电即为过放电。过放电对蓄电池是有害的，因为极板空隙中生成的粗结晶硫酸铅在充电时不易还原，会致使极板硫化，容量下降。

停止放电后，由于极板孔隙中的电解液和容器中的电解液相互渗透，电解液密度趋于一致，蓄电池的单格电压将有所回升，端电压可逐渐回升到 1.95 V。

蓄电池放电终了的特征如下：

(1) 电解液相对密度下降到最小许可值(约 1.11 g/cm^3)。

(2) 单格电池的端电压降至放电终止电压，以 20 h 放电率放电，单格电压降至 1.75 V。允许的放电终止电压与放电电流强度有关，放电电流越大，则放完电的时间越短，而允许的放电终止电压越低，见表 2.2。

表 2.2　启动型蓄电池放电率与终止电压的关系

放电情况	放电率	20 h	10 h	3 h	30 min	5 min
	放电电流的大小/A	$0.057C_{20}$	$0.1C_{20}$	$0.25C_{20}$	C_{20}	$3C_{20}$
单格电池终止电压/V		1.75	1.70	1.65	1.55	1.5

注：C_{20} 为 20 h 放电率的额定容量。

4) 蓄电池的充电特性

蓄电池的充电特性是指在恒流充电过程中，蓄电池的充电电压 U_c、电动势 E 和电解液密度 $\rho_{25℃}$ 等参数随时间 t 而变化的规律。蓄电池以 20 h 充电率恒流充电的特性曲线如图 2.10 所示。

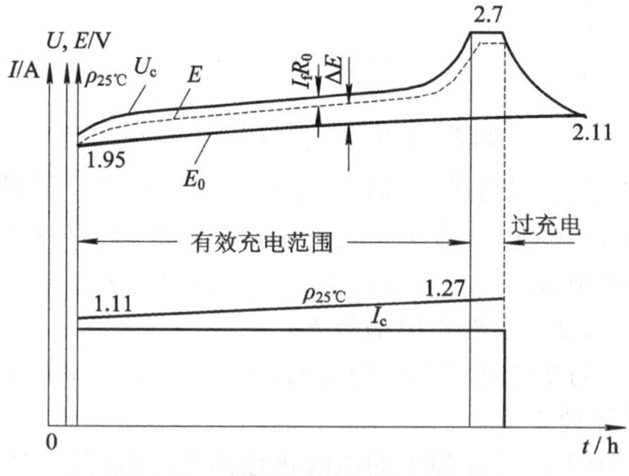

图 2.10　蓄电池恒流充电特性曲线

充电时，充电电源电压必须克服蓄电池的电动势 E 和蓄电池内阻产生的电压降 I_cR_0。因此，充电过程中蓄电池的端电压总是大于蓄电池的电动势 E。由于采用恒流充电，单位时间内所生成的硫酸量基本恒定，所以，电解液相对密度随着时间成直线上升，静止电动势 E_0 也由于相对密度的不断上升而增加。

在充电过程中，蓄电池端电压的变化规律是：开始充电阶段，电压迅速上升；进入稳定阶段，电压缓慢上升到 2.4 V，同时有气泡产生；接着电压又迅速上升到 2.7 V 左右稳定不变；切断充电电流，电压逐渐下降到一定值后不再变化。

开始充电时，活性物质和电解液的作用首先是在极板的孔隙中进行的，孔隙内迅速生成硫酸，使孔隙内的电解液相对密度迅速增大，端电压 U_c 迅速上升。随着充电的不断进行，生成的硫酸量增多，硫酸将开始不断地向孔隙外扩散，当硫酸生成的速度与扩散速度达到平衡时，端电压随整个容器内电解液密度变化而缓慢上升。

当充电接近终了时，单格蓄电池端电压将达到 2.3 V～2.4 V，这时极板上的硫酸铅($PbSO_4$)已经基本转变为二氧化铅(PbO_2)和海绵状铅(Pb)，如果再继续充电，电解液中的水将开始分解而产生氢气和氧气，并以气泡的形式剧烈放出，形成所谓的“沸腾”状态。由于氢离子在极板上与电子的结合不是瞬间完成而是缓慢进行的，于是靠近负极板处会积存有较多的正离子“H^+”，使极板相对电解液产生附加电位差(也称氢过电位，约 0.33 V)，导致单格电池的充电电压急剧升至 2.7 V 左右。

从理论上讲，当单格电池电压升至 2.7 V 时，应切断电路，停止充电，否则将造成蓄电池的过充电。过充电时，由于剧烈地放出气泡，会在极板孔隙内部造成压力，加速活性物质的脱落，使极板过早损坏。所以，应尽量避免长时间的过充电。但在实际充电中，为了保证将蓄电池充足，往往在达到最高电压后仍继续充电 2 h～3 h，以保证蓄电池完全充足电。

整个充电过程中，极板孔隙内的电解液密度比容器中的电解液相对密度稍大一些。因此，蓄电池的电动势 E 总是高于静止电动势 E_0。充电停止后，由于充电电流为 0，端电压 U_c 迅速下降，极板孔隙内电解液和容器中的电解液密度趋向一致，于是单格蓄电池的端电压又降至 2.1 V 左右。

蓄电池充电终了时的特征如下：

(1) 电解液相对密度上升至最大值，且 2 h～3 h 内不再增加。

(2) 单格端电压上升到最大值(2.7 V)，且 2 h～3 h 内不再增加。

(3) 蓄电池电解液中剧烈冒气泡，呈“沸腾”现象。

五、影响蓄电池容量的因素

蓄电池容量的大小与放电允许范围内实际参与化学反应的活性物质的数量有直接的关系。影响蓄电池容量的因素很多，归纳起来可分为两类：一类是蓄电池本身的结构特征因素，如活性物质的数量、极板的厚度、活性物质的孔率等；另一类是使用条件因素，如放电电流、电解液温度、电解液相对密度等。

1．蓄电池本身的结构特征因素

1) 极板上活性物质的数量

从理论上讲，活性物质越多，则容量应越大。实际上，正负极板上只有大约 40%～50%的活性物质参加反应。当活性物质的数量确定后，其他因素对容量的影响就是对活性物质的利用率的影响。极板面积越大，片数越多，则同时和硫酸起化学反应的活性物质就越多，容量就越大。国产蓄电池极板面积已统一，每对极板面的容量为 7.5 A•h。

2) 极板的厚度

极板越厚，电解液向极板深处的扩散越困难，活性物质越不易参与反应。因此，减小极板厚度可以提高活性物质的利用率。极板厚度越薄，活性物质的利用率就越高，容量就越大。

3) 活性物质的孔率

孔率即活性物质的孔隙多少。孔率越大，硫酸溶液扩散渗透越容易，容量也相应提高。但如果孔率过大，则单位面积活性物质的数量就要减少，容量反而会下降。

4) 活性物质的真实表面积

活性物质的真实表面积包括活性物质与电解液直接接触的表面积和孔隙内的表面积。极板的真实表面积要比极板的几何尺寸计算面积大几百倍，真实表面积大，容量可相应提高。

5) 极板中心距

极板中心距越小，蓄电池内阻越小，所以，在保证有足够的硫酸量的前提下，缩小极板中心距能够提高蓄电池的容量。

2．使用条件因素

1) 放电电流

蓄电池的放电电流大，单位时间所消耗的硫酸多，极板表面活性物质的孔隙会很快被生成的硫酸铅所堵塞，使极板内层的活性物质不能参加化学反应，蓄电池的容量减小。图2.11 所示是蓄电池相对容量与放电电流的关系。

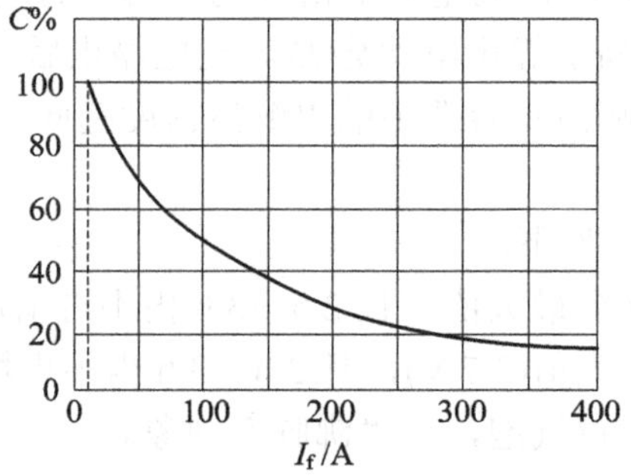

图 2.11　蓄电池相对容量与放电电流的关系

发动机起动时属于大电流放电，如果长时间接通起动机，就会使蓄电池的端电压急速下降至终止电压，输出容量减少，且使蓄电池过早损坏。因此，在起动时应注意：一次起动时间不应超过 5 s，连续两次起动应间隔 15 s 以上，使电解液充分渗透到极板孔隙内部，以提高极板孔隙内活性物质的利用率和再次起动的端电压，延长蓄电池的使用寿命。

2) 电解液温度

电解液的温度较低时，电解液的黏度较高，渗透能力下降，容量降低。同时，温度越低，电解液的溶解度与电离度也越低，并且极板收缩，使极板表面的孔隙减小，这样也加剧了容量的下降。一般温度每下降 1℃，容量下降约为 1%(小电流放电)或 2%(大电流放电)。因此，适当提高蓄电池的温度(< 40℃)，对提高蓄电池的容量及起动性能有利。所以，在寒冷地区冬季起动汽车时，由于低温和大电流放电，蓄电池端电压下降较多，容易造成起动困难，需要特别注意蓄电池的保温。

3) 电解液密度

电解液的相对密度与蓄电池的容量有关。在一定范围内，适当增加电解液的相对密度，有利于提高电解液的渗透速度，提高蓄电池的电动势，并减小内阻，使蓄电池的容量增大。但相对密度超过某一数值时，由于电解液黏度增大使渗透速度减低，又会使蓄电池的容量减小。

起动用蓄电池一般使用相对密度为 1.26 g/cm^3～1.29 g/cm^3 的电解液。实践证明，电解液相对密度偏低，有利于提高放电电流和容量以及延长蓄电池的使用寿命。冬季在不使电解液结冰的前提下，也应该尽可能采用稍低密度的电解液。

【任务实施】

一、蓄电池的正确使用与维护

1. 蓄电池的拆装

(1) 从汽车上拆卸蓄电池时，应先拆搭铁电缆，后拆启动电缆。拆卸时，若发现蓄电池接线柱螺栓锈蚀难以取出，切莫用锤或钳敲打，以避免极桩断裂、极板活性物质脱落。可用热水冲洗后，拧开螺栓，用夹头拉器将夹头取下。取下电池时应小心轻放。

(2) 往车上装蓄电池时，应认清正、负极，保持负极搭铁。应先接启动机电缆，再接搭铁电缆，以防扳手搭铁引起强烈火花。

(3) 安装电缆端子时，应先用细砂纸或专用清洁器清洁接线柱及电缆端子。

(4) 维修带故障自诊断功能的电脑系统时，在拆蓄电池电缆前，应先确认记录故障代码等。

2. 蓄电池的正确使用与维护

(1) 大电流放电时间不宜过长。汽车起动时，每次起动时间不超过 5 s，起动间隔时间应大于 15 s，最多连续起动 3 次。

(2) 充电系统充电电压不能过高。当充电电压增高 10%～12%时，蓄电池的寿命将会缩短 2/3 左右。

(3) 及时、正确充电。尽量避免蓄电池过放电和长期处于欠充电状态下工作，放完电的蓄电池应在 24 h 内充电。

(4) 装车使用蓄电池定期补充充电。

(5) 冬季使用蓄电池时，由于气温低，蓄电池充电困难，因此要特别注意保持充足电状态，以免电解液密度降低而结冰。在不结冰的前提下，尽可能采用密度偏低的电解液。在冬季应按规定加入相对密度为 1.4 g/cm^3 的电解液进行调整，进入夏季前应吸出少许电解液，加入蒸馏水进行调整。如液面过低，需添加蒸馏水时只能在充电前进行，尽可能地使水和电解液混合。

(6) 要保持蓄电池外部的清洁，经常清除蓄电池上的灰尘、泥土以及极桩和导线接头上的氧化物，擦去电池上部和外表面的电解液和污物。

(7) 要及时检查蓄电池在车上安装是否牢靠，导线接头与极桩的连接是否紧固。

二、蓄电池的检测

蓄电池技术状况的检查包括蓄电池端电压的检查、电解液液面高度的检查以及电解液密度的测量等。

1. 蓄电池端电压的检测

蓄电池的端电压可用高率放电计测量，也可以用万用表测量。这里主要介绍高率放电计的工作原理及使用方法。

高率放电计如图 2.12 所示，一个电压表和一个负载电阻组成。高率放电计分 3 V 高率放电计和 12 V 高率放电计两种，是按汽车启动时向启动机提供大电流的情况设计的一种检侧仪。这里主要介绍 12 V 高率放电计。

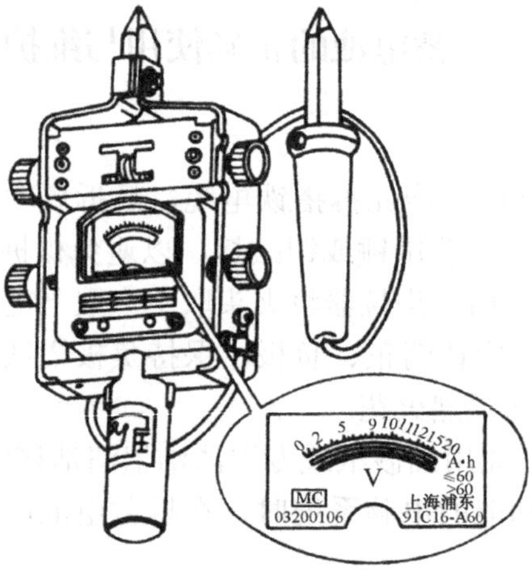

图 2.12　高率放电计

使用高率放电计进行测量时应将两叉尖紧压在单格电池的正、负极桩上 3 s～5 s，观察大负荷放电情况下蓄电池所保持的端电压。

12 V 高率放电计用于 12 V 整体电池，使用时，用力将放电计两触针迅速压在正、负极桩上，并保持 3 s～5 s。对于 12 V 整体电池，若蓄电池电压能保持在 9.6 V 以上，则说明该蓄电池性能良好，但存电不足；若稳定在 10.6 V～11.6 V，则说明存电较足；若电压迅速下降，则说明蓄电池有故障。

2. 蓄电池电解液密度检查

通常用密度计或折射计测量蓄电池电解液的密度。

1) *用密度计测量蓄电池电解液的密度*

(1) 打开蓄电池的加液孔盖。

(2) 把密度计下端的橡皮管伸入单格电池的加液孔内，如图 2.13 所示。

(3) 用手将橡皮球捏一下，再慢慢放开，电解液就会被吸到玻璃管中(控制吸入的电解液不要过多或过少，以将密度计浮子浮起而不会顶住为宜)。

(4) 使管内的浮子浮在玻璃管中央(不要相互接触)，读出密度计的读数。要求读数时，密度计刻度线与眼睛平齐。

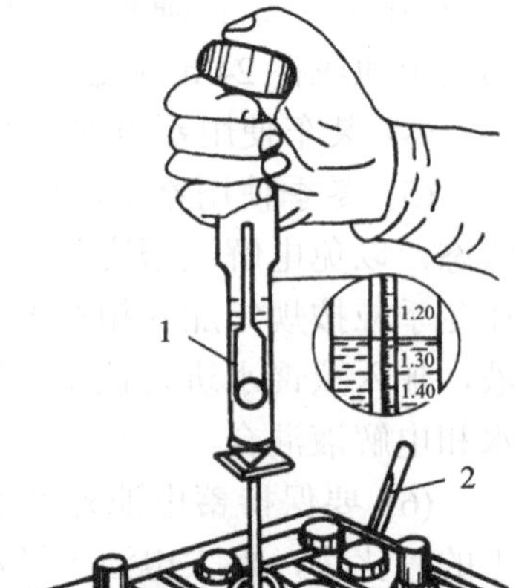

1—密度计；2—温度计

图 2.13　测量电解液密度

2) 用折射仪测量蓄电池电解液的密度

折射仪又叫折光仪，是能测定透明、半透明液体折射率的仪器。折射仪是根据不同浓度的液体具有不同的折射率这一原理设计而成的。它具有快速、准确、重量轻、体积小等优点。便携式折射仪如图 2.14 所示，其视场如图 2.15 所示。测试时，掀起盖板，用柔软绒布将盖板及棱镜表面擦拭干净。将待测液体用吸管吸取，滴于棱镜表面，合上盖板轻轻按压，将折射计对向明亮处，旋转目镜使视场内刻度线清晰，读出明暗分界线在标示板上相应标尺上的数值即可。测试完毕后，用绒布擦净棱镜表面和盖板，清洗吸管，将仪器放还于包装盒内。在测量电池液时，注意不要洒在皮肤和眼睛上，以防烧伤。

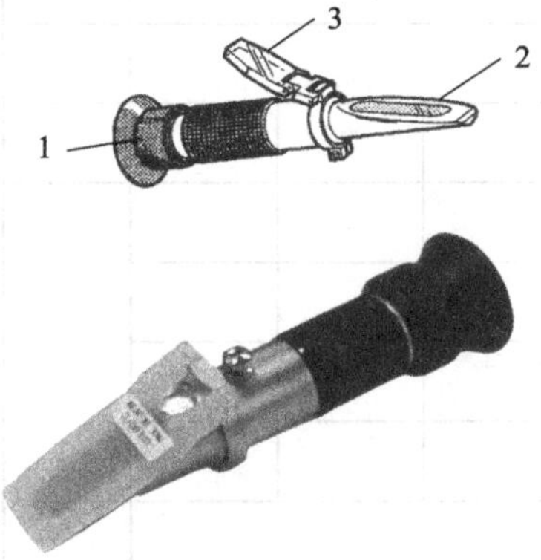

1—观察镜；2—玻璃；3—盖板

图 2.14　便携式折射仪

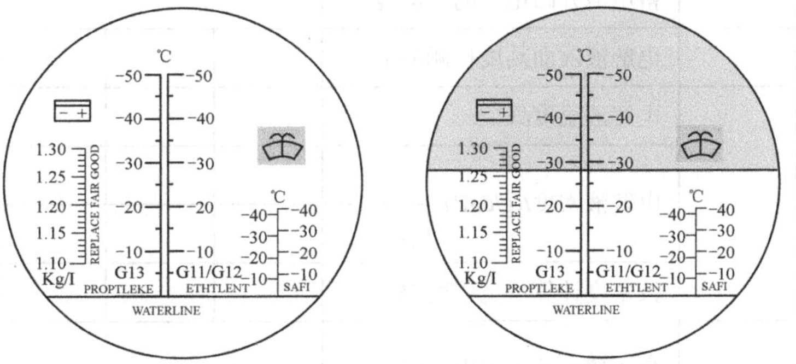

(a) 不测试时　　(b) 测试时

图 2.15　折射仪视场

3．电解液液面高度的检查

液面高度可用玻璃管测量，如图 2.16 所示。测量时使用内径为 3 mm～5 mm 的玻璃管，竖直插入蓄电池加液孔中，且与极板的保护片相接触。另一端用手指堵住，当把玻璃管提起时就把电解液吸入管内，管内的电解液高度即为电解液高出极板的数值。电解液液面应高出极板上沿 10 mm～15 mm，电解液不足时应加注蒸馏水。注意：除非确知液面降低是由于电解液溅出所致，否则一般不允许加入硫酸溶液。

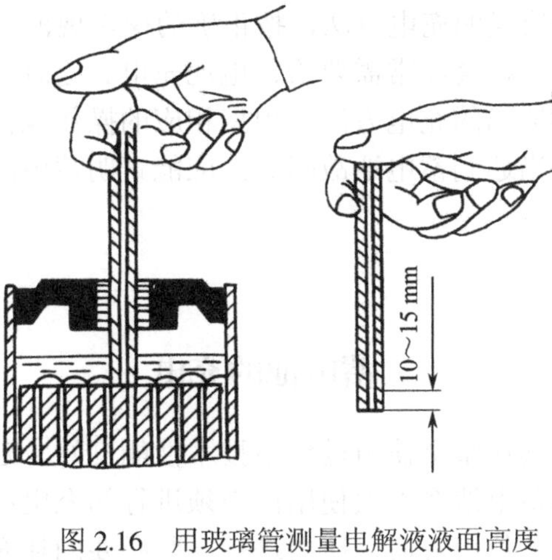

图 2.16　用玻璃管测量电解液液面高度

检查蓄电池的技术状况，将测量结果填入表 2.3 中。

表 2.3 蓄电池技术状况测量记录

<table>
<tr><td colspan="3">蓄电池型号</td><td colspan="7"></td></tr>
<tr><td rowspan="2">序号</td><td rowspan="2" colspan="2">检 查 项 目</td><td colspan="6">检查或测量结果</td><td rowspan="2">分析处理方法</td></tr>
<tr><td>1 单格</td><td>2 单格</td><td>3 单格</td><td>4 单格</td><td>5 单格</td><td>6 单格</td></tr>
<tr><td rowspan="3">1</td><td colspan="2">外壳情况</td><td colspan="6"></td><td></td></tr>
<tr><td colspan="2">极柱情况</td><td colspan="6"></td><td></td></tr>
<tr><td colspan="2">加液孔盖情况</td><td colspan="6"></td><td></td></tr>
<tr><td>2</td><td colspan="2">蓄电池开路电压的检测/V</td><td colspan="6"></td><td></td></tr>
<tr><td>3</td><td colspan="2">电解液液面高度检测/mm</td><td></td><td></td><td></td><td></td><td></td><td></td><td></td></tr>
<tr><td rowspan="4">4</td><td colspan="2">电解液温度/℃</td><td></td><td></td><td></td><td></td><td></td><td></td><td rowspan="4"></td></tr>
<tr><td rowspan="2">电解液密度/(g/cm^3)</td><td>ρ_T</td><td></td><td></td><td></td><td></td><td></td><td></td></tr>
<tr><td>$\rho_{25℃}$</td><td></td><td></td><td></td><td></td><td></td><td></td></tr>
<tr><td colspan="2">按密度计算放电程度/%</td><td></td><td></td><td></td><td></td><td></td><td></td></tr>
<tr><td rowspan="2">5</td><td colspan="2">高率放电计所测电压/V</td><td colspan="6"></td><td rowspan="2"></td></tr>
<tr><td colspan="2">按高率放电计算放电程度</td><td colspan="6"></td></tr>
</table>

任务 2 蓄电池的充电及常见故障

【任务描述与解析】

蓄电池是汽车电源系统的组成部分之一，在日常使用过程中有时会遇到某汽车用蓄电池亏电的现象，现要求选择恰当的充电方法，按正确的操作规范对其进行充电。

汽车在使用和维修过程中，会经常需要给蓄电池充电。这时首先要了解蓄电池的技术状况，确定充电种类，选择恰当的充电方法，根据相应的操作规范给蓄电池充电。充电过程中要注意充电注意事项。当遇到蓄电池故障时，应能查明蓄电池故障的原因，并顺利排除故障。

【相关知识】

一、蓄电池的充电

蓄电池充电作业是保证其在整个使用过程中技术性能良好，延长使用寿命的一个重要环节。新蓄电池和修复后的蓄电池在首次使用前必须进行初充电；蓄电池在正常使用过程中为了保持一定容量，延长其使用寿命，还要进行一些必要的补充充电、预防硫化间隙过充电等。

1. 充电方法

蓄电池的常规充电方法有定电流充电和定电压充电，非常规充电方法有脉冲快速充电。充电时，必须根据不同情况选择适当的充电方法，这样才能提高工作效率、延长蓄电池的使用寿命。

1) 定电流充电

蓄电池在充电过程中，充电电流保持恒定的充电方法，称为定电流充电。这种充电方法的连接如图 2.17 所示。

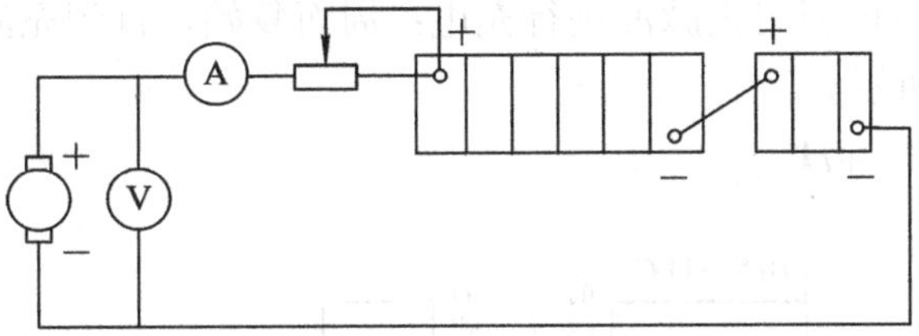

图 2.17　定电流充电连接简图

在充电过程中，随着蓄电池电动势的升高，要保持充电电流一定，就必须逐步提高充电电压。当每单格电池的端电压升高到 2.4 V 时，电解液开始产生气泡，应将充电电流减半后保持恒定，直到蓄电池完全充足为止。被充的蓄电池不论是 6 V 还是 12 V，都可以串联在一起充电。充电时，每个单格电池需要 2.7 V 电压，所以串联的单格电池总数不应超过 $n = U_c/2.7$(U_c为充电机的额定电压)。串联的蓄电池最好容量相同，否则充电电流的大小必须按照容量最小的蓄电池来选定，这样容量大的蓄电池就充电太慢。

定流充电有较大的适应性，可以任意选择和调整充电电流，所以可以对各种不同情况的蓄电池充电，其不足之处是充电时间长。

2) 定电压充电

蓄电池充电过程中，电源电压始终保持不变的充电方法称为定电压充电，连接方法如图 2.18 所示。

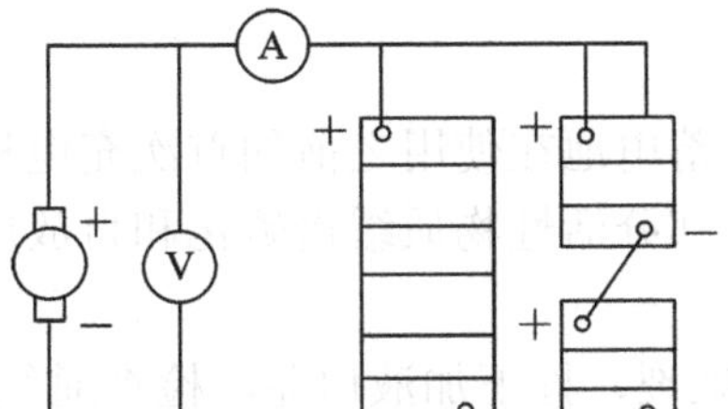

图 2.18　定电压充电连接简图

定电压充电开始时，充电电流很大，此后随着蓄电池电动势的增大，充电电流逐渐减小。定电压充电 4 h～5 h 后蓄电池就可以获得本身容量的 90%～95%，因而可大大缩短充电时间，特别适合对具有不同容量的蓄电池进行充电。

采用定电压充电时，应选择好充电电压。若电压过高，则充电初期的充电电流过大，容易发生过充电现象；若充电电压过低，则会使蓄电池充电不足。一般每单格电池约需

2.5 V，充电初期的最大充电电流不应该超过 $0.3C_{20}$，否则应适当调低充电电压，待蓄电池电动势升高后再将充电电压调整到规定值。

3) 脉冲快速充电

脉冲快速充电初期采用$(0.8\sim1.0)C_{20}$ 的大电流对蓄电池进行定流充电，使蓄电池在短时间内达到60%左右的容量。当单格电池电压达 2.4 V，电解液开始产生气泡时，由控制电路控制，使充电转入脉冲充电阶段：先停止充电(前停充)24 ms～40 ms，接着再反向脉冲充电，使蓄电池反向通过脉宽为 150 μs～1000 μs、脉幅为$(1.5\sim3)C_{20}$的充电电流，接着在停止充电(后停充)25 ms 后再利用正脉冲进行充电；周而复始，直到充满为止。脉冲快速充电电流的波形如图 2.19 所示。

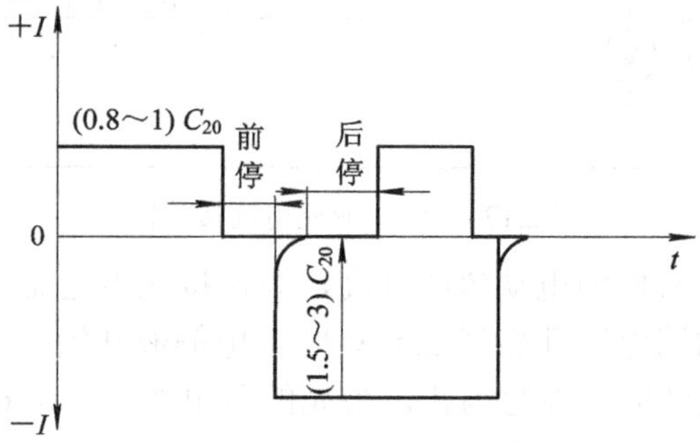

图 2.19　快速充电的电流波形

脉冲快速充电具有充电时间大为缩短、节省电能等优点，因此一般在电池集中、充电频繁或应急部门应用较广泛。这种充电方法由于充电速度快，因而析出的气体总量虽然小，但出气率高，对极板的活性物质冲刷力强，使活性物质易脱落。另外，其输出容量较低，能量转化率也较低，会缩短蓄电池使用寿命。

2. 充电种类

根据充电目的的不同，蓄电池的充电作业可分为初充电、补充充电、预防硫化间歇过充电、去硫化充电等。

1) 初充电

新蓄电池或更换极板后的蓄电池在使用之前的首次充电称为初充电，其目的是为了恢复蓄电池在存放期间，极板上部分活性物质缓慢硫化和自放电而失去的电量。初充电的具体步骤如下：

(1) 检查蓄电池外壳有无破裂，拧下加液口盖，检查通气孔是否畅通。

(2) 加注电解液。按蓄电池制造厂的规定，加注一定密度的电解液。注入电解液后应静置 3 h～6 h，让电解液充分浸渍极板，待电解液温度低于 35℃后才能开始充电。若液面因电解液渗入极板而降低，应将液面高度补充到高出极板上沿 10 mm～15 mm。

(3) 连接充电电路。将蓄电池的正极与充电机的正极相接，蓄电池的负极接充电机的负极，并使充电机可靠接地，准备充电。

(4) 选择充电电流，开始充电，初充电按照充电规范进行，蓄电池充电电流规范如表 2.4 所示。新蓄电池在储存中可能有一部分硫化，充电时易于过热，所以初充电一般应选用较小的电流。充电分两个阶段进行：第一阶段的充电电流约为额定容量的 1/15，充电至电解液中放出气泡，单格电池端电压达 2.4 V 为止；第二阶段将充电电流减半，充电电流约为额定容量的 1/30，继续充电到电解液剧烈放出气泡(沸腾)，相对密度和电压连续 3 h 稳定不变为止。全部充电时间约为 60 h～70 h。

表 2.4　蓄电池充电电流规范

蓄电池型号	额定容量/A·h	额定电压/V	初充电				补充充电			
			第一阶段		第二阶段		第一阶段		第二阶段	
			电流/A	时间/h	电流/A	时间/h	电流/A	时间/h	电流/A	时间/h
3－Q－75	75		5		3		7.5		4	
3－Q－90	90		6		3		9.0		5	
3－Q－105	105		7		4		10.5		5	
3－Q－120	120	6	8	25～35	4	20～23	12.5	10～11	6	3～5
3－Q－135	135		9		5		13.5		7	
3－Q－150	150		10		5		15.0		7	
3－Q－195	195		13		7		19.5		10	
6－Q－60	60		4		2		6		3	
6－Q－75	75		5		3		7.5		4	
6－Q－90	90	12	6	25～35	3	20～30	9.0	10～11	4	3～5
6－Q－105	105		7		4		10.5		5	
6－Q－120	120		8		4		12.0		6	

充电过程中应经常测量电解液的密度和温度。充电初期电解液密度有降低情况，不需要调整，但要随时以相同的电解液把液面高度调整到规定值。充电过程中，若温度上升到 40℃，应将充电电流减半；如继续上升到 45℃，应立即停止充电，并采用风冷或水冷的办法实行人工降温，待冷却至 35℃以下时再继续充电。充电过程中如减少充电电流，则应适当延长充电时间。

(5) 初充电临近终了时，应测量电解液的相对密度，如不合规定，应用蒸馏水或相对密度为 1.40 g/cm^3 的电解液进行调整。调整后，应再充电 2 h，直到电池单格端电压上升到最大值(或电解液的密度上升到最大值)，并在 2 h～3 h 内不再增加，产生大量气泡，电解液呈沸腾状态。这时蓄电池已经充满，应切断电源，以免过充。

新蓄电池充满电后，应以 20 h 放电率放电，再充电，如此进行一至三次充、放电循环，以此检查它的容量是否达到额定容量，并促使极板上未转化的物质转变为活性物质，以提高蓄电池的容量功能。如果第二次放电时蓄电池的容量不小于额定容量的 90%，那么进行最后一次充电，便可使用。

初充电恰当与否，对蓄电池的使用性能极为重要。因此，初充电必须彻底充足。

2) 补充充电

车用蓄电池由于充电系统采用恒压充电，很难将蓄电池彻底充满，因此需要进行补充充电。为防治硫化，一般每月进行一次补充充电。如有下列现象发生，必须随时进行补充充电：电解液相对密度下降到 1.15 g/cm^3 以下；冬季放电超过 25%，夏季放电超过 50%；灯光暗淡、喇叭沙哑(表明电力不足)；起动机运转无力(并非起动机或连接线路故障)。

另外，蓄电池放置时间超过一个月时，也应进行补充充电；在大量补充蒸馏水后也应进行补充充电。

补充充电的步骤如下：

(1) 从车辆上拆下蓄电池，清除蓄电池盖上的脏污，疏通加液孔盖通气孔，清除极桩和导线接头上的氧化物。

(2) 检查并调整电解液液面高度至规定值。

(3) 用高率放电计检查各单格电池电压的放电情况，要求各单格电池电压读数基本一致。

(4) 连接好充电电路，按表 2.4 选择第一阶段补充充电电流，或以蓄电池额定容量数值的 1/10 作为第一阶段充电电流，充电至单格电池端电压达到 2.4 V 左右、电解液内开始出现气泡为止。接着将充电电流减半，进入第二阶段，直至充足电为止。

(5) 充电完成后，也应进行电解液相对密度和液面高度的调整。将加液孔盖拧紧，擦净蓄电池表面，即可使用。

3) 预防硫化间歇过充电

蓄电池充电终了后，继续充电是有害的，但考虑到蓄电池在汽车上经常处于充电不足或部分放电状况，可能产生硫化现象，因而为预防硫化，蓄电池应每隔 3 个月进行一次预防硫化过充电。在完成补充充电的基础上，进行一次预防硫化的过充电，即有意识地把充电时间延长，让蓄电池充电更彻底些，以消除可能产生的轻微硫化。

间歇过充电的具体方法是：在正常的补充充电后，停止 1 h，再用第二阶段的电流继续充电，直到电解液大量地冒气泡时，再停止 1 h，然后再恢复第二阶段的充电。如此循环，直到接通充电电源，蓄电池在 1 min～2 min 内就出现大量气泡为止。

4) 去硫化充电

蓄电池发生硫化故障后，内阻将显著增大，充电时温升也较快。硫化程度较轻的可以用去硫充电法加以消除，硫化程度严重的铅蓄电池则只能报废。

去硫化充电的方法是：先倒出蓄电池内的电解液，用蒸馏水反复冲洗数次，然后灌入蒸馏水至高出极板上沿 10 mm～15 mm，用初充电电流进行充电，并随时测量相对密度。当相对密度升到 1.15 g/cm^3 以上时，可用蒸馏水稀释，继续充至相对密度不再上升后进行放电。如此反复多次，或充 6 h，中间停 2 h，反复进行到在 6 h 内相对密度不变为止。最后参照初充电方法充电并调整相对密度至规定值，用 20 h 放电率放电检查容量，如果容量达到额定容量的 80%，则说明硫化已基本消除，即可装车使用。

二、蓄电池常见故障及排除方法

蓄电池的常见故障分为外部故障和内部故障。外部常见故障有外壳裂纹、封口胶破裂、极桩腐蚀等；内部常见故障有极板硫化、活性物质脱落、自行放电、极板短路等。现就蓄电池的内部常见故障产生的原因和预防措施进行分析。

1. 极板硫化

蓄电池长期充电不足或放电后长时间未充电，极板上会生成一层白色的粗晶粒硫酸铅，这种现象称为“硫酸铅硬化”，简称“硫化”。这种粗而坚硬的硫酸铅晶粒导电性差、体积大，会堵塞活性物质的孔隙，阻碍电解液的渗透和扩散，使蓄电池的内阻增加，起动时不能供给足够的起动电流。

1) 故障现象

蓄电池在充电时，电解液温度上升过快，容易超过45℃；充电时过早的产生气泡，甚至一开始充电就有气泡，但电解液密度却增加得很慢；蓄电池放电时，内阻大，并且电压下降过快，过早地降至终止电压；在极板上生成坚硬，不易溶解的白色大颗粒。

2) 故障原因

(1) 蓄电池长期充电不足，或放完电后未及时充电，当温度变化时，硫酸铅发生溶解与结晶两个相反的过程交替发生，经过多次再结晶，极板上形成粗大的不易溶解的硫酸铅晶体。

(2) 蓄电池经常过量放电或小电流深度放电，便在极板孔隙的内层生成硫酸铅，平时充电不易恢复。

(3) 电解液液面过低，使极板上部与空气接触而强烈氧化(主要是负极板)。在汽车行驶的过程中，由于电解液上下波动与极板的氧化部分接触，也会生成大晶粒的硫酸铅硬层，使极板上部硫化。

(4) 电解液不纯，不但促进了电池自行放电的进行，也是造成极板硫化的主要原因。电解液中有害的杂质吸附在硫酸铅的表面，将使硫酸铅的溶解变慢，限制了在充电时铅离子的阴极还原，使充电不能正常进行。

3) 排除方法

轻度极板硫化的蓄电池，可用2 A～3 A的小电流长时间充电，即过充电，或用全放、全充的充放电循环的方法使活性物质还原。硫化较重的蓄电池，可用去硫化充电的方法消除硫化。对严重硫化的则应更换极板或报废。

2. 自行放电

充足电的蓄电池，在放置不用时，电能自行消耗而逐渐失去电量的现象，称为自行放电。蓄电池的自行放电是不可避免的。充足电的蓄电池，一般放电的允许范围在每昼夜1%以内，如果每昼夜自行放电的损失大于2%，就应视为自行放电的故障。

1) 故障原因

(1) 电解液和极板、隔板材料中有杂质，在电池中形成局部电池，产生自放电，消耗电池的能量。

(2) 蓄电池表面不清洁，有电解液渗漏，连接正、负极桩导电。

(3) 蓄电池长期放置，硫酸下沉，使电解液上、下密度不同，同一块极板形成电位差造成自行放电。

(4) 极板活性物质脱落，电池容器底部沉淀物过多，造成正、负极板短路，引起自行放电。

2) 预防及排除方法

为了减少蓄电池自行放电，要使用符合标准的硫酸和蒸馏水配置电解液；在使用中应保持电池表面清洁干燥，盖好加液孔盖，以免杂质掉入电池内。

有自行放电故障的蓄电池，可将电池完全放电，倒出电解液，取出极板组，抽出隔板，用蒸馏水冲洗之后重新组装，加入新的电解液。

3．极板短路

隔板损坏、极板拱曲或活性物质大量脱落，沉积在容器底部都会造成极板短路。

极板短路的外部特征是：充电时电解液温度迅速升高，而电压和密度上升缓慢，充电末期气泡很少。用高率放电计测量时，电压迅速下降至零。

对于有极板短路的蓄电池必须解体，查明短路的原因并排除。

4．极板活性物质脱落

活性物质脱落主要是指正极板上的PbO_2脱落，这是蓄电池过早损坏的原因之一。

1) 故障现象

蓄电池容量下降，严重时会导致极板短路，在充电时电解液混浊，有棕褐色物质自底部上升。

2) 故障原因

极板活性物质脱落的主要原因是过充电，充、放电时极板上的活性物质的体积总是不断地膨胀和收缩，充足电后极板孔隙中逸出大量气泡，在极板内部造成压力，使活性物质容易脱落。因此，若使用不当，如充电电流过大，或过充电，充电时温度过高等都会使活性物质松浮而脱落。蓄电池接起动机时间过长、低温大电流放电，使极板拱曲也会造成活性物质脱落。

3) 排除方法

活性物质脱落不严重的蓄电池，可清洗更换电解液后继续使用，严重时应更换极板或报废。

【任务实施】

蓄电池的充电

1．充电注意事项

(1) 严格遵守各种充电方法的充电规范。

(2) 将充电机与蓄电池连接充电时，应将蓄电池的正、负极对应地和充电机的正、负极相连。蓄电池的极桩上一般都标有“+”、“−”记号，或正极桩上涂红色。

(3) 充电时，导线必须连接可靠，充电时应先接牢电池线，再打开充电机的电源开关。停止充电时应先切断电源，再拆下电池线。在充电过程中，不要连接或断开充电机引线。

(4) 充电过程中，要密切观察各单格电池的电压和密度变化，及时判断其充电程度和技术状况。

(5) 在充电过程中，要密切观察各单格电池的温升，以免温度过高，影响蓄电池的使用性能。

(6) 配制和注入电解液时，一定要严格遵守安全操作规则和器皿的使用规则。

(7) 充电场所要有备用冷水、10%苏打溶液或10%氨水溶液。

(8) 室内充电，打开蓄电池加液孔盖，使气体顺利逸出，以免发生事故。室内要安装通风装置，并要严禁明火。

2. 蓄电池的充电作业

1) 蓄电池的初次充电

对新蓄电池或更换极板后的蓄电池要进行初次充电；干荷蓄电池初次使用时，只需按规定加足电解液后，静放 20 min～30 min 即可装车使用。

2) 蓄电池的补充充电

蓄电池充电应严格遵守各种充电方法的充电规范，具体步骤如下：

(1) 清洁蓄电池外部的脏污以及极柱上的氧化物，疏通通气小孔，并拧下加液孔盖；检查电解液液面高度，若不足应补加蒸馏水。

(2) 按照充电规范确定充电电流大小。

(3) 将充电机和蓄电池之间进行正确的连接，同时将充电机上的电压调节旋钮调至最小位置。

(4) 接通交流电源至充电机的控制开关，打开充电机上的电源开关；旋转充电机电压调节旋钮，同时观察电流表，使电流表指示出所选定的数值。

(5) 在充电过程中，应经常观察蓄电池内部情况，用万用表或电压表测量各蓄电池两端电压，并进行适当调整，直至蓄电池充足电。停止充电时，应先将电压调节旋钮逆时针退回原处，然后切断电源开关，再拆除蓄电池的充电连接线。

采用恒流充电方法对蓄电池进行充电作业，将第一阶段充电参数记录在表 2.5 中。

表 2.5　蓄电池充电记录

序号	记录项目	充电蓄电池编号			
		1	2	3	4
1	蓄电池型号				
2	蓄电池端电压/V				
3	充电机输出的充电电压/V				
4	充电机输出的充电电流/A				
5	蓄电池充足电时的现象或特征				

拓 展 知 识

一、免维护蓄电池

免维护蓄电池也叫 MF 蓄电池，是现代汽车上广泛使用的一种新型蓄电池。图 2.20 所示为免维护蓄电池结构。

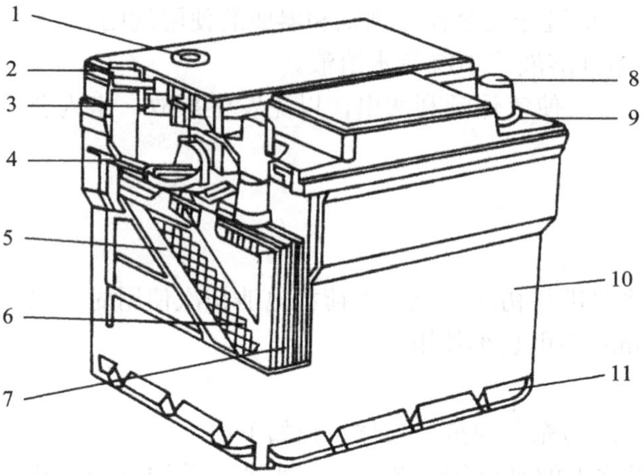

1—内装小型密度计；
2—壳内起消除火焰作用的排烟孔；
3—液-气隔板；
4—中心极板连接夹板和单体电池连接器；
5—高密度活性物质；
6—铅钙栅架上锻制的小窗；
7—密封极板的隔板封皮；
8—冷锻制成的极桩；
9—模压代号；
10—聚丙烯壳体；
11—用于安装的下滑面

图 2.20　免维护蓄电池结构

免维护蓄电池的特点如下：

(1) 极板栅架采用低锑合金或铅钙锡合金材料制成，以消除锑的副作用。

(2) 隔板采用袋式聚氯乙烯隔板。将正极板装在隔板袋内，既能避免活性物质脱落，又能防止极板短路，延长了补充充电期限。

(3) 外壳用聚丙烯塑料热压而成，槽底没有筋条，极板组直接安放在蓄电池底部，使极板上部容积增大 33%左右，电解液储存量增大。

(4) 采用新型安全通气装置和气体收集器。通气孔塞采用新型安全通气装置，孔塞内装有氧化铝过滤器和催化剂钯。过滤器能阻止水蒸气和硫酸气体通过，避免其与外部火花接触而发生爆炸，催化剂能促使氢氧离子结合生成水再回到蓄电池内部，从而减少水的消耗，因而可以使用三四年而不必补加蒸馏水。这种通气装置还可以使蓄电池顶部和接线柱保持清洁，减少接线端头的腐蚀，保证接线牢固可靠。

(5) 单格电池间的极板组的连接条采用穿壁式连接，减小了内阻。

(6) 内装密度计。有些免维护蓄电池在内部装有一只相对密度计，俗称“电眼”，可以自动显示蓄电池的存电状态和电解液的液面高低，如图 2.21 所示。

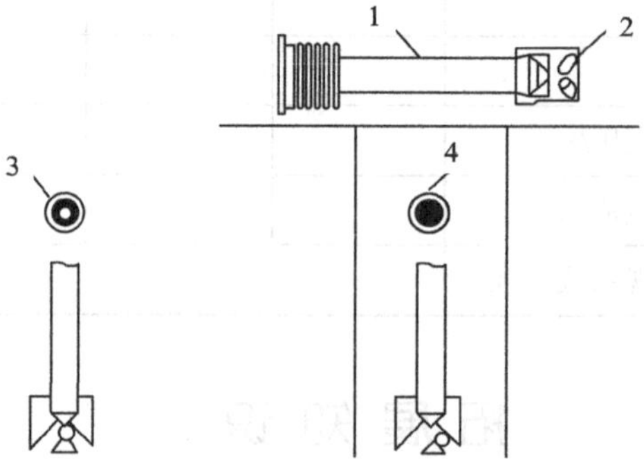

(a) 充电程度为65%或更高　(b) 充电程度低于65%　(c) 电解液过低

1—玻璃棒；2—装有绿色小球的笼子；3—绿点；4—浅绿点；5—浅黄点

图 2.21　内装相对密度计示意图

在内式密度计中有一个玻璃管，它伸入电解液中，下端连接一个笼子，其中有一个绿色小球，随着蓄电池充电程度的变化，绿色小球在笼子中上下移动，当相对密度为 1.220

或更高时(充电程度在 65%以上)，绿色小球升至笼子的顶部，并与玻璃的下端接触，在其顶端检视窗口就会看到绿点，表示蓄电池工作情况良好，如图 2.21(a)所示；如果看不到绿点而显示为浅绿色，则表示小球下降到笼子的底部，如图 2.21(b)所示，说明电解液相对密度降低，蓄电池充电不足，应及时充电；如果电解液液面已下降到低于内装的小型密度计，则检视窗显示浅黄色(或无色)，说明蓄电池已经无法正常工作，必须更换。

二、干式荷电蓄电池

干式荷电蓄电池负极板制造工艺与普通蓄电池不同。普通蓄电池负极板上的活性物质是海绵状的铅，由于面积大，化学活性高，容易氧化，而使其电能消失。干式荷电蓄电池在负极板的铅膏中加入松香、油酸、硬脂酸等防氧化剂，并且在化合过程中有一次深放电循环，或者反复进行充电、放电。化合后的负极板应先用清水冲洗，再放入防氧化剂(硼酸、水杨酸混合液)中进行浸渍处理，让负极板表面生成一层保护膜，并采用特殊干燥工艺，即可制成干荷电极板。正极板的活性物质二氧化铅的化学性能比较稳定，其荷电性能可以长期保持。

干荷电蓄电池具有普通型启动用铅酸蓄电池的全部功能，主要区别是极板组在干燥的条件下，能够较长时间地保存在制作过程中得到的电荷。如果干式荷电蓄电池在规定的保存期内需要使用，则只要加入符合规定密度的电解液，搁置 15 min～20 min，调整液面高度和密度至规定标准后，不需要进行充电就可以使用。

三、电动汽车新型电池

电动汽车用蓄电池的种类很多，如铅酸蓄电池、镍镉(Ni-Cd)电池、镍氢(Ni-MH)电池、硫(Na/S)电池、锂电池、锌-空气电池、飞轮电池、燃料电池、太阳能电池等。

项 目 小 结

(1) 蓄电池主要包括极板、隔板、加液孔盖、电解液、外壳等。

(2) 蓄电池正极板上的活性物质是二氧化铅，负极板上的活性物质是海绵状铅。

(3) 蓄电池在放电过程中，正负极板上的活性物质都转变为硫酸铅。

(4) 蓄电池充电终了的特征是单格电压上升到最大值；电解液相对密度上升到最大值；电解液呈沸腾状。

(5) 影响蓄电池容量的因素有：放电电流、电解液的温度和电解液的密度。

(6) 蓄电池的充电方法有定电流充电、定电压充电和快速充电。充电种类有初充电、补充充电、预防硫化过充电、去硫化充电和锻炼循环充电。

(7) 蓄电池技术状况的检查主要包括电解液液面高度的检查、电解液密度的检查等。

练 习 与 思 考

一、选择题

1. 蓄电池极板上的活性物质在放电过程中都转变为________。

A. 硫酸铅　　B. 二氧化铅　　C. 铅

2. 蓄电池亏电且长期放置不用，容易造成 ________。

A. 极板硫化　　B. 极板短路　　C. 活性物质脱落

3. 蓄电池额定容量与________有关。

A. 单格数　　B. 电解液数量　　C. 单格内极板片数　　D. 温度

4. 蓄电池在补充充电过程中，第一阶段的充电电流应选取其额定容量的________。

A. 1/10　　B. 1/15　　C. 1/20

5. 下列原因哪一个可造成蓄电池硫化？(　　)。

A. 大电流过充电　　B. 电解液液面过高　　C. 长期充电不足

6. 蓄电池在正常使用过程中，如发现电解液的液面下降，应及时补充________。

A. 电解液　　B. 稀硫酸　　C. 蒸馏水

7. 蓄电池放电时，端电压逐渐________。

A. 上升　　B. 平衡状态　　C.下降　　D.不变

8. 蓄电池电解液的温度下降，会使其容量________ 。

A. 增加　　B. 下降　　C. 不变

二、判断题

1. 将蓄电池的正、负极板各插入一片到电解液中，即可获得 12 V 的电动势。(　　)
2. 在放电过程中，蓄电池的放电电流越大，其容量就越大。(　　)
3. 蓄电池主要包括极板、隔板、电解液、外壳等。(　　)
4. 蓄电池极板硫化的原因主要是长期充电不足，电解液不足。(　　)
5. 在一个单格蓄电池中，负极板的片数总比正极板多一片。(　　)
6. 在定电压充电过程中，其充电电流也是定值。(　　)
7. 免维护蓄电池在使用过程中不需补加蒸馏水。(　　)

三、简答题

1. 简述蓄电池结构及其功用。
2. 试写出铅酸蓄电池充放电过程总的化学反应方程式，并说明工作原理。
3. 简述蓄电池放电终了和充电终了的特征。
4. 列举蓄电池的基本技术参数，并说明其含义。
5. 举例说明蓄电池编号的含义。
6. 蓄电池的充电方法有哪些？各有何特点？
7. 如何检查蓄电池的放电程度？
8. 免维护蓄电池有哪些特点？

项目三 交流发电机及调节器的检修

【学习目标】

(1) 能说出汽车发电机及调节器的组成及作用。
(2) 能认识电源系统各元件及其在汽车上的安装位置。
(3) 掌握交流发电机的工作原理和工作特性。
(4) 掌握交流发电机的结构、维护及检测方法。
(5) 掌握电压调节器的类型及调压原理。
(6) 掌握充电系统的故障诊断与排除方法。
(7) 能正确拆装交流发电机，能对晶体管电压调节器进行检测。

任务1 交流发电机及调节器的检测

【任务描述与解析】

一辆桑塔纳轿车电源系统出现故障，可能是发电机及调节器有问题。现要求用不同方法对该车的发电机及调节器进行全面检测，判断其技术性能，并记录工作过程及检测数据。

发电机及调节器是汽车电源系统的重要部件，也是电源系统故障的主要原因。发电机及调节器的检测方法很多，主要检测设备有万用表及汽车电器试验台等，检测项目主要有发电机机械检测、发电机解体检测、发电机整机性能检测、发电机试验台架检测、调节器检测等，可根据检测数据来分析发电机性能，判断是否存在故障。

【相关知识】

汽车电源系统主要由蓄电池、发电机和电压调节器等组成。发电机是汽车电器的主要电源，由汽车发动机驱动，蓄电池是辅助电源。当点火开关在启动位置时，蓄电池提供启动时所需的电力，发动机启动后，发电机给车上电气装置供电，并向蓄电池充电，以补充蓄电池在使用中所消耗的电能。

汽车用发电机可分为直流发电机和交流发电机两种，而由于交流发电机的性能在许多方面优于直流发电机，因而直流发电机已被淘汰。目前，汽车采用三相交流发电机，内部带有二极管整流电路，将交流电整流为直流电，所以，汽车交流发电机输出的是直流电。交流发电机必须配装电压调节器。电压调节器对发电机的输出电压进行控制，使其保持基本恒定，以满足汽车用电器的需求。

充电系统的各元件位置如图3.1所示。

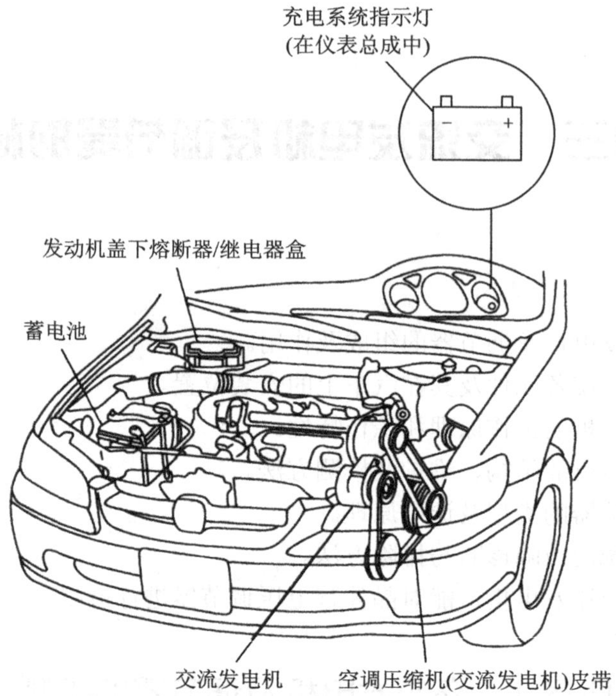

图 3.1　充电系统的元件位置

一、交流发电机的结构及类型

1．交流发电机的分类

1) 按磁场绕组搭铁方式分类

(1) 内搭铁式交流发电机：即磁场绕组的一端与交流发电机壳相连接，如东风 EQ1090 车用的 JF132 型交流发电机。

(2) 外搭铁式交流发电机：即磁场绕组的一端经电压调节器后搭铁，如解放 CA1091 型车用的 JF152D、JF1522A 型交流发电机。目前，大多数汽车都采用外搭铁式交流发电机。

2) 按总体结构分类

(1) 普通交流发电机(外装电压调节器式)：无特殊装置、无特殊功能的汽车交流发电机，称为普通交流发电机。外装电压调节器式交流发电机在载货汽车和大型客车上应用较普遍。

(2) 整体式交流发电机(内装电压调节器式)：内装电压调节器式交流发电机多用于轿车，如一汽奥迪、上海桑塔纳等轿车用 JFZ1813Z 型交流发电机。

(3) 带泵交流发电机：即带真空制动助力泵的交流发电机，如 JFB1712 型交流发电机。带泵交流发电机多用于柴油车。

(4) 无刷交流发电机：即没有电刷和滑环结构的交流发电机，如 JFW14X 型交流发电机。

(5) 永磁交流发电机：即转子磁极采用永磁材料的交流发电机。

3) 整流器结构分类

(1) 六管交流发电机：其整流器由 6 只硅二极管组成，这种形式应用最为广泛，如东风 EQ1090 车用的 JF132 型交流发电机以及解放 CA1091 型车用 JF1522A、JF152D 型交流发电机等。

(2) 八管交流发电机：指具有两个中性点二极管的交流发电机，其整流器总成共有 8 只二极管，如天津夏利 TJ7130 型微型轿车用 JFZ1542 型交流发电机。

(3) 九管交流发电机：指具有三个磁场二极管的交流发电机，其整流器总成共有 9 只二极管，如北京 BJ1022 型轻型载重车用的 JFZ141 型交流发电机、斯太尔(STEYR)汽车用 JFZ2518A 型交流发电机。

(4) 十一管交流发电机：指具有中性点二极管和磁场二极管的交流发电机，其整流器总成共有 11 只二极管，如桑塔纳、奥迪用 JFZ1913Z 型交流发电机。

2．交流发电机的型号

根据中华人民共和国汽车行业标准 QC/T73－1993《汽车电气设备产品型号编制方法》的规定，国产汽车交流发电机型号组成如下：

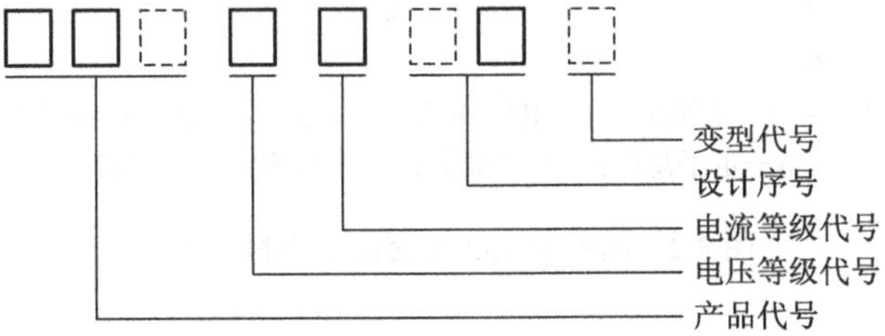

(1) 产品代号：JF——普通交流发电机；JFZ——整体式交流发电机；JFB——带泵交流发电机；JFW——无刷交流发电机。其中，J 表示“交”，F 表示“发”，Z 表示“整”，B 表示“泵”，W 表示“无”。

(2) 电压等级代号：用 1 位阿拉伯数字表示，各代号表示的电压等级见表 3.1。

(3) 电流等级代号：用 1 位阿拉伯数字表示，各代号表示的电流等级见表 3.2。

(4) 设计序号：按产品设计先后顺序，用阿拉伯数字表示，可能为两位数。

(5) 变型代号：交流发电机以调整臂的位置作为变型代号，用字母表示。从驱动端看，Y 表示右边，Z 表示左边，无字母则表示在中间位置。

表 3.1　发电机电压等级代号

电压等级	1	2	3	4	5	6	7
电压/V	12	24	—	—	—	6	—

表 3.2　发电机电流等级代号

电流等级	1	2	3	4	5	6	7	8	9
电流/A	≤19	20～29	30～39	40～49	50～59	60～69	70～79	80～89	≥90

例如：桑塔纳、奥迪 100 型轿车用 JFZ1913Z 型交流发电机，表示该发电机是整体式交流发电机，电压等级为 12 V，输出电流大于等于 90 A，设计序号为 13，调整臂位于左边。

3．普通交流发电机的构造

目前国内外生产的汽车用交流发电机多采用三相同步交流发电机，其结构按类型的不同而异。普通式与整体式的交流发电机在结构上大同小异，而与无刷式、永磁式在结构上有较大的差异。图 3.2 所示为国产 JF132 型交流发电机的结构图，它主要由转子、定子、电刷、整流器、前/后端盖、风扇、带轮等组成。

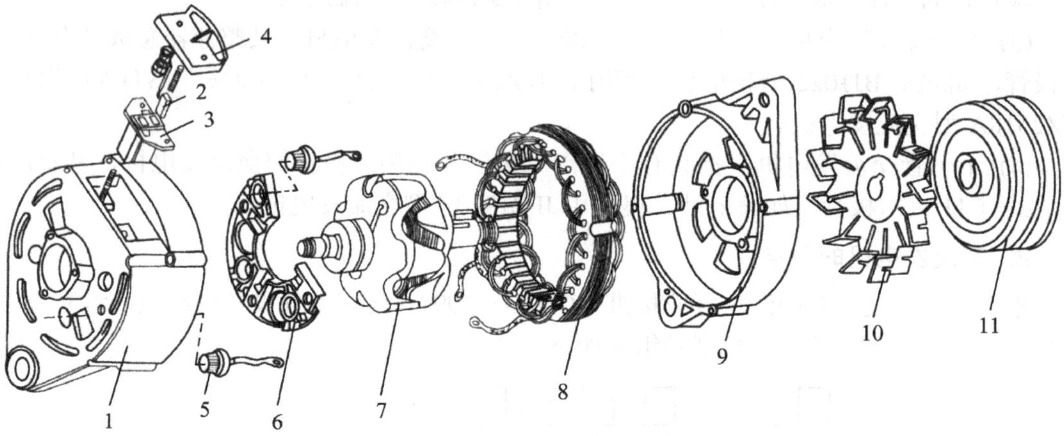

1—后端盖；2—电刷；3—电刷架；4—电刷弹簧压盖；5—硅二极管；6—散热板；7—转子；8—定子总成；9—前端盖；10—风扇；11—带轮

图 3.2　国产 JF132 型交流发电机结构图

1) 转子

转子总成是交流发电机的旋转磁场部分，作用是产生磁场。它主要由转轴、两块爪形磁极(爪极)、磁轭、励磁绕组(又称磁场绕组)、滑环等部件组成，如图 3.3 所示。

两块爪极被压装在转轴上，爪极间的空腔内装有磁轭，其上绕有励磁绕组。绕组两端的引线分别焊在与转轴绝缘的两个滑环上，滑环由彼此绝缘的两个铜环组成。将转子爪极设计成鸟嘴形的目的是使磁场呈正弦规律分布，从而使定子绕组产生的感应电动势近似于正弦波形。

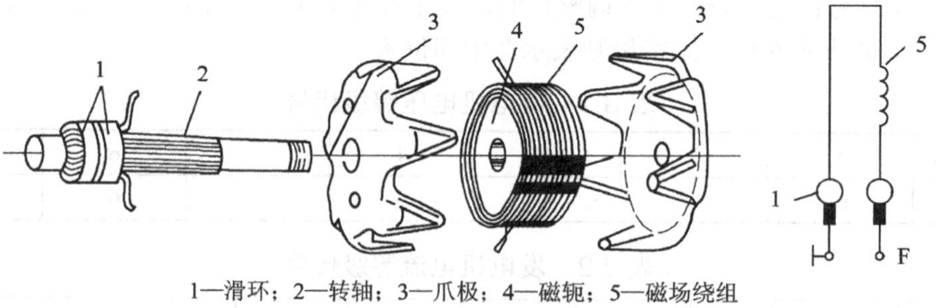

1—滑环；2—转轴；3—爪极；4—磁轭；5—磁场绕组

图 3.3　交流发电机转子

2) 定子

交流发电机的定子是发电机的电枢部分，定子的功用是产生三相交流电，由定子铁芯和定子绕组组成。定子铁芯由内圆带槽的环状硅钢片叠成，各硅钢片之间互相绝缘。定子绕组为三相对称绕组，安装在定子铁芯的槽内。三相绕组的连接方法可分为星形连接和三角形连接两种。星形连接又称 Y 形连接。星形连接有低速发电性能好的优点，所以目前车用发电机多采用星形连接，如桑塔纳、奥迪等轿车的交流发电机定子绕组采用星形连接，在发电机低速旋转时也能发出足够的电量；也有少量采用三角形连接，如北京切诺基等轿车。当三相绕组采用星形连接时，三相绕组的三个起端各引出一个端子，三个末端连在一起，如图 3.4 所示。

转子在定子内转动，两者之间具有很小的气隙。为使三相绕组中产生大小相等、相位差 120° 电角度的对称电动势，三相绕组的绕法需遵循以下原则：

(1) 每相绕组的线圈个数、每个线圈的节距和匝数，必须完全相等。以 JF11 型发电机为例，磁极对数为 6，定子总槽数为 36，每相绕组占有的槽数为 36/3 = 12，采用的是单层集中绕法，即每个槽内放置一个有效边，一个线圈有两个有效边，分别放在两个定子槽内。因此，每相绕组都由 6 个线圈串联而成，每个线圈有 13 匝，则每个绕组共有 6 × 13 = 78 匝。

每个线圈的两个有效边之间所间隔的定子槽数叫做线圈节距，相邻两异性磁极中心线之间的槽数称为极距，即：

$$\text{线圈节距}=\text{极距}=\frac{\text{定子铁芯总槽数}}{2\times\text{磁极对数}}=\frac{36}{12}=3\text{槽}$$

(2) 三相绕组的起端 A、B、C 在定子槽内的排列必须相隔 120° 电角度。图 3.5 所示为三相绕组展开图。

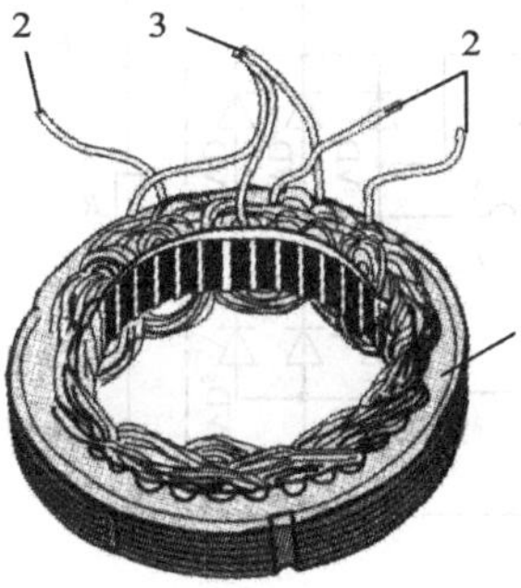

1—定子铁芯；
2—定子绕组的起端；
3—定子绕组的末端

图 3.4　定子绕组的星形连接

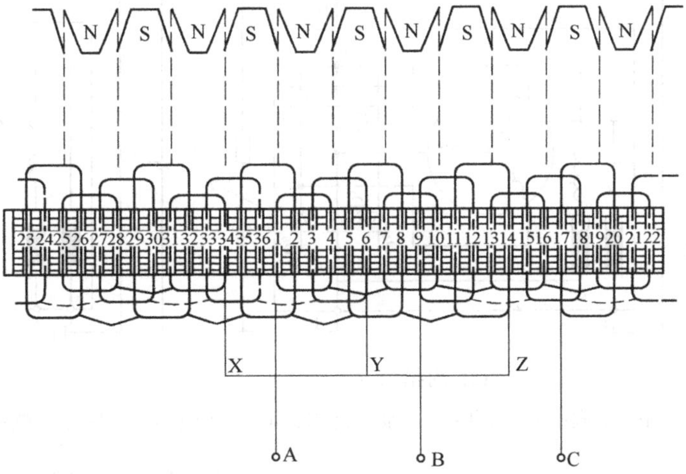

图 3.5　JF11 型交流发电机定子绕组展开图

3) 端盖与电刷组件

端盖分前端盖(驱动端盖)和后端盖(整流端盖)，其作用是安装轴承和其他零部件，支撑转轴，封闭内部构件。交流发电机的前/后端盖由铝合金铸成，铝合金为非导磁材料，可减少漏磁，并具有重量轻、散热性好等优点。

后端盖上安装有电刷组件，电刷组件包括电刷、电刷架和电刷弹簧。电刷有两个，用于引入励磁电流，电刷安装在电刷架的孔内，借弹簧张力使电刷与滑环保持良好接触。国产交流发电机的电刷架有两种形式：一种电刷架可以直接从发电机的外部拆装，如图 3.6(a)所示，这种电刷的拆装和更换在发电机外部即可进行，拆装检修方便，被广泛采用；另一种内装式电刷架在更换时，只能在拆下端盖后才能拆装，如图 3.6(b)所示。

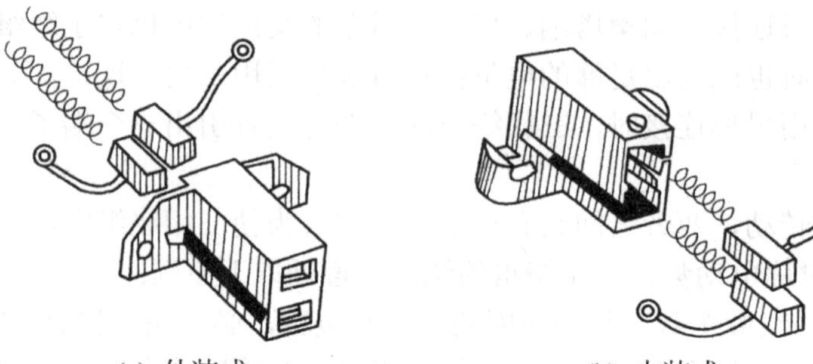

(a) 外装式 (b) 内装式

图 3.6 电刷组件

交流发电机有内、外搭铁之分，所以电刷的引线接法也有不同。对于内搭铁交流发电机，如图 3.7(a)所示，其磁场绕组直接通过交流发电机外壳搭铁，一根电刷引出线接到发电机后端盖上的磁场接线柱“F”(或标“磁场”)上，另一根电刷的引线用螺钉固定在后端盖搭铁接线柱“–”(或标“E”)上。对于外搭铁交流发电机，如图 3.7(b)所示，其磁场绕组必须通过电压调节器后再搭铁，所以电刷引线必须分别与发电机后端盖“F+”(或“F_1”)和“F–”(或“F_2”)接线柱相连。

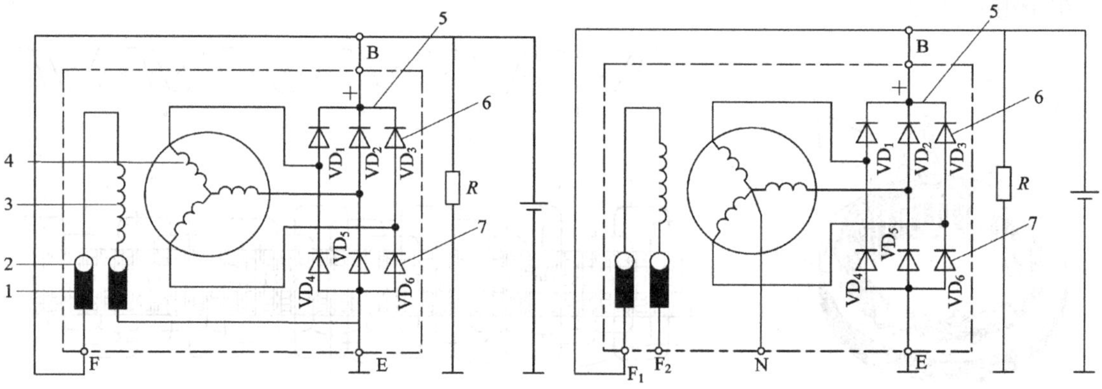

(a) 内搭铁式 (b) 外搭铁式

1—电刷；2—滑环；3—励磁绕组；4—三相定子绕组；5—整流器；6—正二极管；7—负二极管

图 3.7 交流发电机的搭铁形式

4) 整流器

整流器由正整流板和负整流板组成，如图 3.8 所示，其作用是将三相定子绕组输出的交流电通过三相桥式整流变成直流电向外输出。

整流器大多由 6 只硅二极管组成，部分发电机还有 3 只小功率励磁二极管和 2 只中性点二极管。外壳为正极、中心引线为负极的二极管称为负极管，外壳为负极、中心引线为正极的二极管称为正极管。安装二极管的散热板称为整流板(也称元件板)，通常用铝合金制作以利于散热。现代汽车用交流发电机都有两块整流板。安装 3 只正二极管的整流板称为正整流板，安装 3 只负二极管的整流板称为负整流板(也有个别发电机将 3 只负二极管安装在后端盖上)。两块整流板绝缘地安装在一起，它与后端盖用尼龙或其他绝缘材料制成的垫片隔开，且固定在后端盖上。

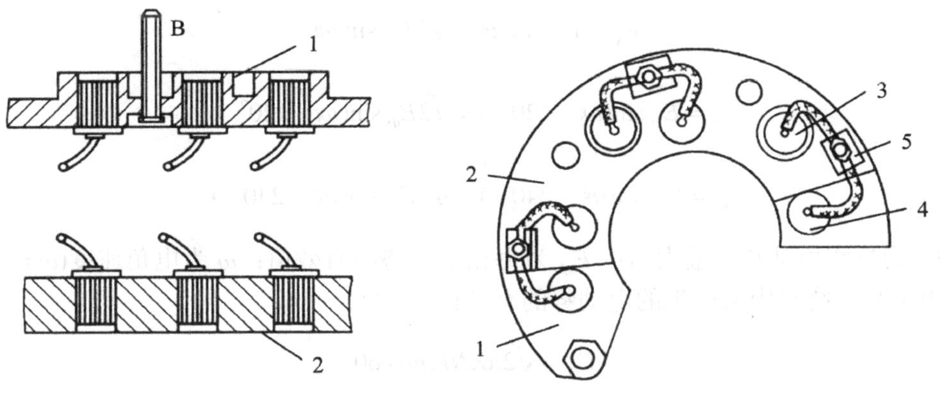

(a) 正、负整流板　　(b) 整流板总成

1—正整流板；2—负整流板；3—正极管；4—负极管；5—绝缘垫

图 3.8　整流板

安装在正整流板上并与之绝缘的三个接线柱分别固定正、负极管子的引线和来自三相定子绕组的起端。与正整流板连接在一起的螺栓引至后端盖外部，并与后端盖绝缘作为发电机的输出接线柱，该接线柱为发电机的正极，其标记为“B”(或“+”、“电枢”等)。

5) 风扇和皮带轮

在发电机前端盖前安装有风扇和 V 形皮带轮，由发动机通过 V 形带驱动发电机带轮和转子转动。发电机的通风散热依靠风扇来实现。发电机的后端盖上有进风口，前端盖上有出风口，当皮带轮与风扇一起旋转时，空气高速流过发电机内部，进行强制通风冷却。

二、交流发电机的工作原理及特性

1. 交流发电机的工作原理

1) 交流发电机的发电原理

交流发电机产生交流电的基本原理是电磁感应原理，如图 3.9 所示。

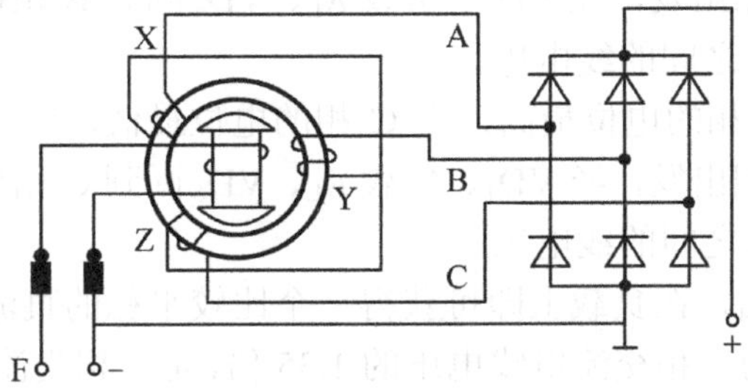

图 3.9　交流发电机的工作原理

磁场绕组通入直流电后产生磁场，转子旋转时，定子绕组与磁力线有相对的切割运动，从而在定子绕组中产生交流电。由于三相定子绕组对称绕制，所以在三相绕组中产生频率相同、幅值相等、相位互差 120° 电角度的对称电动势 e_A、e_B 和 e_C。

三相绕组所产生的感应电动势可用下列方程式表示：

$$e_A = E_m \sin \omega t = \sqrt{2} E_\Phi \sin \omega t$$

$$e_B = E_m \sin(\omega t - 120^\circ) = \sqrt{2} E_\Phi \sin(\omega t - 120^\circ)$$

$$e_C = E_m \sin(\omega t - 240^\circ) = \sqrt{2} E_\Phi \sin(\omega t - 240^\circ)$$

式中，E_m 为每相电动势的最大值；E_Φ 为每相电动势的有效值；ω 为电角速度($\omega = 2\pi f$)。

发电机每相绕组中所产生的电动势的有效值 E_Φ 为

$$E_\Phi = \sqrt{2}\pi KNPn\Phi / 60$$

式中，K 为定子绕组系数；N 为定子每相绕组的匝数；P 为磁极对数；n 为发电机转速；Φ 为每极磁通。

对于某个发电机而言，$\sqrt{2}\pi KNP/60$ 是常量，可用一个 C(称为电机结构常数)代替，即

$$E_\Phi = Cn\Phi$$

上式表明，交流发电机定子绕组中所产生的电动势的有效值取决于发电机的转速和磁场的磁通量，这一性质将直接决定着交流发电机的输出电压值。

2) 整流原理

整流器是利用硅二极管的单向导电性，将交流电转换成直流电的装置。在汽车交流发电机中，整流是利用三相桥式整流电路来完成的，如图 3.10(a)所示。3 个正二极管 VD_1、VD_3、VD_5 组成共阴极接法，而 3 个负二极管 VD_2、VD_4、VD_6 组成共阳极接法。在同一瞬间，只有与电位最低的一相绕组相连的负二极管导通，同样，只有与电位最高的一相绕组相连的正二极管导通，同时导通的两个管子总是将发电机的电压加在负荷两端，如图 3.10(c)所示。

根据上述原则，其整流过程如下：

在 t_1～t_2 时间内，A 相的电位最高，而 B 相的电位最低，所以对应 VD_1、VD_4 处于正向导通状态，电流从 A 相出发，经 VD_1、负载 R_L、VD_4 回到 B 相构成回路。此时，发电机的输出电压为 A、B 绕组之间的线电压。

在 t_2～t_3 时间内，A 相的电位最高，而 C 相的电位最低，所以对应 VD_1、VD_6 处于正向导通状态，电流从 A 相出发，经 VD_1、负载 R_L、VD_6 回到 C 相构成回路。此时，发电机的输出电压为 A、C 绕组之间的线电压。

以此类推，周而复始，在负载上即可获得一个比较平稳的直流脉动电压。交流发电机输出直流电压的平均值为三相交流电线电压的 1.35 倍，是三相交流电相电压的 2.34 倍，即：

$$U = 1.35U_L = 2.34U_\Phi$$

式中，U 为输出直流电压平均值；U_L 为定子绕组线电压的有效值；U_Φ 为定子绕组相电压的有效值。

有的发电机具有中性点接线柱，夏利轿车采用的 JFZ1542 八管交流发电机除了三相桥式整流电路的 6 只二极管外，还有 2 只中性点二极管。八管交流发电机将三相定子绕组的

三个末端，即中性点引出，其接线柱的标记为“N”，它和发电机外壳之间的电压叫中性点电压。中性点电压 U_N 是通过 3 个负二极管三相半波整流后得到的直流电压，所以等于发电机直流输出电压的一半，即 $U_N = U/2$。中性点电压一般用来控制各种用途的继电器，如磁场继电器、充电指示灯继电器等。

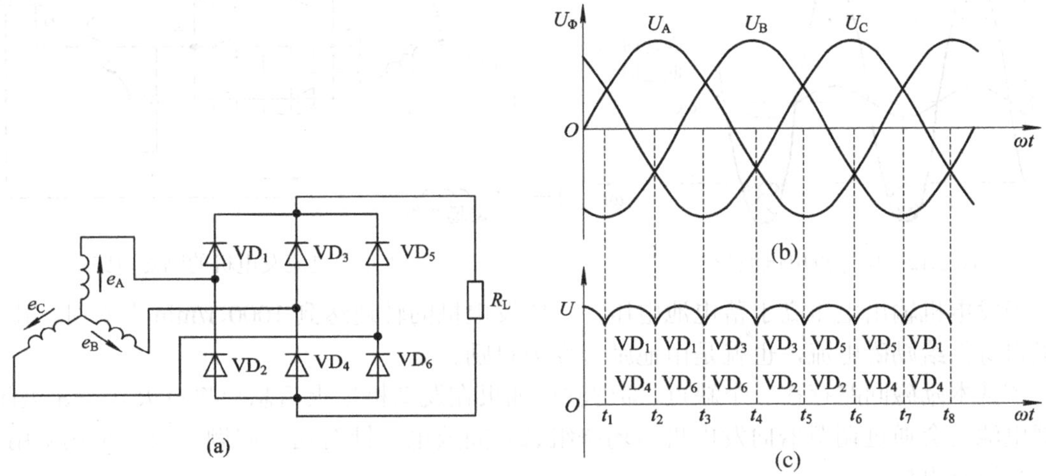

图 3.10　三相桥式整流电路及电压波形

利用中性点二极管的输出可以提高发电机的输出功率，如图 3.11 所示。实践证明，加装 2 只中性点二极管后，在发电机转速超过 2000 r/min 时，其输出功率可提高 10%～15%。

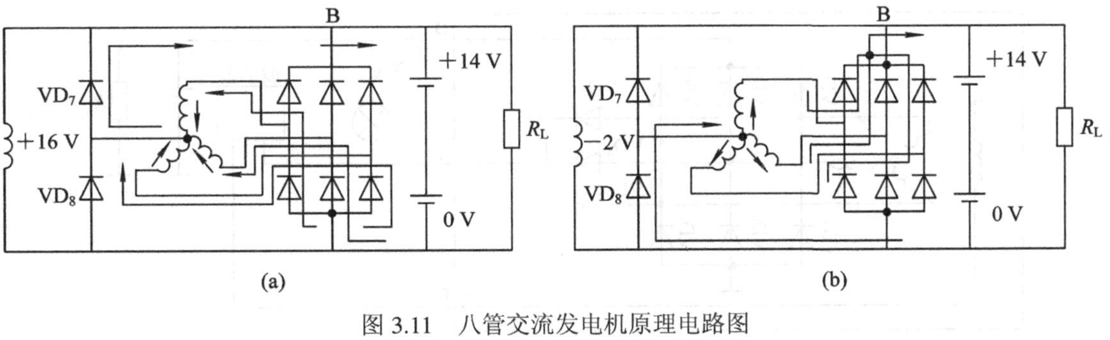

图 3.11　八管交流发电机原理电路图

发电机高速运转时，当中性点电压的瞬时值高于输出电压(平均电压 14 V)时，从中性点输出电流，如图 3.11(a)所示，其输出电路为：定子绕组→中性点二极管 VD_7→负载(包括蓄电池)→负极管→定子绕组。当中性点电压瞬时值低于搭铁电位时，流过中性点二极管 VD_8 的电流如图 3.11(b)所示，其输出电路为：定子绕组→正极管→“B”接线柱→负载(包括蓄电池)→中性点二极管 VD_8→定子绕组。

当交流发电机输出电流时，中性点的电压含有交流成分，即中性点三次谐波电压，且幅值随发电机的转速而变化，如图 3.12 所示。二极管 VD_7、VD_8 充分利用中性点三次谐波电压向负载供电，从而提高发电机的输出功率。

3) *励磁方式*

汽车交流发电机的磁场靠励磁产生，必须给磁场绕组通电才会产生磁场。交流发电机的励磁电路如图 3.13 所示。汽车发电机在输出电压建立前后分别采用他励和自励两种不同的励磁方式。汽车上发电机必须与蓄电池并联，开始发电时，采用他励方式，由蓄电池向励磁绕组供电，增强磁场，使发电机输出电压随发电机转速很快上升。

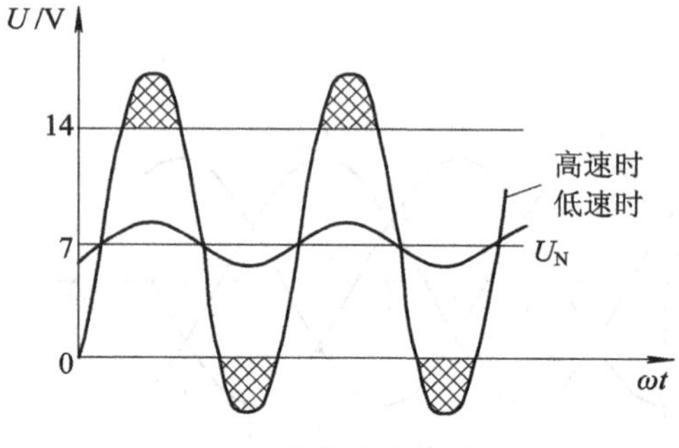

图 3.12　中性点电压波形

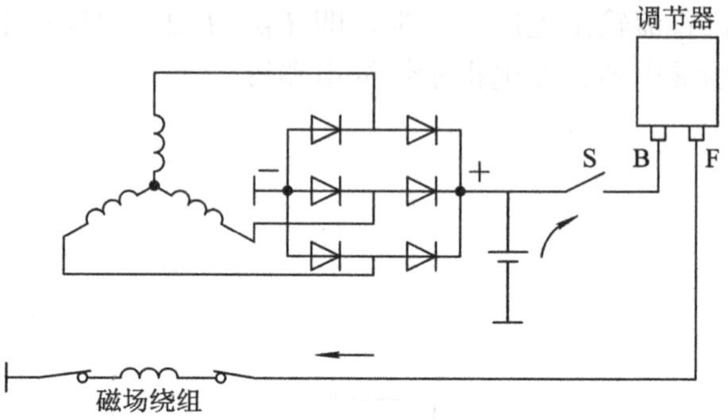

图 3.13　交流发电机的励磁电路

当发电机输出电压高于蓄电池电压，一般发电机的转速达到 1000 r/min 左右时，由发电机自身供给励磁电流，也就是由他励转变为自励。

该基本励磁回路存在一个缺点，即驾驶员如果在发动机熄火后忘记将点火开关 S 关闭，则蓄电池就会通过调节器向发电机磁场绕组长时间放电。针对这一问题，很多车辆采用了九管交流发电机。

九管交流发电机的特点是除了常用的 6 只二极管外，又增加了 3 只功率较小的二极管，专门用来供给磁场电流，又称为磁场二极管。采用磁场二极管后，可以省去充电指示灯继电器，其线路连接关系如图 3.14 所示。

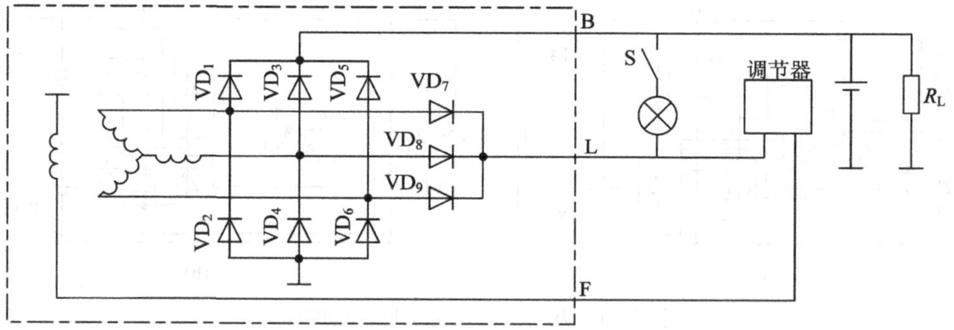

图 3.14　九管交流发电机充电系统电路图

发电机工作时，定子三相绕组产生的三相交流电动势，经 VD_1～VD_6 这 6 只二极管组成的三相桥式整流电路整流后，输出直流电压 U_B 向蓄电池充电，并向用电设备供电。发电机的磁场电流由 3 只磁场二极管 VD_7、VD_8、VD_9 和 3 只共阳极二极管 VD_2、VD_4、VD_6 组成的三相桥式整流电路整流后的直流电压供给。

发电机工作时，充电指示灯由蓄电池端电压与磁场二极管输出端“L”的电压 U_L 的差值控制。随着发电机转速升高，U_L 升高，指示灯亮度减弱。当发电机电压达到蓄电池充电电压时，发电机开始自励，此时指示灯因两端的电位相等而熄灭，表示发电机已经正常工作。当发电机转速降低或发电机有故障时，U_L 降低，指示灯发亮。利用充电指示灯，不仅可以指示发电机的工作情况，而且可以在停车后发亮，提醒驾驶员及时关闭点火开关。

桑塔纳、奥迪、丰田皇冠等轿车均装有十一管交流发电机，其整流器总成由 6 只三相桥式整流二极管、3 只磁场二极管和 2 只中性点二极管组成，如图 3.15 所示。十一管交流发电机兼有八管交流发电机与九管交流发电机的特点和作用。

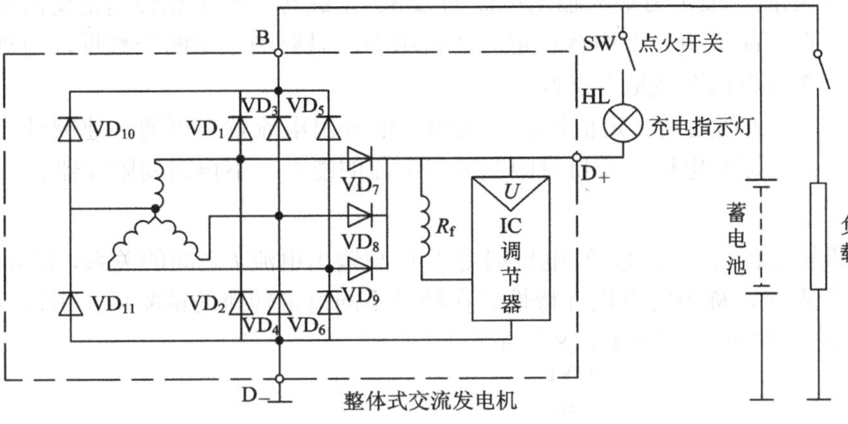

图 3.15　十一管交流发电机原理电路图

2. 交流发电机的工作特性

汽车用硅整流交流发电机的工作特点是转速变化范围大，对于一般汽油发动机来说，其转速变化约为 1 : 8，柴油机约为 1 : 5，因此分析汽车用交流发电机的特性必须以转速为基础，进而分析各有关量的变化。交流发电机的工作特性是指发电机经整流后输出的直流电压 U、电流 I 和发电机转速 n 之间的关系，包括空载特性、输出特性和外特性。

1) 空载特性

空载特性是指发电机空载运行时，发电机端电压 U 和转速 n 之间的关系，即负载电流 $I=0$ 时，$U=f(n)$的函数曲线，如图 3.16 所示。

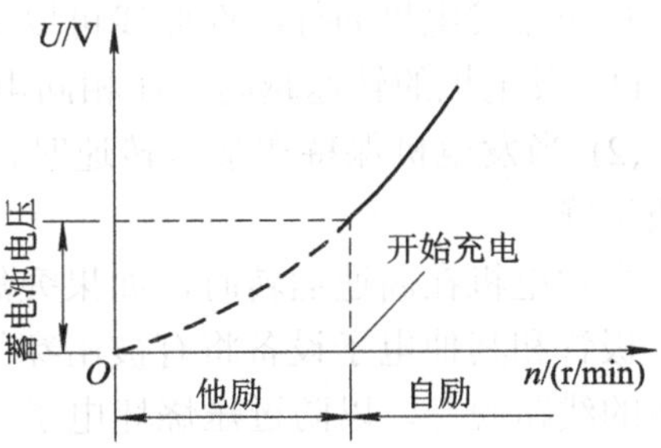

图 3.16　交流发电机的空载特性

从该曲线可以看出，随着转速的升高，端电压上升较快，由他励转入自励时，即能向蓄电池进行补充充电。空载特性是判断交流发电机充电性能是否良好的重要依据。

2) 输出特性

交流发电机的输出特性又叫负载特性或输出电流特性。它是指发电机向负载供电时，保持发电机输出电压恒定(对 12 V 的发电机规定为 14 V，对 24 V 的发电机规定为 28 V)的情况下，发电机的输出电流 I 与发电机转速 n 之间的关系，即 $U=$ 常数时，$I=f(n)$的函数曲线。交流发电机的输出特性曲线如图 3.17 所示。

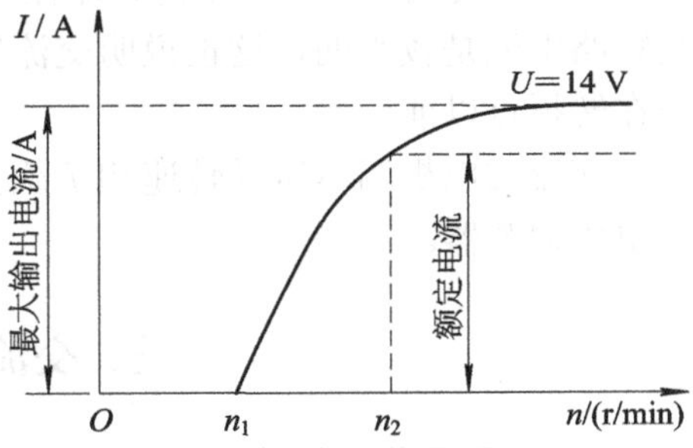

图 3.17　交流发电机的输出特性

由交流发电机的输出特性曲线可以得出以下结论：

(1) 发电机在较低的空载转速 n_1 时，就能达到额定输出电压值，因此具有低速充电性能好的优点。空载转速值 n_1 是选定发动机与发电机之间传动比的主要依据。

(2) 当发电机转速升至满载转速 n_2 时，即可输出额定功率的电能(即额定电流与额定电压之积)，额定电流一般定为最大输出电流的 2/3。空载转速和满载转速是交流发电机的主要性能指标，在产品说明书中均有规定。在使用中，只要测量这两个数据，与规定值相比较，就可以判断发电机性能是否良好。

(3) 当发电机转速达到一定值以后，发电机的输出电流就不再随转速的升高而增大。这个性能表明：交流发电机具有自身限制输出电流的能力，不再需要限流器。

3) 外特性

当发电机转速保持一定时，发电机端电压 U 与输出电流 I 之间的关系，即 $n=$ 常数时，$U=f(I)$的函数曲线，称为发电机外特性。在经过不同恒定转速的试验后，可以画出一组相似的 $U=f(I)$外特性曲线，如图 3.18 所示。

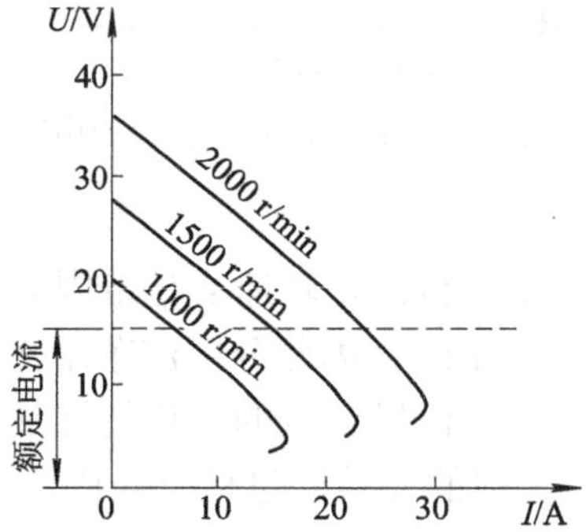

图 3.18　交流发电机的外特性

从交流发电机的外特性曲线可以得出以下结论：

(1) 发电机的转速越高，在相同电压下其输出电流越大或相同电流下其输出电压越高。

(2) 当发电机保持在某一转速时，随着负载，即输出电流的增加，发电机的端电压会很快下降。

当发电机在高速运转时，如果突然失去负载，则其端电压会急剧升高，这时发电机中的二极管和其他电子设备将有被击穿的危险。因此发电机工作时，绝不可以将发电机与蓄电池的线路脱开，以防过压烧坏电子元件。

(3) 当发电机输出电流增大到一定值时，如果负载再增加，则其输出电流不仅不会增加，反而会同端电压一起下降，即在外特性曲线上存在一个转折点。所以当发电机短路时，其短路电流是较小的，这也说明交流发电机具有自身限制电流的功能。一般交流发电机工作在转折点以前。

交流发电机端电压受转速和负载变化的影响较大，因此，要使输出电压稳定，必须配备电压调节器。

三、交流发电机的电压调节器

1．电压调节器的功用

通过交流发电机的工作原理知道，发电机直流输出电压与发电机的转速和磁极的磁通成正比。汽车用交流发电机工作时，其转速很不稳定，且变化范围很大，为了使汽车用电设备电压恒定，发电机必须要有一个自动的电压调节装置。交流发电机的电压调节器的作用就是当发动机转速变化时，自动对发电机的电压进行调节，使发电机的电压稳定，以满足汽车用电设备的要求。

2. 电压调节器的基本原理

由于发电机的电动势及端电压与磁极磁通量成正比关系，所以当发电机转速上升而使发电机的电压上升时，可以通过适当减小磁极磁通量的方法使发电机电压保持稳定。

汽车用交流发电机电压调节器调节的电路如图 3.19(a)所示。调节器动作的控制参量为发电机电压，即当发电机电压达到设定的上限值 U_2 时，调节器动作，使磁场绕组的励磁电流 I_f 下降或断流，从而减弱磁极磁通量，使发电机电压下降；当发电机电压下降至设定的下限值 U_1 时，调节器又动作，使 I_f 增大，磁通量增强，发电机电压又上升；当发电机的电压上升至 U_2 时又重复上述过程，使发电机的电压在设定的范围内波动，最终得到一个稳定的平均电压 U_e。发电机在某一转速下，调节器起作用后的发电机电压波形如图 3.19(b)所示。

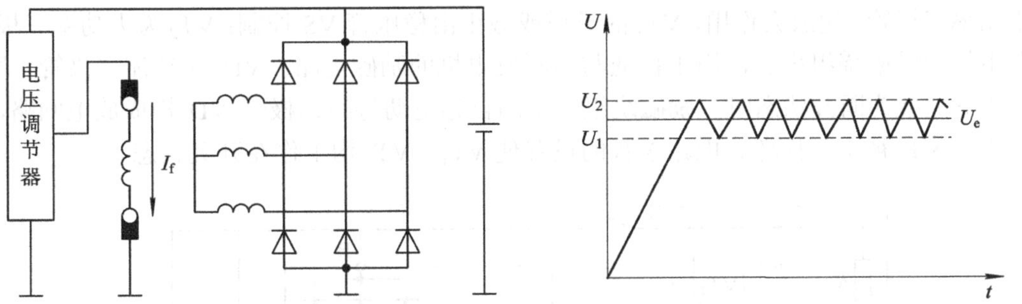

(a) 发电机电压调节器的工作原理图　　(b) 发电机电压调节器工作时的电压波形

图 3.19　发电机电压调节器基本原理

目前汽车上使用的电压调节器多为晶体管式电压调节器和集成电路式电压调节器，如图 3.20 所示。由于交流发电机有内搭铁、外搭铁之分，调节器也可分为内搭铁式(与内搭铁式交流发电机配套使用)和外搭铁式(与外搭铁式交流发电机配套使用)。对于晶体管调节器，在使用过程中，最好使用汽车说明书中指定的调节器，如果采用其他型号替代，那么除标称电压、功率等规定参数要与原调节器相同外，代用调节器也必须与原调节器的搭铁形式相同，否则，发电机可能由于励磁电路不通而不能正常工作。

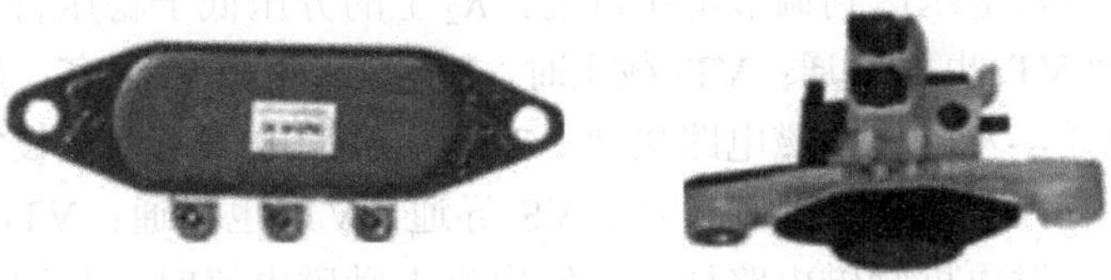

(a) 晶体管式电压调节器　　(b) 集成电路式电压调节器

图 3.20　电子电压调节器

四、电子电压调节器的工作原理

早期的触点式电压调节器通过改变触点闭合或断开的时间长短来改变流过励磁绕组的

电流大小，从而保持发电机电压恒定。目前基本被淘汰。与触点式电压调节器相比，电子电压调节器具有体积小、重量轻、调节反应敏捷、无触点烧蚀、使用寿命长等优点。

各种型号的电子电压调节器内部电路各不相同，下面介绍电子调节器的基本电路。实际电路要复杂得多，但工作原理可由基本电路去理解。

1．晶体管式电压调节器

晶体管式电压调节器是利用晶体三级管的开关作用，控制发电机励磁电路的通、断，在发电机转速发生变化时，调节励磁电路的电流，使发电机电压保持稳定。

国内外生产的晶体管调节器一般外部有三个接线柱，分别为“+”(或“火线”、“B”)接线柱、“–”(或“搭铁”、“E”)接线柱、“F”(或“磁场”)接线柱，分别与发电机的三个接线柱对应连接。

内搭铁式晶体管调节器基本电路如图 3.21 所示。发电机电压通过 R_1、R_2 组成的分压器，将一定比例的电压加于稳压管 VS；稳压管 VS 根据发电机电压的变化而导通或截止；VT_1 为小功率三极管，起放大作用，VT_1 的导通或截止由稳压管 VS 控制；VT_2 为大功率三极管，和发电机的励磁绕组串联，用于接通与切断发电机的励磁电路；VD 是续流二极管，励磁电路由导通变为断开状态时，励磁绕组产生的自感电动势经二极管 VD 构成放电回路，防止三极管 VT_2 被击穿损坏。电路参数的设置使 VT_1、VT_2 均工作在开关状态。

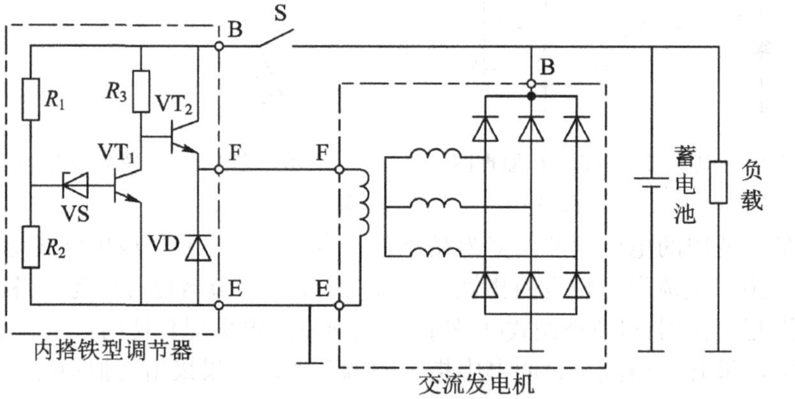

图 3.21 内搭铁式晶体管调节器的基本电路

工作时，在发电机电压达到调节电压以前，R_2 上的分压低于稳压管 VS 的反向击穿电压，VS 不导通，使 VT_1 也不导通；VT_1 截止时，VT_2 的基极电位很高，使 VT_2 有足够高的正向偏压而饱和导通，发电机励磁电路接通。当发电机的电压上升至设定的调节电压时，R_2 上的分压达到了稳压管 VS 的导通电压，VS 导通，VT_1 也导通；VT_1 饱和导通后，VT_2 无正向偏压而截止，发电机励磁电路切断。发电机无励磁电流时，其端电压迅速下降，当降到 R_2 上的分压不足以维持稳压管 VS 导通时，VS 截止，VT_1 也截止，VT_1 截止后又使 VT_2 导通，发电机励磁电路又接通。如此反复，使发电机的电压维持在设定的调节电压值。实际上，VT_2 开关频率很高，发电机输出电压很稳定。

图 3.22 所示是适用于外搭铁式发电机的电压调节器的基本电路。该电路通过大功率三极管 VT_2 控制“F”与“E”的通与断，而内搭铁式晶体管调节器是通过大功率三极管 VT_2

控制“B”与“F”的通与断的，但其基本工作原理与内搭铁式发电机调节器类似。

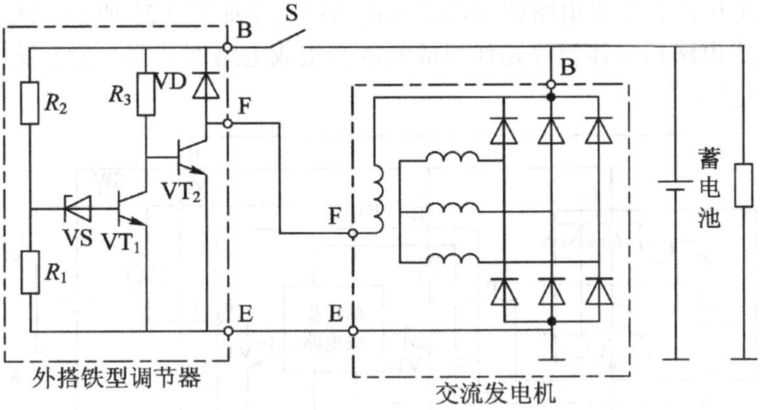

图 3.22　外搭铁式晶体管调节器的基本电路

2．集成电路式电压调节器

集成电路式电压调节器又称为 IC 电压调节器，目前国内外生产的集成电路调节器的结构大多采用混合式，即由混合电路加集成电路组成。

集成电路式电压调节器通过对汽车电源电压变化的检测，利用晶体管的开关特性控制硅整流交流发电机励磁电流的相应变化，以达到稳定发电机输出电压的目的。按检测电源电压的方法不同，集成电路式调节器的电压检测法可分为发电机电压检测法和蓄电池电压检测法两种。

1) 集成电路式电压调节器电压检测方法

(1) 发电机电压检测法。发电机电压检测法的线路如图 3.23 所示。加在分压器 R_1、R_2 上的电压是磁场二极管输出端“L”的电压 U_L，发电机输出端“B”的电压为 U_B。因为 $U_L=U_B$，所以，通过调节器检测点“P”加到稳压管 VS 两端的反向电压 U_P 与发电机的端电压 U_B 成正比，该线路也称为发电机电压检测法。

(2) 蓄电池电压检测法。蓄电池电压检测法的线路如图 3.24 所示。加在分压器 R_1、R_2 上的电压为蓄电池端电压，由于通过检测点“P”加到稳压管 VS 上的反向电压与蓄电池的端电压成正比，所以该线路称为蓄电池电压检测法。

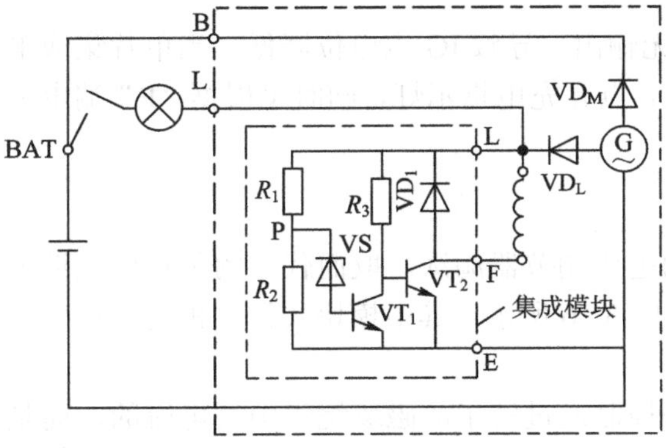

图 3.23　发电机电压检测法的线路图

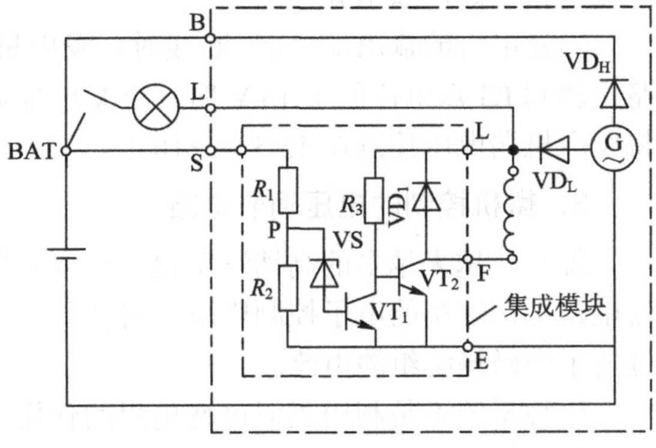

图 3.24　蓄电池电压检测法的线路图

2) 集成电路式电压调节器实例

夏利轿车发电机内装集成电路调节器及充电系统电路如图 3.25 所示。该发电机调节器是由一块单片集成电路和晶体管等元件组成的混合集成电路调节器，装于发电机内部，构成整体式交流发电机。

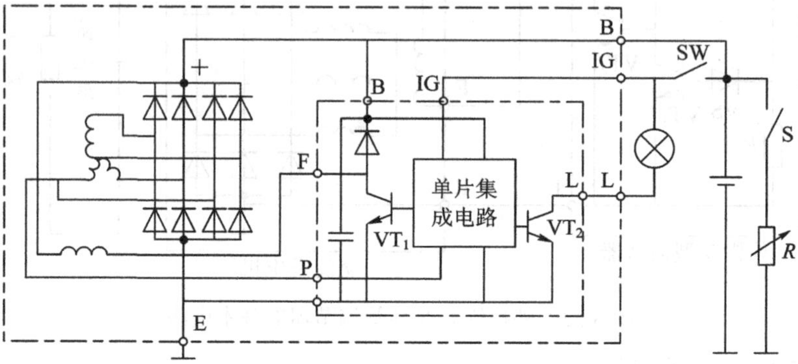

图 3.25 夏利轿车集成电路调节器及充电系统电路

调节器的工作过程如下：

(1) 接通点火开关，发动机尚在停止状态时，蓄电池端电压经接线柱 IG 输入单片集成电路，当集成电路检测到这个电压时，三极管 VT_1 导通，磁场绕组中有电流流过，电流流向为：蓄电池正极→接线柱“B”→磁场绕组→VT_1→搭铁→蓄电池负极。发电机定子绕组未发电，所以“P”端子电压为 0，集成电路收到“P”端零电压信号，使三极管 VT_2 导通，充电指示灯亮，表明此时发电机未对外供电。

(2) 发电机运转后，其端电压高于蓄电池端电压而小于调节电压时，VT_1 仍导通，但发电机由他励转为自励，并向蓄电池充电。同时，由于“P”端电压输入单片集成电路使 VT_2 截止，所以充电指示灯会熄灭，表示发电机工作正常。

(3) 当发电机电压随转速升高到调节电压时，单片集成电路检测出该电压，于是 VT_1 由导通变为截止，磁场绕组中电流消失，发电机电压下降。当电压下降到略低于调节电压时，单片集成电路使 VT_1 又导通，如此反复，发电机输出电压被稳定在调节电压范围内。

磁场电路断路时，“P”端电压信号异常，单片集成电路检测到后，控制 VT_2 导通，点亮充电指示灯，以示异常。

当发电机的输出端“B”断线时，发电机无输出，导致 IG 点电位降低。当单片集成电路检测到 IG 点电位低于 13 V 时，令 VT_2 导通，点亮充电指示灯，同时可根据“P”端电位将发电机端电压控制在 13.3 V～16.3 V。

3. 微机控制的电压调节电路

现在，越来越多的高档汽车已将分立式的电压调节器淘汰，取而代之的是将电压调节器电路接在汽车的电子控制模块或组件中，如图 3.26 所示，其中模块式计算机用于控制通过转子中磁场绕组的电流。

这种系统不是利用类似可变电阻的作用来控制通过转子的磁场绕组中的电流的，而是由微机以每秒 400 个脉冲的固定频率向磁场提供电流脉冲，通过改变占空比得到正确的励磁电流平均值，从而使发电机输出适当的电压。

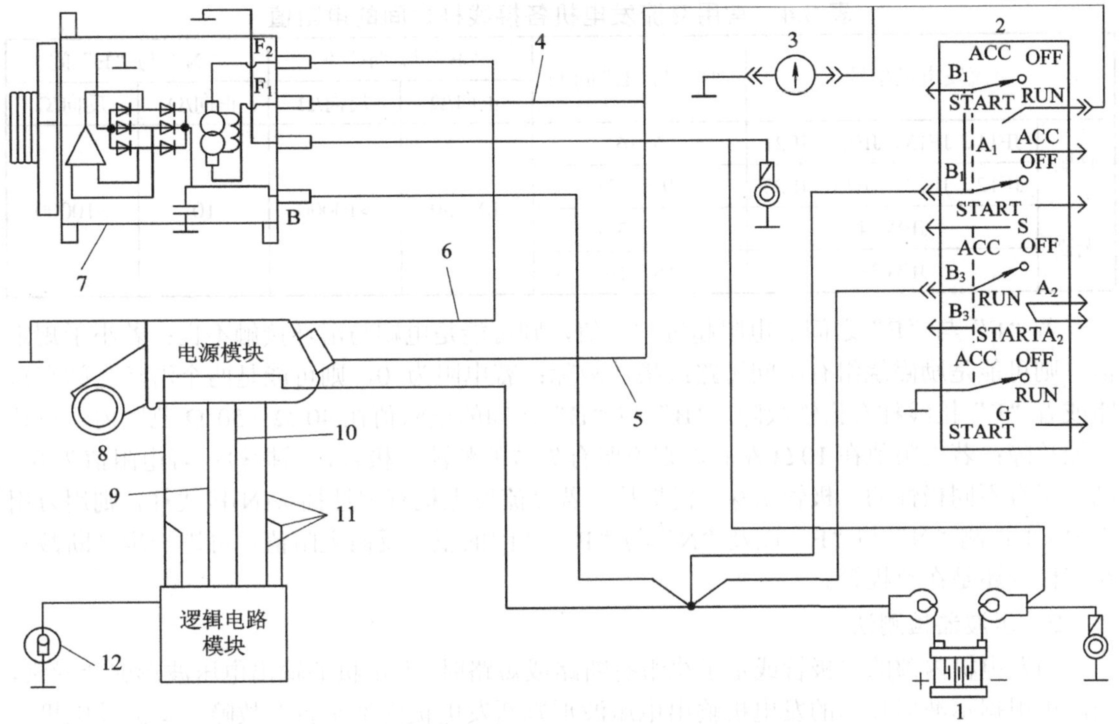

1—蓄电池；2—点火开关；3—电压表；4—点火开关相线；5—点火开关馈电线；
6—磁场控制线；7—交流发电机；8—蓄电池信号；9—电压调节器信号；
10—蓄电池温度信号；11—点火供电；12—电源损耗灯

图 3.26　计算机控制调压电路

【任务实施】

一、交流发电机的整机检测

当充电系统出现故障时，如果经检查明确为交流发电机故障，可将发电机从汽车上拆卸下来做进一步检查。

1．万用表检测法

在发电机不解体时，用万用表测量发电机各接线柱之间的电阻值，可初步判断发电机是否有故障。其方法是用万用表 $R\times 1$ 挡测量发电机“F”与“E”之间的电阻值、发电机“B”与“E”之间的电阻值等，记录所测数值，结果填入表 3.3 中，并与相应的标准值(几种交流发电机各接线柱之间的电阻值见表 3.4)比较。

表 3.3　发电机测量结果

交流发电机型号	“F”与“E”间/Ω	“B”与“E”间		“N”与“E”间	
		正向/Ω	反向/Ω	正向/Ω	反向/Ω

表 3.4　常用交流发电机各接线柱之间的电阻值

交流发电机型号		“F”与“E”间/Ω	“B”与“E”间		“N”与“E”间	
			正向/Ω	反向/Ω	正向/Ω	反向/Ω
有刷	JF11、JF13、JF15、JF21	5～6	40～50	>10000	10	>10000
	JF12、JF22、JF23、JF25	19.5～21				
无刷	JFW14	3.5～3.8				
	JFW28	15～16				

若“F”与“E”之间的电阻超过规定值，则可能是电刷与滑环接触不良；若小于规定值，则可能是励磁绕组有匝间短路或搭铁故障；若电阻为 0，则可能是两个滑环之间有短路或者“F”接线柱有搭铁故障。“B”与“E”之间的电阻值在 40 Ω～50 Ω 范围内，可认为无故障；若电阻值在 10 Ω 左右，则说明有失效的整流二极管，需拆检；若电阻值为 0，则说明有不同极性的二极管击穿，需拆检。若交流发电机有中性抽头(N)接线柱，则用万用表 $R\times1$ 挡测“N”与“E”以及“N”与“B”之间的正、反向电阻值，可进一步判断故障在正极管还是在负极管。

2．示波器检测法

当发电机内部的二极管或定子绕组有断路或短路时，发电机的输出电压波形就会异常，因此可根据示波器显示的发电机输出电压波形判断发电机内部是否有故障。交流发电机正常输出电压和常见故障时的输出电压波形如图 3.27 所示。

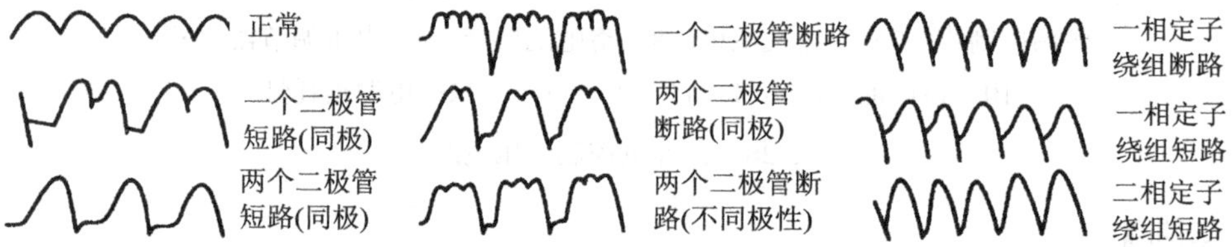

图 3.27　交流发电机正常输出电压和常见故障时的输出电压波形

3．硅整流发电机的试验

硅整流发电机的性能主要通过发电机空载和负载两个试验进行测试。测试后将发电机试验数据填入表 3.5，对发电机做出综合评价。

表 3.5　发电机试验数据

	检测内容 / 测试项目	电压/V	电流/A	转速/(r/min)	
交流发电机试验	空载试验			标准值	
				实测值	
	负载试验			标准值	
				实测值	

二、交流发电机的拆装与部件检修

当确认发电机有故障后，就需要解体发电机，对有关部件进行检修。以丰田汽车发电机拆装检修为例，可按图 3.28 所示的拆卸、分解、检修、组装和安装五个步骤进行。

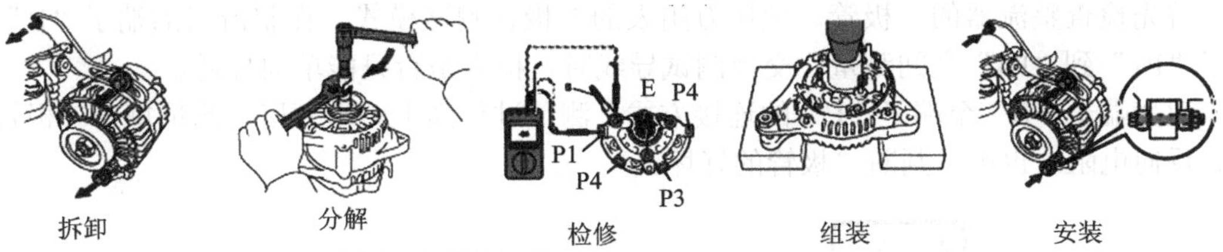

图 3.28 交流发电机的拆装检修

1．拆卸

(1) 脱开蓄电池负极(–)端子电缆。断开蓄电池负极(–)电缆之前，应对 ECU 等元件内保存的信息做记录。

(2) 脱开发电机电缆和连接器。拆卸发电机电缆定位螺母，断开发电机电缆。

(3) 拆卸发电机。

拧松发电机安装螺栓，然后拆卸传动皮带。拆卸所有的发电机安装螺栓，然后拆卸发电机(对于无调节螺栓，传动皮带张紧力的调节通过用杠杆移动发动机附件来实现)。

2．分解

(1) 拆卸发电机皮带轮。

(2) 拆卸发电机电刷座总成。

(3) 拆卸发电机调节器总成。

(4) 拆卸整流器(如图 3.29 所示)。

(5) 拆卸发电机转子总成(驱动端盖、转子、整流器端盖)。

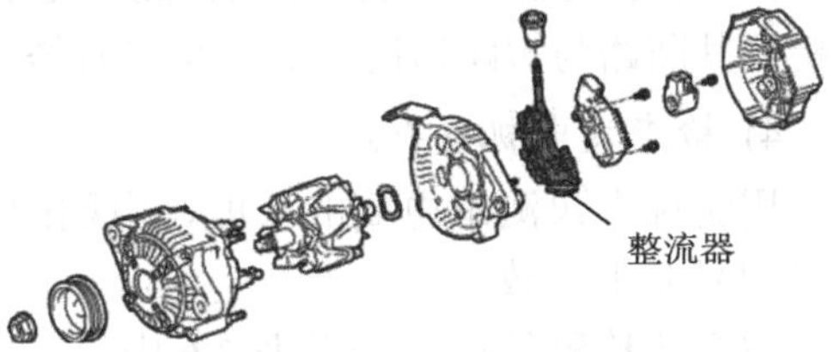

图 3.29 拆卸整流器

3．检修

1) 检查发电机转子总成

(1) 检查滑环变脏或烧蚀的程度，滑环表面应平整光滑。若有轻微烧蚀，则应用“00”号砂纸打磨。

(2) 用布料和毛刷清洁滑环和转子。

(3) 检查滑环之间是否导通。一般使用万用表检查滑环之间是否导通，如图 3.30 所示。

(4) 检查滑环和转子间的绝缘。一般用万用表检查滑环和转子间的绝缘，如图 3.31 所示。

(5) 测量滑环。一般用游标卡尺测量滑环的外径。如果测量值超过规定的磨损极限，则应更换转子。

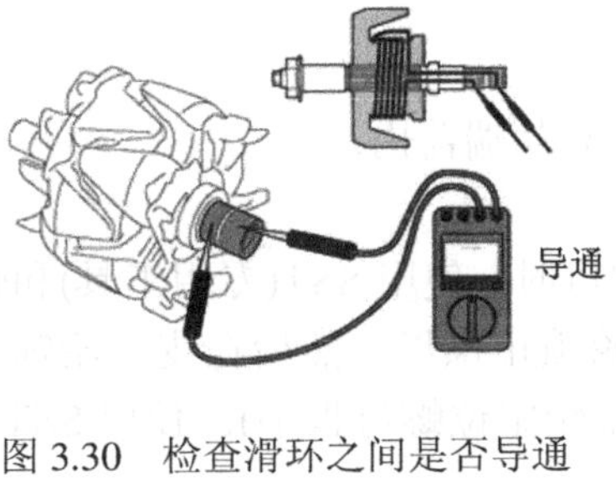

图 3.30 检查滑环之间是否导通

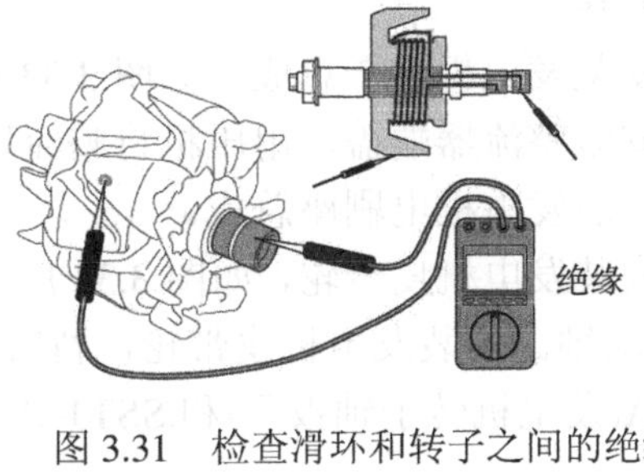

图 3.31 检查滑环和转子之间的绝缘

2) 检查带整流器的发电机座(如图 3.32 所示)

首先检查整流器的二极管。使用万用表的二极管测试模式，在整流器的端子“B”和端子“P1”到“P4”之间测量，交换测试导线时，检查是否只能单向导通。

改变端子“B”至端子“E”的连接方式，测量过程同上。用万用表测量每个二极管的正、反向电阻，也可以判断二极管的好坏。

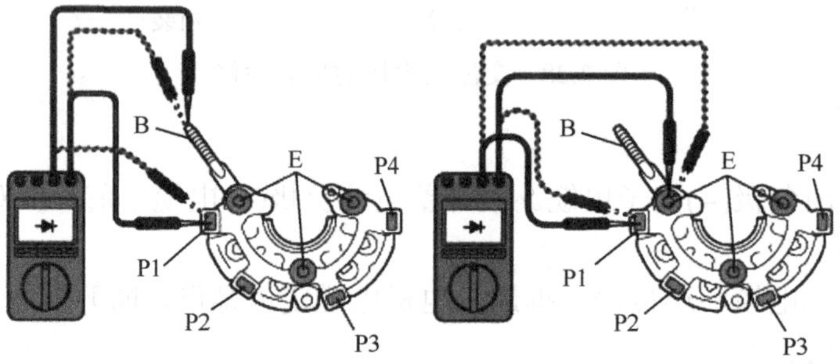

图 3.32　检查带整流器的发电机座

3) 定子检修

(1) 定子绕组搭铁的检测：即检查定子绕组与定子铁芯间的绝缘情况。

(2) 定子绕组断路与短路的检测：定子绕组的阻值一般很小，因而采用检测电流的方法来检测其断路与短路情况。定子绕组有搭铁、断路或短路故障，均需重绕或更换定子总成。

4) 检查发电机电刷座

用游标卡尺测量电刷的长度，电刷的长度低于 7 mm 时应更换。更换时应注意电刷的规格型号要求一致。

将上述检测结构记录于表 3.6 中。

表 3.6　发电机测量记录

<table>
<tr><td colspan="7">转子绕组检查记录</td><td colspan="7">定子绕组检查记录</td></tr>
<tr><td colspan="3" rowspan="2">转子绕组导通电阻/Ω</td><td colspan="4" rowspan="2">转子绕组绝缘电阻/Ω</td><td colspan="5">定子绕组各相间电阻/Ω</td><td colspan="2" rowspan="2">定子绕组绝缘电阻/Ω</td></tr>
<tr><td>X-Y</td><td colspan="2">Y-Z</td><td colspan="2">Z-X</td></tr>
<tr><td rowspan="4">二极管检查</td><td colspan="6">正二极管电阻/Ω</td><td colspan="7">负二极管电阻/Ω</td></tr>
<tr><td colspan="2">1</td><td colspan="2">2</td><td colspan="2">3</td><td colspan="3">1</td><td colspan="2">2</td><td colspan="2">3</td></tr>
<tr><td>正向</td><td>反向</td><td>正向</td><td>反向</td><td>正向</td><td>反向</td><td>正向</td><td colspan="2">反向</td><td>正向</td><td>反向</td><td>正向</td><td>反向</td></tr>
<tr><td></td><td></td><td></td><td></td><td></td><td></td><td></td><td colspan="2"></td><td></td><td></td><td></td><td></td></tr>
</table>

4．组装

(1) 安装发电机转子总成，如图 3.33 所示。

(2) 安装整流器端盖，用压机将整流器端盖压到驱动端盖内。

(3) 安装发电机电刷座总成。

(4) 安装发电机皮带轮，如图 3.34 所示。拧紧螺母时，使用 SST(专用工具)和螺母保持不动，转动轴。安装发电机皮带轮，暂时安装皮带轮锁止螺母。然后在皮带轮轴的末端安装 SST1-A(发电机转子轴扳手)和 SST1-B(发电机皮带轮定位螺母扳手)。使用 SST1-A 在皮带轮轴一端，将 SST1-A 和 SST1-B 拧紧到指定的力矩。将 SST2(发电机皮带轮定位螺母扳手)卡到台钳上，然后在 SST1-A 和 SST1-B 都安装到发电机上的情况下，将皮带轮锁止螺母装入 SST 的六角部分。逆时针旋转 SST1-A 来紧固皮带轮锁止螺母，然后从 SST2 上拆卸发电机。

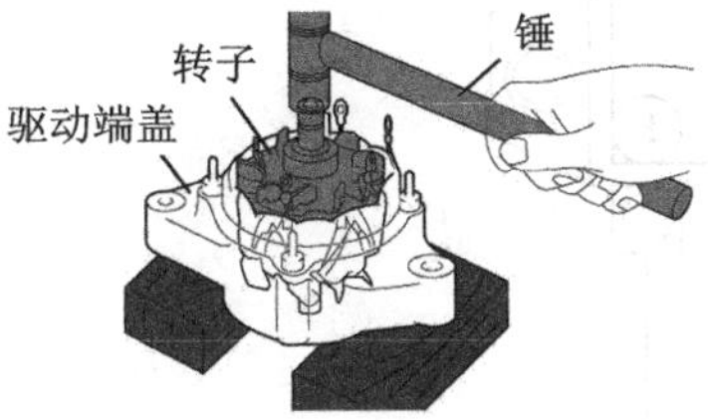

图 3.33　安装发电机转子总成

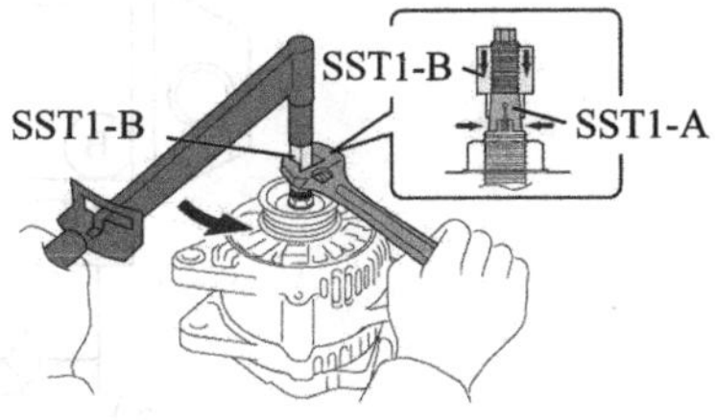

图 3.34　安装发电机皮带轮

使用 SSTI-B 保持不动的同时，顺时针旋转 SST1-A 来旋松它，然后从发电机上拆卸 SST1-A 和 SST1-B。确认皮带轮旋转平稳。

5．安装

(1) 安装发电机。

(2) 连接发电机电缆和连接器。

(3) 连接蓄电池负极。

三、电压调节器的检查

1．晶体管式电压调节器的检查

对晶体管式电压调节器进行检查前，应先了解调节器的电路特点及搭铁极性，再确定相应的测试方法。

1) 内搭铁式晶体管电压调节器的测试

将可调直流电源与调节器按图 3.35 所示的线路接好，再逐步提高电源电压。当电压达到 6 V 左右时，指示灯点亮。继续提高电源电压，当电压达到 13.5 V～14.5 V 时，指示灯应熄灭，此时电压即为调节器的调节电压。若灯在电压达 6 V 时不亮，或者发电机电压超过规定值后灯仍不熄灭，则说明该调节器有故障。

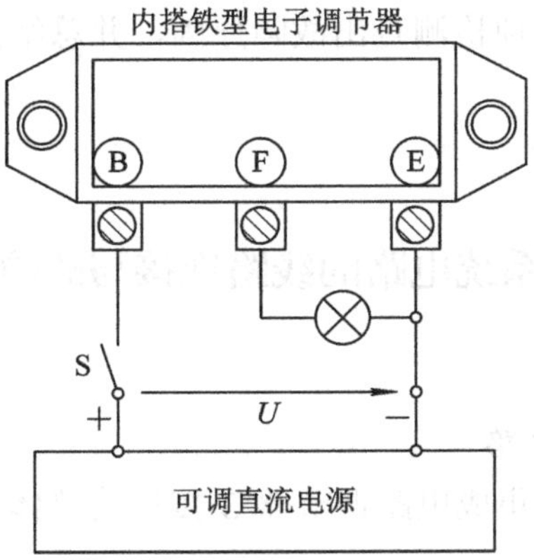

图 3.35　内搭铁式晶体管电压调节器的测试

2) 外搭铁式晶体管电压调节器的测试

外搭铁交流发电机工作时，磁场绕组通过调节器搭铁，具体测试线路连接如图 3.36 所示。其测试方法与内搭铁式晶体管电压调节器的测试方法完全相同。

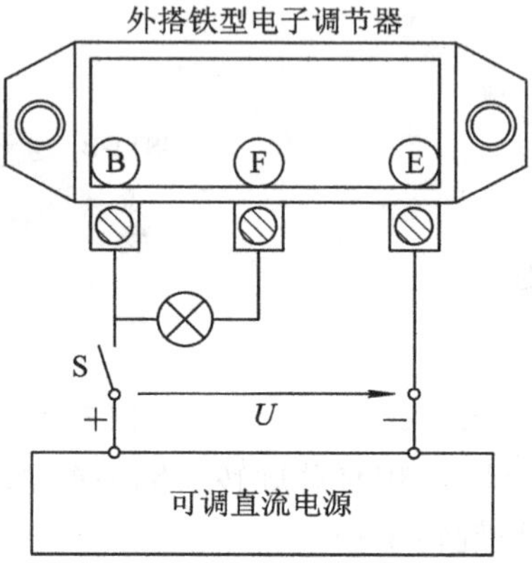

图 3.36　外搭铁式晶体管电压调节器的测试

2．集成电路电压调节器的检查

在检查集成电路电压调节器之前，必须弄清楚集成电路电压调节器引出线的根数及接线方法，以防将电源极性接错。否则加上测试电压以后，调节器会因瞬时短路而损坏。有条件的应使用集成电路检查仪测试集成电路调节器。

任务 2　充电系统的故障诊断

【任务描述与解析】

一辆桑塔纳汽车，在发动机运转时，充电指示灯不亮，蓄电池亏电。关闭发动机，将点火开关置于“ON”挡，充电指示灯也不亮，这说明充电指示系统电路有故障。要求对该车的电源系统进行检测，查出故障原因并进行修复。

充电系统常见故障现象还有很多种，要准确排除故障，首先要了解交流发电机及充电系统线路。本任务的目的是使学习者熟悉电源系统的基本构成，根据故障现象分析可能的故障原因，确定诊断流程，逐项检测查出故障原因，并总结出电源系统常见故障的诊断与排除程序。

【相关知识】

充电系统电路的线路连接与故障诊断

1．充电系统电路举例

1) 桑塔纳轿车电源系统电路

桑塔纳轿车采用的是内装集成电路调节器 3 接柱的整体式十一管交流发电机，其充电系统电路如图 3.37 所示。

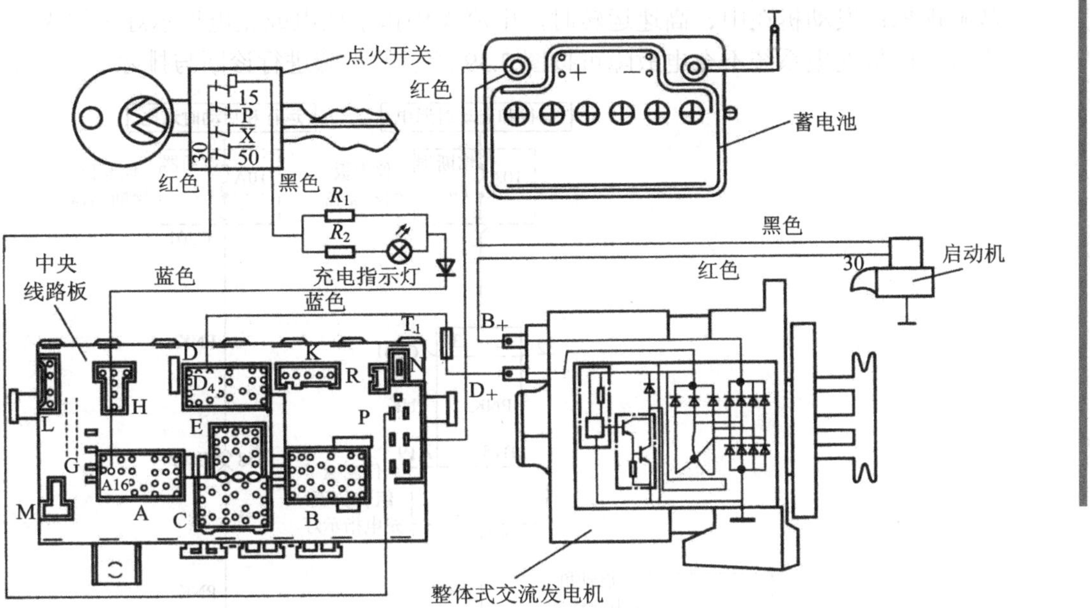

图 3.37　桑塔纳轿车电源系统电路简图

当发电机端电压低于蓄电池端电压时，充电指示灯及发电机励磁绕组线路为：蓄电池正极→中央线路板单端子插座“P”端子→中央线路板内部线路→中央线路板单端子插座“P”端子→点火开关 30 端子→点火开关 15 端子→电阻 R_2 和充电指示灯(发光二极管)→二极管→中央线路板“A16”端子→中央线路板内部线路→中央线路板“D4”端子→单端子连接器 T_1(蓄电池旁边)→交流发电机“D_+”端子→发电机的励磁绕组→电子调节器大功率三极管→搭铁→蓄电池负极。

当发电机端电压高于蓄电池端电压，但未达到调压值时，则由 3 只励磁二极管的共阴极端(D_+)直接向励磁绕组提供电流。

2) 凯越轿车电源系统电路

凯越轿车采用内装集成电路调节器整体式交流发电机，充电系统电路如图 3.38 所示，其电压调节器采用的是发电机电压检测法。

发电机输出接线柱(BAT)通过启动机主接线柱给用电设备供电和蓄电池充电，“F”接线柱接点火开关“IG”挡的 15 端子，“L”接线柱接仪表的充电指示灯，控制充电指示灯的亮灭。

2. 充电系统的故障诊断与排除

充电系统常见故障有不充电、充电电流过小、充电电流过大、充电不稳等。故障原因可能是风扇带打滑、发电机故障、调节器故障、磁场继电器故障、充电系统各连接线路有断路或短路处，以及蓄电池、电流表、充电指示灯、点火开关等有故障。诊断充电系统故障时，应综合考虑整个系统各部分之间的关系，仔细阅读说明书和线路图，按照一定的检查步骤逐步缩小范围，最后找出故障所在。

1) 外装调节器式充电系统的故障诊断与排除

(1) 不充电故障的诊断与排除。

故障现象：发动机在中、高速运转时，电流表仍指示放电或充电指示灯不熄灭。交流发电机充电系统不充电故障可按图 3.39 所示的步骤进行诊断与排除。

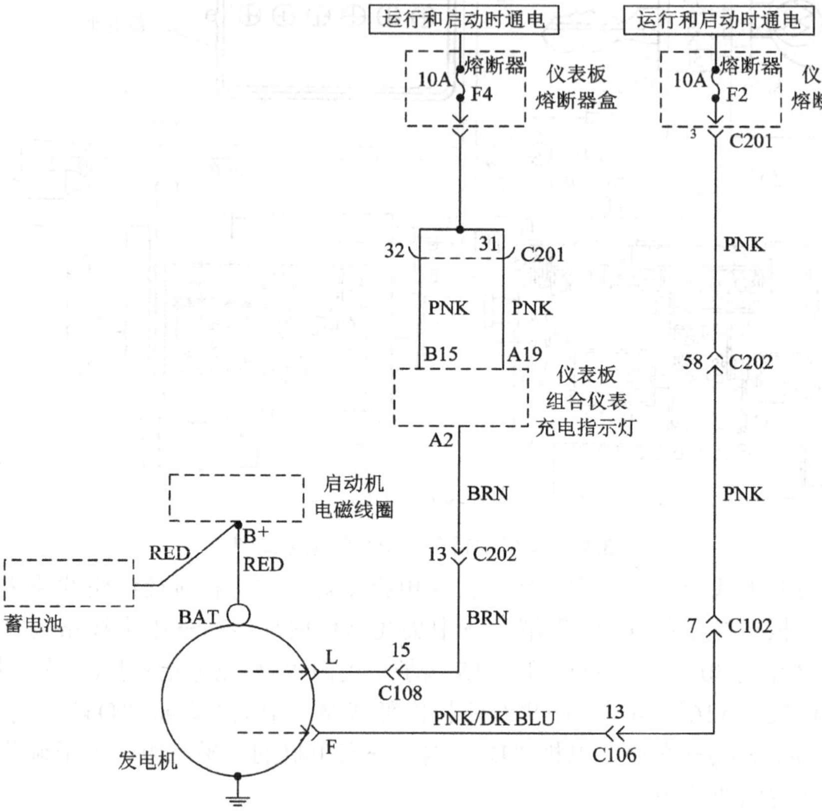

图 3.38 别克凯越轿车充电系统电路图

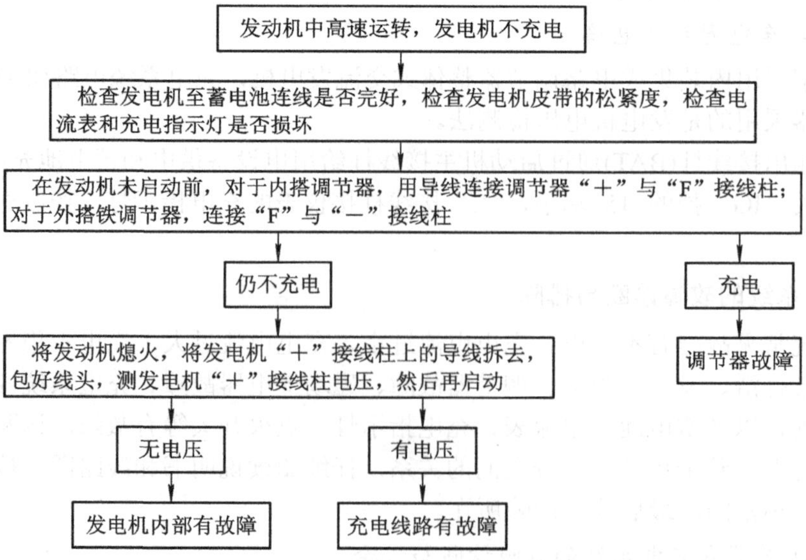

图 3.39 外装调节器充电系统不充电故障的诊断与排除程序

(2) 充电电流过小故障的诊断与排除。

故障现象：在蓄电池充电性能良好的情况下，发电机在各转速下充电电流均很小。

交流发电机充电系统充电电流过小故障可按图 3.40 所示的步骤进行诊断。

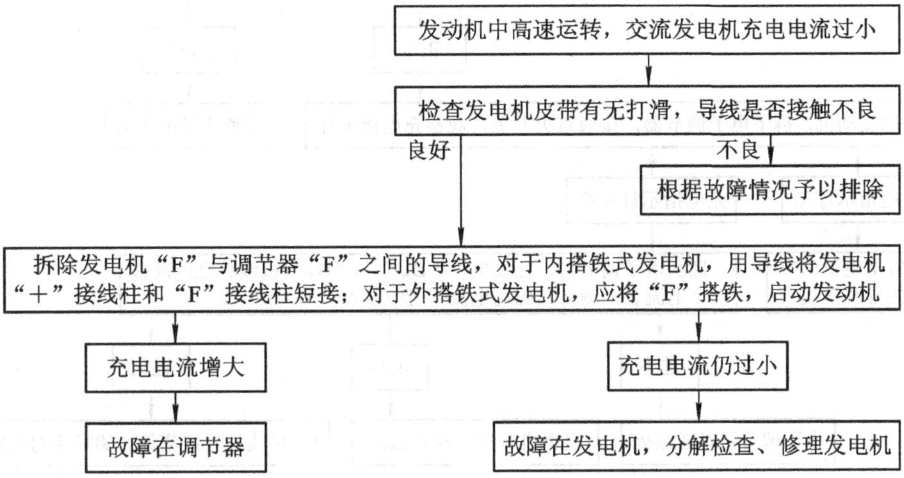

图 3.40　外装调节器充电系统充电电流过小故障的诊断与排除程序

2) 整体式交流发电机充电系统的故障诊断与排除

下面以桑塔纳轿车为例，说明整体式交流发电机充电系统故障的判断方法。

(1) 不充电故障的诊断与排除。上海桑塔纳轿车充电系统不充电的故障诊断步骤如图 3.41 所示。

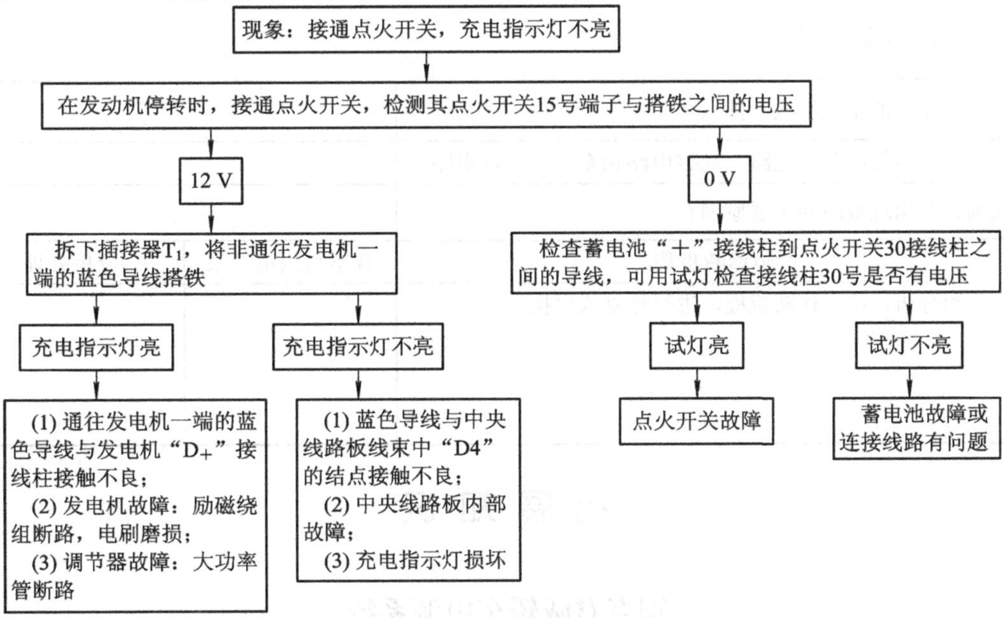

图 3.41　整体式交流发电机充电系统不充电故障的诊断与排除程序

(2) 充电电流过小故障的诊断与排除。桑塔纳轿车充电电流过小的故障诊断步骤如图 3.42 所示。

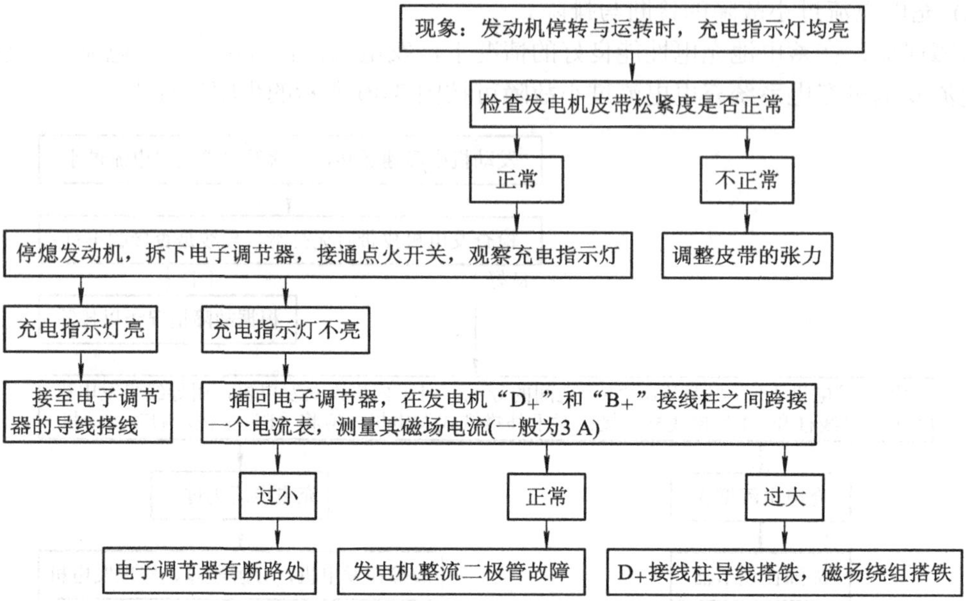

图 3.42 整体式交流发电机充电系统充电电流过小故障的诊断与排除程序

【任务实施】

针对所在小组任务实施的具体汽车，对其电源系统电路图进行分析，并完成表 3.7。

表 3.7 充电系统的故障诊断记录

被测车型		发电机型号	
描述故障现象			
该车充电系统的主要组成元件			
分析交流发电机的整流电路、励磁电路和充电指示灯电路			
你认为该车出现故障的主要原因有			
故障诊断步骤		观察与测量结果	分析处理
通过小组分析，确定诊断流程，进行修复或更换			

拓 展 知 识

别克君威轿车电源系统

1. 别克君威轿车电源系统的线路连接

别克君威轿车电源系统电路如图 3.43 所示。调节器安装于发电机内部，“S”端子向调节器提供参考电压，调节器根据该端电压的变化而输出不同宽度的磁场脉冲；“L”端子为调节器的控制端，“F”端子为磁场脉冲输出端，“P”端子为发电机转速信号脉冲输出端。

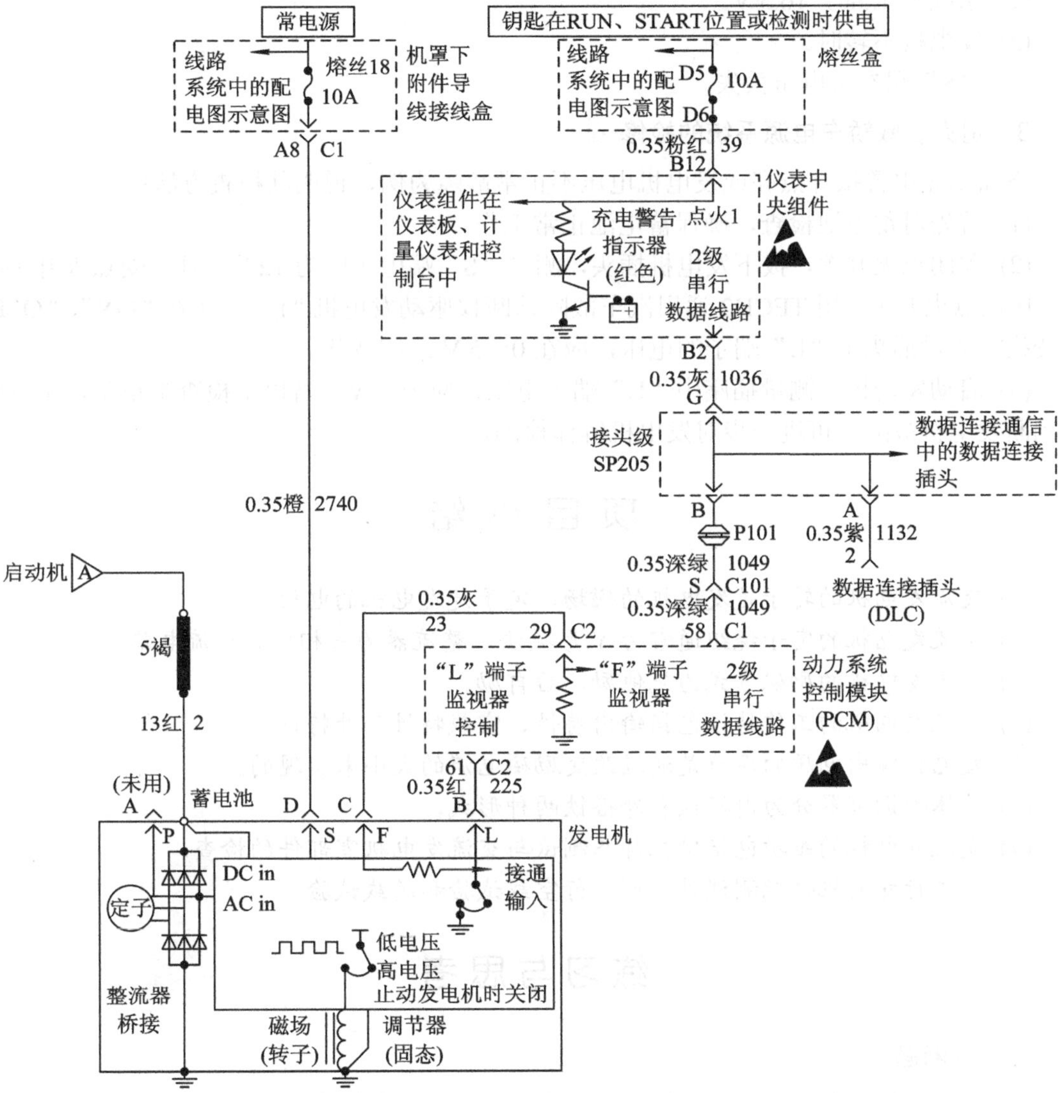

图 3.43　别克君威 2.5GL、3.0GS 电源系统电路图

2．别克君威轿车电源系统的工作原理

发电机内调节器是否工作取决于其“L”端的指令，发电机正常运转时，动力系统模块PCM 向发电机“L”端提供 5 V 电压，调节器根据发电机电压向磁场绕组提供合适占空比的磁场脉冲。当点火开关接通但发动机没有运转或转速过低时，PCM 切断“L”端子输出电压，调节器将切断磁场绕组的电流。

充电报警灯是由 PCM 通过 Class-2 串行数据总线控制的。PCM 控制报警灯点亮的条件是 PCM 插头 C2 的 61 引脚检测到发电机“L”端接地。调节器通过交流电压输入端(AC in)感知发电机是否运转。以下四种情况时，调节器控制“L”端接地，PCM 收到信号后通过串行数据总线控制充电报警灯点亮：

(1) 系统电压低于 11.2 V。

(2) 系统电压高于 16.5 V。

(3) 发电机不转时。

(4) “S”端参考电压丢失。

3. 别克君威轿车电源系统的检修

下面以充电警报灯点亮或发电机电压不正常故障为例，说明其检查方法：

(1) 首先对蓄电池检查，确保蓄电池正常工作。

(2) 关闭点火开关，拔下发电机插头，测量“S”端电压应为 12 V，且不受点火开关控制。接通点火开关，用 TECH2 通用汽车故障诊断仪驱动发电机“L”端子在“ON”、“OFF”间变换，测量插头中“L”端子的电压，应在 0～5 V 之间变化。

(3) 启动发动机，测量插座中“L”端子电压，应为 5 V。若以上检查都正常，基本可以判断发电机故障，可进一步对发电机解体检测。

项目小结

(1) 交流发电机的转子是发电机的磁场，定子是发电机的电枢。

(2) 交流发电机的定子绕组通常为 Y 形接法，整流器为三相桥式整流电路。

(3) 交流发电机的励磁方式为先他励，后自励。

(4) 交流发电机的工作特性包括输出特性、空载特性和外特性。

(5) 发电机输出电压的调节是通过改变励磁电流的大小来实现的。

(6) 晶体管调节器分为内搭铁和外搭铁两种形式。

(7) 交流发电机的维护包括单机静态测试与交流发电机零部件的检查。

(8) 在进行发电机性能测试时，可进行空载试验和满载试验。

练习与思考

一、判断题

1. 交流发电机中硅整流器中的正二极管的负极为发电机的正极。(　　)

2. 交流发电机中性点 N 的输出电压为发电机电压的一半。(　　)

3. 在三相桥式整流电路中，每个二极管导通的时间占整个周期的 1/2。(　　)

4. 内搭铁调节器和外搭铁调节器可以互换使用。(　　)

5. 交流发电机的励磁方法为：先他励，后自励。(　　)

6. 交流发电机的定子绕组通常为 Y 形接法，整流器为三相桥式整流电路。(　　)

7. 充电指示灯亮就表示启动蓄电池处于放电状态。(　　)

8. 硅整流发电机可以用短接接线柱试火的方法检查故障。(　　)

9. 定子绕组的连接方式有星形和三角形两种方式，交流发电机常采用三角形的连接方式。(　　)

10. 交流发电机是利用硅二极管的单相导电特性把交流电转换为直流电的。(　　)
11. 交流发电机的输出特性表明它具有限制输出电流的能力。(　　)

二、选择题

1. 交流发电机转子的作用是(　　)。

A. 发出三相交流电动势　　B. 产生磁场　　C. 变交流为直流

2. 发电机调节器是通过调整(　　)来调整发电机电压的。

A. 发电机的转速　　B. 发电机的励磁电流　　C. 发电机的输出电流

3. 硅整流器中每个二极管的正向电流为负载电流的(　　)。

A. 1/6　　B. 1/3　　C. 1/2

4. 硅整流发电机中性点的电压为直流输出电压的(　　)。

A. 1/2 V　　B. 1/3 V　　C. 1/6 V

三、简答题

1. 简述交流发电机的主要部件，并说出它们的作用。
2. 简述交流发电机的工作原理。
3. 什么是交流发电机的输出特性、空载特性与外特性？了解这些特性有何指导意义？
4. 交流发电机高速运转时突然失去负载有何危害？
5. 交流发电机的中性点输出有何功用？
6. 简述汽车交流发电机的检修过程。
7. 试分析 JFT106 型晶体管调节器的工作原理，并说明各主要电子元件的作用。
8. 如何对晶体管电压调节器进行测试？
9. 简述充电系统不充电故障的诊断与排除方法。
10. 根据学习体会，请对汽车充电系统检修过程进行总结。

项目四 启动系统的检修

【学习目标】

(1) 能认识启动系统各元件及其在汽车上的安装位置。
(2) 掌握启动机的结构、工作原理和特性。
(3) 掌握启动机的控制过程及控制电路。
(4) 能进行启动机的拆装、检测与分析。
(5) 掌握启动系统的线路连接，能够排除启动系统的故障。

任务 1 启动机的检修

【任务描述与解析】

一辆桑塔纳轿车，接通点火开关后，启动机快速转动但发动机却无法启动，也听不到齿轮的摩擦声和“嗒、嗒”的声音。判断是启动系统故障后，就需要对启动系统进行检修。如果诊断为启动机存在故障，则要求对启动机进行检测，查出故障原因并进行修复。

首先要认识启动机的作用与结构，熟悉启动机的工作原理、拆装步骤和检修方法；理解启动机的工作过程；启动机失效的原因很多，主要分为电路故障和机械故障；启动机的检测可分为整机检测和解体检测；启动机的检测方法很多，可根据需要及具体条件进行选择；要能通过对启动机的检测，查出故障原因。

【相关知识】

一、启动系统概述

发动机必须依靠外力带动曲轴旋转后，才能进入正常工作状态。通常把汽车发动机曲轴在外力作用下，从开始转动到怠速运转的全过程，称为发动机的启动。

电力启动在现代汽车上得到了广泛应用，启动系统的作用就是通过启动机将蓄电池的电能转换成机械运动来启动发动机，发动机启动之后，启动机便立即停止工作。

1．启动系统的组成

目前汽车上的启动系统一般由蓄电池、启动机和启动控制电路组成，如图 4.1 所示。启动控制电路包括启动按钮或开关、启动继电器、电磁开关等。

启动机是启动系统的核心部件。启动开关的作用是接通启动机电磁开关电路，使电磁开关通电工作。汽油发动机的启动开关与点火开关组合在一起，即点火开关设有启动挡。一些汽车的启动机控制电路中装有启动继电器，由启动继电器触点的开闭控制启动机电磁开关电路的通断，启动开关只是控制启动继电器线圈电路的通断，减小了通过启动开关的电流。

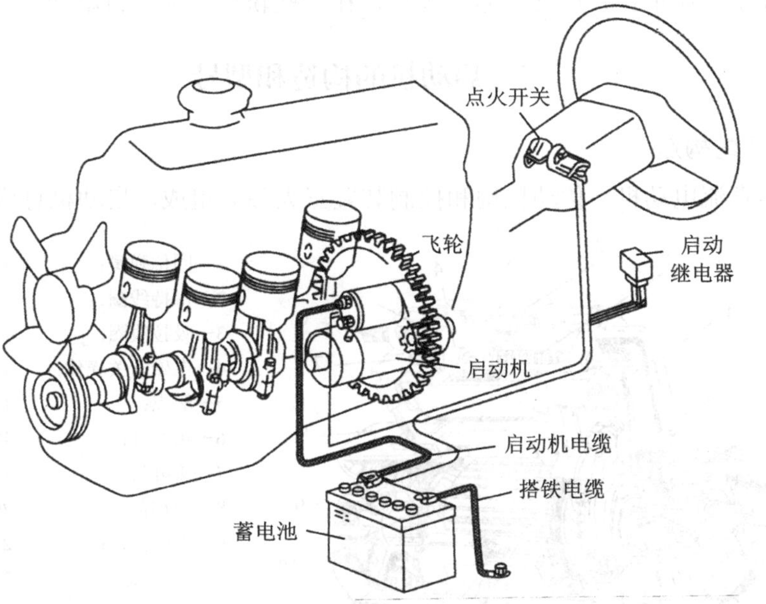

图 4.1　启动系统的组成

2．启动机的分类

1) 按电动机磁场产生的方式分类

(1) 励磁式启动机：通过向励磁绕组通电产生磁场。汽车上的启动机普遍都采用直流串励式电动机。

(2) 永磁式启动机：以永久磁铁作为磁极产生磁场。由于磁极采用永磁材料支撑，不需要磁场绕组，所以电动机结构简化，体积小、质量轻。

2) 按启动时启动机的操纵方式分类

(1) 直接操纵式启动机：由驾驶者通过脚踏启动踏板或手拉启动拉杆直接操纵拨叉，使启动机驱动齿轮轴向移动而啮入飞轮齿圈，并通过固定在操纵杆上顶压螺钉推动推杆，使启动机上的接触盘式开关接通电动机电路。这种方式现在已很少采用。

(2) 电磁操纵式启动机：由电磁开关通电后产生的电磁力控制驱动齿轮啮入飞轮齿圈和接通电动机电路。这种方式可实现远距离控制，操作方便，在现代汽车上普遍采用。

3) 按传动机构啮合方式分类

(1) 强制啮合式启动机：利用电磁力拉动杠杆机构，使驱动齿轮强制啮入飞轮齿圈。这种启动机工作可靠性高，结构也不复杂，因此在现代汽车上广泛采用。

(2) 电枢移动式启动机：利用磁极产生的电磁力使电枢产生轴向移动，带动固定在电枢轴上的驱动齿轮啮入飞轮齿圈。它的特点是结构比较复杂，主要用于采用大功率发动机的汽车，如太脱拉 T138、斯柯达 706R 等。

(3) 齿轮移动式启动机：利用电磁开关推动安装在电枢轴孔内的啮合杆，使驱动齿轮啮入飞轮齿圈。其结构也比较复杂，采用这种结构的一般是大功率的启动机。

(4) 减速式启动机：也是利用电磁吸力推动单向离合器，使驱动齿轮啮入飞轮齿圈的。

它的结构特点是在电枢和驱动齿轮之间装有一组减速齿轮，提高了启动机的启动转矩。它具有结构尺寸小、质量轻、启动可靠等优点，在一些轿车上应用日渐增多。

二、启动机的构造和型号

1．启动机的构造

启动机由直流电动机、传动机构和控制装置三大部分组成。启动机总成如图 4.2 所示。

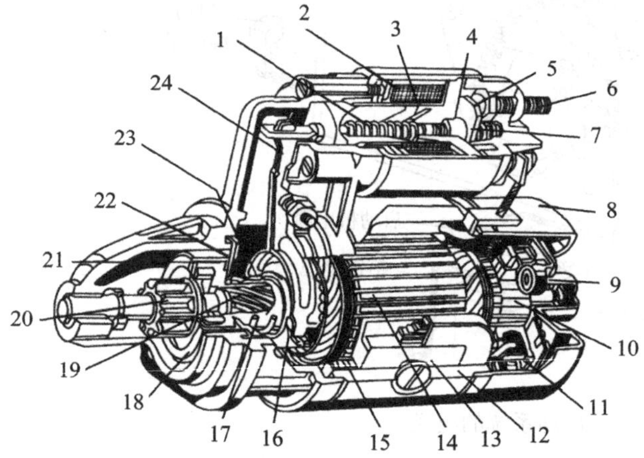

1—回位弹簧；
2—保持线圈；
3—吸拉线圈；
4—电磁开关壳体；
5—触点；
6—接线柱；
7—接触盘；
8—后端盖；
9—电刷弹簧；
10—换向器；
11—电刷；
12—磁极；
13—磁极铁芯；
14—电枢；
15—励磁绕组；
16—移动衬套；
17—缓冲弹簧；
18—单向离合器；
19—电枢轴花键；
20—驱动齿轮；
21—罩盖；
22—制动盘；
23—传动套筒；
24—拨叉

图 4.2　启动机总成

(1) 直流电动机：用于将蓄电池输入的电能转换为机械能，产生电磁转矩。汽车启动机一般均采用直流串励式电动机。“串励”是指电枢绕组与磁场绕组串联。

(2) 传动机构：其作用是在发动机启动时，使启动机的驱动齿轮与飞轮齿圈啮合，将电动机的转矩传递给发动机曲轴；在发动机启动后，又能使启动机驱动齿轮与飞轮齿圈脱离。

(3) 控制装置：又称电磁开关，其作用是接通和切断电动机与蓄电池之间的电路；对于某些汽油发动机，还兼有在启动时短路点火线圈附加电阻的作用。

不同类型的汽车上使用的启动机尽管形式不同，但其直流电动机部分基本相似，主要的区别在于传动机构和控制装置。

2．启动机的型号

根据中华人民共和国行业标准 QC/T 73－1993《汽车电气设备产品型号编制方法》规定，国产启动机的型号表示如下：

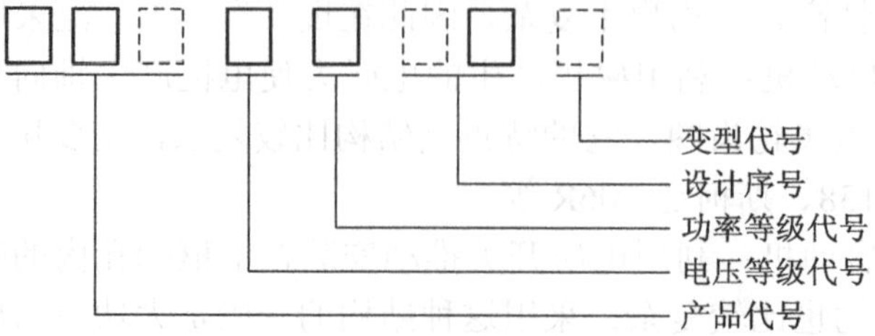

(1) 产品代号：启动机的产品代号 QD、QDJ、QDY 分别表示启动机、减速启动机及永

磁启动机。

(2) 电压等级代号：用一位阿拉伯数字表示，1 表示 12 V；2 表示 24 V；6 表示 6 V。

(3) 功率等级代号：用一位阿拉伯数字表示，其含义见表 4.1。

(4) 设计序号：按产品设计先后顺序，以 1 位或 2 位阿拉伯数字表示。

(5) 变型代号：在主要电器参数和基本结构不变的情况下，一般电器参数的变化和某些结构改变称为变型，以大写字母 A、B、C 等表示。

表 4.1　启动机功率等级代号

功率等级代号	1	2	3	4	5	6	7	8	9
功率/kW	0～1	1～2	2～3	3～4	4～5	5～6	6～7	7～8	8～9

例如，QD124 型表示额定电压为 12 V，功率为 1 kW～2 kW，第四次设计的启动机。

三、直流电动机

1. 串励式直流电动机的结构

汽车启动机一般均采用串励式直流电动机。串励式直流电动机是启动机最主要的组成部件，它的工作原理和特性决定了启动机的工作原理和特性。

直流电动机主要由电枢、磁极、电刷及机壳等部件组成，如图 4.3 所示。其中，电枢绕组与磁场绕组串联的直流电动机称为串励式直流电动机。

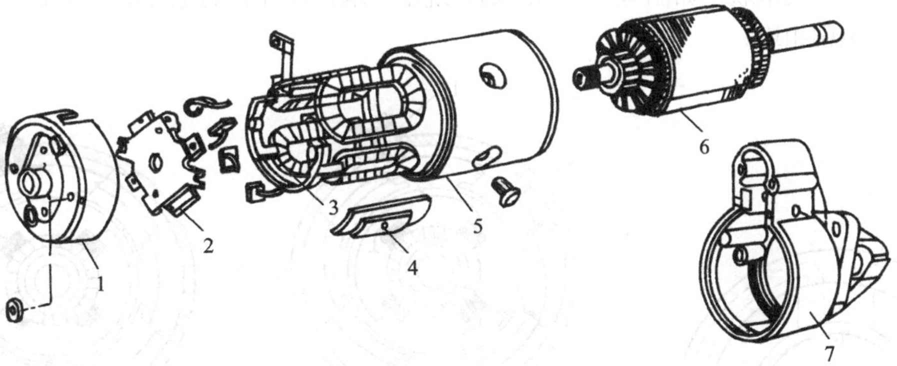

1—前端盖；2—电刷和电刷架；3—磁场绕组；4—磁极铁芯；5—机壳；6—电枢；7—后端盖

图 4.3　直流电动机的构造

1) 电枢

电枢是直流电动机的旋转部分，由电枢轴、换向器、电枢铁芯、电枢绕组等组成，电枢的结构如图 4.4 所示。它的作用是通入电流后，在磁极磁场的作用下产生电磁转矩。

电枢铁芯用多片互相绝缘的硅钢片叠成，通过内圆花键固定在电枢轴上，外圆槽内绕有电枢绕组。为了得到较大的转矩，流经电枢绕组的电流很大，一般为 200 A～600 A，因此电枢绕组采用横截面积较大的矩形裸铜线绕制。

电枢绕组各线圈的端头均焊接在换向器的换向片上，通过换向器和电刷将蓄电池的电流引进来，并适时地改变电枢绕组中电流的方向。换向器由铜质换向片和云母片叠压而成，压装于电枢轴的一端。云母片使换向片间、换向片与轴之间均绝缘，如图 4.5 所示。

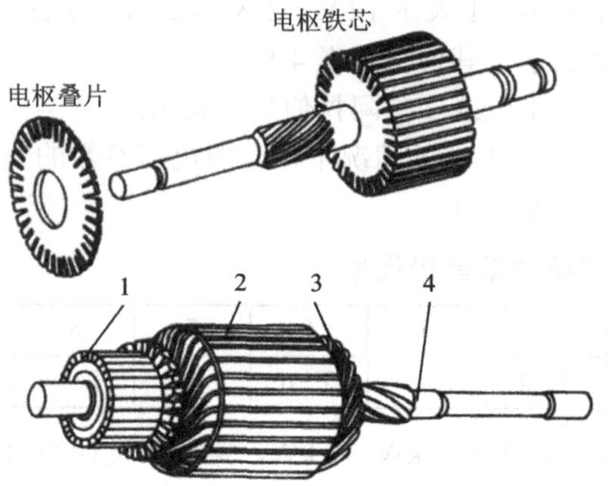

1—换向器；2—电枢铁芯；3—电枢绕组；4—电枢轴

图 4.4　电枢的结构

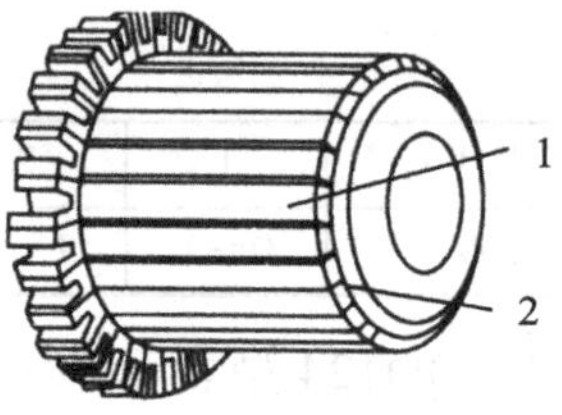

1—铜质换向片；2—云母片

图 4.5　换向器的结构

2) 磁极

磁极的作用是产生电枢转动时所需要的磁场，它由铁芯和磁场绕组构成，并通过螺钉固定在机壳内部，形成的磁路如图 4.6 所示。一般采用四个磁极，大功率启动机有时采用六个磁极。磁场绕组也是用粗扁铜线绕制而成的，与电枢绕组串联。四个励磁绕组的连接方式有两种：一种是四个绕组串联后再与电枢绕组串联；另一种是两个绕组分别串联后并联，然后再与电枢绕组串联，如图 4.7 所示。励磁绕组一端接在外壳的绝缘接线柱上，另一端与两个非搭铁电刷相连。

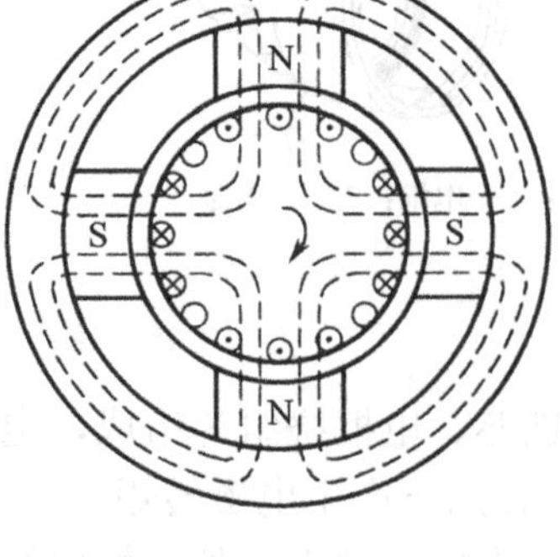

图 4.6　电动机的磁路

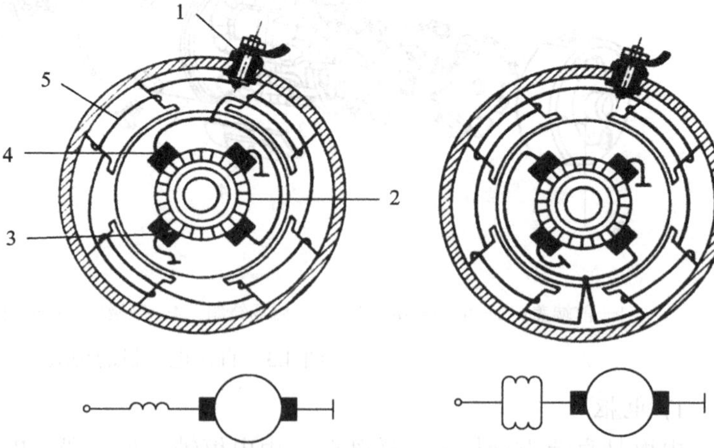

(a) 4个绕组相互串联　(b) 2个绕组串联后再并联

1—接线柱；2—换向器；3—负电刷；4—正电刷；5—磁场绕组

图 4.7　磁场绕组的连接方式

3) 电刷组件

电刷组件的功用是将电源电压引入电枢绕组，主要由电刷、电刷架和电刷弹簧组成，如图 4.8 所示。电刷和换向器配合使用以连接磁场绕组和电枢绕组的电路，并使电枢轴上的电磁力矩保持固定方向。电刷用铜粉与石墨粉压制而成，电刷架固定在电刷端盖上，电刷安放在电刷架内。

以四磁极电动机为例，其中两个电刷与机壳绝缘，电流通过这两个电刷进入电枢绕组；另外两个为搭铁电刷，通过电枢绕组的电流通过这两个电刷搭铁。

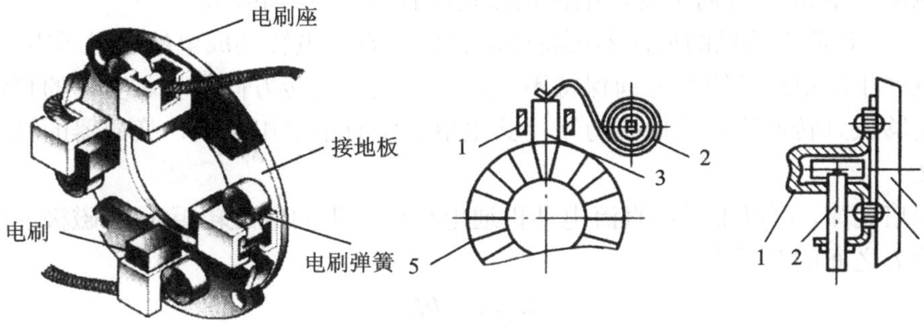

1—电刷架；2—盘形弹簧；3—电刷；4—前端盖；5—换向器

图 4.8　电刷组件

4) 机壳

启动机的机壳是电动机的磁极和电枢的安装机体，大多数一端有四个检查窗口，便于进行电刷和换向器的维护。机壳中部有一个电流输入接线柱，并在内部与励磁绕组的一端相连。启动机一般采用青铜石墨轴承或铁基含油滑动轴承。减速启动机由于电枢的转速较高，采用滚柱轴承或滚珠轴承。电刷装在前端盖内，后端盖上有拨叉座，盖口有凸缘和安装螺孔，还有拧紧中间轴承板的螺钉孔。

2. 串励式直流电动机的工作原理

1) 电磁转矩的产生

直流电动机是根据通电导体在磁场中受电磁力作用而发生运动的原理制成的，其工作原理如图 4.9 所示。

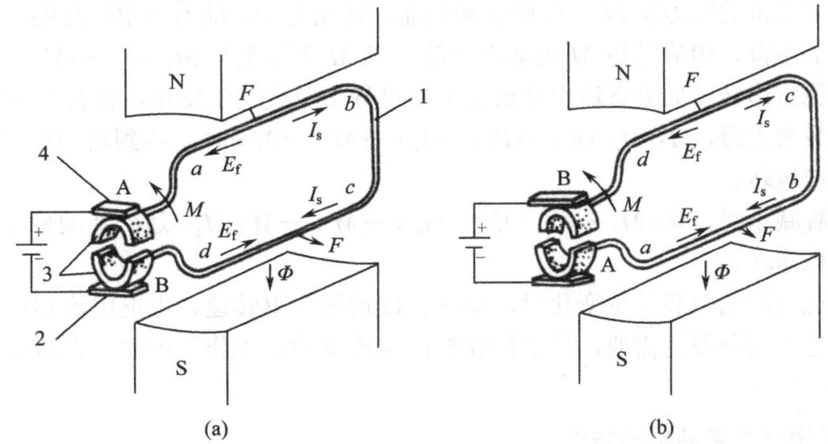

1—电枢绕组；2—负电刷；3—换向片；4—正电刷

图 4.9　直流电动机的工作原理

电动机工作时，电流通过电刷和换向片流入电枢绕组。如图 4.9(a)所示，换向片 A 与正电刷接触，换向片 B 与负电刷接触，绕组中的电流从 $a \to d$，根据左手定则判定绕组匝边 ab、cd 均受电磁力 F 的作用，由此产生逆时针方向的电磁转矩 M，使电枢转动；当电枢转过 180° 后，换向片 A 与负电刷接触，换向片 B 与正电刷接触，电流改由 $d \to a$，如图 4.9(b)所示，但电磁转矩 M 的方向不变，电枢仍按逆时针方向继续转动。

由此可见，直流电动机的换向器可将电源提供的直流电转换成电枢绕组所需的交流电，以保证电枢产生的电磁转矩的方向保持不变，从而使其旋转方向不变。实际的直流电动机为了产生足够大且转速稳定的电磁力矩，其电枢上绕有很多组线圈，换向器的换向片也随之相应增加。

根据安培定律，可以推导出直流电动机通电后所产生的电磁转矩 M 与磁极的磁通量 Φ 及电枢电流 I_s 之间的关系为

$$M = C_m \Phi I_s$$

式中，C_m 为电动机的转矩常数，取决于电动机的结构。C_m 与电动机磁极对数 P、电枢绕组导线总根数 Z 及电枢绕组电路的支路对数 a 有关，即 $C_m = PZ/(2\pi a)$。

2) 直流电动机转矩自动调节过程

根据上述原理分析可知，电枢在电磁转矩 M 作用下产生转动。由于绕组在转动时切割磁力线而产生感应电动势，根据右手规则判定其方向与电枢电流 I_s 的方向相反，所以称为反电动势 E_f。反电动势 E_f 与磁极的磁通量 Φ 和电枢的转速 n 成正比，即

$$E_f = C_e \Phi n$$

式中，C_e 为电动机的电动势常数。因为反电动势方向与电源电压方向相反，所以在电动机工作时，电枢回路的电压平衡方程式为

$$U = E_f + I_s R_s$$

式中，R_s 为电枢回路电阻，其中包括电枢绕组的电阻和电刷与换向器的接触电阻。

在直流电动机刚接通电源的瞬间，电枢转速 n 为 0，电枢反电动势 E_f 也为 0。此时，电枢绕组中的电流达到最大值，即 $I_{sm} = U/R_s$，将相应产生最大电磁转矩 M_{max}。若此时的电磁转矩大于电动机的阻力矩 M_z，电枢就开始加速转动起来。随着电枢转速的上升，反电动势 E_f 增大，I_s 下降，电磁转矩 M 也随之下降。当 M 下降至与 M_z 相平衡($M = M_z$)时，电枢就以此转速稳定运转。如果直流电动机在工作过程中负载发生变化，就会出现如下变化：

工作负载增大时，$M < M_z \to n\downarrow \to E_f\downarrow \to I_s\uparrow \to M\uparrow \to M = M_z$，达到新的稳定，以新的较低的转速平稳运转。

工作负载减小时，$M > M_z \to n\uparrow \to E_f\uparrow \to I_s\downarrow \to M\downarrow \to M = M_z$，达到新的稳定，以新的较高的转速平稳运转。

当电动机拖动的负载发生变化时，电动机能通过电枢转速、电枢电流和电磁转矩的自动变化来满足不同负载的需要，使之能在新的转速下稳定工作。因此，直流电动机具有自动调节转矩的功能。

3．启动用直流电动机的特性

直流电动机的转矩、转速和功率随电枢电流变化的规律，称为直流电动机的工作特性。图 4.10 所示为串励式直流电动机的工作特性曲线，其中，曲线 M、n 和 P 分别代表转矩特性、机械特性和功率特性。启动机的特性取决于直流电动机的特性，而串励式直流电动机

特性的特点是启动转矩大，机械特性软。

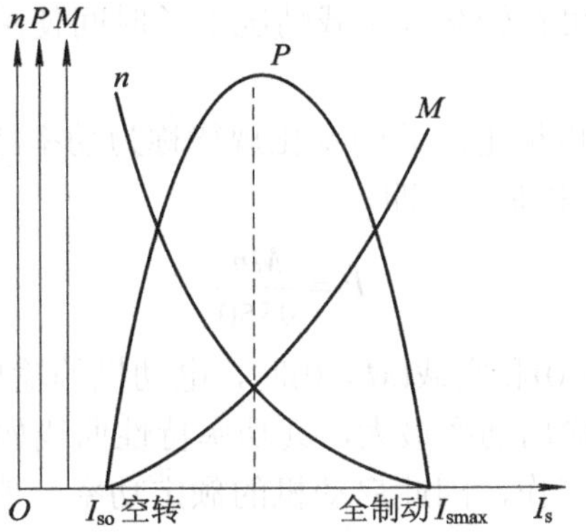

图 4.10　串励式直流电动机的工作特性曲线

1) 转矩特性

电动机产生的电磁转矩 M 随电枢电流 I_s 变化的关系称为转矩特性。电动机产生的电磁转矩与电枢电流和磁极磁通量成正比($M = C_m\Phi I_s$)。对于串励式直流电动机，磁场绕组的励磁电流 $I_j=I_s$，而磁极磁通量 Φ 在磁极未饱和时与励磁电流 I_j 成正比($\Phi = CI_j$)，于是就有：

$$M = C_m I_s C I_f = C' I_s^2$$

串励式直流电动机的转矩特性曲线如图 4.11 所示。在磁路未饱和时，电磁转矩 M 与电枢电流 I_s 的平方成正比；在磁路饱和时，电磁转矩 M 与电枢电流 I_s 成正比。与并励式直流电动机相比，在相同电枢电流 I_s 的情况下，串励式直流电动机可以产生较大的电磁转矩，特别是在发动机启动瞬间，由于阻力矩很大，启动机处于完全制动状态，电枢转速为零，因此电枢电流达到最大值。此时电枢电流所产生的转矩很大，足以克服发动机的阻力矩，使发动机启动。这就是汽车启动机采用串励式直流电动机的主要原因之一。

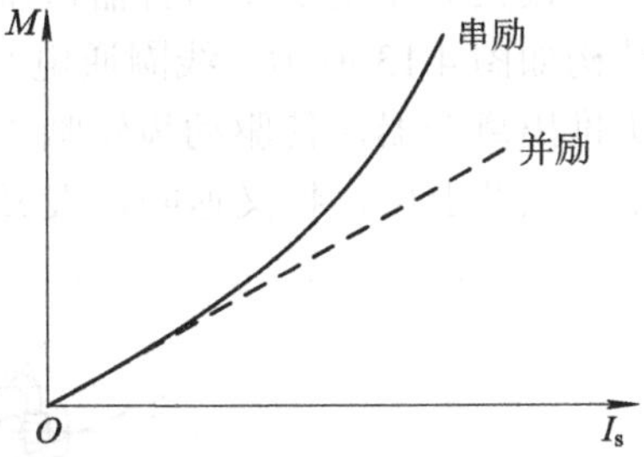

图 4.11　串励式直流电动机的转矩特性

2) 机械特性

电动机的转速 n 随电磁转矩 M 而变化的关系称为机械特性。根据电枢绕组反电动势的关系式 $E_f = C_e\Phi n$ 和电动机电路电压平衡关系式 $U = E_f + I_sR_s + I_sR_j$(其中，$R_j$ 为磁场绕组电阻)可得到串励式直流电动机的转速 n 与电枢电流 I_s 的关系为

$$n = \frac{U - I_s(R_s + R_j)}{C_e\Phi}$$

串励式电动机在磁极未饱和时，Φ将随 I_s 的增大而增大，同时 $I_sR_s + I_sR_j$ 也增大，因此电枢转速 n 随 $I_s(M)$ 的增大下降较快，具有软的机械特性。串励式直流电动机的机械特性曲线如图 4.12 所示。

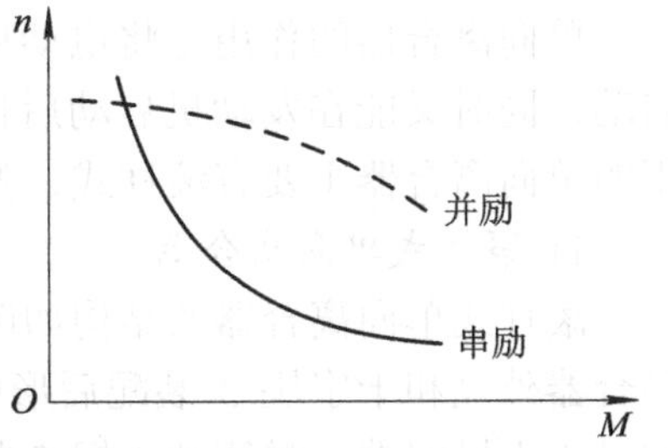

图 4.12　串励式直流电动机的机械特性

从机械特性可以看出，串励式直流电动机具有轻载转速高、重载转速低的特性。重载

转速低可以保证电动机在启动时(重载)不会超出允许的功率而烧毁，使启动安全可靠。但功率较大的串励式电动机不可在轻载或空载情况下长时间使用。

3) 功率特性

电动机的输出功率 P 随电枢电流 I_s 的变化规律称为功率特性。电动机的输出功率 P 由电动机电磁转矩 M 和转速 n 来确定，即

$$P=\frac{Mn}{9550}$$

由此可知，在全制动($n=0$)和空载($M=0$)时，电动机的输出功率均为 0，而在电枢电流接近全制动电流一半时，其输出功率最大，其功率特性曲线如图 4.10 所示。启动机工作时间短，允许以最大功率状态工作，因此启动机的额定功率一般也就是电动机的最大功率或接近于最大功率。

四、启动机的传动机构和控制装置

1．启动机的传动机构

启动机的传动机构是启动机的主要组成部件，它包括单向离合器和拨叉两个部分。

拨叉的作用是使离合器做轴向移动，将驱动齿轮啮入和脱离飞轮齿圈。电磁式拨叉的结构如图 4.13 所示。线圈通电时，产生的电磁力将铁芯吸入，于是带动拨叉转动，由拨叉头推出离合器，使驱动齿轮啮入飞轮齿圈；线圈断电时，电磁力消失，在回位弹簧的作用下，铁芯退出，拨叉返回，拨叉头将打滑工况下的离合器拨回，驱动齿轮脱离飞轮齿圈。

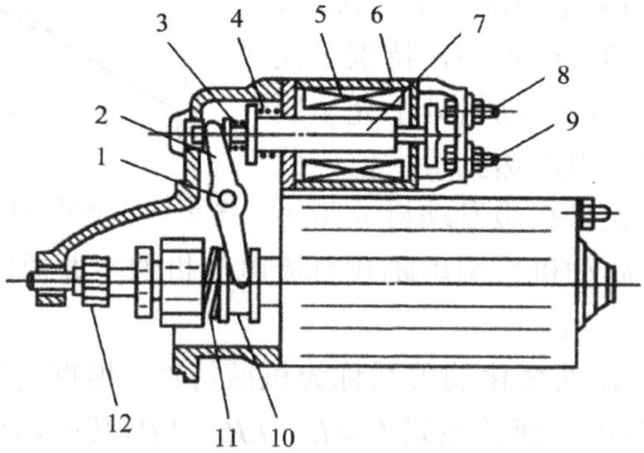

1—拨叉轴；
2—拨叉；
3、4—弹簧；
5—线圈；
6—外壳；
7—电磁铁芯；
8、9—接线柱；
10—传动套筒；
11—缓冲弹簧；
12—驱动齿轮

图 4.13 电磁式拨叉的结构

单向离合器的作用是将电动机的电磁转矩传递给发动机的飞轮齿圈，并使发动机迅速启动，同时又能在发动机启动后自动打滑，防止启动机被飞轮反拖，保护启动机电枢。常用的单向离合器主要有滚柱式、弹簧式和摩擦片式等几种形式。

1) 滚柱式单向离合器

滚柱式单向离合器的结构如图 4.14 所示。单向离合器外壳 2 与驱动齿轮 1 连成一体，离合器外壳和十字块 3 装配后形成四个楔形槽，槽中有四个滚柱 4，滚柱的直径大于槽窄端又小于槽宽端，弹簧及压帽 5 将滚柱推向槽窄端，使得滚柱与十字块及外壳表面有较小的摩擦力。十字块 3 与传动套筒 10 刚性连接，传动套筒安装在电枢轴花键部位，使单向离合器总成可做轴向移动和随轴转动。

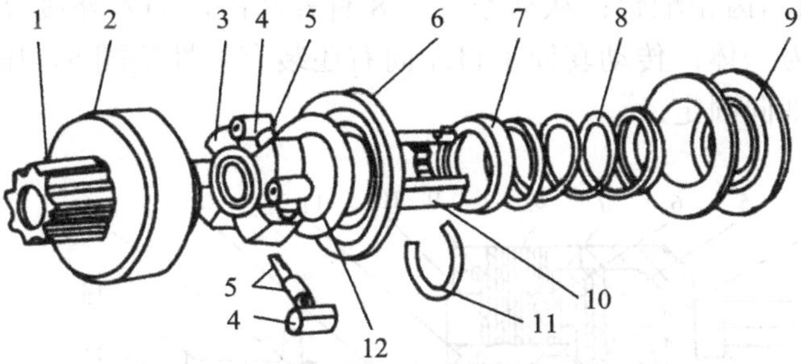

1—驱动齿轮；2—单向离合器外壳；3—十字块；4—滚柱；5—弹簧及压帽；6—护盖；
7—弹簧座；8—缓冲弹簧；9—移动衬套；10—传动套筒；11—卡簧；12—垫圈

图 4.14　滚柱式单向离合器的组成

发动机启动时，拨叉通过移动衬套推动单向离合器总成做轴向移动，使驱动齿轮啮入飞轮齿圈的同时，电枢轴通过花键带动传动套筒而使十字块转动。十字块相对于外壳的转动使滚柱在小摩擦力的作用下滚向槽窄端而被卡紧，使得外壳随十字块一起转动，于是电枢的电磁转矩就可由十字块经滚柱、外壳传给驱动齿轮，从而达到驱动发动机飞轮齿圈旋转、启动发动机运转的目的，如图 4.15(a)所示。当发动机启动并以自身动力运转后，发动机飞轮齿圈带动驱动齿轮旋转，使离合器的外壳的转速高于十字块。此时在摩擦力的作用下，滚柱滚到楔形槽的宽端打滑，从而防止了发动机飞轮带动启动机电枢高速旋转而造成飞散事故，如图 4.15(b)所示。

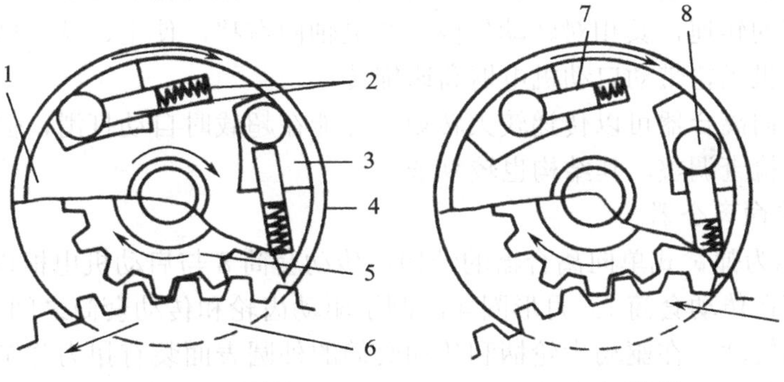

(a) 启动时传递电磁转矩　　(b) 启动后打滑

1—十字块；2—弹簧及压帽；3—楔形槽；4—单向离合器外壳；
5—驱动齿轮；6—飞轮；7—压帽；8—滚柱

图 4.15　滚柱式单向离合器的工作原理

滚柱式单向离合器结构简单紧凑，在中小功率的启动机上被广泛应用，如奥迪、捷达、丰田、桑塔纳等轿车上采用的都是这种离合器。但在传递较大转矩时，滚柱容易变形而卡死。因此，滚柱式单向离合器不适用于较大功率的启动机。

2) 摩擦片式单向离合器

图 4.16 所示为摩擦片式单向离合器的结构。传动套筒 13 的内圆与电枢轴以右螺旋花键连接，传动套筒的外圆与内接合鼓 11 以三线螺旋花键连接；内接合鼓外圆上有凹槽，与

主动摩擦片 10 的内凸齿相配合；从动摩擦片 8 有外凸齿，插入外接合鼓 16 的槽中，外接合鼓与驱动齿轮 3 为一体；传动套筒上自左向右还装有弹性垫圈 5、压环 6 和调整垫圈 7，端部用限位螺母 4 轴向固定。

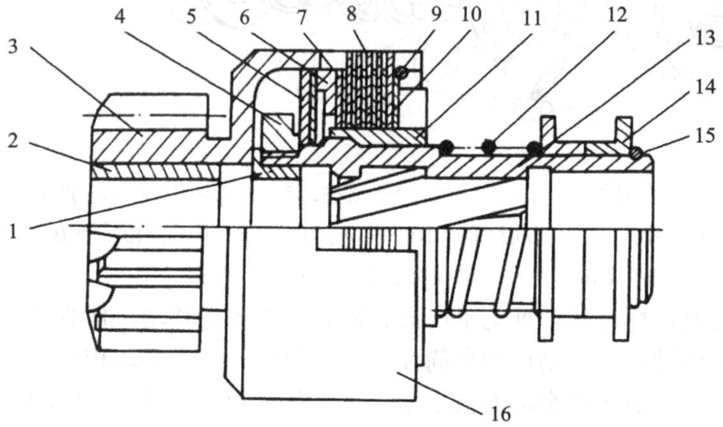

1—限位套；
2—衬套；
3—驱动齿轮；
4—限位螺母；
5—弹性垫圈；
6—压环；
7—调整垫圈；
8—从动摩擦片；
9、15—卡环；
10—主动摩擦片；
11—内接合鼓；
12—缓冲弹簧；
13—传动套筒；
14—移动衬套；
16—外接合鼓

图 4.16　摩擦片式单向离合器的结构

发动机启动时，启动机电枢带动传动套筒转动，由于惯性的作用，内接合鼓与传动套筒之间有相对的转动，使内接合鼓轴向左移，从而使主、从动摩擦片被压紧，通过其摩擦力将电枢的电磁转矩传递给驱动齿轮。发动机启动后，在飞轮的带动下，内接合鼓的转速将高于传动套筒的转速，其相对转动使内接合鼓轴向右移，使主、从动摩擦片压力消失而打滑，避免发动机飞轮带动启动机电枢高速旋转。

摩擦片式单向离合器可以传递较大转矩，并能在超载时自动打滑，但由于摩擦片易磨损，所以需经常检查调整，其结构也较复杂。

3) 弹簧式单向离合器

图 4.17 所示为弹簧式单向离合器的结构。传动套筒 8 与启动机电枢以螺旋花键连接，驱动齿轮柄松套在传动套筒上，月形圈 4 限制了驱动齿轮和传动套筒之间的轴向相对移动，但不妨碍其相对转动。在驱动齿轮柄和传动套筒的外圆表面装有扭力弹簧 5，弹簧的两端分别有 1/4 圈，其内径较小，分别箍紧在驱动齿轮柄和传动套筒上。

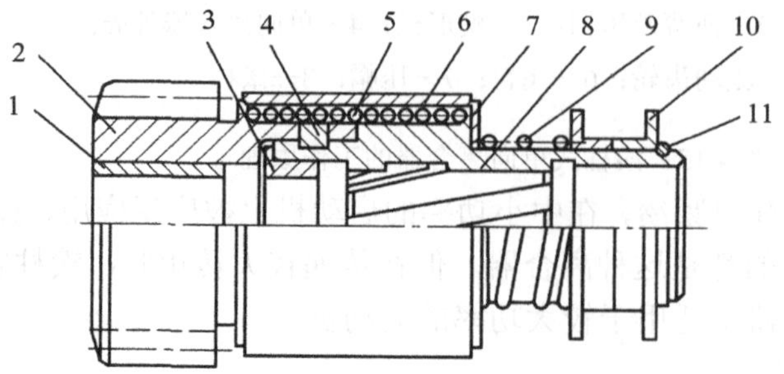

1—衬套；
2—驱动齿轮；
3—挡圈；
4—月形圈；
5—扭力弹簧；
6—护套；
7—垫圈；
8—传动套筒；
9—缓冲弹簧；
10—移动衬套；
11—卡簧

图 4.17　弹簧式单向离合器的结构

启动发动机时，电枢轴带动传动套筒稍有转动，扭力弹簧顺着其螺旋方向将齿轮柄与传动套筒包紧，启动机转矩经扭力弹簧传给驱动齿轮，启动发动机。发动机启动后，由于驱动齿轮转速高于传动套筒的转速，因此扭力弹簧放松，驱动齿轮便在传动套筒上滑转，发动机的转矩便不能传给启动机电枢。

弹簧式单向离合器具有结构简单、制造工艺简单、寿命长、成本低等优点。但由于扭力弹簧所需圈数较多，其轴向尺寸较大，所以主要用在一些大功率启动机上。

2．启动机的控制装置

启动机的控制装置也称为电磁开关，其作用是控制驱动齿轮与飞轮齿圈的啮合与分离以及电动机电路的通断。电磁开关主要由吸引线圈、保持线圈、活动铁芯、接触盘、触点等组成。

1) 直接控制式电磁开关

在丰田 AE 系列轿车和普通桑塔纳等轿车中，由点火开关直接控制启动机的吸引线圈和保持线圈电流。下面以 ST614 型启动机电路为例来说明电磁开关的工作原理，如图 4.18 所示。

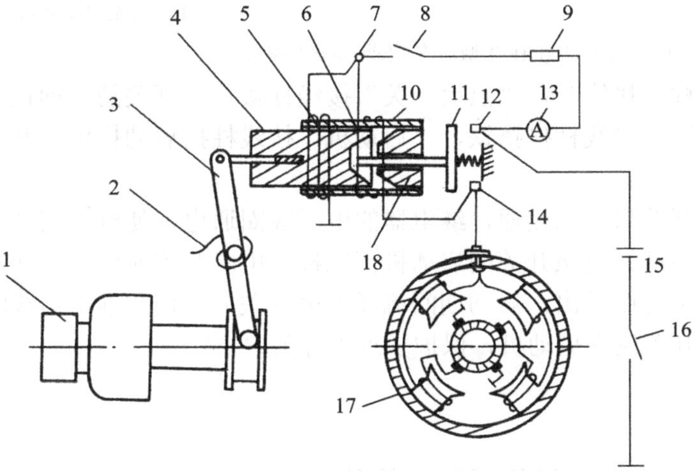

1—驱动齿轮；
2—回位弹簧；
3—拨叉；
4—活动铁芯；
5—保持线圈；
6—吸引线圈；
7—电磁开关接线柱；
8—启动开关；
9—熔断丝；
10—黄铜套；
11—接触盘；
12、14—触点及接线柱；
13—电流表；
15—蓄电池；
16—电源开关；
17—电动机；
18—磁轭

图 4.18 ST614 型启动机电路

接通启动开关，电磁开关通电，此时吸引线圈 6 和保持线圈 5 产生的电磁力方向相同，在两线圈电磁力的共同作用下，使活动铁芯 4 克服弹簧力右移，带动拨叉 3 将驱动齿轮推向飞轮；与此同时，活动铁芯将接触盘 11 顶向触点。当驱动齿轮与飞轮啮合时，接触盘 11 将触点 12 和 14 接通，使启动机通入启动电流，产生正常电磁转矩，启动发动机。接触盘接通触点时，吸引线圈被短路，活动铁芯靠保持线圈的电磁力保持在吸合的位置。

发动机启动后，在断开启动开关的瞬间，接触盘仍在接触位置，此时电磁开关线圈电流流向为蓄电池正极→接线柱 12→接触盘 11→接线柱 14→吸引线圈 6→保持线圈 5→搭铁→电源开关 16→蓄电池负极。

由于吸引线圈产生了与保持线圈相反方向的磁通，因此两线圈电磁力互相抵消，活动铁芯在弹簧力的作用下回位，使驱动齿轮退出；与此同时，接触盘也回位，切断启动机电路，启动机便停止工作。

2) 启动继电器控制式电磁开关

安装启动继电器的目的是减小通过点火开关的电流，防止点火开关烧损。东风EQ1090型汽车启动系统电路采用启动继电器控制式电磁开关，其启动系统电路图如图4.19所示。

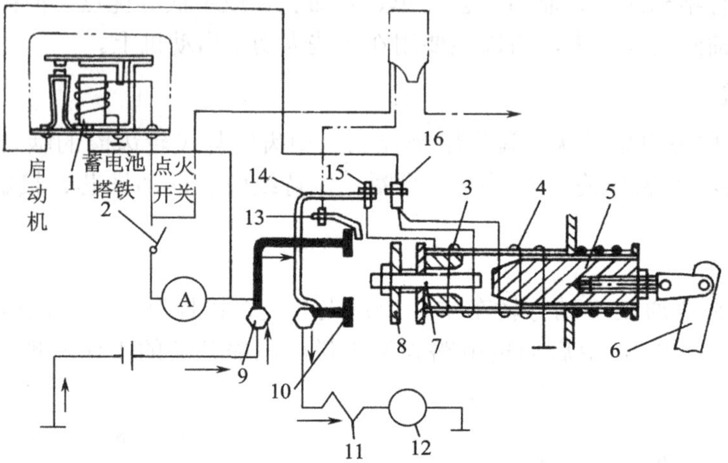

1—启动继电器；
2—点火开关；
3—吸引线圈；
4—保持线圈；
5—活动铁芯；
6—拨叉；
7—推杆；
8—接触盘；
9、10—主接线柱；
11—磁场绕组；
12—电枢绕组；
13—辅助接线柱；
14—导电片；
15—吸引线圈接线柱；
16—电磁开关接线柱

图4.19 东风EQ1090型汽车启动系统电路图

启动继电器有四个接线柱，接线时，“点火开关”接线柱接点火开关的启动挡，“蓄电池”接线柱接电源，“搭铁”接线柱接搭铁，“启动机”接线柱接启动机电磁开关上的启动机接线柱。

发动机启动时，将点火开关启动挡接通，继电器的电磁线圈通电，使触点闭合，电源的电流经继电器的触点通往启动机电磁开关的启动机接线柱，电磁开关通电后，便控制启动机进入工作状态。从电路中可以看出，启动期间流经点火开关启动挡和继电器线圈的电流较小，大电流经过继电器开关流入启动机，保护了点火开关。

【任务实施】

启动机的拆装与检修

1. 启动机的拆装

从汽车上拆下启动机后，解体前应清洁外部的油污和灰尘，然后按下列步骤进行解体：

(1) 旋出防尘盖固定螺钉，取下防尘盖，用专用钢丝钩取出电刷；拆下电枢轴上止推圈处的卡簧，如图4.20所示。

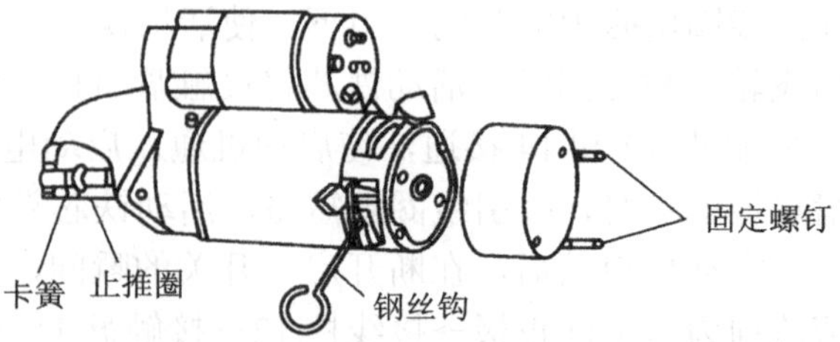

图4.20 拆卸电刷

(2) 用扳手旋出两紧固穿心螺栓，取下前端盖，抽出电枢，如图4.21所示。

(3) 拆下电磁开关主接线柱与电动机接线柱间的导电片；旋出后端盖上的电磁开关紧固螺钉，使电磁开关后端盖与中间壳体分离，如图4.22所示。

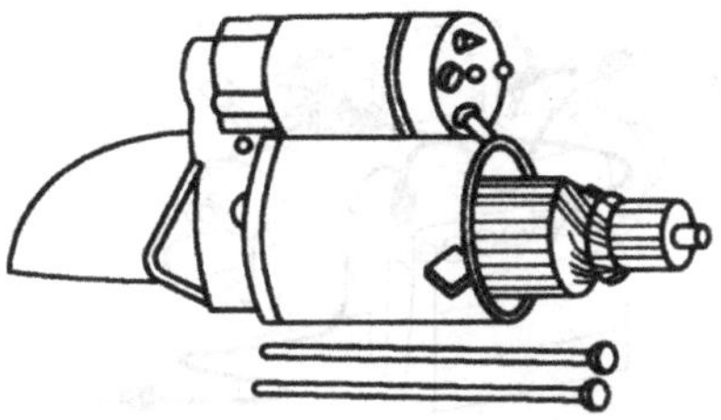

图 4.21　拆卸前端盖和电枢

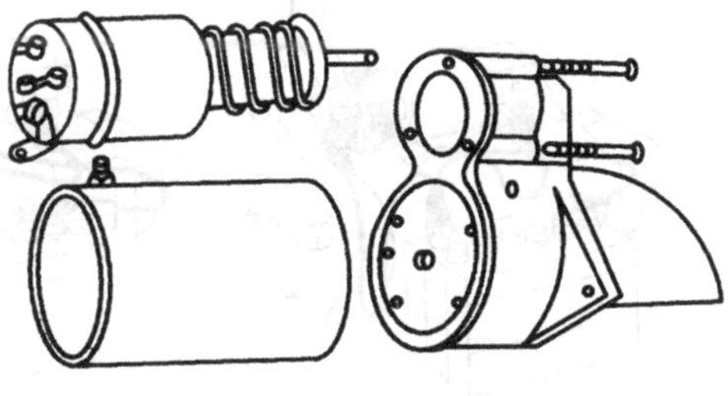

图 4.22　拆卸电磁开关

(4) 从后端盖上旋下中间支撑板紧固螺钉，取下中间支撑板，旋出拨叉轴销螺钉，抽出拨叉，取出离合器，如图 4.23 所示。

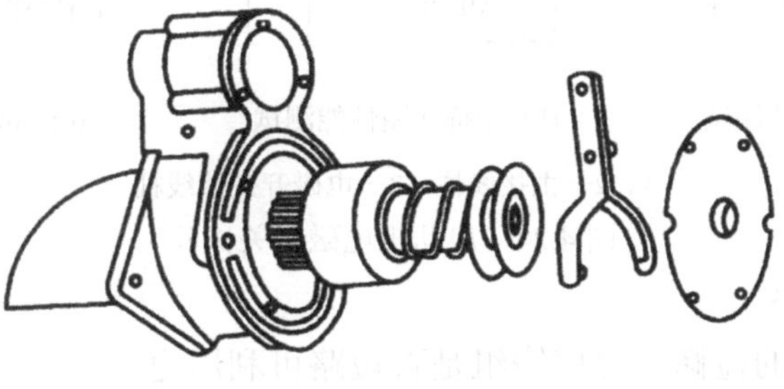

图 4.23　拆下离合器

(5) 将已解体的机械部分浸入清洗液中清洗，电气部分用棉纱蘸少量汽油擦拭干净。有必要时，可分解电磁开关，其步骤如下：

① 拆下电磁开关前端固定螺钉，取下前端盖；

② 取下独盘锁片、触盘、弹簧，抽出引铁；

③ 取下固定铁芯卡簧及固定铁芯，抽出铜套及吸引线圈和保持线圈。

2．启动机的检修

1) 电磁开关试验

在进行启动机的解体之前，最好进行不解体检测，通过不解体的性能检测可以大致找出故障。

(1) 吸引线圈性能测试。如图 4.24(a)所示，拆下启动机主接线柱 2 上的励磁绕组电缆引线端子，将蓄电池负极接在壳体和启动机主接线柱 2 上，正极接在电磁开关接线柱 3 上，此时驱动齿轮应强有力地被推出。如果驱动齿轮不被推出，说明电磁开关吸引线圈断路，应予以修理或更换。

(2) 保持线圈性能测试。如图 4.24(b)所示，在上述驱动齿轮推出的情况下，拆下启动机主接线柱 2 上的电缆夹，此时驱动齿轮应保持在伸出位置不动。如果驱动齿轮回位，说明保持线圈断路，应予以修理。

(3) 驱动齿轮回位测试。在保持动作的基础上，再拆下启动机壳体上的电缆夹，如图 4.24(c)所示。此时驱动齿轮应迅速回位，如果驱动齿轮不能回位，说明回位弹簧失效，应更换弹簧或电磁开关总成。

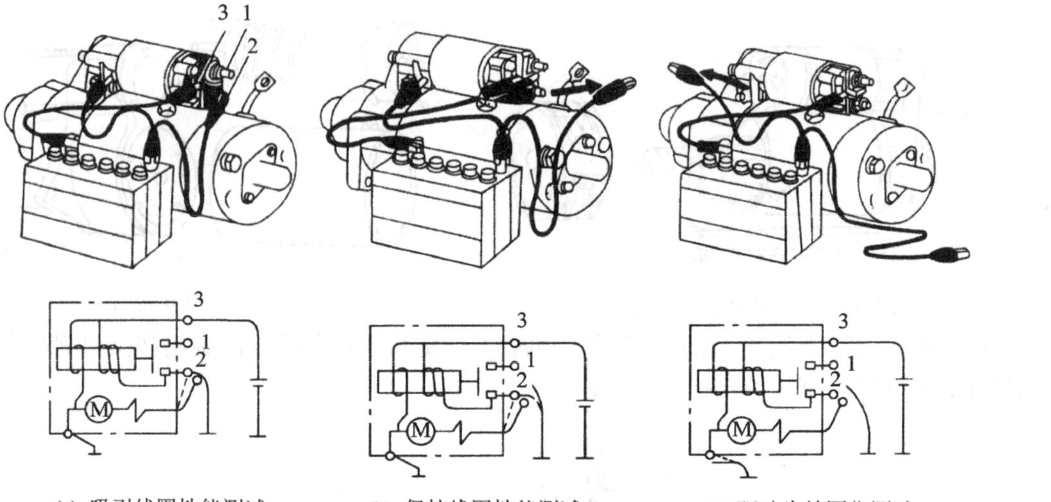

(a) 吸引线圈性能测试　(b) 保持线圈性能测试　(c) 驱动齿轮回位测试

1、2—主接线柱；3—电磁开关接线柱

图 4.24　启动机电磁开关试验

2) 电枢总成的检修

(1) 电枢绕组短路的检修。电枢绕组是否短路可利用电枢感应仪进行检查，如图 4.25 所示。把电枢放在电枢感应仪上，当感应仪通电后将钢片置于电枢上方的线槽上，钢片在空间的位置不动，慢慢转动电枢。当钢片在某些槽上产生振动时，说明该槽内的电枢绕组有短路故障。

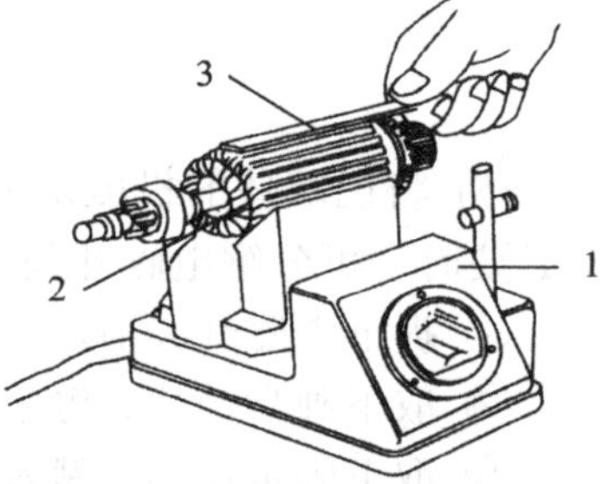

1—电枢感应仪；2—电枢；3—钢片

图 4.25　电枢绕组短路检查

(2) 电枢绕组搭铁的检修。用万用表 $R\times 1\text{k}$ 或 $R\times 10\text{k}$ 挡测量电枢铁芯(或电枢轴)和换向器之间的电阻，应为无穷大，否则说明电枢绕组与电枢轴之间绝缘不良，有搭铁之处。

(3) 电枢绕组断路的检修。电枢绕组断路故障多发生在线圈端部与换向器的连接处。选择电阻 $R\times 1$ 挡，将两个表笔分别接触换向器相邻的两换向片，测量每相邻两换向片间是否相通。如果万用表指针指示“0”，则说明电枢绕组无断路故障；如果万用表指针在某处不摆动，即电阻值为无穷大，则说明此处有断路故障。

电枢绕组若有严重短路、搭铁或断路，则应更换电枢总成。

(4) 电枢轴的检修。电枢轴的常见故障是弯曲变形。可用百分表测量电枢轴的径向跳动来检查电枢轴是否弯曲，如图 4.26 所示。径向跳动应不大于规定值，否则应进行校正或更换。

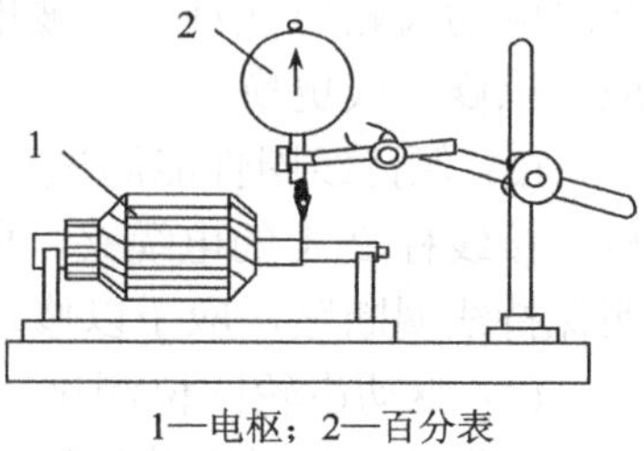

1—电枢；2—百分表

图 4.26　电枢轴弯曲检查

(5) 换向器的检修。换向器故障多为表面烧蚀、云母片凸出等。轻微烧蚀用 00 号砂纸打磨即可，严重烧蚀或失圆(径向圆跳动 > 0.05 mm)时应精车加工，但加工后换向器铜片厚度不得少于 2 mm，否则应更换电枢。

3) 磁场绕组的检修

(1) 磁场绕组断路的检修。用万用表电阻 $R\times 1$ 挡测量启动机外壳引线(即电流输入接线柱)与磁场绕组绝缘电刷之间的电阻，阻值应很小，若为无穷大，则说明磁场绕组断路，应予以检修或更换。

(2) 磁场绕组搭铁的检修。用万用表 $R\times 1\text{k}$ 或 $R\times 10\text{k}$ 挡测量启动机外壳引线(即电流输入接线柱)与外壳之间的电阻，阻值应为无穷大，否则表示磁场绕组与壳体搭铁，应予以检修或更换。

(3) 磁场绕组短路的检查。将蓄电池正极接启动机外壳引线(即电流输入接线柱)，负极接绝缘电刷，然后将螺丝刀放在每个磁极上，检查磁极对螺丝刀的吸力，应相同。若某磁极吸力弱，则表示该处磁场绕组匝间短路。

4) 电刷组件的检修

电刷在电刷架内应活动自如，无卡滞现象。电刷磨损后的高度不应小于电刷原高度的2/3，否则应予以更换。用万用表 $R\times 1\text{k}$ 或 $R\times 10\text{k}$ 挡测量绝缘电刷架和后端盖之间的电阻，应为无穷大；用万用表 $R\times 1$ 挡测量搭铁电刷架和后端盖之间的电阻，应为0。

5) 单向离合器的检修

单向离合器常见的故障是打滑。可以用扭力扳手检测单向离合器的转矩，应能承受全制动实验时的最大转矩而不打滑，否则就应该进行修理或更换。

6) 电磁开关的检修

电磁开关的常见故障有吸引线圈和保持线圈断路、短路和搭铁，接触盘及触点表面烧蚀等。线圈是否有断路、短路、搭铁，可用万用表欧姆挡测量电阻来检查。接触盘及触点表面烧蚀轻微的可以用锉刀或砂布修整。回位弹簧弹力过弱应予以更换。

将启动机的检查结果记录在表4.2中。

表4.2 启动机的检查结果

<table>
<tr><th>序号</th><th colspan="3">检 测 项 目</th><th>标 准 情 况</th><th>检测情况</th><th>结论</th></tr>
<tr><td rowspan="3">1</td><td rowspan="3">磁场绕组</td><td colspan="2">磁场绕组断路的检查</td><td>导通(0)</td><td></td><td></td></tr>
<tr><td colspan="2">磁场绕组搭铁的检查</td><td>不导通(∞)</td><td></td><td></td></tr>
<tr><td colspan="2">磁场绕组短路的检查</td><td>每个磁极对螺丝刀的吸引力相同</td><td></td><td></td></tr>
<tr><td rowspan="6">2</td><td rowspan="6">电枢绕组</td><td rowspan="2">断路检查</td><td>试验台</td><td>电流表读数均应不变</td><td></td><td></td></tr>
<tr><td>万用表</td><td>$R=0$</td><td></td><td></td></tr>
<tr><td rowspan="2">搭铁检查</td><td>试验台</td><td>搭铁灯不亮</td><td></td><td></td></tr>
<tr><td>万用表</td><td>$R=\infty$</td><td></td><td></td></tr>
<tr><td rowspan="2">短路检查</td><td>试验台</td><td>钢片不振动</td><td></td><td></td></tr>
<tr><td>万用表</td><td>$R=\infty$</td><td></td><td></td></tr>
<tr><td>3</td><td colspan="3">电枢轴弯曲度</td><td>≤0.15 mm</td><td></td><td></td></tr>
<tr><td>4</td><td colspan="3">电刷高度</td><td>7 mm～10 mm</td><td></td><td></td></tr>
<tr><td rowspan="2">5</td><td colspan="2" rowspan="2">电磁开关线圈</td><td>吸引线圈的电阻值</td><td>0.6 Ω 以下</td><td></td><td></td></tr>
<tr><td>保持线圈的阻值</td><td>1 Ω</td><td></td><td></td></tr>
</table>

3. 启动机的装复与性能检验

1) 启动机的装复

启动机的形式不同，具体装复的步骤也不相同，但基本原则是按分解时的相反步骤进行。

装复的一般步骤是：先将离合器和移动叉装入后端盖内，再装中间轴承支撑板，将电枢轴装入后端盖内，装上电动机外壳和前端盖，并用长螺栓结合紧；然后装电刷和防尘罩，装启动机开关。

2) 启动机性能试验

启动机修复后，必须进行空载试验和全制动试验，将测量数据与表 4.3 进行对照，判断其性能状态。如果不符合要求，应重新检查和修理。

表 4.3　常用车型启动机的主要技术参数

启动机型号	规格		空载试验			全制动试验			适用车型
	额定电压/V	额定功率/kW	电压/V	电流/A	转速/(r/min)	电压/V	电流/A	转矩/(N·m)	
QD124A	12	2.0	12	≤90	≥5500	8	≤600	≥25.49	CA1091
QD1215	12	2.0	12	≤90	≥5500	8	≤600	≥25.49	CA1091
QD1211	12	2.0	12	≤95	≥5000	8	≤650	≥29.4	EQ1090
QD121	12	1.1	12	≤100	≥5000	8	≤525	≥15.7	BJ2020
QD1225	12	0.96	12	≤110	≥5000	8	≤480	≥13	上海桑塔纳
DW1.4	12	1.4	12	≤75	≥2900	9.6	≤160	≥13	北京切诺基
QD50	24	5.15	24	≤80	≥6500	10	≤900	≥58.5	JN1151
QD27E	24	8.08	24	≤120	≥6000	12	≤1700	≥145	五十铃 TD
QD50M	24	5.15	24	≤90	≥6000	10	≤900	≥58.8	日野 KM400
QD50C	24	5.15	24	≤90	≥6000	10	≤900	≥58.8	日野 TE21 日野 TE220

(1) 空载试验。将启动机夹紧，接通启动机电路(每次试验不要超过 1 min，以免启动机过热)，如图 4.27 所示。启动机应运转均匀，电刷无火花。记下电流表、电压表的读数，并用转速表测量启动机转速，其值应符合规定值。

试验数据记录于表 4.4 中。若电流大于标准值，而转速低于标准值，则表明启动机装配过紧或电枢绕组和励磁绕组内有短路或搭铁故障；若电流和转速都小于标准值，则表示启动机内部电路有接触不良的地方。

表 4.4　启动机空载试验数据

启动机型号		
转速/(r/min)	标准值	
	测量值	
电流/A	标准值	
	测量值	
综合评价		①合格　　②不合格

(2) 全制动试验。全制动试验是在空载试验通过后，再通过测量启动机全制动时的电流

和转矩来检验启动机的性能良好与否，试验方法如图 4.28 所示。电流表、电压表及弹簧秤的读数以及全制动电流和制动转矩应符合规定值。试验数据记录于表 4.5 中。如果电流大而转矩小，则表明磁场绕组或电枢绕组有短路或搭铁故障；如果转矩和电流都小，则表明启动机内接触电阻过大；如果试验过程中电枢轴有缓慢转动，则说明单向离合器有打滑现象。

注意：全制动试验要动作迅速，每次试验通电时间不要超过 5 s，以免损坏启动机及蓄电池。

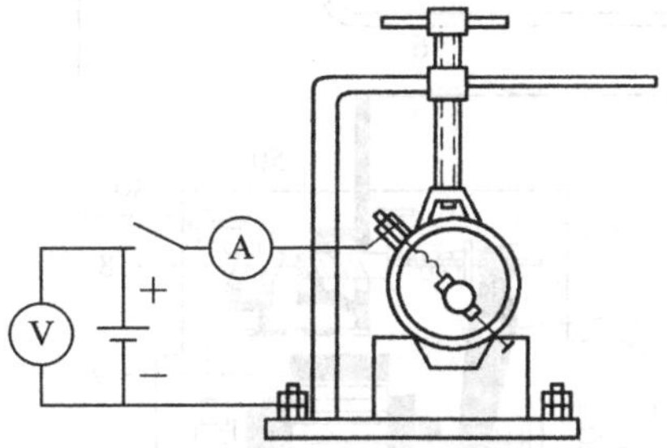

图 4.27　启动机的空载试验

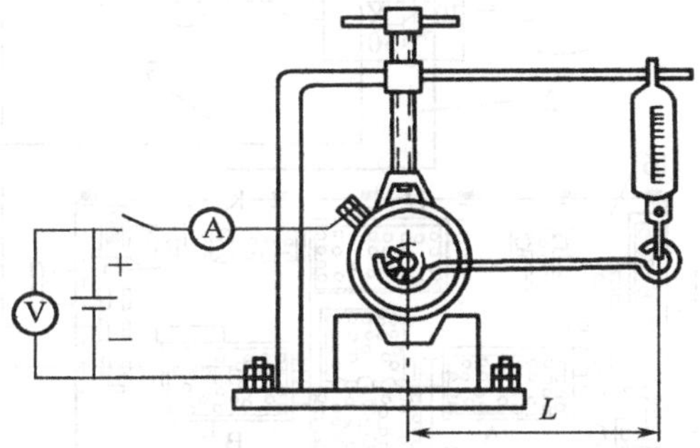

图 4.28　启动机的全制动试验

表 4.5　启动机全制动试验数据

启动机型号		
电压/V	标准值	
	测量值	
电流/A	标准值	
	测量值	
扭矩/(N·m)	标准值	
	测量值	
综合评价		①合格　　②不合格

任务 2　启动系统的故障诊断

【任务描述与解析】

一辆伊兰特轿车启动系统不工作，要求对该车的启动系统进行检测，查出故障原因并进行修复。本任务的目的是使学习者能通过对启动控制电路的分析，熟悉启动系统的工作原理，根据故障现象分析可能的故障原因，并确定诊断流程。要求逐项检测，查出故障原因，并总结出启动系统常见故障的诊断与排除程序。

【相关知识】

一、典型启动系统电路分析

1. 桑塔纳轿车启动系统电路

桑塔纳轿车启动系统电路由点火开关直接控制启动机的电磁开关，其启动系统接线如

图 4.29 所示。启动机电源端子 30 用黑色电缆 7 与蓄电池正极相连，启动机端子 50 用红黑色导线 6 与中央电路板 C 插座的 18 接点 C18 连接。

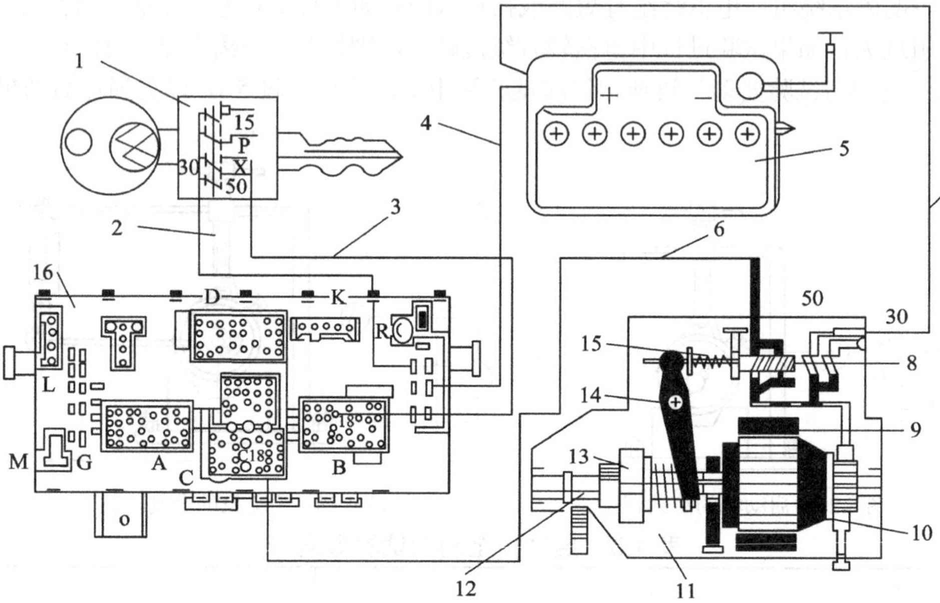

1—点火开关；2、4—红色导线；3、6—红黑色导线；5—蓄电池；7—黑色电缆；8—电磁开关；9—磁极；10—电枢；11—启动机总成；12—驱动齿轮；13—滚柱式单向离合器；14—拨叉；15—回位弹簧；16—中央电路板

图 4.29 桑塔纳轿车启动系统接线图

1) *发动机启动时*

将点火开关转到启动挡，电磁开关中吸引线圈和保持线圈电路即被接通，此时吸引线圈和保持线圈产生的磁通方向相同，在其电磁力的共同作用下，活动铁芯向右移动，并带动拨叉 14 绕支点转动，拨叉下端便拨动滚柱式单向离合器 13 向左移动，驱动齿轮 12 便与飞轮齿圈进入啮合。

当吸引线圈电流流过励磁绕组和电枢绕组时，电枢轴便以较慢速度转动，以便驱动齿轮与飞轮齿圈啮合柔和。当驱动齿轮与飞轮齿圈接近完全啮合时，活动铁芯带动推杆右移时，接触盘将启动机主电路接通，此时吸引线圈被短路，保持线圈的电磁力使接触盘与触点保持可靠接触。启动机主电路接通后，电枢绕组和磁场绕组内通过的电流很大，产生电磁转矩，驱动飞轮旋转，当转速大到一定值时，发动机便被启动。

2) *发动机启动后*

当发动机启动后，单向离合器开始打滑，松开点火钥匙，点火开关将自动转回一个角度，启动挡断开，吸引线圈和保持线圈串联。此时吸引线圈和保持线圈产生相反方向的磁通，电磁力相互削弱，在回位弹簧 15 的张力作用下，活动铁芯立即左移回位，并带动推杆和接触盘向左移动，使启动机主电路切断而启动机停转。与此同时，拨叉 14 带动单向离合器 13 向右移动，使驱动齿轮与飞轮齿圈分离，启动工作结束。

2．别克君威启动机控制电路

别克君威 2.5GL、3.0GS 启动机控制电路如图 4.30 所示。

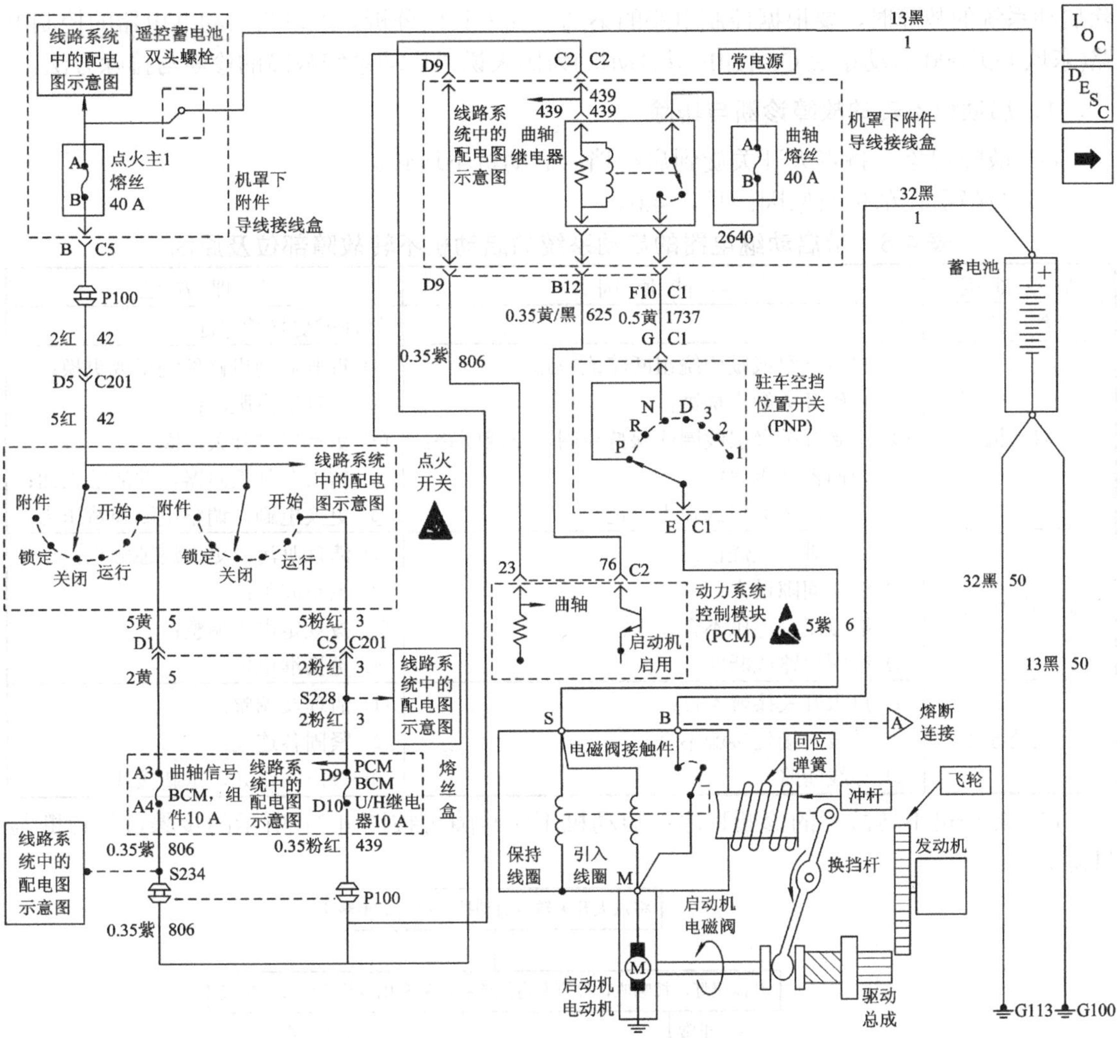

图 4.30　别克君威 2.5GL、3.0GS 启动机控制电路

当点火开关转到“启动”位置时，其电路为：点火开关的“启动”挡→驾驶室内熔丝盒的 A3～A4 熔丝→机罩下附件导线接线盒的 D9 端子→动力系统控制模块(PCM)插头 C2-23 端子，作为启动信号。PCM 收到此信号后，其 C2-76 端子接地，位于机罩下附件接线盒内的启动继电器闭合工作。点火开关控制继电器线圈、继电器工作时，电源经继电器触点→自动变速器开关“P”或“N”位置→启动机电磁吸力开关→启动机工作。

以下情况中，PCM 收到启动信号后并不接通启动机：

(1) 启动机启动 5 s 后。

(2) 启动机连续工作 15 s。

(3) 防盗口令不正确。

二、启动系统的故障诊断与排除

启动系统常见故障主要有启动机不转、启动机运转无力及其他几种故障。在诊断与排除启动系统的故障时，要根据控制电路的不同情况来具体分析。现以带启动继电器的控制电路(东风 EQ1090 启动系统 QD124F 型启动机)为例来说明启动系统故障的诊断与排除方法。

1．启动机不转的故障诊断与排除

(1) 故障现象：将点火开关旋到启动挡，启动机不运转。

(2) 故障所在部位及原因：见表 4.6。

表 4.6　带启动继电器的启动系统的启动机不转故障部位及原因

故障部位	可能原因	处理方法
蓄电池	严重亏电	修理或更换蓄电池
启动机	① 电枢绕组或励磁绕组断路或短路； ② 电磁开关触点烧蚀； ③ 电磁开关吸引线圈或保持线圈短路或断路； ④ 换向器严重烧蚀； ⑤ 电刷严重磨损或弹力不足	① 拆开启动机修理绕组或更换； ② 清理触点脏污； ③ 更换电磁开关线圈； ④ 精密车削换向器，并清洁表面； ⑤ 更换电刷，调整电刷弹簧压力
启动继电器	① 触点脏污或烧蚀； ② 触点间隙过大； ③ 触点闭合电压不合要求； ④ 线圈短路或断路	① 清理脏污，更换烧蚀触点； ② 调整间隙； ③ 按规定电压调整； ④ 更换继电器
开关及导线	① 点火开关接触不良； ② 导线连接处接触不良； ③ 导线断路	① 清理及调整； ② 紧固各连线； ③ 查出断路处，重新接线

(3) 启动机不转故障的诊断程序：启动机不转故障可按图 4.31 所示的步骤进行诊断与排除。

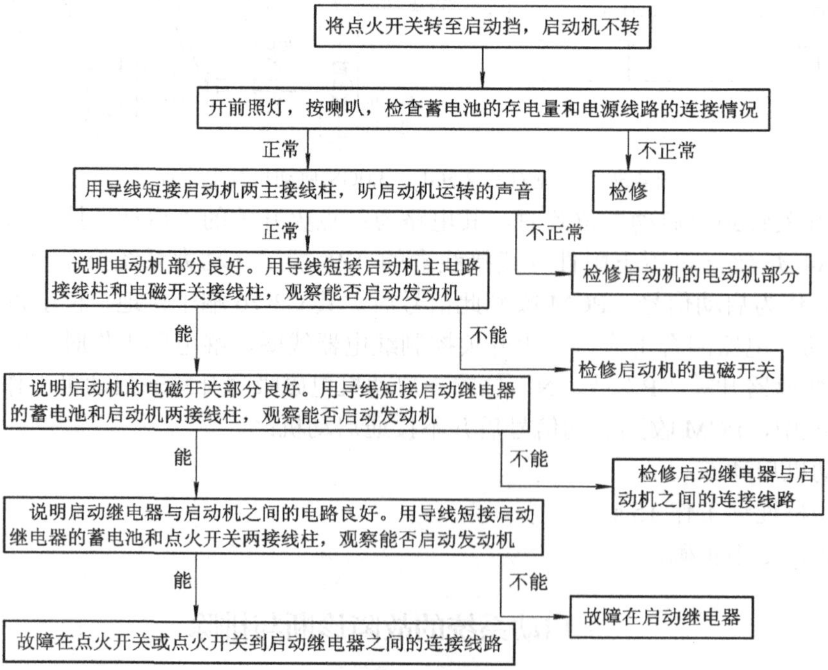

图 4.31　QD124F 型启动机不转的故障诊断与排除程序图

2. 启动机运转无力的故障诊断与排除

(1) 故障现象：将点火开关旋到启动挡，启动机能运转，但功率明显不足，转速较低，甚至稍转即停。

(2) 故障所在部位及原因：见表4.7。

表4.7　带启动继电器的启动系统的启动机运转无力故障部位及原因

故 障 部 位	可 能 原 因	处 理 方 法
蓄电池	严重亏电	修理或更换蓄电池
启动机	① 电枢绕组或励磁绕组匝间短路； ② 电磁开关触点轻微烧蚀； ③ 换向器轻微烧蚀； ④ 轴承过紧； ⑤ 电刷弹簧力不足	① 查出匝间短路处，进行修理； ② 清理触点脏污； ③ 清理换向器脏污； ④ 检查轴承； ⑤ 更换电刷弹簧
导线	导线连接处接触不良	紧固各处连线

(3) 启动机运转无力故障的诊断程序：启动机运转无力故障可按图4.32所示的步骤进行诊断与排除。

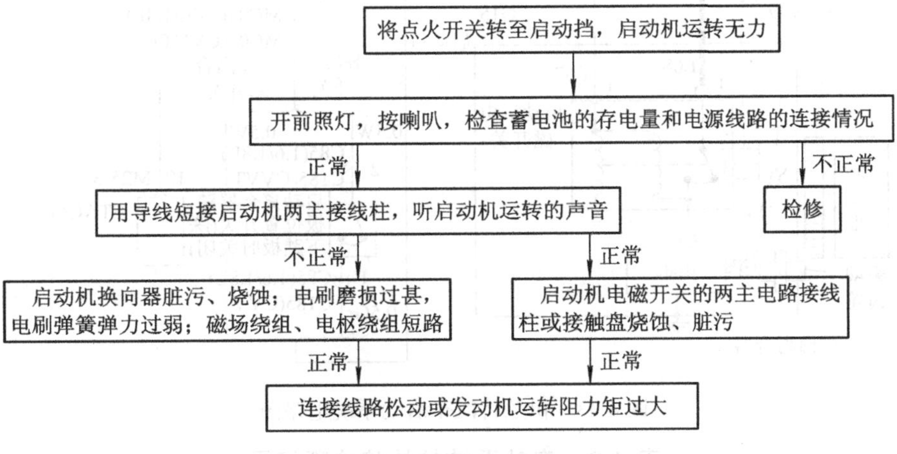

图4.32　QD124F型启动机运转无力的故障诊断与排除程序图

对于自动变速器车辆，首先要确认自动变速器是否处在“N”或“P”挡，启动机不转故障的诊断程序也可以参照上述进行；另外还要考虑自动变速器多功能开关和控制单元是否有故障，可以借助专用仪器(如大众车系使用V.A.G 1551或V.A.G 1552)进行诊断。

【任务实施】

针对任务实施的具体汽车，以伊兰特汽车为例。伊兰特汽车启动系统电路图如图4.33所示。对其启动系统电路图进行分析，并完成表4.8。

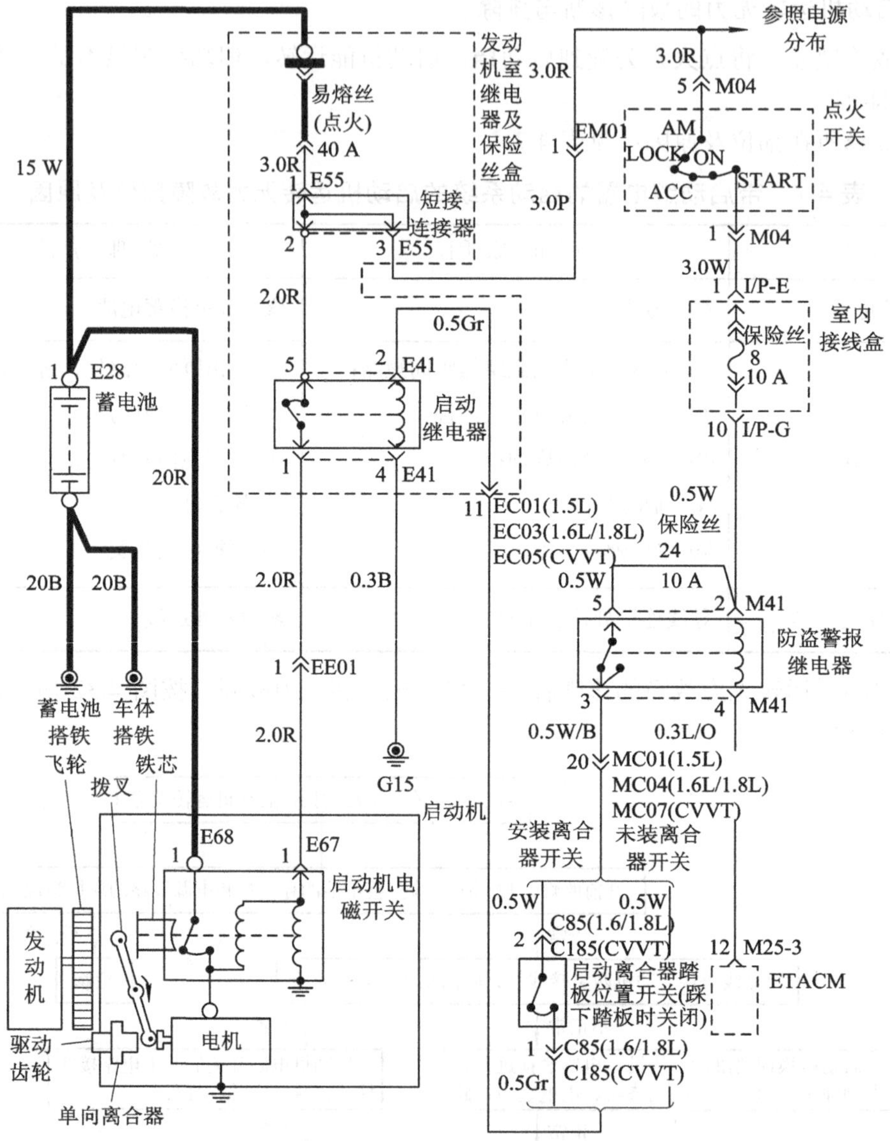

图 4.33 伊兰特汽车启动系统电路图

表 4.8 启动系统的故障诊断记录

被测车型		启动机型号	
描述故障现象			
你认为该车出现此故障的可能原因			

续表

根据由简单到复杂的原则，通过小组讨论，确定诊断流程	
排除故障过程记录	
故障部位	
处理意见	

拓展知识

减速启动机

减速启动机与常规启动机的主要区别是在传动机构和电枢轴之间安装了一套齿轮减速装置。通过减速装置把力矩传递给单向离合器，可以降低电动机的速度，增大输出力矩，减小启动机的体积和重量。

减速启动机的减速机构有外啮合式、内啮合式和行星齿轮啮合式三种，如图 4.34 所示。

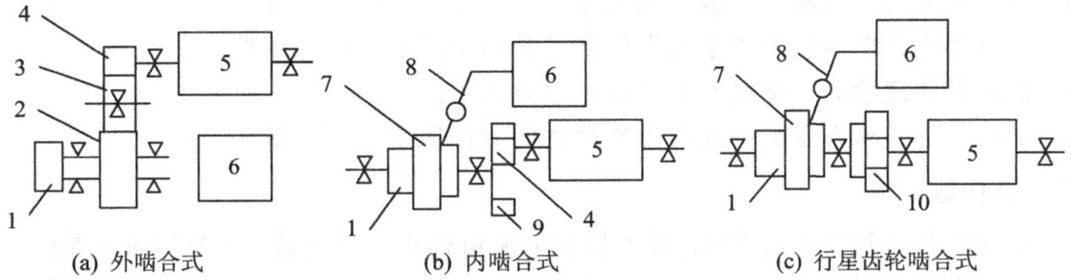

1—驱动齿轮；2—减速机构从动齿轮及单向离合器；3—惰轮；4—减速机构主动齿轮；5—电枢；6—电磁开关；7—单向离合器；8—拨叉；9—减速机构从动齿轮；10—行星齿轮减速机构

图 4.34　减速启动机的类型

目前，采用减速启动机的汽车越来越多，如北京现代索纳塔、北京切诺基吉普车、奥迪、本田和丰田轿车等都采用了减速启动机。

项目小结

(1) 启动机由直流电动机、传动机构和控制装置三大部分组成。

(2) 直流串励式电动机的特性包括转矩特性、机械特性和功率特性。

(3) 启动机控制电路有无继电器控制电路、有继电器控制电路和组合继电器控制电路三种形式。

(4) 在进行启动系统故障诊断时，可以分别检查电动机故障、电磁开关故障和控制电路故障。

(5) 电枢电流接近制动电流一半时，电动机输出功率最大。最大功率作为额定功率。

(6) 影响启动机功率的因素主要有接触电阻、导线电阻、蓄电池容量及温度。

(7) 启动机的性能测试包括空转试验和全制动试验。

(8) 串励直流电动机由电枢、磁极、换向器等主要部件构成。

(9) 启动机用直流电动机多为串励直流电动机，因为串励直流电动机的特性可满足需要。启动机的特性取决于直流电动机的特性，而串励直流电动机特性的特点是启动转矩大，机械特性软。

(10) 启动机性能可通过空载试验和全制动试验来检验。

(11) 启动系统常见的故障有启动机不转、启动运转无力、启动异响等。

练习与思考

一、判断题

1. 换向器的作用就是把交流电变为直流电。(　　)
2. 串励式直流电动机的转矩特性表征了启动转矩大。(　　)
3. 串励式直流电动机的转矩特性是重载转速高，轻载转速低。(　　)
4. 串励式直流电动机的功率特性证明其能很快地将发动机启动。(　　)
5. 启动机投入工作时，离合器应先啮入飞轮齿环，后接通启动开关。(　　)
6. 启动开关的辅助触点一般应比主触点提前接通。(　　)
7. 串励直流式电动机中“串励”的含义是四个励磁绕组相串联。(　　)
8. 启动机转速愈高，流过启动机的电流愈大。(　　)
9. 单向滚柱式啮合器的外壳与十字块之间的间隙是宽窄不等的。(　　)

二、选择题

1. 启动机进行全制动试验时，若力矩和电流值均小于规定值，其原因可能是(　　)。

A. 内部搭铁短路　　B. 负载过小　　C. 内部接触不良

2. 启动机中直流串励电动机的功用是(　　)。

A. 将电能转变为机械能　　B. 将机械能变为电能　　C. 将电能变为化学能

3. 启动机运转无力的原因是(　　)。

A. 蓄电池没电　B. 蓄电池亏电　C. 蓄电池过充电　D. 蓄电池充足电

4. 关于启动机，甲说若电枢电流越大，转速越高；乙说若电枢电流越大，转速越低。你认为(　　)。

A. 甲对　B. 乙对　C. 甲乙都对　D. 甲乙都不对

5. 直流串励式启动机中的“串励”是指(　　)。

A. 吸引线圈和保持线圈串联连接

B. 励磁绕组和电枢绕组串联连接

C. 吸引线圈和电枢绕组串联连接

6. 下列不属于启动机控制装置作用的是(　　)。

A. 使活动铁芯移动，带动拨叉，使驱动齿轮和飞轮啮合或脱离

B. 使活动铁芯移动，带动接触盘，使启动机的两个主接线柱接触或分开

C. 产生电磁力，使启动机旋转

7. 启动机空转的原因之一是(　　)。

A. 蓄电池亏电　B. 单向离合器打滑　C. 电刷过短

8. 在启动机的解体检测过程中，(　　)是电枢的不正常现象。

A. 换向器片和电枢轴之间绝缘

B. 换向器片和电枢铁芯之间绝缘

C. 各换向器片之间绝缘

9. 启动机中，电枢电流越大，转速将(　　)。

A. 升高　B. 降低　C. 不变

10. 当启动机的两个主接线柱短接时，启动机能运转，说明(　　)正常。

A. 电磁开关　B. 直流电动机　C. 启动继电器

三、简答题

1. 普通型电磁控制式启动机由哪几部分组成？各部分起什么作用？

2. 简述电磁操纵强制啮合式启动机的工作过程。

3. 简述启动机不转故障的诊断步骤。

4. 启动机的传动装置由哪些部件组成？滚柱式单向离合器是怎样传递转矩的？

5. 电磁操纵强制啮合式启动机电磁开关中的吸引线圈和保持线圈，在启动前后其电流方向有无改变？为什么？

6. 启动系统常见的故障有哪些？如何诊断与排除？

7. 简述串励直流电动机的工作原理。

项目五 点火系统的检修

【学习目标】

(1) 了解点火系统的功用和分类。
(2) 熟悉点火系统的组成与工作原理。
(3) 熟悉点火系统各主要元件的作用、结构组成与工作原理。
(4) 掌握电子点火系统的线路连接和电路分析。
(5) 熟悉微机控制点火系统点火提前角的控制方法。
(6) 掌握电子点火系统的故障诊断和排除方法。
(7) 能进行微机控制点火系统的故障诊断分析和排除。
(8) 能通过检测设备，对点火系统常见故障进行正确的诊断与排除。

任务1 晶体管点火系统的故障诊断

【任务描述与解析】

一辆北京切诺基吉普车采用的是磁感应式电子点火系统，发动机不能启动，初步检查，发现高压无火，判断点火系统有故障。现要求对点火系统各元件进行检测，记录检测数据，并判定各元件的性能，排除故障。

要准确合理地检修点火系统故障，必须熟悉点火系统结构原理和具体的点火系统类型；必须清楚不同类型点火系统的控制原理和检修思路。

【相关知识】

一、点火系统概述

1. 点火系统的作用与要求

在汽油发动机中，汽缸内被压缩后的可燃混合气是靠电火花点燃的。点火系统的作用就是把汽车电源系统提供的低压电转变成高压电，并按发动机汽缸工作顺序适时地引入汽缸，形成电火花，点燃混合气，从而使发动机正常工作。

点火系统应在发动机各工况和使用条件下，都能保证可靠而准确地点燃可燃混合气。点火系统必须符合以下三个基本要求。

1) 能产生足以击穿火花塞电极间隙的高电压

电火花是在火花塞两电极之间由于高压放电而产生的。能使火花塞两电极间产生电火花所需要的高电压，称为击穿电压。作用于火花塞两电极间的电压通常为20 kV～30 kV。

2) 电火花应具有足够的点火能量

要使可燃混合气被点燃，电火花必须具有足够的点火能量。

3) 点火时刻应适应发动机的各种工况

发动机的点火时刻用点火提前角表示。点火提前角是指火花塞跳火时的曲柄位置与活塞上止点时曲柄位置的夹角。点火系统必须能自动调节点火提前角，使点火时间能适应发动机的各种工况。

2. 点火系统的类型及发展

按照点火系统控制初级电路的方式不同，汽车点火系统可以划分为传统点火系统、晶体管电子点火系统和微机控制点火系统三类。汽车点火系统的分类如图 5.1 所示。

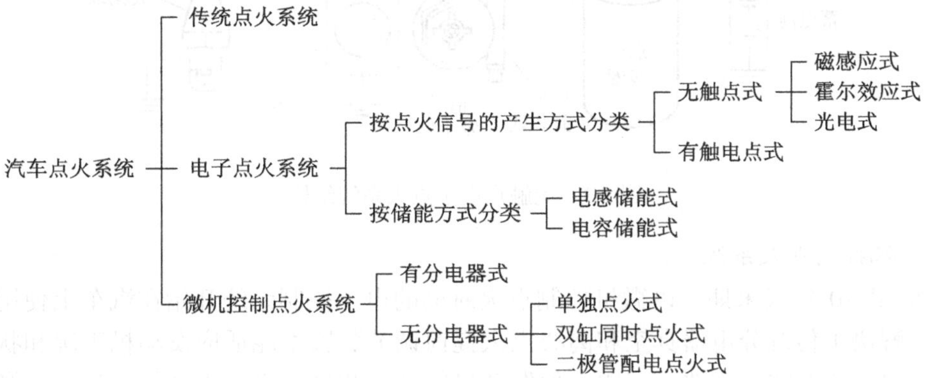

图 5.1　汽车点火系统的分类

1) 传统点火系统

传统点火系统也称蓄电池点火系统、触点式点火系统。传统点火系统的结构如图 5.2 所示。

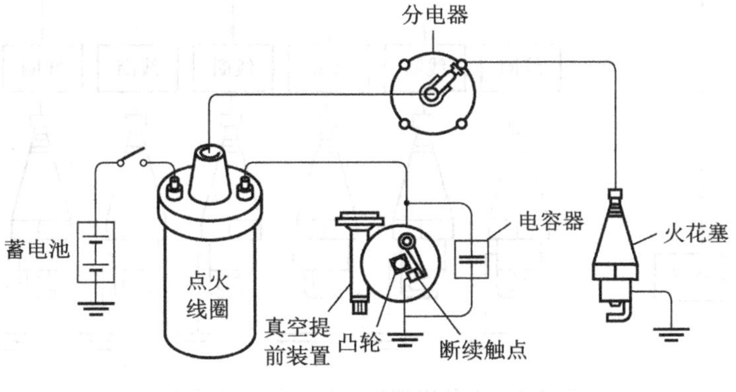

图 5.2　传统点火系统结构

传统点火系统已被新型的电子点火系统和微机控制点火系统所取代。

2) 晶体管电子点火系统

电子点火系统是利用晶体三极管或者晶闸管作为开关，接通与断开点火线圈初级电流的点火装置，解决了传统点火系统工作时触点火花较大而带来的一系列问题。在无触点电子点火系统中，信号发生器取代了凸轮触点机构，利用电子控制的方法使点火线圈的初级电流间歇流动，从而在点火线圈次级产生点火高压。

无触点电子点火系统可以按照信号发生器的工作原理不同，分为磁感应式、光电式、霍尔效应式等几种类型。无触点电子点火系统的结构如图 5.3 所示。

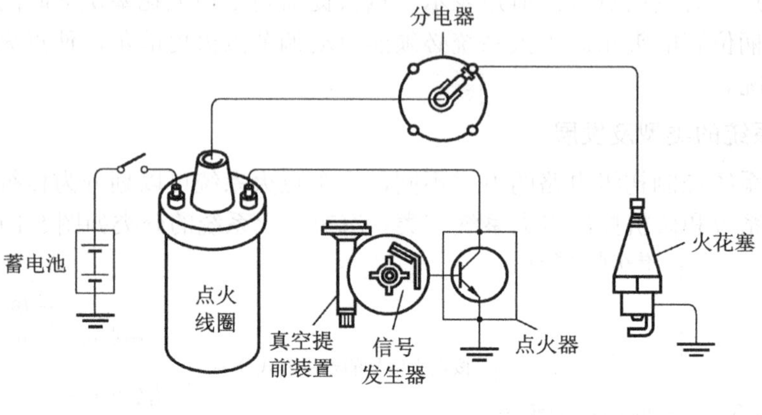

图 5.3　无触点电子点火系统结构

3) 微机控制点火系统

20 世纪 70 年代末期，以微机控制点火时刻的电子控制系统开始在汽车上使用。这种点火系统解决了传统分电器真空和离心点火提前调节装置不能适应发动机工况和状态改变时对点火提前角的实际需要的问题，使发动机的油耗和排污进一步降低。目前，微机控制点火系统是最先进的点火系统，在实际中的应用也越来越普遍，其结构如图 5.4 所示。

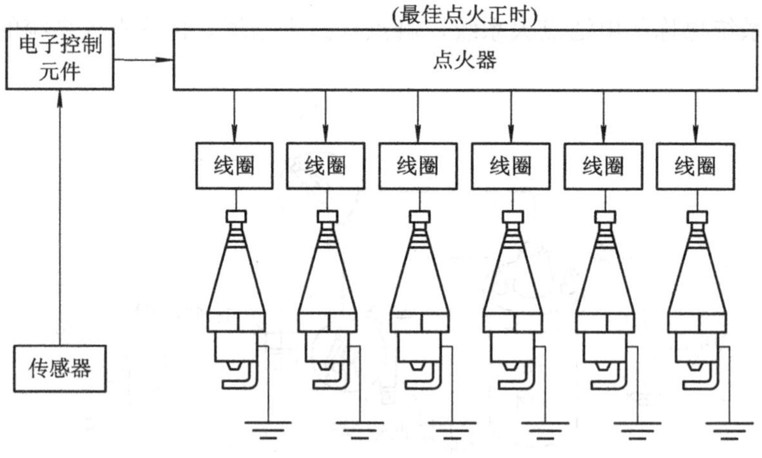

图 5.4　无分电器的微机控制点火系统

微机控制点火系统废除了真空和离心式点火提前装置。点火提前角由微机控制，将点火提前到发动机刚好不至于产生爆燃的范围。按照有无分电器分类，微机控制点火系统可分为微机控制的有分电器电子点火系统和微机控制的无分电器电子点火系统两种。

二、传统点火系统的组成及工作原理

1. 传统点火系统的组成

传统点火系统的组成如图 5.5 所示，主要由电源、点火开关、点火线圈、断电器、配电器、电容器、火花塞、高压导线、附加电阻等组成。

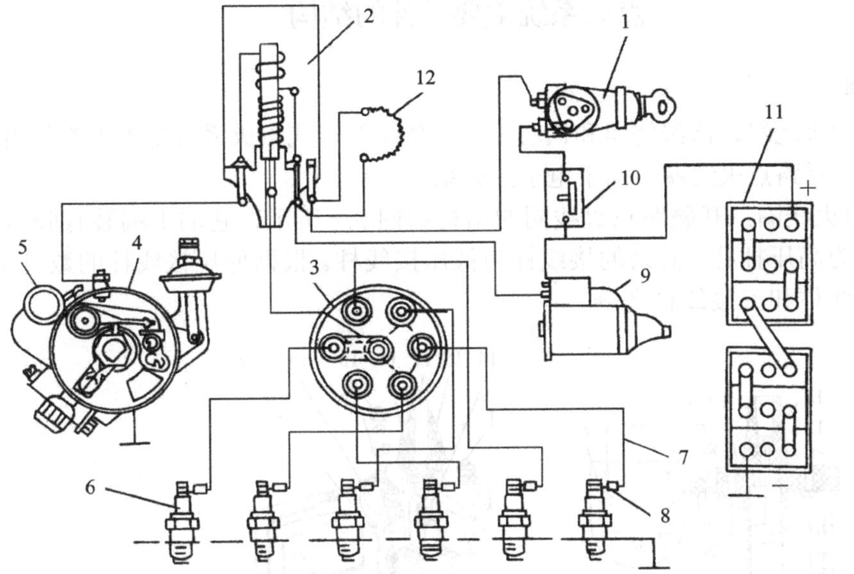

图 5.5　传统点火系统的组成

2．传统点火系统的工作原理

在传统点火系统中，蓄电池或发电机供给 12 V 低电压，经点火线圈和断电器转变为高电压，再经配电器分送到各缸火花塞，使电极间产生电火花。传统点火系统的工作原理如图 5.6 所示。

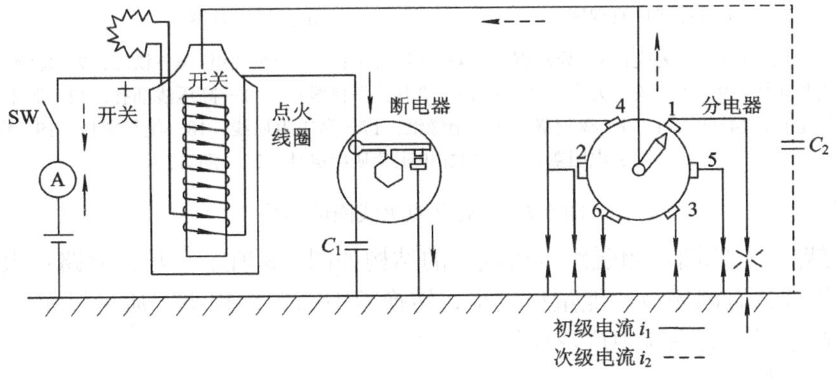

图 5.6　传统点火系统的工作原理

发动机工作时，断电器轴连同凸轮一起在发动机凸轮轴的驱动下旋转。断电器凸轮转动时，断电器触点交替地闭合和打开。

触点闭合时，点火线圈初级绕组中的初级电流按指数规律增长，触点打开后，初级电流迅速降到零，在初级绕组和次级绕组中都产生感应电动势。由于次级绕组匝数多，因此可产生高达 15 kV～20 kV 的互感电势。

高压电路在触点从闭合到断开瞬间以点火线圈次级绕组为高压电源，以火花塞电极间隙为负载，火花塞电极间隙被击穿，产生电火花，点燃可燃混合气。发动机工作期间，断电器凸轮每转一周，各缸按点火顺序轮流点火一次。

三、点火系统主要零件的结构

1．点火线圈

点火线圈由初级绕组、次级绕组和铁芯组成。传统触点式点火系统基本上都使用开磁路的点火线圈，闭磁路点火线圈多用于电子点火系统。

(1) 开磁路点火线圈。开磁路点火线圈的结构如图 5.7 所示，它的上端装有胶木盖，其中央凸出部分为高压插孔，其余的接线柱为低压接线柱。根据低压接线柱的数目不同，点火线圈有两接线柱和三接线柱之分。

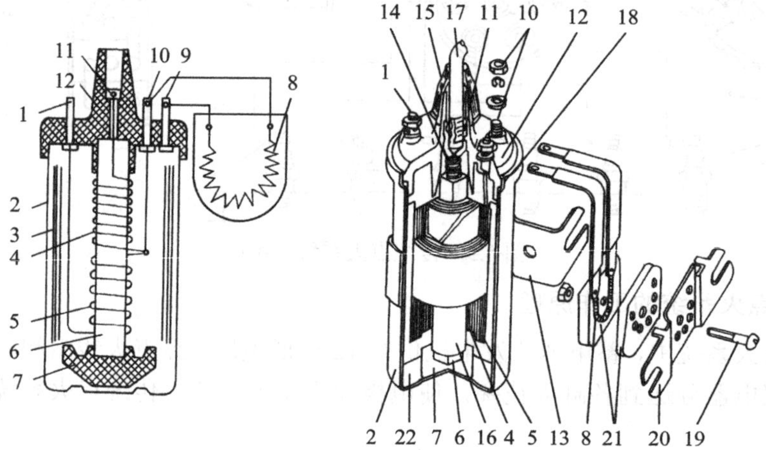

(a) 三接线柱原理图　　(b) 结构示意图

1—“-”接线柱；2—外壳；3—导磁钢套；4—次级绕组；5—初级绕组；6—铁芯；7—瓷绝缘体；8—附加电阻；9—“开关电源”接线柱；10—“开关”接线柱；11—高压线插孔；12—胶木盖；13—固定夹；14—弹簧；15—橡胶罩；16—绝缘纸；17—高压阻尼线；18—绝缘瓷体；19—螺钉；20—附加电阻盖；21—附加电阻瓷质绝缘体；22—沥青封料

图 5.7　开磁路点火线圈的结构

(2) 闭磁路点火线圈。闭磁路点火线圈的结构如图 5.8 所示。与开磁路点火线圈相比，闭磁路点火线圈具有漏磁少、能量损失小、转换效率高、体积小、质量轻和散热容易等优点，因此已在电子点火系统中广泛应用。

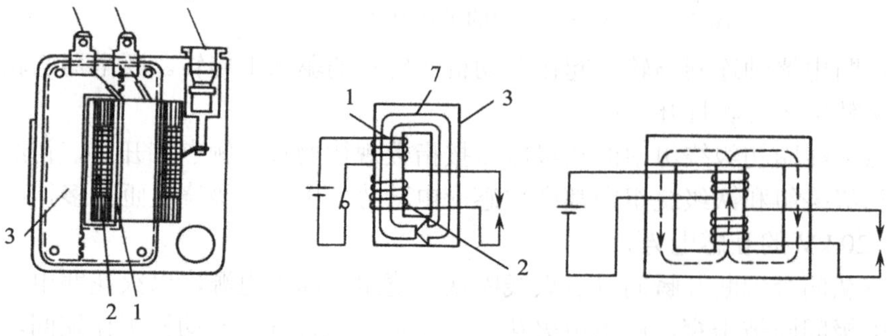

1—初级绕组；
2—次级绕组；
3—铁芯；
4—“＋”接线柱；
5—“－”接线柱；
6—高压接线柱；
7—磁力线

(a) 闭磁路点火线圈　　(b) “口”字形铁芯　　(c) “日”字形铁芯

图 5.8　闭磁路点火线圈

2. 分电器

传统分电器由断电器、配电器、电容器和点火提前调节机构组成，如图 5.9 所示。

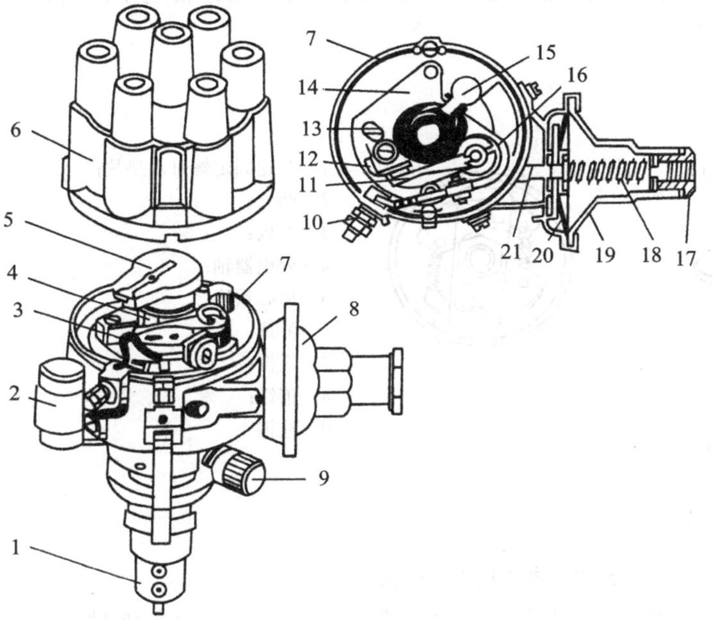

1—联轴节；
2—电容器；
3—触点及断电器底板组成；
4—凸轮；
5—分火头；
6—分电器盖；
7—分电器壳体；
8—真空提前调节器；
9—油杯；
10—接线柱；
11—活动触点臂；
12—固定触点及支架；
13—偏心螺钉；
14—活动底板；
15—油毡及夹圈；
16—触点臂弹簧片；
17—螺母；
18—弹簧；
19—真空提前调节器外壳；
20—真空提前调节器膜片；
21—拉杆

图 5.9　传统分电器结构示意图

1) 断电器

断电器是一个串联在点火线圈初级绕组电路中，用以控制低压电流的开关设备，由活动触点、固定触点及凸轮组成，其作用是周期性地接通和切断点火线圈低压电路。

2) 配电器

配电器安装在断电器上方，由胶木制的分电器盖和分火头组成，其作用是按发动机点火顺序将高压电分配到各缸火花塞上。分火头插装在凸轮的顶端，和凸轮一起旋转，其上有金属导电片。配电器常见故障有分电器盖或分火头裂损、受潮或绝缘击穿，会导致发动机不能启动。

3) 电容器

电容器的作用是：当触点分开时可减小触点间的火花，防止触点烧蚀；同时提高次级电压。

电容器常见的故障有绝缘击穿(导致短路或漏电)以及内部引出线断路。可用万用表或试灯法检查。

4) 点火提前角调节机构

为了保证发动机在任何工况下都能实现最佳点火，在分电器中设置了离心点火提前机构和真空点火提前机构。

(1) 离心点火提前机构。离心点火提前机构的功能是在发动机转速发生变化时自动调节点火提前角。它通常装在断电器固定底板的下部，结构如图 5.10 所示。在分电器轴上固定有托板，两个重块分别套在托板的柱销上，重块另一端由弹簧拉住，凸轮和拨板为一体，套在分电器轴的上端，而拨板两端的孔则插在离心块的销钉上。

随着发动机转速升高，重块的离心力增大，克服弹簧拉力绕柱销转动一角度，销钉推动拨板，使凸轮沿旋转方向相对于轴转过一角度，点火提前角增大。转速下降时，弹簧将重块拉回，使提前角自动减小。

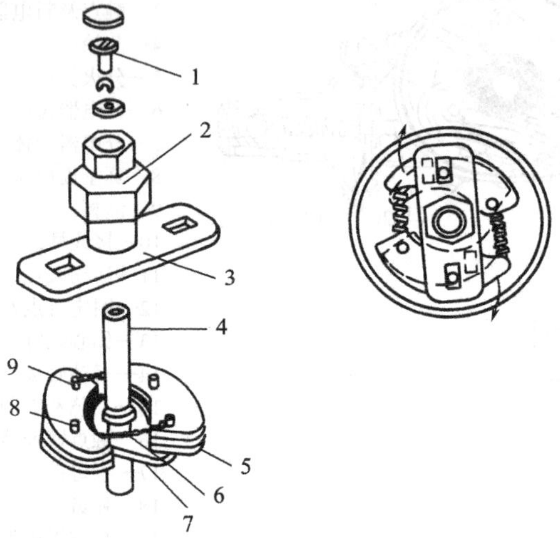

1—凸轮固定螺钉及垫片；
2—凸轮；
3—拨板；
4—分电器轴；
5—离心重块；
6—弹簧；
7—托板；
8—销钉；
9—柱销

图 5.10 离心点火提前机构

(2) 真空点火提前机构。真空点火提前机构的功能是在发动机负荷变化时，自动调节点火提前角。它安装在分电器壳体的外侧，其内部构造及工作原理如图 5.11 所示。壳内装有膜片，将其内部分成两个腔室，位于分电器壳体一侧的腔室与大气相通，另一腔室用管子接到化油器下体空气管上的一个专设的小通气孔，该孔在节气门怠速开度时，处于节气门正前方，与怠速过渡喷孔邻近，膜片中心固装着拉杆，拉杆的另一端固装一销钉，断电器活动底板就套装在拉杆的销钉上，因此拉杆运动可带动断电器活动底板转动。

当发动机负荷小时，节气门开度小，小孔处真空度较大，吸动膜片，拉杆推动活动板带着触点副逆着凸轮旋转方向转动一定角度，使点火提前角增大。节气门开度大(负荷增大)时，小孔处真空度降低，膜片在弹簧力作用下，使点火提前角自动减小。怠速时，节气门接近全闭，小孔处于节气门上方，真空度几乎为零，使点火提前角很小或基本不提前，以保证怠速稳定运转。

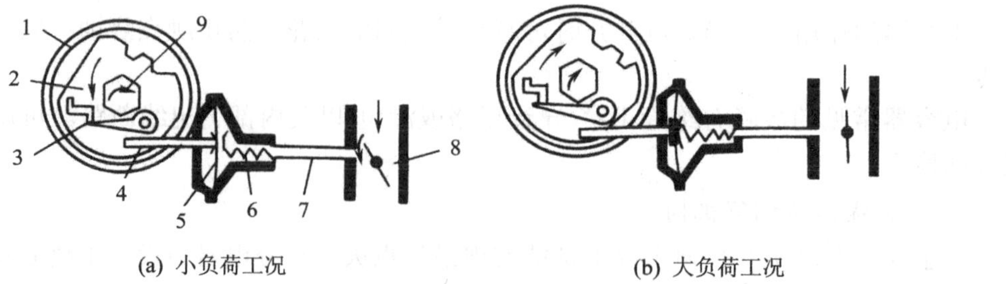

(a) 小负荷工况　　(b) 大负荷工况

1—分电器壳体；2—活动板；3—触点副；4—拉杆；5—膜片；6—弹簧；7—真空连接管；8—节气门；9—凸轮

图 5.11 真空点火提前机构的工作原理

点火提前机构常见故障有离心提前机构弹簧失效及真空提前机构膜片破裂、断电器活动底板卡滞等。

3. 火花塞

1) 火花塞的构造

火花塞的作用是将点火线圈产生的高压电引入发动机的燃烧室，在其电极间隙中形成电火花，以点燃可燃混合气。

火花塞的结构如图5.12所示，在钢质壳体5的内部固定有陶瓷绝缘体2。在绝缘体中心孔的上部装有金属杆3，金属杆上端有接线柱1，用于连接高压导线，下部装有中心电极9。金属杆3与中心电极9之间用导电玻璃6密封，铜制内垫圈4和8起密封和导热作用。壳体5上部的外侧制成六角平面，以便于拆装，下部的螺纹安装在发动机汽缸盖的火花塞孔内，壳体下端固定有弯曲的侧电极10。中心电极和侧电极一般都是分别采用不同的镍锰合金或贵金属合金制成的，具有良好的耐高温、耐腐蚀性能。火花塞的电极间隙一般为0.6 mm～0.7 mm。采用高能电子点火装置时，其火花塞间隙可增大至1.0 mm～1.2 mm。

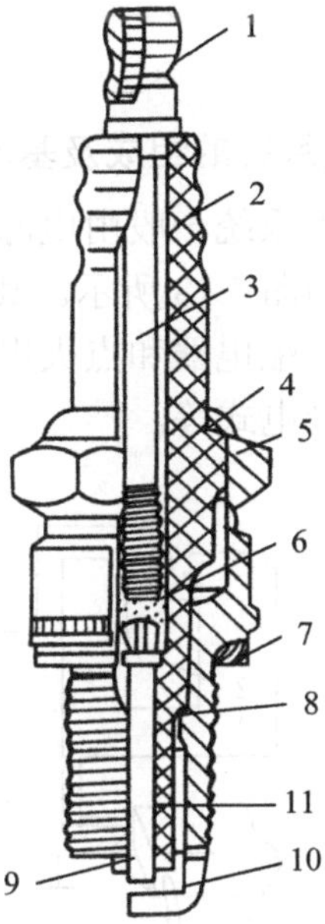

1—接线螺母；
2—绝缘体；
3—金属杆；
4、8—内垫圈；
5—壳体；
6—导电玻璃；
7—密封垫圈；
9—中心电极；
10—侧电极；
11—绝缘体裙部

图5.12　火花塞的结构

2) 火花塞的热特性

火花塞的热特性是指火花塞发火部位吸收热量并向发动机冷却系统散热的能力。要使火花塞正常工作，其绝缘体裙部的温度应保持在500℃～600℃，使落在绝缘体上的油滴立即烧掉，不致形成积炭。这个温度称为火花塞的“自净温度”。如果绝缘体裙部的温度低于自净温度，那么就会引起火花塞积炭；若温度过高，则混合气与炽热的绝缘体接触时，会引起炽热点火而产生“早燃”、“爆燃”等现象。因此，火花塞的热特性必须与发动机相适应，以保证火花塞在发动机内良好工作。

火花塞的热特性主要取决于绝缘体裙部的长度。绝缘体裙部长的火花塞的受热面积大，传热距离长，散热困难，裙部温度高，称为“热型”火花塞；反之，裙部短的火花塞，吸热面积小，传热距离短，散热容易，裙部温度低，称为“冷型”火花塞。热型火花塞适用于低压缩比、低转速、小功率的发动机；冷型火花塞适用于功率大、转速高和压缩比大的发动机。

对于火花塞的热特性，我国是以绝缘体裙部的长度来标定的，并分别用热值来表示，见表5.1。火花塞的热特性选用的是否合适的判断方法是：如果火花塞经常由于积炭而导致断火，则表示它偏冷，热值选用过高；如果发生炽热点火(易引起爆燃或回火现象)，则表示偏热，热值选用过低。

表5.1　火花塞裙部长度与热值

裙部长度/mm	15.5	13.5	11.5	9.5	7.5	5.5	3.5
热值	3	4	5	6	7	8	9
热特性	热	←——			——→		冷

四、电子点火系统

1．电子点火系统的组成及基本工作原理

普通电子点火系统一般由电源、点火开关、点火线圈、电子点火器、无触点分电器、火花塞等组成，如图5.13所示。其中，无触点分电器主要由信号发生器、配电器和点火提前调节装置组成。配电器和点火提前调节装置与传统分电器类似，信号发生器有霍尔效应式、磁感应式、光电式等。

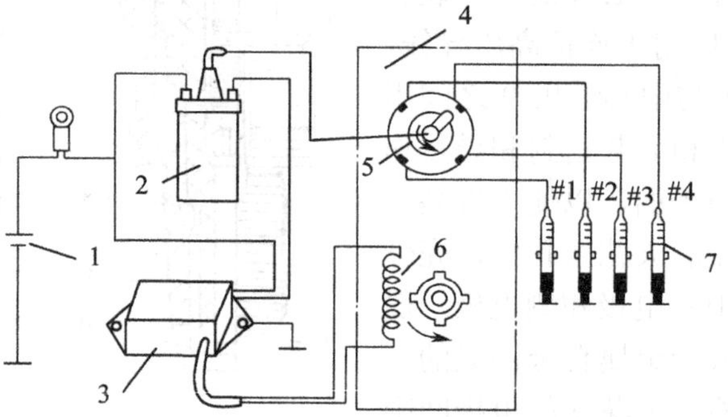

1—蓄电池；
2—点火线圈；
3—电子点火器；
4—分电器；
5—配电器；
6—点火信号发生器；
7—火花塞

图5.13　无触点电子点火系统的组成

普通电子点火系统的基本工作原理如图5.14所示，转动的分电器根据发动机做功的需要，使点火信号发生器产生某种形式的电压信号(有模拟信号和数字信号两种)，该电压信号经电子点火器大功率晶体管前置电路的放大、整形等处理后，控制串联于点火线圈初级回路的大功率晶体管的导通和截止。大功率晶体管导通时，点火线圈初级电路导通，点火系统储能；大功率晶体管截止时，点火线圈初级电路断路，次级绕组产生高电压。

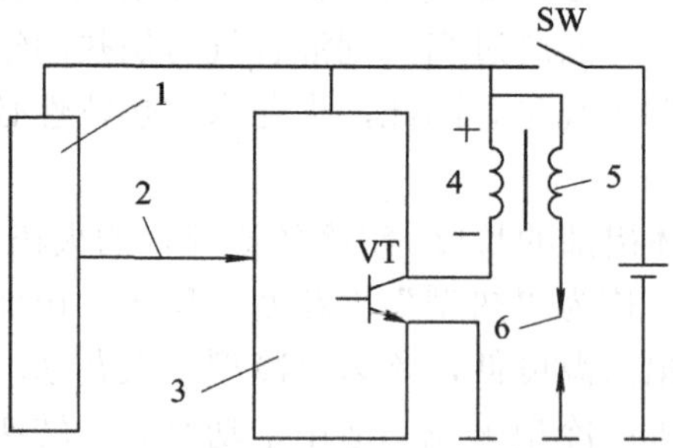

1—点火信号发生器；
2—点火触发信号；
3—电子点火器；
4—初级绕组；
5—次级绕组；
6—火花塞

图5.14　电子点火系统的基本工作原理

2．磁感应式电子点火系统

磁感应式无触点电子点火系统也叫磁脉冲式无触点电子点火系统，它用磁脉冲信号发生器代替传统的断电器，当分电器旋转时，磁脉冲信号发生器产生信号电压，经脉冲信号放大器放大后，推动大功率管工作，控制点火线圈初级绕组电路的通断，使次级绕组产生高压电，通过火花塞跳火点燃混合气。

1) 丰田汽车用无触点电感储能磁感应式电子点火系统

丰田汽车装用的20R型发动机点火系统采用无触点电感储能磁感应式电子点火系统，解放CA1092型汽车电子点火系统也是采用的磁感应式无触点电子点火装置。此系统主要

由磁脉冲式分电器、脉冲信号放大器(电子点火器)、高能点火线圈、火花塞等组成。磁脉冲式分电器内没有触点，而是装用了一个磁脉冲式点火信号发生器。

磁感应式信号发生器用于产生点火控制信号，装在分电器内的底板上，如图 5.15 所示。它由装在分电器轴上的信号转子、永久磁铁、铁芯和绕在铁芯上的传感线圈等组成。信号转子由分电器轴驱动，转子上的凸齿数与发动机汽缸数相等。

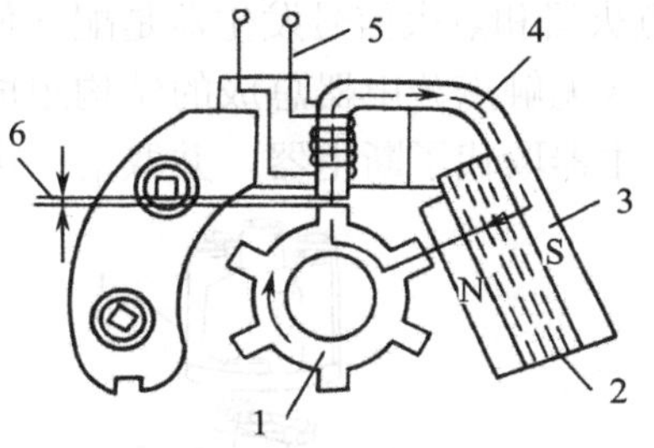

图 5.15　磁感应式信号发生器的基本结构

磁感应式点火信号发生器是利用电磁感应原理工作的，当通过传感线圈的磁通发生变化时，在传感线圈内便产生交变电动势。信号发生器的工作原理如图 5.16 所示。

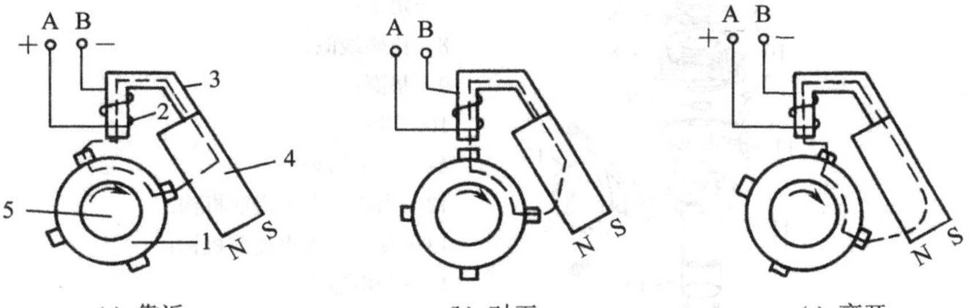

1—信号转子；2—传感线圈；3—衔铁；4—永久磁铁；5—分电器轴

图 5.16　磁感应式信号发生器的工作原理

点火信号发生器的信号转子由分电器轴带动旋转，信号转子随分电器旋转一周，传感线圈上产生的脉冲信号个数正好与汽缸数相同。电子点火器组装在一个小盒内，其基本电路如图 5.17 所示。它利用信号发生器产生的电压信号控制三极管 VT_2 的导通与截止，从而控制大功率管 VT_5 的导通与截止，使点火线圈工作。

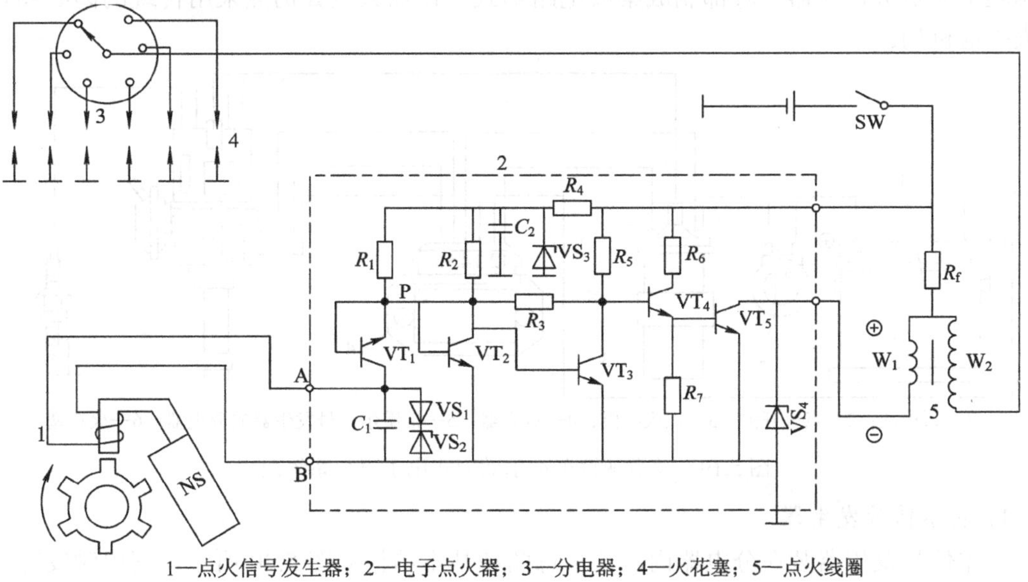

1—点火信号发生器；2—电子点火器；3—分电器；4—火花塞；5—点火线圈

图 5.17　丰田汽车磁感应式电子点火系统电路

2) 电子点火系统的主要元件

电子点火系统与传统点火系统相比，主要区别在于点火信号发生器和电子点火器(点火模块)。电子点火器和点火信号发生器是配套使用的，点火信号发生器一般安装在分电器内。

磁感应式无触点分电器总成的结构组成如图 5.18 所示，与传统的分电器相比，只是由点火信号发生器取代了断电器，并取消了电容器。

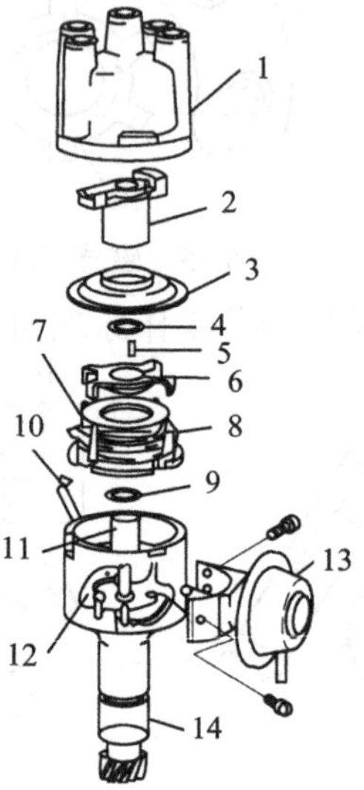

1—分电器盖；
2—分火头；
3—防尘罩；
4—垫圈；
5—键；
6—信号转子；
7—定子；
8—传感线圈；
9—垫圈；
10—卡箍；
11—分电器轴；
12—离心式点火提前机构；
13—真空式点火提前机构；
14—分电器壳

图 5.18　磁感应式无触点分电器总成

3. 霍尔效应式电子点火系统

若点火系统的信号发生器是应用霍尔效应原理制成的，以霍尔信号发生器进行触发，则称为霍尔效应式电子点火系统。它由内装霍尔信号发生器的分电器、点火控制器、点火线圈和火花塞组成。图 5.19 所示为桑塔纳轿车霍尔效应式电子点火系统，与霍尔信号发生器相匹配的点火控制器一般都制成集成电路形式，该点火装置仍然采用传统的离心和真空点火提前机构。

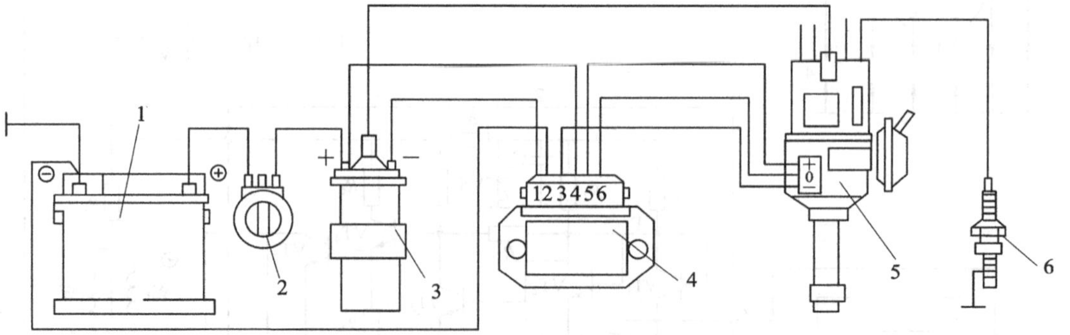

1—蓄电池；2—点火开关；3—点火线圈；4—点火器；5—带霍尔信号发生器的分电器；6—火花塞

图 5.19　桑塔纳轿车霍尔效应式电子点火系统图

1) 霍尔信号发生器

霍尔信号发生器装在分电器内，其示意图和基本结构如图 5.20 所示，它由触发叶轮和霍尔传感器组成。触发叶轮和传统分电器的凸轮一样，套装在分电器轴的上部，由分电器轴带动旋转，又能相对分电器轴做少量转动，以保证离心调节装置正常工作。触发叶轮的叶片数与汽缸数相等，其上部套装分火头，与触发叶轮一起转动。

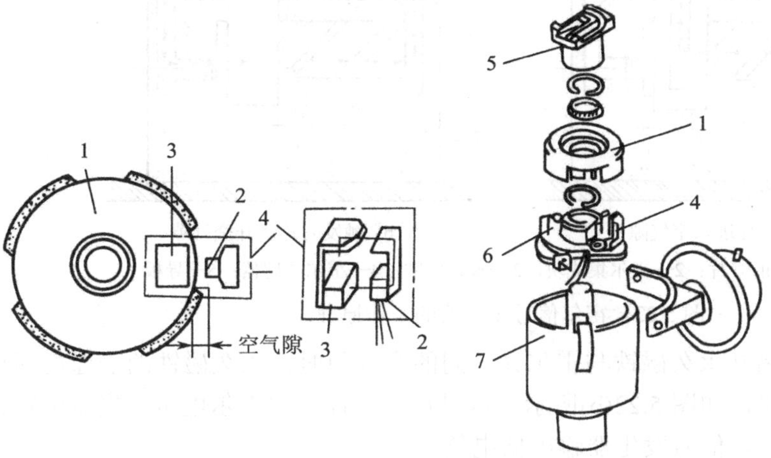

(a) 示意图　　(b) 结构图

图 5.20　霍尔信号发生器

霍尔传感器由带导板(导磁)的永久磁铁和霍尔集成块组成，触发叶轮的叶片在霍尔集成块和永久磁铁之间转动。霍尔集成块包括霍尔元件和集成电路，霍尔信号发生器工作时，霍尔元件产生的霍尔电压 U_H 约为 20 mV，信号很微弱，还需由集成电路进行信号处理。霍尔元件产生的霍尔电压信号(U_H)经过放大、脉冲整形，最后以整齐的矩形脉冲波输出，输出可达几百毫伏。

霍尔信号集成块的原理框图如图 5.21 所示。

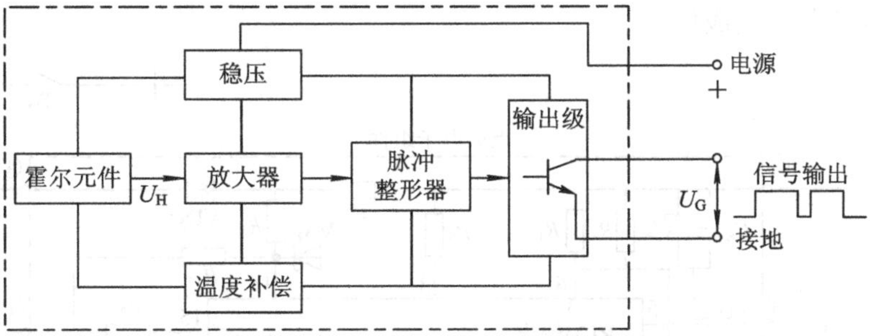

U_H—霍尔电压；U_G—霍尔信号发生器输出电压信号

图 5.21　霍尔信号集成块的原理框图

霍尔信号发生器是一个有源器件，霍尔信号集成块的电源由点火器提供。霍尔集成电路输出级的集电极为开路输出形式，其集电极的负载电阻设置在点火器内。霍尔信号发生器有三根引出线，且与点火器件相连接，其中一根是电源输入线，一根是霍尔信号输出线，一根是接地线。

霍尔信号发生器的工作原理如图 5.22 所示。触发叶轮旋转时，每当叶片进入永久磁铁与霍尔集成块之间的空气隙时，霍尔集成块中的磁场即被触发叶轮的叶片旁路(或称为隔磁)，如图 5.22(a)所示。这时霍尔元件不产生霍尔电压，集成电路输出级的晶体管处于截止状态，信号发生器输出高电位。

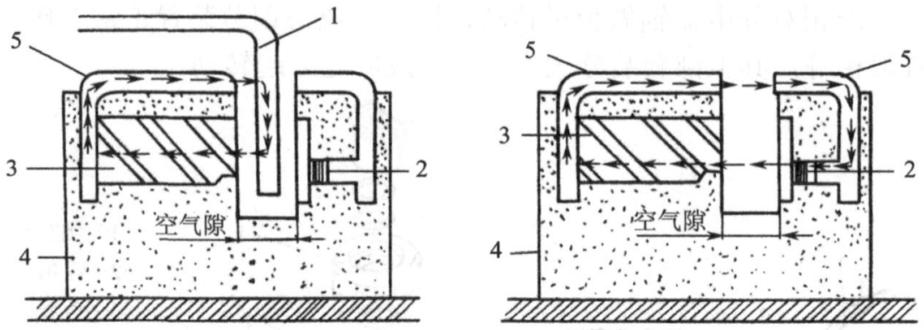

(a) 触发叶片进入空气隙中　　(b) 触发叶片离开空气隙

1—触发叶轮的叶片；2—霍尔集成块；3—永久磁铁；4—霍尔传感器；5—导板

图 5.22　霍尔信号发生器的工作原理

当触发叶轮的叶片离开永久磁铁与霍尔元件间的空气隙时，永久磁铁的磁通便通过霍尔集成块和导板构成回路，如图 5.22(b)所示。这时霍尔元件产生霍尔电压，集成电路输出级的晶体管处于导通状态，信号发生器输出低电位。

由此可见，叶片进入空气隙时信号发生器输出高电位；叶片离开空气隙时信号发生器输出低电位。触发叶轮每转一周，便产生与叶片数相等个数的霍尔脉冲电压 U_H。信号发生器输出方波中，高、低电位的时间比由触发叶轮叶片的分配角(叶片宽度)决定。桑塔纳轿车用分电器高、低电位的时间比为 7∶3。点火器依据信号发生器输入的方波信号进行触发，并控制点火系统工作。

2) 点火器的功能和基本电路

现以桑塔纳轿车为例介绍霍尔效应式点火电子组件的结构与性能。

桑塔纳轿车点火电子组件的基本电路如图 5.23 所示，点火电子组件中的核心部件是 L497 双列直插式点火集成块。

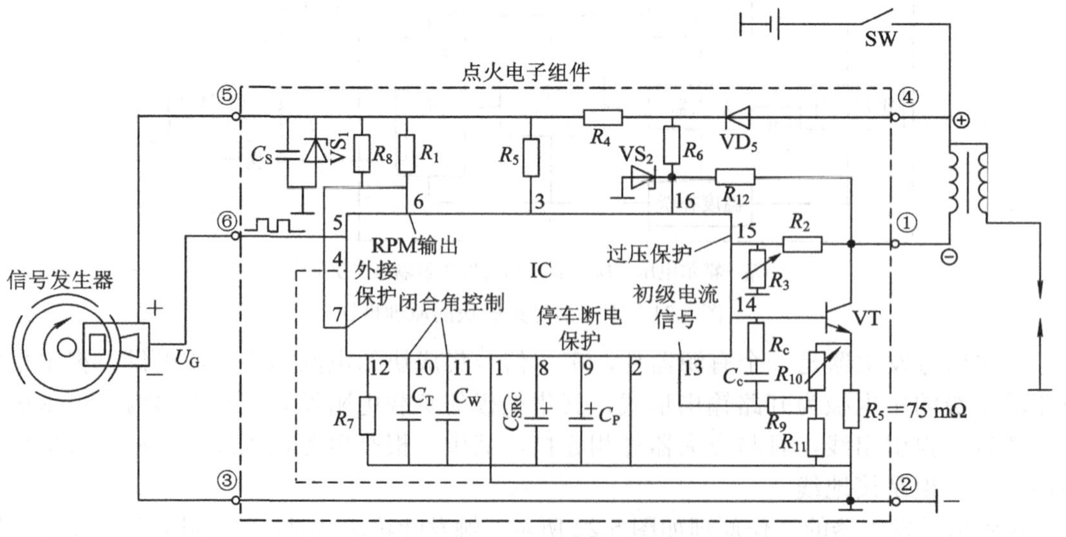

图 5.23　桑塔纳轿车点火电子组件的基本电路

桑塔纳轿车用的霍尔效应式电子点火系统中的点火器，除具有接通和切断初级电路的开关功能外，还具有其他许多功能，如限流控制、闭合角控制、停车断电保护等，因而使该点火系统具有更多的优越性，如点火能量高，且在怠速至高速的整个发动机转速范围内基本保持恒定；高速不断火；低速耗能小；启动可靠等。

桑塔纳轿车点火器的外形如图 5.24 所示。

图 5.24　桑塔纳轿车点火器的外形图

(1) 基本功能。桑塔纳轿车电子点火系统的基本原理电路如图 5.25 所示。接通点火开关，发动机转动时，分电器开始转动，当霍尔信号发生器的触发叶轮进入空气隙时，霍尔信号发生器输出高电位，通过导线 6 和 3 输入点火电子组件。此时，点火器通过内部电路，适时地驱动点火器末级 VT 大功率管导通，接通初级电路。其电路是：蓄电池“+”极→点火开关→点火线圈初级绕组 W_1→点火器→搭铁→蓄电池“−”极。当触发叶轮的叶片离开空气隙时，霍尔信号发生器输出的信号下跳为低电位，当该信号通过点火器插座⑥和③进入点火器时，点火器末级大功率管 VT 立即截止，切断点火线圈初级电路，次级绕组产生高压电。

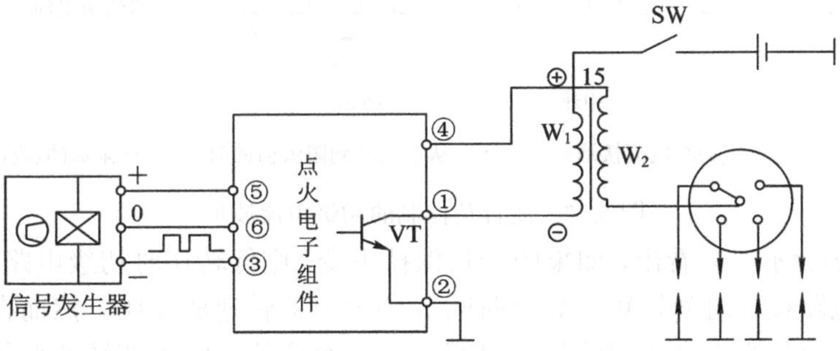

图 5.25　桑塔纳轿车电子点火系统基本原理电路

(2) 点火线圈的限流控制。为了增大初级电流，保证发动机在任何工况下都能实现稳定可靠的高能点火，一般匹配一种专用高能点火线圈，其线圈初级绕组的电阻 R_1 较小，一般为 0.5～0.8 Ω，桑塔纳轿车采用 0.65 Ω。

在点火电子组件内设置有点火线圈限流控制保护电路，其目的是将初级电流限制在某一值并保持恒定不变。因此，又称其为恒流控制电路。

点火线圈限流控制电路的原理如图 5.26 所示。图中，R_S 为点火初级线圈电流的采样电

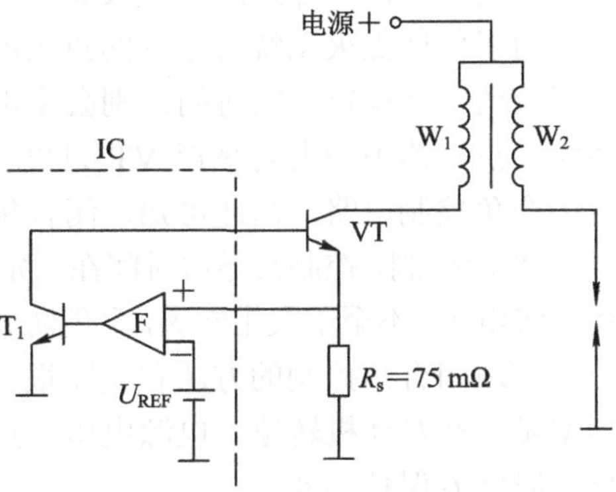

图 5.26　点火线圈限流控制电路的原理

阻，当 R_S 电阻值一定时，其上的电压降与通过点火线圈的初级电流成正比。采样电阻压降值反馈到点火集成块中的限流控制电路，使限流控制电路工作，保持点火线圈的初级电流恒定不变。

(3) 闭合角控制。传统点火系统中的闭合角是指断电器触点闭合期间分电器凸轮转过的角度，即初级电路接通期间分电器轴转过的角度。在电子点火系统中，闭合角又称导通角，是指点火电子组件末级大功率三极管导通期间，即初级电路接通期间分电器轴转过的角度。

对霍尔效应式电子点火系统而言，如果不加装闭合角控制电路，则闭合角是由分电器内信号发生器触发叶轮的分配角决定的，在发动机转速变化时，其闭合角也将始终保持不变。闭合角控制的初级电流波形如图 5.27 所示。

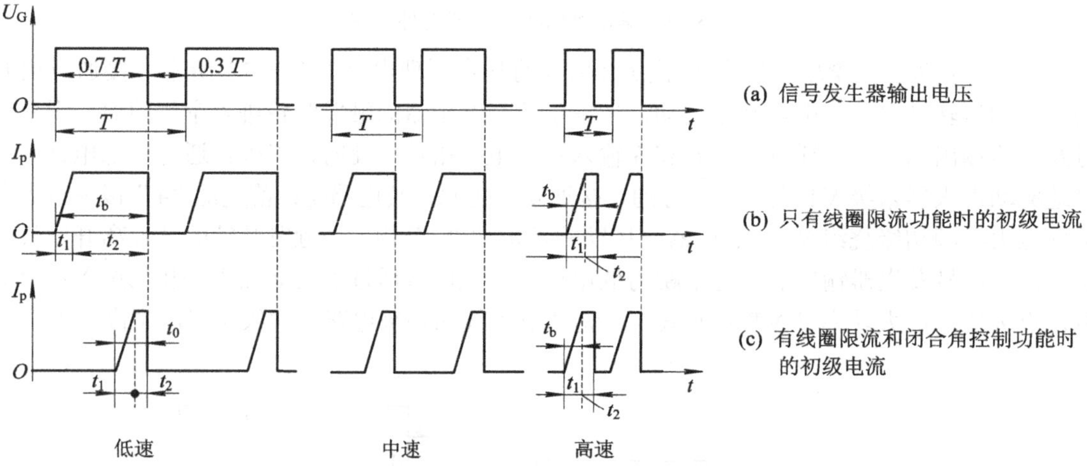

t_b—导通时间(初级电流接通时间)；t_1—从零上升到限流值的时间；t_2—限流(恒流)时间

图 5.27 闭合角控制的初级电流波形

由图 5.27(b)所示可以看出，如果闭合角保持不变，则低转速时初级电路接通时间较长，高转速时初级电路接通时间较短。导通时间 t_b 与分电器转速成反比。然而在电源电压一定时，由于初级电流从零上升到限流值的时间 t_1 是一个定值，它不随转速变化，所以必然形成低转速时限流时间 t_2 长，高转速时限流时间 t_2 短的现象。如果转速过高，则 t_2 为 0，甚至达不到限流值，导致出现点火能量不足或断火现象。

为了保证点火系统有足够的点火能量和次级电压，如果满足高转速时初级电流能上升到限流值并能稳定一定时间，则会出现低转速时限流时间 t_2 过长的现象，这样将造成点火线圈、点火器中的大功率管 VT 过度发热而加速损坏，同时也会形成电能浪费。为此，设置闭合角控制电路。由此可知，闭合角控制的实质是对大功率管 VT 导通时间(初级电路接通时间)的控制，控制其导通时间在一定范围内基本保持不变，以确保高转速时有足够的能量和次级电压，不至于发生断火，又能防止低转速时点火线圈和点火电子组件过度发热而损坏。

实现闭合角控制的方法和电路很多，在普通电子点火系统中，实用中较为理想的控制方案是：在发动机转速、电源电压、点火线圈特性变化时，控制点火器中大功率管 VT 的导通时间 t_2 保持不变。

当发动机转速变化时，闭合角控制电路在低转速时使大功率管 VT 延迟导通，在高转速时则提前导通，从而实现大功率管导通时间 t_2 基本保持不变，如图 5.27(c)所示。

在电源电压一定的条件下，采用闭合角控制电路后，在转速变化时，其导通时间 t_b 不再随发动机转速变化，但导通时间 t_b 所占的分电器轴转角，即闭合角却是变化的，低转速时闭合角减小，高转速时闭合角增大，即闭合角随转速的升高而增大，所以常称该电路为闭合角控制电路。

(4) 停车断电保护。汽车停驶时，如果点火开关未关断，霍尔信号发生器可能(随机地)输出高电位且保持信号不变，其结果将是使点火线圈初级绕组长期处于接通状态，会使点火线圈及点火器大功率管等加速损坏。为了避免上述情况的发生，在点火器内设立初级电路自动切断电路，一般称为停车断电保护电路。

如汽车停驶中忘记关断点火开关，霍尔信号发生器会较长期地输出高电位，如果输出高电位的时间大于设定的时间 T_p(一般为 1 s～2 s)，则点火电子组件的内部比较器驱动级工作，驱动末级大功率管 VT 缓慢地截止，使点火线圈初级电流逐渐下降为 0，从而避免点火线圈长期通电，保护点火线圈和点火电子组件不被烧坏。缓慢切断初级电流的目的是防止电流变化太快，以免在汽缸内产生火花，而使发动机误发动。

(5) 其他功能。该点火器除上述功能外，还有慢恢复控制、过压保护、反向保护等功能，具有一定的先进性。

3) 系统主要元件

霍尔效应式无触点分电器的结构如图 5.28 所示，它与传统的分电器相比，只是用霍尔效应式点火信号发生器取代了断电器。霍尔效应式无触点分电器的真空点火提前装置拉杆拉动的是装有霍尔传感器的托盘。

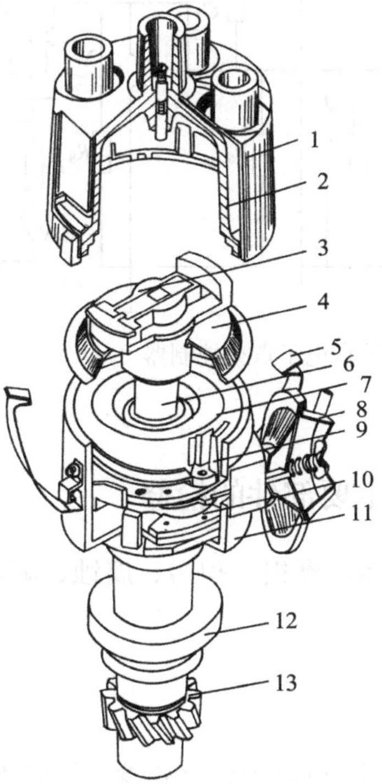

1—抗干扰屏蔽罩；
2—分电器盖；
3—分火头；
4—防尘罩；
5—分电器盖弹簧夹；
6—分电器轴；
7—带缺口转子；
8—真空点火提前调节装置；
9—霍尔信号发生器总成；
10—离心点火提前调节装置；
11—分电器外壳；
12—密封圈；
13—驱动齿轮

图 5.28　霍尔效应式无触点分电器的结构

4. 光电式电子点火系统

光电式无触点电子点火系统应用光电效应的原理，以发光元件、光敏元件和遮光盘组成光电脉冲信号发生器来产生点火脉冲信号电压，并经放大电路放大后，推动大功率管工作，控制点火线圈初级绕组电路的通断，使次级绕组产生高压电，最终达到控制点火的目的。

1) 光电式点火信号发生器

光电式点火信号发生器由光触发器、遮光盘及放大器等部件组成，它是将传统分电器中的电容除去，以光电式点火信号发生器替换传统断电器，其他结构仍保持不变，点火线圈也可使用传统式点火线圈。

光电脉冲的产生原理如图 5.29 所示。光源一般采用发光二极管，光接收器是一只光敏三极管，当有光线照射时，光敏三极管就能产生基极电流。遮光盘安装在分电器轴上，位于分火头下面。盘上缺口数目与汽缸数目相等，当遮光盘随分电器轴转动时，即按一定位置产生光电点火信号。

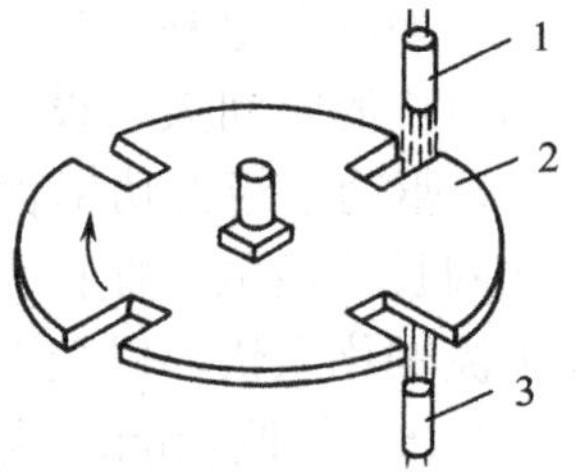

1—光源；2—遮光盘；3—光敏元件

图 5.29　光电脉冲产生的原理

2) 光电式无触点电子点火控制器

光电式无触点电子点火控制器的作用是把光接收器的信号电流放大，从而通过大功率三极管接通和切断点火线圈初级电流，使次级绕组产生高压电，其电路如图 5.30 所示。

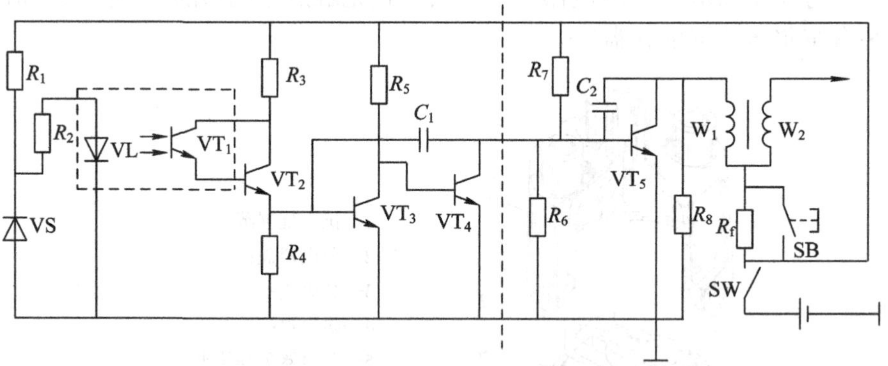

图 5.30　光电式无触点电子点火控制器

【任务实施】

一、点火系统主要部件的检修

点火系统元件在车辆使用中可能发生烧坏、磨损、积污、腐蚀、漏电、断路、短路等故障，必须及时检修才能保证车辆正常工作。

1. 分电器的故障与检修

1) 分电器的故障

分电器常见故障有分电器盖或分火头裂损、受潮或绝缘击穿，这将引起发动机“断火”或者不能启动。

点火提前机构常见故障有离心提前机构弹簧失效及真空提前机构膜片破裂。

2) 分电器的检查

检查分火头和分电器盖是否漏电。可在汽车上利用点火线圈的高压电对准分火头进行跳火试验，如果能跳火，说明分火头漏电。分电器盖如有裂损应更换。

3) 分电器的试验

分电器试验的目的在于检查凸轮分火角均匀度以及点火提前机构的工作特性。试验可在汽车电气设备万能试验台上进行，试验内容包括点火均匀性试验、离心提前机构试验和真空提前机构试验。

2. 点火线圈的检修

点火线圈的主要故障有：初级或次级绕组断路、短路或搭铁，绝缘盖破裂，附加电阻烧断等。实际工作时，点火线圈还常因过热而发生故障。

点火线圈检查与试验的方法如下：

(1) 观看点火线圈的外表，若绝缘盖破裂或外壳碰裂，应予以更换。

(2) 用万用表测量点火线圈的初级绕组、次级绕组的电阻值，应符合技术标准，否则说明有故障，应予以更换。

(3) 检验点火线圈的发火强度。检查点火线圈产生的高电压时，可与分电器配合在试验台上进行试验，也可用对比跳火法检验，将被检验的点火线圈与好的点火线圈分别接上进行对比，看其火花强度是否一样。

3. 火花塞的故障及检修

火花塞的故障有积炭、积油、间隙过大、绝缘体出现裂缝、漏气和过热等。

火花塞积炭为热特性太冷、混合气体过浓或润滑油过多所致。积炭将导致漏电，使点火线圈产生的高压降低，致使发动机停火或间歇断火。

火花塞积油常在长时间启动时发生，积留在电极间的油滴使火花塞的击穿电压增高，启动困难。

电极间隙过大常因电极烧蚀所致。间隙过大，火花塞击穿电压增高，使点火线圈工作在过负荷状态，高速时易断火。间隙过小则火花弱小，不能可靠点燃混合气。火花塞电极间隙检查应使用火花塞电极间隙量规进行，如图 5.31 所示，不得使用普通塞尺。火花塞的间隙因车型车种的不同而异，如果间隙不符合标准，应用专用工具弯曲侧电极进行调整。

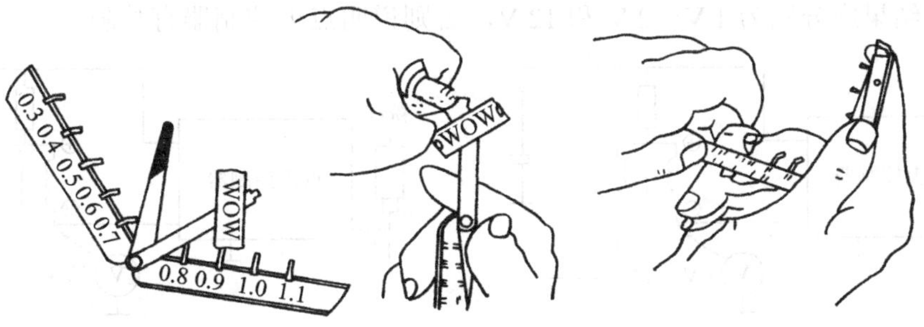

(a) 测量调整用工具　　(b) 调整火花塞间隙　　(c) 测量火花塞

图 5.31　火花塞间隙的测量与调整

火花塞密封垫圈损坏或安装太松时可能漏气。火花塞热特性太热会产生炽热点火，导致敲缸。

火花塞的清洁和试验最好在专用的火花塞试验器上进行。火花塞在使用中应定期更换，以确保点火系统的性能。

4．磁感应式电子点火系统的检修

1) 磁感应式点火信号发生器的检查

磁感应式点火信号发生器的常见故障有信号感应线圈短路、断路；转子轴磨损偏摆或定子移动，使转子与定子间的间隙不当等。

(1) 检查转子凸齿与定子铁芯或凸齿之间的气隙，检测参数见表 5.2。

(2) 检测感应线圈的电阻，并与标准值比较。电阻值若为无穷大，则断路；电阻值若较小，则为匝间短路。过大和过小都需要更换。

表 5.2　磁感应式信号发生器检测参数

汽 车 厂 牌	气隙/mm	感应线圈电阻/Ω	备　注
丰田	0.2～0.4	140～180	
日产	0.3～0.5	140～180	
三菱	0.3～0.5	500～700	
本田		600～800	
克莱斯勒	0.2～0.25	920～1120	
标致		900～1200	
解放 CA1091		600～800	
丰田(2TE-FE 发动机用)	0.2～0.4	125～190	$G_1(G_2)$
		155～240	N_e

2) 点火控制器的检查

以丰田车点火控制器为例，可按下述方法进行检查，如图 5.32 所示。

(1) 松开分电器上的线路插接。

(2) 接通点火开关，采用一个 1.5 V 的干电池，将它的正、负极分别接点火控制器的两输入线，如图 5.32(a)、(b)所示，用万用表测量点火线圈“－”接线柱与搭铁之间的电压。两次测量的结果应分别为 1 V～2 V 和 12 V，否则说明点火控制器有故障。

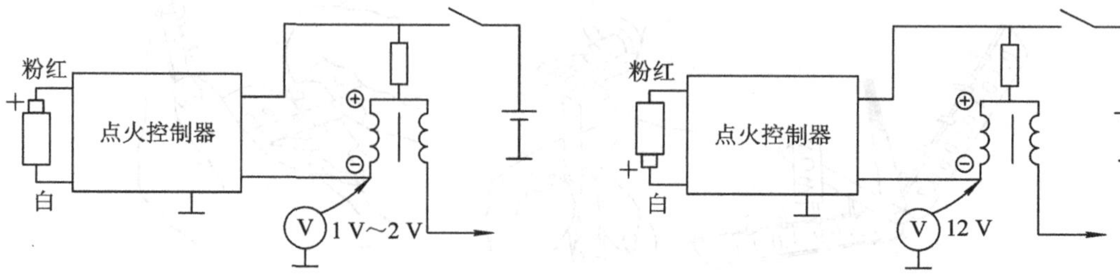

(a) 大功率三极管导通　　(b) 大功率三极管截止

图 5.32　丰田车点火控制器的检查

5. 霍尔效应式电子点火系统的检修

1) 霍尔信号发生器的检查

测量信号发生器的输出电压。关断点火开关，打开分电器盖，拔出分电器盖上的中央高压线并搭铁，将电压表的两触针接在插接件信号输出线(O)和接地线(−)接柱上，如图 5.33 所示。然后按发动机转动方向转动曲轴，同时观察电压表上的读数，其值一般在 0 V～9 V 之间变化。当分电器触发叶轮的叶片在空气隙时，其电压值为 2 V～9 V；当触发叶轮的叶片不在空气隙时，其电压值为 0.3 V～0.4 V。若电压不在 0 V～9 V 之间变化，则应更换霍尔信号发生器。

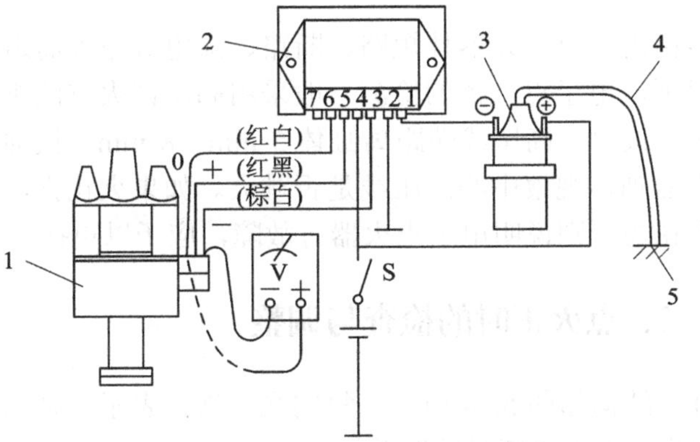

1—分电器；
2—点火器；
3—点火线圈；
4—中央高压导线；
5—发动机体

图 5.33　检查霍尔信号发生器输出电压

上述电压表显示的数值，由于生产年代不同，内部电路参数不同，其电压值也有所不同，测试时应与同期生产的汽车进行对比判定。

2) 点火控制器的检查

(1) 确认点火器电源电路是否正常。关断点火开关，拔下点火器的插接件，利用万用表测量线束插头的 4 和 2 接柱之间电压。接通点火开关，电压表测得的电压值应该约为蓄电池电压，否则应找出电源断路故障并予以排除。

(2) 确认点火器工作性能。关闭点火开关，连接好点火控制器插接件，拔出中心高压线并接上火花塞，搁在汽缸盖上；拔下分电器霍尔信号发生器插接件，然后用跨接线引出霍尔信号线；打开点火开关，将跨接线引出的霍尔信号线“搭铁/断开”连接变化，火花塞应该不断跳火，否则应更换点火控制器。

(3) 确认点火器向霍尔信号发生器输出电压值是否正常。关断点火开关，将电压表的两触针接在霍尔信号发生器线束插头(+)和(−)接柱上，接通点火开关时，电压表测得的电压值应为 5 V～11 V，如果低于 5 V 或为 0，再用同样方法对点火器插接件中的接柱 5 和 3 进行测试，如果电压值为 5 V 以上，则说明点火器与信号发生器之间的线束有断路故障，应予以排除；如果电压值仍为 5 V 以下，则应更换点火器。

6. 光电式电子点火系统的检修

1) 光电式点火信号发生器的检查

光电式点火信号发生器的常见故障有光敏发光元件脏污、损坏，内部电路断路或接触不良等，使信号减弱或无信号产生，造成发动机不能工作。

光电式点火信号发生器的检测：打开分电器盖，检查光敏、发光元件表面是否脏污，线路连接是否良好。如果无问题，则从发动机上拆下分电器总成和分电器线路插接器，用导线将插接器的两个电源端子(“+”与“-”)分别与蓄电池的正、负极相连(注意正、负极性不能接错)，将万用表设为直流电压挡，并将万用表的正表笔与插接器的信号输出端子相接，负表笔搭铁或接插接器的“-”端子，然后按分火头的旋转方向慢慢转动分电器轴，插接器信号输出端子的电压应在0 V～1 V之间摆动(不同的车型，具体摆动幅度稍有不同)，此时说明信号发生器良好；否则，需更换分电器。

2) 点火控制器的检查

电子点火器常见故障大多由内部电子元器件短路、断路、漏电等原因而造成。在确认点火信号发生器无故障的情况下，电子点火器的检测一般采用高压试火方法进行：拆下分电器总成，将分电器中央高压线拔出，高压线端距离缸体5 mm～8 mm，接通点火开关，按分火头的旋转方向转动分电器轴，观察中心高压线是否跳火。如果火花强，则说明电子点火器良好；如果不跳火或火花弱，则说明电子点火器有故障，应予以更换。

二、点火正时的检查与调整

正时灯是一种频率闪光灯，结构如图5.34所示。每闪光一次，表示一缸的火花塞发火一次，因此闪光与一缸点火同步。当正时灯对准发动机一缸压缩行程的上止点标记，并按实际跳火时间进行闪光时，若看到运转中的发动机在闪光的照耀下，其转动部分(飞轮或曲轴皮带盘)上的标记还未到达固定指针，则表明一缸活塞还未到达压缩行程的上止点，即点火时间需提前。此时若调整正时灯电位器，使闪光时间推迟至转动部分上的标记正好对准固定指针，那么推迟闪光的时间就是点火提前的时间。

图5.34　点火正时灯

测量时，先接上正时灯，将红色线接蓄电池正极，黑色线接蓄电池负极，信号线夹在第1缸高压线，再将传感器插接在一缸火花塞与高压线之间，并事先擦拭飞轮或曲轴皮带盘上一缸压缩行程的上止点标记，最好用粉笔或油漆将标记描白。使发动机在怠速下稳定运转，打开正时灯并对准飞轮壳或机体前端面上的固定指针。调正时灯电位器，使飞轮或曲轴皮带盘上的标记逐渐与固定指针对齐，此时表头的读数即为发动机怠速运转时的点火提前角。用同样的方法可分别测出不同工况时的点火提前角。测出的点火提前角若符合规定，则说明初始点火提前角调整正确，同时说明离心点火提前机构和真空点火提前机构工作正常。调整完成后，还可以进一步进行路试检查。

三、晶体管点火系统的故障诊断

在普通桑塔纳汽车发动机或全车线路实验台上进行故障诊断，目的是掌握晶体管点火系统常见故障的检测方法和步骤。

1．点火系统的组成与线路检测方法

桑塔纳轿车采用霍尔效应式无触点晶体管电子点火系统，它主要由蓄电池、点火开关、点火线圈、霍尔无触点式分电器、电子点火控制器、高低压导线及火花塞组成。

点火系统线路检测时使用万用表，采用逐点搭铁检测法可确诊断路部位；采用依次拆断检测法可确诊短路搭铁部位。检测时，重点检测低压线路，包括点火控制器和霍尔信号发生器的检测；检测高压线路时，主要用万用表检测高压线的通断、阻值以及其连接接头情况。

2．晶体管点火系统故障诊断与排除的一般程序

首先检查燃油、润滑油、冷却液是否缺少，蓄电池供电是否正常；接着判断故障是在低压电路还是在高压电路(可采用跳火检查来判断)；再进行低压电路故障的诊断与排除；最后进行高压电路故障的诊断与排除。

低压电路故障的诊断与排除包括：

(1) 点火控制器的检查。

① 点火控制器电源电压检查。拔下点火器连接器，把电压表接在插头的 4、2 引脚之间；点火开关置 ON，测得电压应与蓄电池电压相接近。

② 点火控制器通断检查。关闭点火开关，连接好点火控制器插接件，拔出中心高压线并接上火花塞，搁在汽缸盖上；拔下分电器霍尔信号发生器插接件，然后用跨接线引出霍尔信号线；打开点火开关，将跨接线引出的霍尔信号线“搭铁/断开”连续变化，火花塞应该不断跳火，否则应更换点火控制器。

③ 输出电压检查。点火开关置 OFF，将电压表接到霍尔信号发生器连接器(+)与(−)间；点火开关置 ON，电压应不低于 9 V。

(2) 霍尔信号发生器的检查。

① 点火开关置 OFF；打开分电器盖，拔下分电器盖上的中央高压线并搭铁；将电压表两触针接在霍尔信号发生器连接器信号线(绿白线)和搭铁线(棕白线)间(或控制器插头 3、6 之间)。

② 点火开关置 ON，转动发动机，观察电压表读数，当触发叶轮的叶片在空气隙时，其电压值为 2 V～9 V；当触发叶轮的叶片不在空气隙时，其电压值为 0.3 V～0.4 V。若与标准不符，应更换霍尔传感器。

高压电路故障的诊断与排除包括：

(1) 高压总线的整体电阻检查。用万用表欧姆挡检查高压总线的电阻，应为 0 Ω～2.8 kΩ，分火线的电阻应为 0.6 kΩ～7.4 kΩ。如果不在上述检查的范围内，则需调换高压线。

(2) 分火头及分电器盖检查。先用万用表欧姆挡检查分火头的电阻，应为 1 kΩ ± 0.4 kΩ，如果不符，则需调换。然后进行跳火试验，将高压总线端头对正分火头，启动发动机进行跳火试验。如果有火花，则分火头被击穿，需调换分火头；如果无火花，则表示分火头良好，需检查分电器盖是否有裂纹、龟裂等情况，如果有则调换分电器盖。

3．注意事项

因为无触点式点火系统点火线圈的次级电压很高，所以诊断操作时应防止高压电电击；

同时，高压线连接必须牢固可靠，否则可能使分电器盖、分火头及点火线圈等因击穿而损坏。安装接线时必须正确，特别应注意电源极性不可接反，否则极易损坏点火控制器。

任务2　微机控制点火系统的故障诊断

【任务描述与解析】

一辆桑塔纳2000GSi轿车发动机不能启动，初步检查，发现高压无火，判断点火系统有故障。要求对该车的点火系统进行检测，查出故障原因并进行修复；要求记录工作过程及检测数据，并写出工作报告。

要准确合理地检修点火系统故障，必须熟悉点火系统的结构原理和具体的点火系统类型。桑塔纳2000GSi、帕萨特、奥迪A6、本田雅阁等轿车采用的微机控制电子点火系统与早期普通桑塔纳轿车采用的霍尔效应式电子点火系统在结构上和点火提前角的控制方式上区别很大，因此必须清楚不同类型点火系统的控制原理和检修思路。

【相关知识】

一、微机控制点火系统的结构原理

1．微机控制点火系统的基本组成

1）有分电器微机控制点火系统的组成

有分电器微机控制点火系统由低压电源、点火开关、发动机控制器ECU、点火控制器、点火线圈、分电器、火花塞、高压线和各种传感器等组成，如图5.35所示，各部分的功能见表5.3。

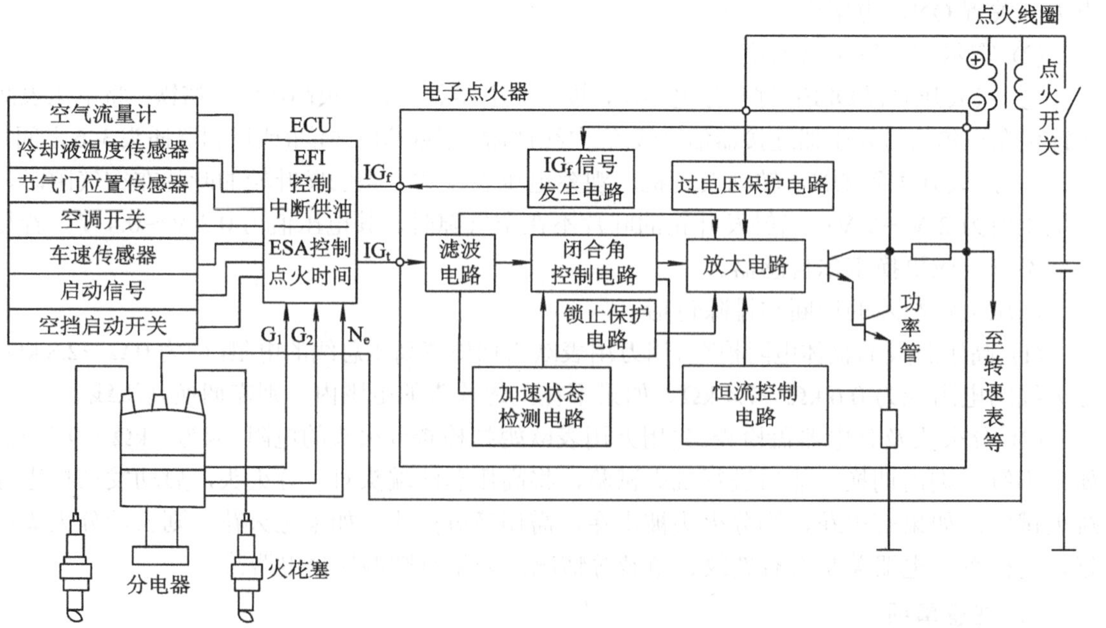

图5.35　微机控制点火系统的组成

表 5.3　有分电器微机控制点火系统各组成部分的功能

组 成 部 分			功　能
传感器	空气流量计		检测进气量
	进气歧管绝对压力传感器		
	分电器	N_e 信号检测线圈	检测曲轴角度(发动机转速)
		G_1、G_2 信号检测线圈	检测曲轴角度基准位置
	节气门位置传感器		向主 ECU 输入点火提前角修正信号
	冷却液温度传感器		检测发动机的冷却液温度
	启动开关		检测发动机是否正处于启动状态
	空挡启动开关		检测自动变速器的选挡杆是否置于“N”位或“P”位
传感器	车速传感器		检测车速，向主 ECU 输入车速信号
	空调开关 A/C		检测空调的工作状态(ON 或 OFF)
	爆震传感器		检测发动机爆震信号
	电源电压传感器		向主 ECU 输入电源电压信号
点火执行器	电子点火器与点火线圈		根据主 ECU 输出的点火控制信号，控制点火线圈初级电路的通断，产生次级侧高压，使火花塞点火；同时，把点火确认信号 IG_f 反馈给 ECU
发动机控制器(主 ECU)			根据各传感器输入的信号，计算出最佳的点火提前角，并向电子点火器输送点火控制信号

2) 无分电器微机控制点火系统的组成

无分电器微机控制点火系统即微机控制直接点火系统，简称 DIS(Direct Ignition System)。在 DIS 中，由于没有传统的分电器，各缸的火花塞直接与点火线圈次级绕组相连。在微机的控制下，各次级绕组产生的高电压直接加到各缸的火花塞上，依照发动机的点火顺序，控制各缸火花塞点火。

DIS 除了具有分电器微机控制点火系统的优点外，由于取消了分电器总成，其高压配电由原来的机械式改为电子式，所以还具有如下优点：

(1) 取消了传统的分电器，节省了安装空间。

(2) 能量损失减少。取消分电器之后，不存在配电器的分火头与旁电极间的跳火损失，因为高压电路引线减少，也就减小了点火能量的损失。

(3) 高速时点火能量有保证。在 DIS 系统中，由于采用多个点火线圈轮流点火，所以每个点火线圈的初级绕组都有足够的通电时间。即使在高速情况下，点火能量仍有保证，能适应当代各种高速发动机的点火要求。

(4) 电磁辐射减小。

无分电器点火系统自 20 世纪 80 年代问世以来，在美、日以及欧洲发达国家得到迅速发展和广泛应用。无分电器微机控制点火系统由低压电源、点火开关、控制单元(ECU)、点火控制器、点火线圈、火花塞、高压线和各种传感器等组成，如图 5.36 所示。有的无分电器微机控制点火系统还将点火线圈直接安装在火花塞上方，取消了高压线，如图 5.37 所示。

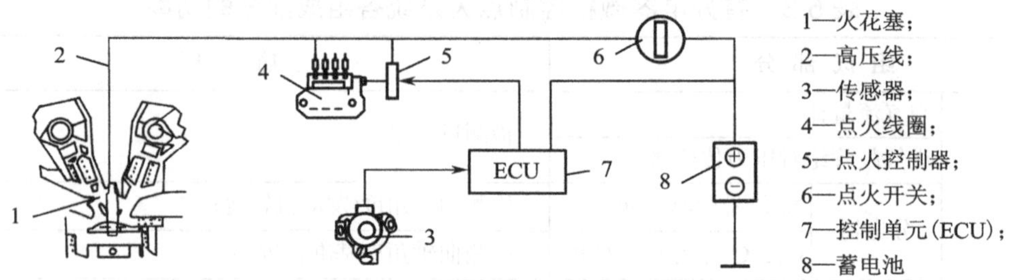

图 5.36 无分电器点火系统组成(一)

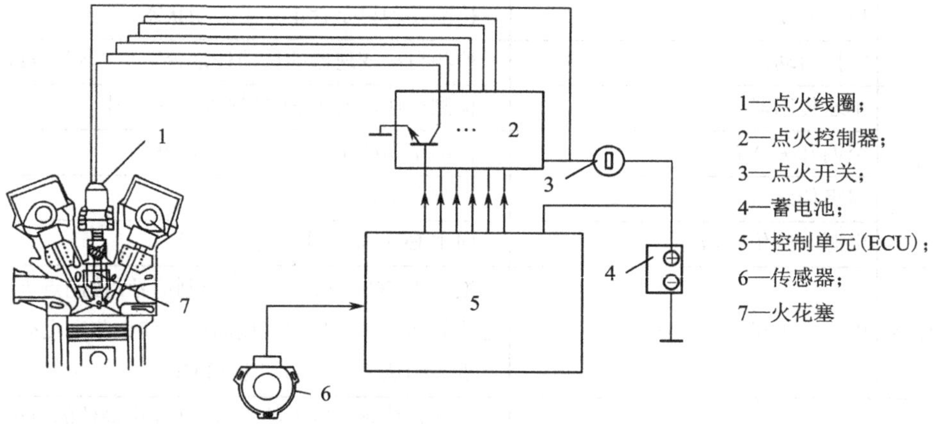

图 5.37 无分电器点火系统组成(二)

3) 微机控制点火系统的主要电路

(1) 点火确认信号(IG_f信号)发生电路。当点火线圈初级电流切断时，产生反电动势，触发 IG_f 信号发生电路，使其输出一个点火确认信号(IG_f)给 ECU。IG_f 信号也称为点火安全信号。

在电喷发动机中，喷油器的驱动信号来自转速与曲轴位置传感器，如果点火系统出现故障，会使火花塞不能点火，而该传感器工作正常时，喷油器会继续喷油。为避免这种现象的发生，当 IG_f 信号连续 3 次～6 次没有反馈给 ECU 时，ECU 就判断此时发动机已熄火，并向 EFI 系统的喷油控制电路发出中断供油的指令，以防止浪费燃油、再启动困难以及行驶时三元催化转换器过热等现象的发生。

(2) 过电压保护电路。当汽车电源供电电压过高时，该电路使点火器放大电路中的功率晶体管截止，以保护点火线圈与功率管。

(3) 闭合角控制电路。闭合角控制电路可控制点火器中功率管的导通时间，即控制点火线圈初级电路的通电时间，以保证次级电路产生合适的点火高压。

(4) 锁止保护电路。该电路也称为发动机停转断电保护电路。如果发动机熄火而点火开关仍接通，在点火线圈和功率管的导通时间超过一预定值时，该电路控制功率管截止，切断初级电路的电流，以保护点火线圈和功率管不被发热烧坏，并避免不必要的电能消耗。

(5) 恒流控制电路。保证在任何转速下，在极短的时间内，使点火线圈一次电流都能达到规定值(一般为 6 A～7 A)，以减小转速对次级电压的影响，改善点火性能；同时，还可防止因初级电流过大而烧坏点火线圈。

(6) 加速状态检测电路。当发动机转速急剧上升时，该电路对这种加速状态进行检测，并将检测到的状态信号输送给闭合角控制电路，使其中的功率管提前导通，以增大闭合角。

4) 微机控制点火系统的基本工作原理

发动机运行时，ECU 不断采集发动机的转速、负荷、冷却水温度、进气温度等信号，并与微机内存储器中预先储存的最佳控制参数进行比较，确定出该工况下最佳点火提前角和初级电路的最佳导通时间，并以此向点火控制模块发出指令。点火控制信号 IG_t 是 ECU 向点火器中功率晶体管发出的通断控制信号。

点火控制模块根据 ECU 的点火信号指令，控制点火线圈初级回路的导通和截止。当电路导通时，有电流从点火线圈中的初级线圈流过，点火线圈此时将点火能量以磁场的形式储存起来。当初级线圈中的电流被切断时，次级线圈中将产生很高的感应电动势(15 kV～30 kV)，送到工作汽缸的火花塞，点火能量被瞬间释放，并迅速点燃汽缸内的混合气，发动机完成做功过程。

此外，在带有爆震传感器的点火提前角闭环控制系统中，ECU 还可以根据爆震传感器的输入信号来判断发动机的爆震程度，并将点火提前角控制在爆震界限的范围内，使发动机能获得最佳燃烧。

2．微机控制的有分电器电子点火系统

1) 有分电器微机控制点火系统的工作原理

(1) 火花塞电火花的产生。图 5.38 所示为丰田公司的一种有分电器微机控制点火系统的原理图，其曲轴位置传感器和转速传感器装于分电器壳内，与点火线圈、点火控制器组合为一体。

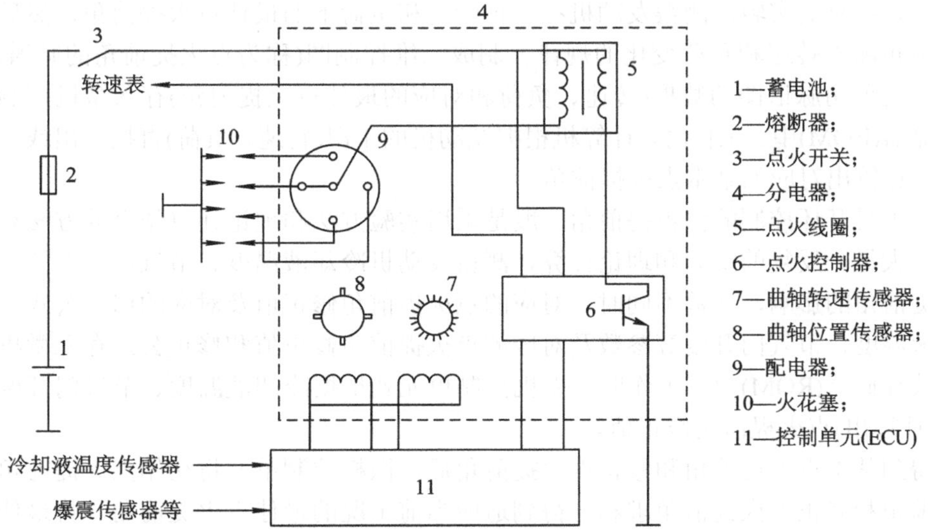

图 5.38　有分电器微机控制点火系统原理图

接通点火开关，电源电压加到点火控制器上。启动发动机，各传感器开始将发动机的各种工况信息转换为电信号，并传递给微机控制单元。微机控制单元将接收到的信号与只

读存储器中储存的数据进行比较、计算后，输出点火信号至点火控制器，由点火控制器中的功率管接通和切断点火线圈的初级电路。当点火控制器中的大功率晶体管导通时，初级电路接通，在点火线圈中形成磁场。当点火控制器大功率晶体管截止时，初级电路被切断，初级电流迅速下降，次级绕组中感应出高压电，进行点火。

曲轴每转两圈，各缸火花塞按点火顺序轮流跳火一次。发动机工作时，上述过程周而复始，要停止发动机的工作，只要断开点火开关，切断初级电路，使火花塞不能跳火即可。

(2) 点火提前角的控制。微机控制点火系统的点火提前角由三部分组成：初始点火提前角、基本点火提前角和修正点火提前角。

初始点火提前角是指曲轴位置传感器在发动机上固定后，由曲轴位置传感器的信号转子和曲轴的相对位置决定的点火提前角。一旦曲轴位置传感器在发动机上固定，初始点火提前角就相应确定。有些车型初始点火提前角可以通过人工“点火正时”进行少许调整，有的则不可调。

基本点火提前角是指在初始点火提前角的基础上，微机控制单元根据发动机转速和负荷(进气管压力或空气流量)大小自动使点火提前角进一步增大。点火提前角增大的部分就是基本点火提前角。

修正点火提前角是指微机控制单元根据发动机冷却液温度、节气门开度、爆震传感器信号、氧传感器信号等参数确定出的点火提前角修正量。

由于初始点火提前角是固定的，所以微机控制点火正时的实质是根据发动机的运行工况和使用条件计算基本点火提前角、确定修正点火提前角，使实际点火提前角尽可能地与最佳点火提前角接近。

① 点火提前角的控制方式。绝大多数车型都采用开环与闭环控制相结合的方式。

a．开环控制。开环控制的基本点火提前角是用预先在台架上实验的方法测得的。首先通过大量、反复的实验，测得发动机在各种转速和负荷下的最佳点火提前角，然后将最佳点火提前角随着转速和负荷变化的规律编制成三维控制图(称为点火提前角的脉谱图)。将有关点火提前角脉谱图的数据(转速、负荷和对应的最佳点火提前角)存入微机控制单元的只读存储器(ROM)中。工作时，计算机根据发动机的工况(转速、负荷)直接查出或由相应的经验公式计算出对应的基本点火提前角。

点火正时开环控制的修正提前角一般是采用实验方法和理论计算结合的方法获得的。首先通过大量、反复的实验和理论计算，测得发动机冷却液温度、节气门开度等参数对最佳点火提前角的影响，参数不同时，对应的点火提前角修正值及对应的修正公式也不同。将冷却液温度、节气门开度等参数及对应的点火提前角修正值和修正公式存入微机控制单元的只读存储器(ROM)中。工作时，微机控制单元就根据冷却液温度、节气门开度等参数查找(或计算出)点火提前角修正值。

在得到基本点火提前角和修正点火提前角后，微机控制单元将初始点火提前角、基本点火提前角和修正点火提前角求和，得到适应当前工况的最佳点火提前角。将最佳点火提前角存入读写存储器(RAM)中，然后根据发动机转速(或转角)信号和曲轴位置信号，确定最佳点火提前角对应的点火时刻，即初级电流的切断时刻。

b．闭环控制。由于开环控制的精度随传感器工作状态的改变而改变，并且微机控制单元的 ROM 中所存数据无法适应最佳点火提前角随着发动机制造精度、磨损状况、使用条件的不同而变化的要求，使 ROM 中所存数据不能很好地适应发动机对最佳点火提前角的要求，造成发动机性能下降，以致微机控制点火正时的优势得不到“很好”的体现。为此，对点火提前角还需要采取闭环控制方式，以在一定条件下和一定程度上解决上述问题。

闭环控制方式是根据发动机实际运行结果的反馈信息来控制点火提前角的，所以闭环控制又称为反馈控制。闭环控制所用的反馈信息可以是发动机的爆震信号、氧传感器输出信号、转速信号或汽缸的压力信号等。其中，利用发动机爆震信号作为反馈信息应用得最多。

采用爆震信号作为反馈信息的闭环控制方式在改善发动机动力性和经济性的同时，使发动机的排污性能有一定程度的下降。但是实验表明，当发动机负荷低于一定值时，一般不会出现爆震。此时，无法用爆震传感器信号对点火提前角进行闭环反馈控制。

利用发动机的爆震信号作为反馈信号来控制大负荷等工况下的点火正时，既有好的动力性，又避免爆震。在怠速工况，则可以用发动机的转速信号作为反馈信息，维护怠速时的稳定运转。但是一般情况下，应首先使有害气体的排放量最低，然后才考虑怠速稳定性和油耗。中等负荷等工况，一般采用开环控制方式，以保证发动机有较好的综合性能，特别是保证经济性和排放水平最佳，但在此工况下一旦发生爆震，又会自动转入利用爆震信号作为反馈信息的闭环控制方式。

② 点火提前角的控制过程。

a. 启动期间点火提前角的控制。在启动期间，发动机转速较低(通常在 500 r/min 以下)，进气流量信号或进气歧管绝对压力信号不稳定，点火时刻一般都固定在某一个初始点火提前角，其值因发动机而异。例如，桑塔纳轿车发动机固定在初始点火提前角 12°，部分丰田汽车的 TCCS 系统固定在初始点火提前角 10°。

另外，有的发动机启动期间的点火提前角还考虑冷却液温度的影响。例如，日产汽车 ECCS 系统，当水温在 0℃以上启动时，其点火提前角固定在上止点前 16°；而当水温低于 0℃时，根据水温适当增大启动时的点火提前角，水温越低，点火提前角越大，最大可达 24°，如图 5.39 所示。

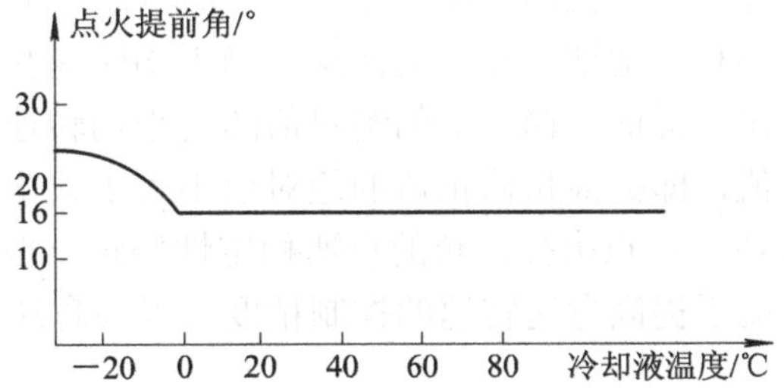

图 5.39　启动期间点火提前角的控制

启动期间，发动机主要根据启动开关、冷却液温度等确定点火提前角，然后根据曲轴位置和转速信号确定出与点火提前角对应的点火时刻。

b. 启动后点火提前角的控制。启动后，当发动机转速超过一定值时，ECU 开始根据发动机转速和负荷(进气流量或进气歧管绝对压力和怠速时的空调开关通断)信号从存储器的标定数据中找到或计算出相应的基本点火提前角，再根据冷却液温度传感器、氧传感器、爆震传感器等输出的信号从存储器的标定数据中找到或计算出相应的修正点火提前角，最后得出实际点火提前角：

实际点火提前角 = 初始点火提前角 + 基本点火提前角 + 修正点火提前角

微机控制单元确定基本点火提前角的方法因节气门位置传感器中怠速触点(简称 IDL)的状态不同而不同。

当微机控制单元检测到节气门位置传感器中的怠速触点处于闭合状态，即发动机处于怠速或减速工况运行时，ECU 根据发动机转速和空调开关是否接通来确定基本点火提前角。转速越低，基本点火提前角越小；转速越高，基本点火提前角越大，并且规定了怠速或减速工况下基本点火提前角的最大值和最小值。如果空调开关接通，则怠速或减速工况下基本点火提前角的最小值增大，如图 5.40 所示。

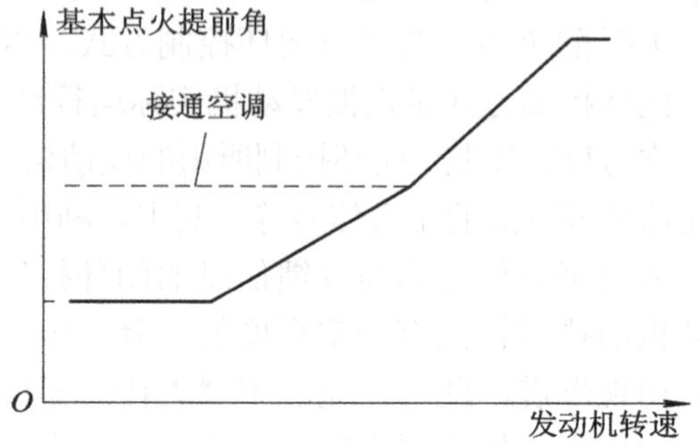

图 5.40　怠速或减速工况下基本点火提前角的控制

当微机控制单元检测到节气门位置传感器中的怠速触点处于断开状态，即发动机处于正常工况运行时，ECU 根据发动机转速和负荷(进气流量或进气歧管绝对压力或节气门开度)信号确定出这一工况对应的基本点火提前角。

微机控制单元确定修正点火提前角时主要包括五个方面：暖机修正、怠速稳定性修正、过热修正、空燃比(氧传感器信号)反馈修正和爆震反馈修正。

暖机修正：发动机冷车启动后，当冷却液温度较低时，应增大点火提前角；当冷却液温度高于一定值(如 20℃)时，则不再进行修正，即点火提前角修正值为零。暖机过程中，点火提前角修正值随冷却液温度变化的趋势如图 5.41 所示。修正曲线的形状与提前角的大小因车型不同而异。

怠速稳定性修正：发动机在怠速运行期间，由于发动机负荷变化(如空调、动力转向等)而使转速改变，ECU 随时调整点火提前角，使发动机在规定的怠速转速下稳定运转。ECU 不断计算发动机的平均转速，当平均转速低于规定的怠速目标转速时，ECU 根据两者的差值大小相应地增大点火提前角；当平均转速高于规定的怠速目标转速时，相应地推迟点火提前角。提前角修正值的绝对值随着平均转速与目标转速差值的增大而增大，但是有一个限定值，即提前角修正值的绝对值不大于该限定值，当空调打开时，该限定值减小，如图 5.42 所示。点火提前角的怠速稳定性修正一般是与怠速旁通空气量的调节同时进行的，这样有助于提高怠速转速的控制精度，提高怠速稳定性。

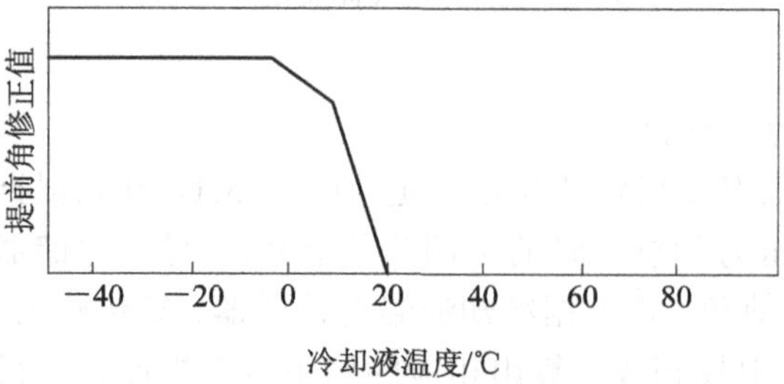

图 5.41　暖机时的点火提前角修正

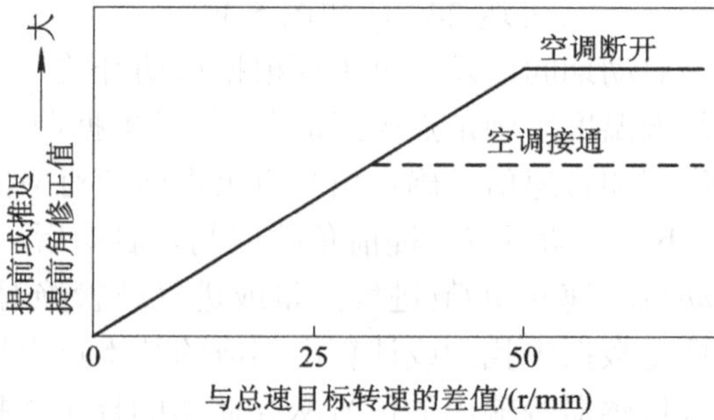

图 5.42　点火提前角的怠速稳定性修正

发动机过热修正：怠速触点(IDL)断开(即发动机处于怠速以上工况)时，如果冷却液温度过高，则为了避免爆震发生，应将点火提前角减小；怠速触点闭合(即发动机处于怠速或减速工况)时，如果冷却液温度过高，则为了避免发动机长时间过热，应将点火提前角增大。发动机过热修正也有一个限定值，即提前角修正值的绝对值不大于该限定值，过热修正曲线的变化趋势如图 5.43 所示。

空燃比反馈修正：装有氧传感器的电控燃油喷射系统开始闭环控制时，ECU 根据氧传感器的反馈信号对空燃比进行修正。随着修正喷油量的增加和减少，发动机的转速在一定范围内波动。为了提高发动机转速的稳定性，在反馈修正供油量减少、混合气较稀时，适当地增大点火提前角；而在反馈修正供油量增加、混合气变浓时，再逐渐减小点火提前角修正值，当混合气浓度超过一定值时，点火提前角修正值变为零，如图 5.44 所示。

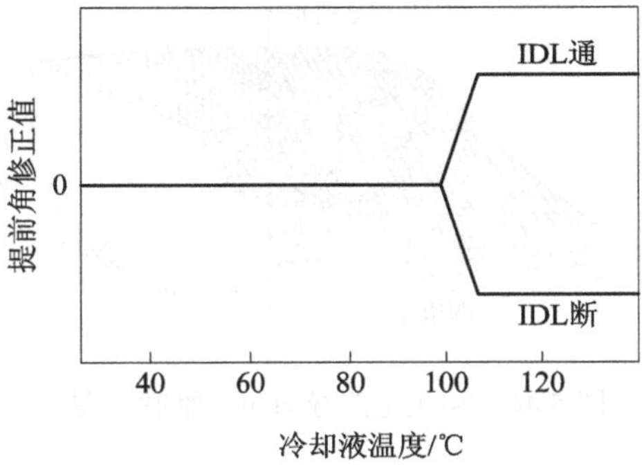

图 5.43　点火提前角的过热修正

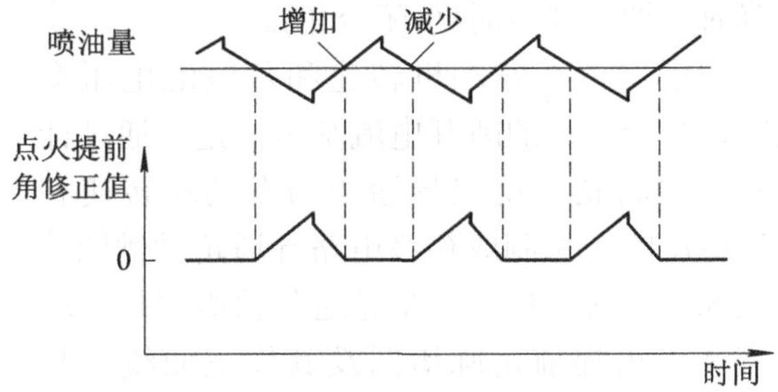

图 5.44　点火提前角的空燃比反馈修正

爆震反馈修正：当节气门开度增大到一定值，使节气门位置传感器的大负荷触点闭合，或发动机出现爆震时，ECU 开始根据爆震传感器的信号进行闭环控制，其实际点火提前角的控制如图 5.45 所示。当任何一缸产生爆震时，ECU 立即以某一固定值(1.5°～2° 曲轴转角)逐渐减少点火提前角，直至发动机不产生爆震为止。在一定的时间内，先维持当前的点火提前角不变。在此期间，若无爆震发生，则这段缓冲时间过后，又开始逐渐以同样的固定值增大点火提前角，直至爆震重新发生，再开始进行上述的反馈控制过程。

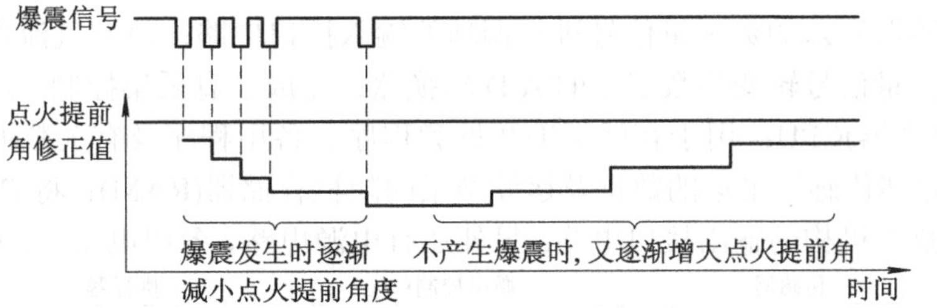

图 5.45　点火提前角的爆震反馈修正

为了防止在电缆断裂、传感器失灵、检测电路发生故障等意外情况时，发动机发生爆震无法控制，系统中一般装有安全电路。一旦出现意外情况，安全电路就将点火提前角推迟到足以抑制爆震发生的某一定值，以保护发动机，同时接通警告灯，警告驾驶员爆震控制系统发生故障。

发动机正常运行期间，发动机曲轴每运转一周，ECU 就计算并输出一次基本点火提前角和修正点火提前角，使实际点火提前角随着发动机工况的变化做出相应的改变。但是，ECU 计算出的实际点火提前角超过允许的最大或最小点火提前角时，发动机将难以正常稳定运转。为此，有些计算机控制点火系统具有点火提前角限制功能，给定了基本点火提前角与修正点火提前角之和的最大值和最小值，当超出该范围时，ECU 就以最大或最小点火提前角进行调整。例如，丰田 TCCS 系统就具有点火提前角限制功能，其基本点火提前角与修正点火提前角之和的最大值和最小值分别为 37° 和 −10° 。

(3) 初级电路导通角的控制。对于常用的电感储能式电子点火系统来说，初级电路断开瞬间其电流所能达到的值与初级电路的通电时间有关。对通电时间进行控制，就是对点火闭合角进行控制，在产生足够的次级高压的同时，还要防止因通电时间过长而使点火线圈过热而烧坏。

闭合角的大小取决于发动机转速和电源供电电压的大小，在不同转速、不同供电电压下，都应保证有一定的初级断开电流。随着发动机转速的升高，应适当增大闭合角。当电压下降时，增大通电时间(闭合角)。

为了保证在发动机转速和蓄电池电压变化时，初级电路的断开电流基本恒定，通过计算和实验将初级电路导通角与发动机转速和电源电压的关系制成初级电路导通角脉谱图，如图5.46所示。初级电路导通角脉谱图与发动机基本点火提前角脉谱图及其修正曲线一起存储在ECU的只读存储器中，在发动机工作期间，ECU根据蓄电池电压信号从存储器中查得所需的通电时间，再根据发动机转速换算成曲轴转角，以决定初级电路导通角的大小；由点火正时信号来控制初级电路的导通时刻，以保证在初级电路断开时达到必需的断开电流。

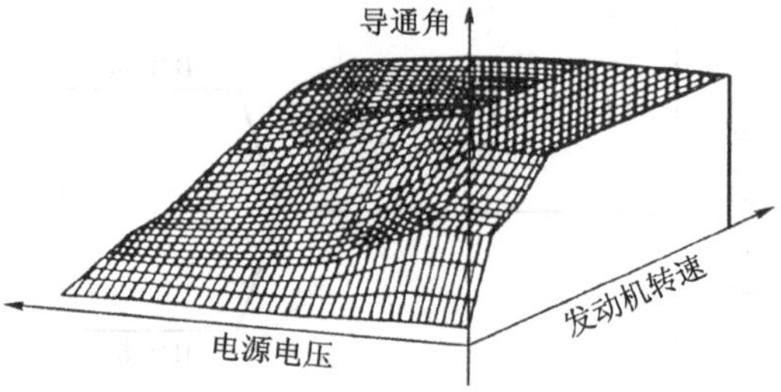

图5.46　初级电路导通角三维脉谱图

2) 有分电器微机控制点火系统的主要元件结构

与晶体管点火系统相同的火花塞、高压线不再赘述，下面介绍有差异的部分。

(1) 微机控制单元。微机控制单元主要包括：对曲轴位置和转速传感器、空调开关、启动开关等传感器输入的数字量信号进行调理的输入接口电路；将空气流量计、水温传感器等输入的模拟量信号转变为数字量的A/D转换器；完成信息采集控制、运算和处理的控制单元(中央处理器)CPU；用于存储标准数据和程序、备用程序及有关数据的只读存储器(ROM)；用于存储传感器采集的数据及运算结果的随机存储器(RAM)；将CPU指令输出给点火控制器等执行机构的输出接口电路；另外还有电源电路、备用电路等，如图5.47所示。

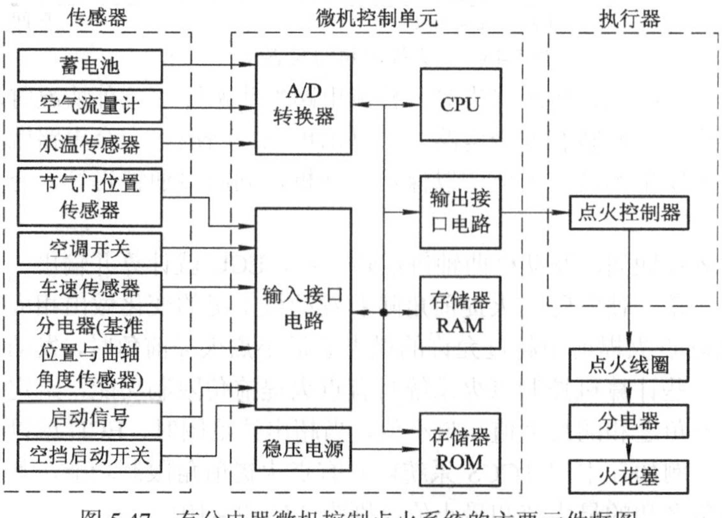

图5.47　有分电器微机控制点火系统的主要元件框图

(2) 传感器。各种车型点火系统所用的传感器的形式、数量各不相同，一般主要包括以下几部分：

① 发动机曲轴位置、转速传感器和判缸信号传感器。发动机曲轴位置、转速传感器和判缸信号传感器可以装于曲轴前端或中部、凸轮轴前端或后端、飞轮上方或分电器内。常见的结构形式有光电效应式、磁感应式和霍尔效应式三种。

曲轴位置传感器用于反映活塞在汽缸中的位置，提供活塞上止点信号，以便确定各缸的点火时刻。

转速传感器向微机控制单元提供发动机转速(曲轴转角)信号，作为微机控制点火提前角、初级电路导通角与燃油喷射系统计算喷油量的主要依据。

判缸信号传感器用于区别到底是哪一个汽缸的活塞到达压缩行程上止点。

由于微机采样速度和运算速度非常快，所以可以使曲轴位置和转速传感器的采样间隔大大缩短，提高了转速的测量精度和对发动机控制的实时性。

多数有分电器微机控制点火系统的曲轴位置传感器、转速传感器和判缸信号传感器都装在分电器内，采用一个或两个同轴的信号转子触发。例如，日产公司生产的在分电器内部的光电效应式曲轴位置和转速传感器及判缸信号传感器，采用一个信号转子触发，如图 5.48 所示。

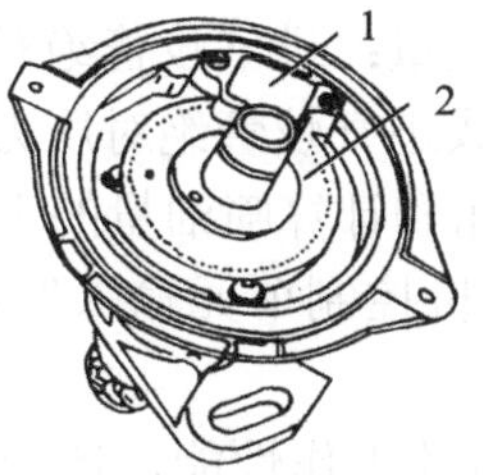

1—曲轴位置、转速、判缸信号传感器；2—信号转子

图 5.48　一个信号转子的传感器

信号转子安装在分电器轴上，其外围有 360 条缝隙，使曲轴角度的采样间隔减小到 2° 的曲轴转角；信号转子外围稍靠内侧分布着 6 个间隔 60° 的条缝(对应 6 缸发动机)，用于产生曲轴位置信号。其中，还有一个较宽的光孔用于判断第 1 缸活塞压缩上止点位置，如图 5.49 所示。

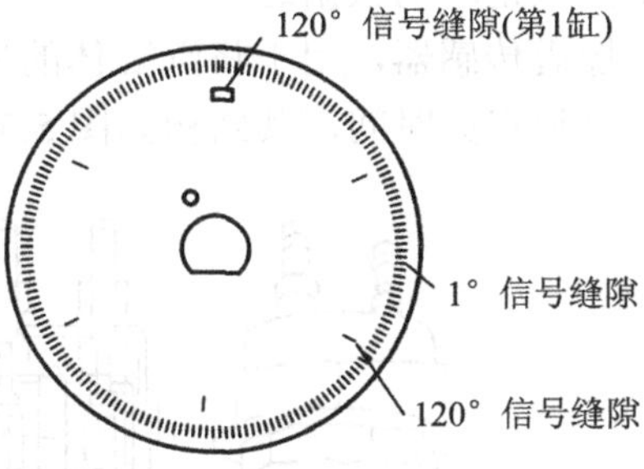

图 5.49　信号转子的结构

丰田公司的磁感应式曲轴位置和转速传感器及判缸信号传感器也都设置在分电器的内部，但采用两个信号转子触发。它主要由上、下两部分组成，上面部分是判缸信号传感器，又称为 G 信号发生器，由 G 信号定时转子和检测线圈组成；下面部分是曲轴位置和转速传感器，又称为 N_e 信号发生器，由 N_e 信号定时转子和检测线圈组成，如图 5.50 所示。

也有的车辆曲轴位置传感器、转速传感器和判缸信号传感器分装在不同的位置，如部分切诺基轿车，其曲轴位置和转速传感器装在飞轮壳体上，而判缸信号传感器则装在分电器内。

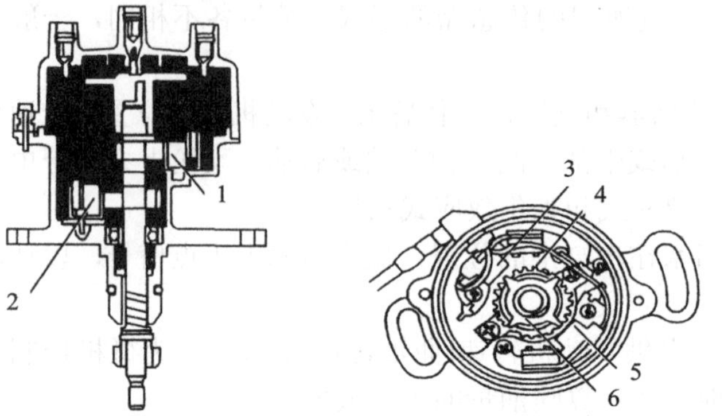

1、5—G 信号检测线圈；
2、3—N_e 信号检测线圈；
4—N_e 信号定时转子；
6—G 信号定时转子

图 5.50　丰田系列轿车两个转子的信号传感器

② 发动机负荷传感器。发动机负荷传感器主要包括节气门位置传感器、空气流量传感器或进气歧管绝对压力传感器，另外还有空调开关和动力转向开关。

节气门位置传感器又称为节气门开度传感器，位于节气门处，用于检测发动机节气门的开度和状态，以电信号的形式输入微机控制单元。该信号是控制发动机怠速、大负荷点火提前角和计算喷油量的主要依据之一。

空气流量计位于进气管中的空气滤清器与节气门之间，主要有叶片式、热线式和卡门旋涡式等，用于检测进入汽缸的空气量；进气歧管绝对压力传感器装在进气歧管上，用于检测进气压力的高低；空气流量计或进气歧管绝对压力传感器将空气流量转变为电信号输入微机控制单元，是控制点火提前角和计算喷油量的主要依据之一。

空调开关和动力转向开关向微机控制单元输入发动机负荷变化的信号，以便调整提前角。

③ 其他传感器。为改善发动机的工作性能，还增加了一些其他传感器，以修正点火正时。

冷却液温度传感器，安装在发动机水套上，用于检测发动机冷却液的温度。该信号是修正点火正时的依据之一。

爆震传感器，用于将汽缸体的振动信号转变为电信号后给微机控制单元，以便发生爆震时推迟点火时间，其结构如图 5.51 所示。

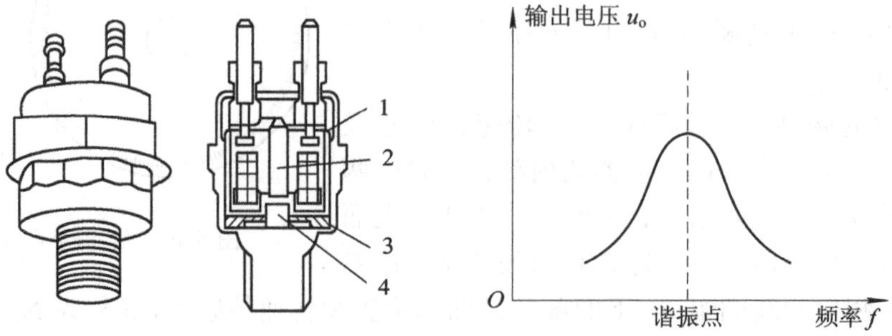

(a) 结构　　(b) 输出信号

1—线圈；2—铁芯；3—壳体；4—永久磁铁

图 5.51　电感式爆震传感器的结构及输出信号图

氧传感器，装在发动机排气管上，用于空燃比反馈控制，在为空燃比提供反馈控制依据的同时，对点火提前角进行间接的反馈控制。

进气温度传感器，用于将空气的温度转变为电信号，以便微机控制单元准确计算空气质量，修正点火提前角(特别是大负荷时)和喷油量。

启动开关，向微机控制单元输入发动机启动信号，以便调整提前角。

另外，微机控制单元还不断检测蓄电池电压信号，作为控制初级电路导通角的主要依据之一。

(3) 点火控制器。各种发动机的点火控制器的结构和功能不尽相同，简单的只有大功率晶体管，单纯起开关作用；复杂的除了大功率晶体管外，还有其他控制电路，不但起开关作用，还有恒流控制、汽缸判别、闭合角控制和点火反馈监视功能，向微机控制单元反馈点火信号，以便进一步控制燃油喷射。

点火控制器有的单独安装，有的与点火线圈固定在一起，还有的装在分电器内。

注意：有的发动机取消了点火控制器，将大功率三极管直接设在微机控制单元内。

(4) 点火线圈。点火线圈多采用闭磁路形式，实现小型化。有的与分电器合为一体，进一步减少了高压损失和无线电干扰。

(5) 分电器。分电器取消了机械式的离心提前机构和真空提前机构，主要起分配高压电的功能。

3. 微机控制的无分电器电子点火系统

微机控制的无分电器点火系统次级电压的产生过程和点火提前角的控制与有分电器微机控制点火系统基本相同，下面重点介绍无分电器点火系统的高压配电类型和工作过程。

用点火线圈分配高压电，无分电器点火系统目前常采用以下两种方式：

(1) 同时点火式，是指两个汽缸合用一个点火线圈，即一个点火线圈有两个高压输出端，分别与火花塞相连，负责对两个汽缸点火。

(2) 独立点火式，是指每个汽缸的火花塞上配用一个点火线圈，单独对本缸进行点火。

1) 同时点火式电子点火系统

同时点火式是利用一个点火线圈对活塞接近压缩上止点和排气上止点的两个汽缸同时进行点火的高压配电方法。其中，活塞接近压缩上止点的汽缸点火后，混合气燃烧做功，该汽缸火花塞产生的电火花是有效火花；活塞接近排气上止点的汽缸，火花塞产生的电火花是无效火花。由于排气汽缸内的压力远低于压缩汽缸内的压力，排气汽缸中火花塞的击穿电压也远低于压缩汽缸中火花塞的击穿电压，所以绝大部分点火能量主要释放在压缩汽缸的火花塞上。同时点火方式中，由于点火线圈远离火花塞，所以点火线圈与火花塞之间需要高压线连接。同时点火式点火系统按照高压配电方式不同，可分为点火线圈分配式和二极管分配式两大类，前者应用更广泛。

点火线圈配电方式是一种直接用点火线圈分配高压电的同时点火方式。几个相互屏蔽的、结构独立的点火线圈组合成一体，称为点火线圈组件。4 缸发动机的点火线圈组件有两个独立的点火线圈，如图 5.52 所示；6 缸发动机的点火线圈组件有三个独立的点火线圈。每个点火线圈供给配对的两个缸的火花塞高压电。点火控制器中有与点火线圈数量相等的功率晶体管，各控制一个点火线圈的工作。点火控制器根据 ECU 提供的点火信号，由汽缸判别电路按点火顺序轮流触发功率晶体管，使其导通或截止，以此控制点火线圈初级绕组的通断，产生次级电压而点火。有些点火线圈分配式同时点火系统在点火线圈的次级绕组中串联了一个高压二极管，其作用是防止高速时因初级绕组导通而产生的次级电压形成误点火。还有的无分电器点火系统点火线圈的次级绕组与火花塞之间的高压电路中留有 3 mm～4 mm 的间隙，其作用与次级绕组中串联的高压二极管的作用一样，是为了防止初级电路接通时的误点火。

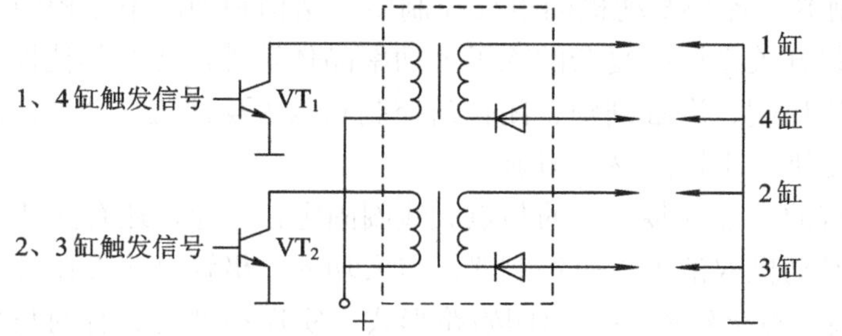

图 5.52 点火线圈配电方式

二极管配电方式是利用二极管的单向导通特性，对点火线圈产生的高压电进行分配的同时进行点火的方式，如图 5.53 所示。与二极管配电方式相配的点火线圈有两个初级绕组、一个次级绕组，相当于是共用一个次级绕组的两个点火线圈的组件。次级绕组的两端通过四个高压二极管与火花塞构成回路，其中配对点火的两个汽缸的活塞必须同时到达上止点，即一个处于压缩行程上止点时，另一个处于排气行程上止点。ECU 根据曲轴位置等传感器输入的信号，经计算、处理后，输出点火控制信号，通过点火控制器中的两个大功率晶体管(VT_1和 VT_2)，按点火顺序控制两个初级绕组的电路交替接通和断开。当 1、4 缸点火触发信号输入点火控制器时，大功率晶体管 VT_1 截止，初级绕组 N_1' 断电，次级绕组产生虚线箭头所示方向的高压电动势，此时 1、4 缸高压二极管正向导通而使火花塞跳火。当 2、3 缸点火触发信号输入点火控制器时，大功率晶体管 VT_2 截止，初级绕组 N_1 断电，次级绕组产生实线箭头所示方向的高压电动势，此时 2、3 缸高压二极管导通，所以 2、3 缸火花塞跳火。

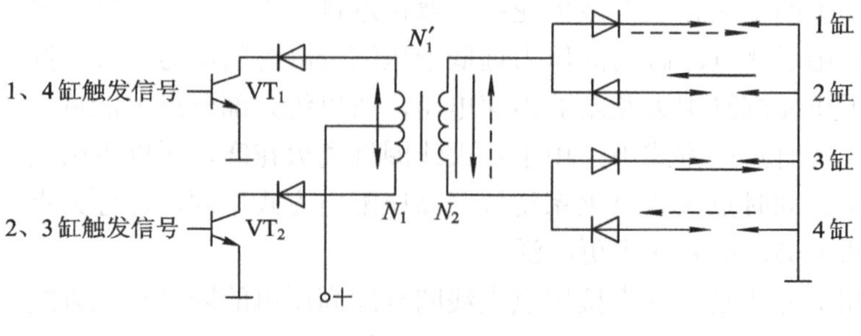

图 5.53 二极管配电方式

二极管配电方式的主要特点是：一个点火线圈组件为四个火花塞提供高压，因此特别适合 4 缸或 8 缸发动机。

2) 独立点火式电子点火系统

独立点火式是一个缸的火花塞配用一个点火线圈，单独向各缸直接点火，如图 5.54 所示。各个单独的点火线圈直接安装在火花塞上。各点火线圈的初级绕组分别由点火控制器中的一个大功率晶体管控制，整个点火系统的工作也是由微机控制单元控制的。发动机工作时，微机控制单元不断检测传感器输入信号，根据存储器(ROM)存储的数据，计算并输出点火信号给点火控制器，点火控制器判断点火汽缸后由大功率晶体管控制初级电路的通断而点火。

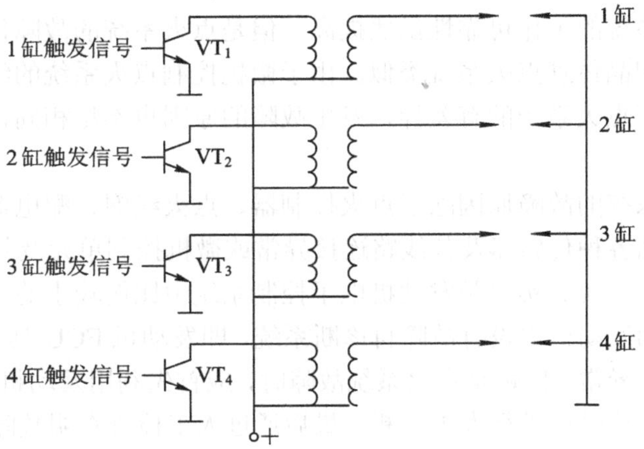

图 5.54　独立点火方式

图 5.55 所示为奥迪 5 缸发动机无分电器点火系统的电路控制原理图。该点火系统中的五个点火线圈分别由点火器 N122 和 N127 控制。其中，N122 控制 1、2、3 缸的点火，N127 控制 4、5 缸的点火。两个电子点火器由发动机 ECU 控制。

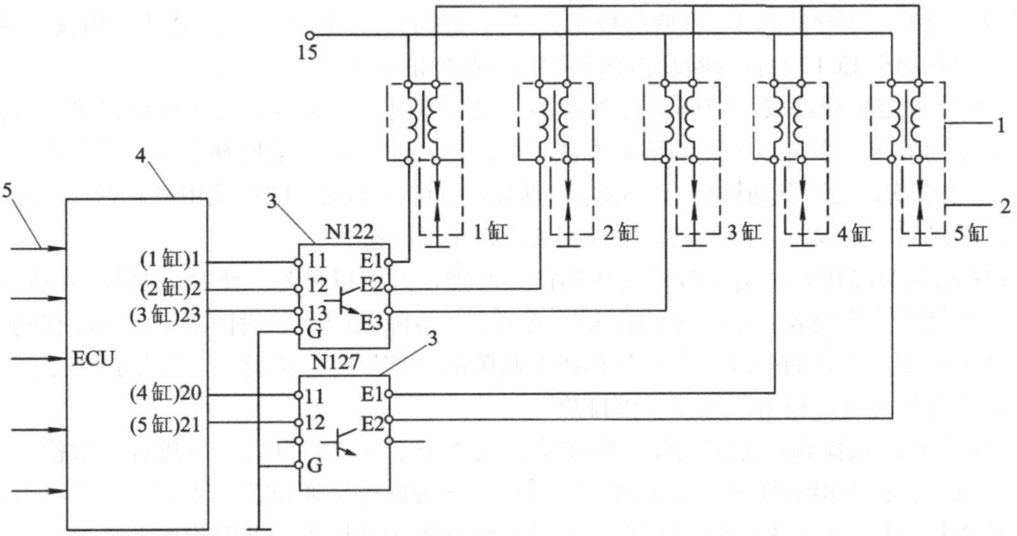

1—点火线圈；2—火花塞；3—点火器；4—发动机ECU；5—各传感器和开关输入信号

图 5.55　奥迪 5 缸发动机无分电器点火系统的电路控制原理图

绝大部分独立点火式的无分电器点火系统均采用无高压线的直接点火方式，直接点火可使高压电能的传递损失和对无线电的干扰降到最低水平。

此外，同时点火式只能用于汽缸数为偶数的发动机，而独立点火式则不受汽缸数的限制。

二、微机控制点火系统的故障诊断

1．微机控制点火系统故障诊断与排除的一般方法

微机控制点火系统的工作可靠性虽然提高，但是点火系统的故障仍是比较常见的，而且常见故障的现象和晶体管点火系统类似。由于微机控制点火系统的组成、工作原理与传统点火系统、晶体管点火系统的有差异，发生故障的原因也不尽相同，因此诊断方法差异更大。

微机控制点火系统的故障原因除了点火控制器、点火线圈、配电器、高压线、火花塞发生故障外，还包括各种传感器及其线路连接异常或微机控制单元及其线路连接异常。

微机控制的点火系统其实只是发动机电子控制系统中比例较小的一部分，大多数采用微机控制点火系统的发动机都设有故障自诊断系统，即发动机 ECU 具有自诊断功能。当发动机不能启动或工作异常，怀疑是点火系统故障时，应首先利用发动机 ECU 的自诊断功能进行诊断和检查，必要时再进行人工诊断，最后通过人工检查查明故障部位和原因。

1) 利用发动机 ECU 的自诊断功能进行诊断

所谓发动机 ECU 的自诊断功能，是指发动机 ECU 利用内部的自诊断系统，在发动机工作过程中时刻监视各个电子控制系统的传感器、执行器的工作状态，一旦发现某些信号失常，自诊断系统就会点亮仪表板上的“CHECK”或“CHECK ENGINE”指示灯(又称为发动机故障指示灯或检查发动机警报灯)，通知驾驶员出现故障；同时发动机 ECU 将故障信息以代码的形式存储起来，维修时技术人员可以通过发动机故障指示灯或专用仪器调取。

利用发动机 ECU 的自诊断功能诊断和检查故障的主要步骤如下：

(1) 按规定步骤读取故障码。可以就车调取故障码，也可以借助于解码器等一些检测设备。不同的车，系统故障码的读取方法不同，如切诺基和克莱斯勒车系统是将点火开关 5 s 内开关 3 次，通过发动机检查指示灯闪烁显示故障代码的。即使采用解码器，不同的车系统，故障码的读取方法也不同，应以相关维修手册为准。

(2) 根据故障代码，确定故障具体部位、原因，并予以排除。维修人员读出故障代码后，可根据故障代码表查出故障的含义、类别以及故障范围。一般情况下，故障代码只代表了故障类型及大致的范围，不能具体指明故障的全部原因，因此，必须以此为依据进行具体、全面的检查，找出故障并予以排除。

(3) 进行路试检查，确定故障彻底排除。故障全部修理完以后，应进行路试检查。路试中，发动机检查指示灯应指示正常，即当点火开关旋至接通位置且不启动发动机时，发动机检查指示灯点亮；启动发动机后，发动机检查指示灯熄灭，此时说明故障已经彻底排除。若启动发动机后，发动机检查指示灯不熄灭，则说明电子控制系统还存在故障。若出现原来的故障码，则说明故障部位未能彻底修理好；若出现新的故障码，则说明发生了新

的故障，需要继续修理。

(4) 清除故障代码。故障彻底排除后，电子控制系统虽然恢复正常工作，发动机检查指示灯也指示正常，但是故障代码仍然存储在存储器中，不会自行消掉，再读取故障代码时，这些故障代码会和新的代码一起显示出来，给诊断维修增加困难。因此，在故障彻底排除且发动机检查指示灯指示正常后，应及时消除故障代码，方法为：将点火开关旋至断开位置；从发动机接线盒中拆下 EFI 熔断器，10 s 之后便可清除储存在 ECU 中的故障代码。另外，拆下蓄电池负极电缆 10 s 以上，也可清除故障代码，但同时也会把时钟、音响等其他数据清除掉。如果为检修发动机而必须要拆开蓄电池负极电缆，则一定要先读取存储器中存储的故障代码和设置参数。

借助解码器进行诊断、清除故障码更方便。

清除故障码以后，要对车辆进行路试。在路试中，发动机警报灯应指示正常。

2) 人工诊断

当怀疑微机控制点火系统有故障或自诊断系统显示点火系统故障，需要人工诊断时，对于有分电器微机控制点火系统，一般从中央高压线的跳火试验开始。首先，从分电器上取下中央高压线，接上一个新火花塞，转动曲轴，根据火花塞的跳火是否正常进行检查和维修。在进行微机控制点火系统的故障诊断与排除时，应该在普通电子点火系故障诊断的基础上，增加传感器的检测与控制信号传输电路的检测。

对于某些间歇性故障，可以采用模拟方法进行诊断，如震动法、加热法、电器全部接通法、道路试验法等。

2. 无分电器点火系统故障的诊断与排除

无分电器点火系统的常见故障现象和有分电器微机控制点火系统一样，故障原因包括：点火控制器、点火线圈、高压线、火花塞发生故障，各种传感器及其线路连接和微机控制单元及其线路连接异常。

当发动机不能启动或工作异常，怀疑是点火系统故障时，应首先利用发动机 ECU 的自诊断功能进行诊断；再通过人工检查查明故障部位和原因。具体利用自诊断功能和人工检查的方法和步骤可以参照“微机控制点火系统故障诊断与排除的一般方法”的有关内容。

由于高压配电方式和有分电器微机控制点火系统不同，个别汽缸工作不良(或不工作)故障的原因和诊断方法也相应存在一些差异。如果只是为了判断个别汽缸工作是否正常，可以人为停止该缸喷油，根据该缸停止喷油前后发动机的转速变化进行判断。但是若要具体确定个别汽缸不工作的故障原因，则需要采用高压线对缸体试火的方法。下面简要介绍用高压线对缸体试火的方法检查各种无分电器点火系统发动机个别汽缸工作情况的方法。

1) 点火线圈配电方式

由于采用点火线圈配电方式时，共用一个点火线圈的两个汽缸的火花塞同时跳火，所以，一次试火就可以检查出两个汽缸的工作情况。

具体方法为：使发动机中低速稳定运转，然后将某缸火花塞上的高压线拔掉，接上一个新火花塞进行跳火试验，根据转速变化情况(配合转速表测量)和跳火情况进行分析。

如果有火，则说明对应的点火线圈及其控制部分工作正常。如果在高压线拔下后发动机转速没有变化，则说明包括断火缸在内的火花塞同时点火的两个汽缸不工作，需要检查两个汽缸的火花塞。同时应注意检查在高压线试火前后发动机转速是否有变化及变化幅度大小。如果试火过程中有火并且转速升高，但是没有升高到拔高压线前的转速，则说明包括断火缸在内的火花塞同时点火的两个汽缸工作正常；如果试火过程中有火并且转速升高到接近拔高压线前的转速，则说明与断火缸火花塞同时点火的另一个汽缸工作正常，断火缸工作不良或不工作，应检查火花塞；如果试火过程中有火但是转速几乎没有升高，则说明与断火缸火花塞同时点火的另一个汽缸工作不良或不工作，应检查该缸火花塞。

如果没有火花，则说明两个汽缸的高压线有断路故障或对应的点火线圈及其控制部分有故障，需要进一步诊断。首先检查高压线是否正常，然后检查点火信号控制线路是否正常，如果线路正常而点火线圈仍无次级高压产生，则应用示波器检查微机控制单元、点火控制器和点火线圈之间的点火控制信号。

2) 二极管配电方式

对于采用二极管配电方式的发动机，如果是火花塞缺火导致的个别汽缸工作不良，则主要原因除了是火花塞、高压线、点火线圈初级绕组、点火控制器、微机控制单元的相应部分发生故障或相应的点火信号控制电路连接不良外，还可能是高压二极管短路或断路。

一个高压二极管断路，就如同一根高压线断路一样，会导致火花塞同时跳火的两个汽缸不工作。

一个高压二极管击穿短路，不但会导致与该二极管相连的另一个高压二极管连接的火花塞不能正常跳火(在活塞接近压缩终了时，被短路二极管及其火花塞短路所致)，使对应汽缸的可燃混合气不能被点燃，而且会使短路二极管对应的汽缸在活塞接近下止点时至少多跳一次火(点火线圈另一个初级绕组感应的高压)。这种情况下发动机一般无法启动。

3) 独立点火方式

对于采用独立点火方式的发动机，如果是火花塞缺火导致的个别汽缸工作不良，则主要原因有火花塞、点火线圈、点火控制器、微机控制单元的相应部分发生故障或相应的点火信号控制电路连接不良。

采用单缸断油法或单缸断火法确定工作不良的汽缸后，可以卸下故障汽缸的点火线圈，将点火线圈输出端(必要时加导线或火花塞引出)距离缸体约 10 mm，进行跳火试验的方法来判断。

3．维修案例

案例：桑塔纳 2000GSi 型汽车 AJR 发动机因点火系统故障而不能启动。

1) 故障现象

一辆桑塔纳 2000GSi 型汽车 AJR 发动机不能启动，经检查分析，确定为点火系统的故障导致发动机不能启动。

2) 电路原理图与主要部件的结构

桑塔纳 2000GSi 型汽车 AJR 发动机采用了同时点火式无分电器微机控制点火系统。它主要由传感器、ECU、点火线圈和火花塞等组成，电路原理如图 5.56 所示。

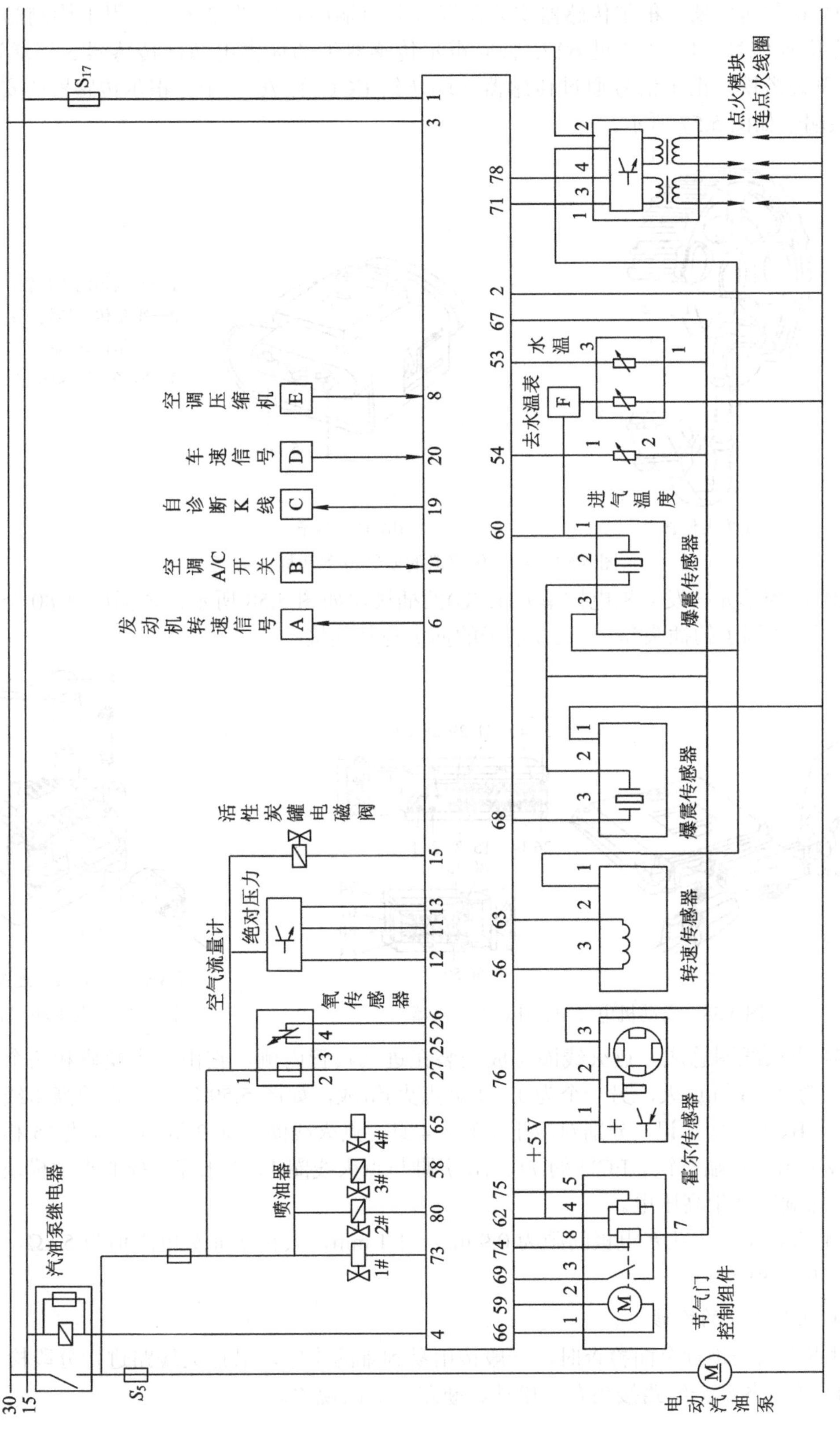

图 5.56 桑塔纳 AJR 发动机无分电器微机控制点火系统

(1) 霍尔传感器。霍尔传感器安装在汽缸盖前端凸轮轴链轮之后，用于检测第一缸的上止点位置信号。ECU 通过 62 引脚向霍尔传感器 1 端提供电源；传感器 3 端通过 ECU 的 67 引脚搭铁；霍尔信号通过传感器 2 端传给 ECU 的 76 端子。霍尔传感器的安装位置和插头端子如图 5.57 所示。

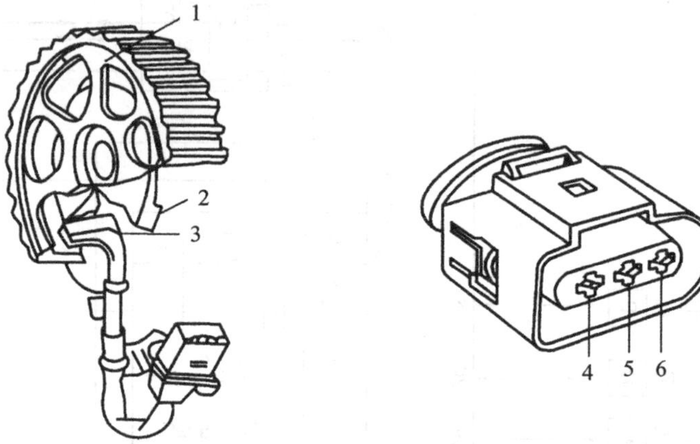

1—凸轮轴同步带轮；
2—霍尔传感器转子；
3—霍尔传感器；
4、5、6—插头端子

(a) 安装位置　　(b) 插头端子

图 5.57　霍尔传感器的安装位置和插头端子

(2) 电控单元。发动机电控单元(ECU)的插接器如图 5.58 所示，该插座有 80 个端头，利用一个 52 端子的插头和一个 28 端子的插头与其连接。

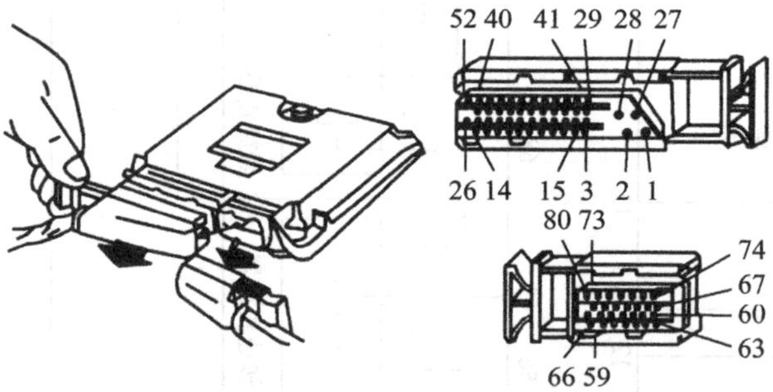

图 5.58　发动机电控单元(ECU)插接器

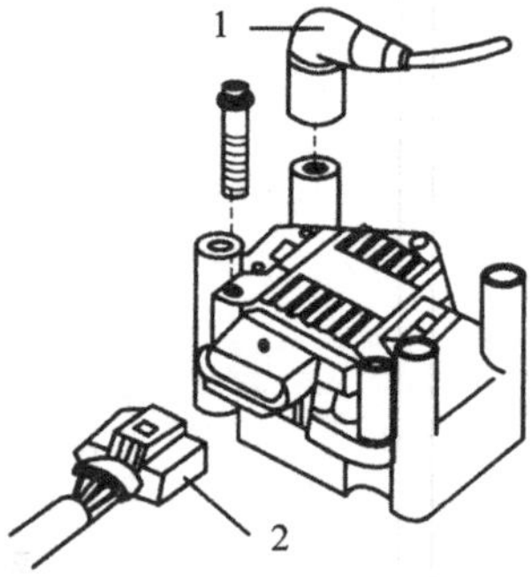

1—第 3 缸点火线；2—连接插头

图 5.59　点火线圈总成

(3) 点火线圈总成。点火线圈总成安装在进气歧管内侧。它由点火模块和两个点火线圈(一个为 2、3 缸点火，另一个为 1、4 缸点火)组成，如图 5.59 所示。它的高压线插孔旁边有 A、B、C、D 标记，分别对应于 1 缸～4 缸。点火线圈总成 2 端与电源线 15 相连接获得 12 V 电压，4 端搭铁。ECU 的 71、78 引脚与点火线圈 1、3 相连，控制点火模块，使点火线圈按顺序产生高压电。

(4) 火花塞。火花塞电极间隙为 0.9 mm～1.1 mm，火花塞插头电阻值为 5 kΩ，火花塞拧紧力矩为 30 N·m。

3) 点火系统的检修

对点火系统进行全面检查时，一般按由易到难的次序，沿点火线路进行分段检查。

(1) 检查各部分线路接头有无松动、断路、短路现象。

(2) 检查点火线圈搭铁电路。拔下点火线圈插头，如图 5.60 所示，用发光二极管(由一个发光二极管和串联的 300 Ω 电阻组成)连接蓄电池正极和插头 4 端子，发光二极管应亮；否则，应检查插头 4 端子与搭铁点之间的线路是否断路。

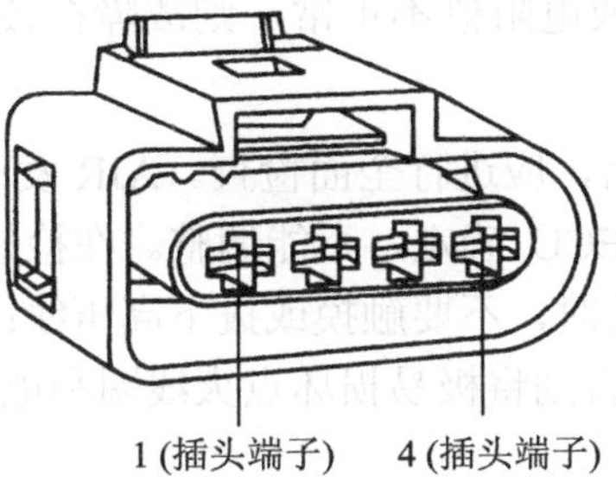

图 5.60　点火线圈插头

(3) 检查点火线圈供电电压。拔下点火线圈插头，连接插头 2 端子与发动机搭铁点，发光二极管应发亮；否则，应检查插头 2 端子与电源线 15 脚之间线路是否接触不良或断路。

(4) 检查点火线圈工作情况。拔下 4 个喷油器的导线插头和点火线圈上的插头，接通点火开关，用发光二极管连接插头 1(或 3)端子和发动机搭铁点，运转发动机数秒，发光二极管应发亮；否则，应检查点火线圈插头 1、3 端子与 ECU 的 71、78 引脚之间线路有无断路或短路。如果线路无故障，则应更换一个 ECU 再进行检查。

(5) 传感器等点火系统组件的检测。当传感器组件发生故障时，应在蓄电池电压、燃油泵继电器和熔断丝都正常的情况下进行检测(用高阻抗数字式万用表，表内阻不小于 10 kΩ)。检测组件、插头端子及检测步骤见表 5.4。

表 5.4　点火系统组件的检测

检测步骤	测量项目	测量条件(附加操作)	测量部位	额定值
1	节气门电位计	断开点火开关，拔下插头，再接通点火开关	插头端子 5 与 7	约 5 V
2	节气门定位电位计	断开点火开关，拔下插头，再接通点火开关	插头端子 4 与 7	约 5 V
3	霍尔传感器信号输出电压	拔下插头，再接通点火开关	插头端子 2 与 3	约 5 V
4	霍尔传感器供电电压	拔下插头，再接通点火开关	插头端子 1 与 3	约 5 V
5	发动机转速传感器	断开点火开关，拔下发动机转速传感器灰色插头	插头端子 2 与 3	480 Ω～1000 Ω
6	爆震传感器输出电压	发电机运转	插头端子 1 与 2	0.3 V～1.4 V
7	空气流量计供电电压	燃油泵继电器和熔断丝正常	插头端子 4 与搭铁点	约 5 V
8	发动机 ECU 供电电压	蓄电池电压高于 11 V，熔断丝 S_{17} 正常，断开点火开关，再接通点火开关	VA1598/2 测试盒；端子 3 与 2 及端子 1 与 2	都接近蓄电池电压

如果检测组件电压不正常，应进行线路检修。其方法是：断开点火开关，从ECU上拔下接线插头和所要测量组件的插头，检测连接线路的电阻。检测时，为了避免损坏电子元件，要注意万用表量程必须符合测量条件，其测量项目应查阅有关维修手册。如果被检测线路正常，而被检测组件电压或电阻值不正常，则故障在被检测组件或ECU。

4) 故障诊断注意事项

当确定点火系统出现故障后，应进行全面检查。AJR发动机的点火顺序为1—3—4—2，点火提前角由发动机控制单元ECU确定，不能调整。在检修时要注意，点火线圈次级电压输出能力非常高，当发动机运转时，不要触摸或拔下高压线；绝不允许点火线圈在开路的情况下工作，要避免错接高压线，否则将极易损坏点火线圈和电子点火模块中的大功率三极管。

【任务实施】

一、微机控制点火系统的主要零部件检修

对于有分电器微机控制点火系统的主要零部件，其点火线圈、高压线等零部件可以直接用万用表进行检查，但有些零部件(如ECU和点火控制器)则难以单独检查，必须在车上或专用检测仪上与有关电路元件配合，在通电或运行状态下进行检查。下面以凌志LS400轿车为例进行说明。

(1) 微机控制单元点火控制信号IG_t和监视信号处理电路的检查。由启动机带动发动机运转或怠速运行，用示波器或直流电压表检查微机控制单元的IG_t端子与E_1端子之间的电压，其波形应如图5.61所示，标准脉冲电压平均值为0.5 V～1.0 V。如果IG_t信号的波形或电压异常，则说明微机控制单元或曲轴位置传感器和转角传感器及其电路有故障。

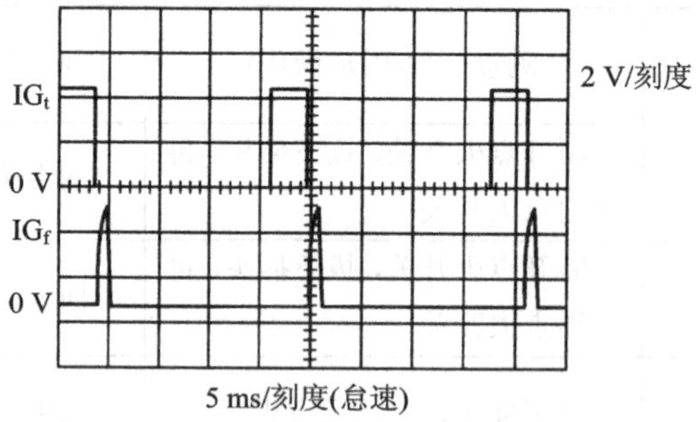

图5.61　凌志LS400轿车发动机点火控制信号和监视信号波形

拔开点火控制器与微机控制单元之间的插接件，将点火开关接通，用直流电压表检查微机控制单元的IG_f端子与E_1端子之间的电压，正常值应为4.5 V～5.0 V，否则说明微机控制单元的点火监视信号处理电路有故障。

在进行检查时，必须确保微机控制单元的搭铁端子E_1与发动机机体之间搭铁良好。

(2) 点火控制器的检查。检查点火控制器时，必须了解点火控制器的功能。一般功能的检查方法和晶体管点火系统的方法相同，不同的是点火监视功能，其检查方法为：将点火开关接通，用直流电压表检查微机控制单元的IG_f端子与E_1端子之间的电压，正常值约为1.0 V。

由启动机带动发动机运转或怠速运行，用示波器或直流电压表检查微机控制单元的 IG_f 端子与 E_1 端子之间的电压，其波形应如图 5.62 所示，标准脉冲电压平均值约为 0.5 V。如果 IG_f 信号的波形或电压异常，则说明点火控制器或电路有故障。

(3) 曲轴位置传感器(G 信号)与转速传感器(N_e)的检查。由启动机带动发动机运转或怠速运行，用示波器检查曲轴位置传感器和转速传感器的输出电压，正常波形应如图 5.62 所示。如果无信号波形或波形异常，则说明曲轴位置传感器或转速传感器有故障。

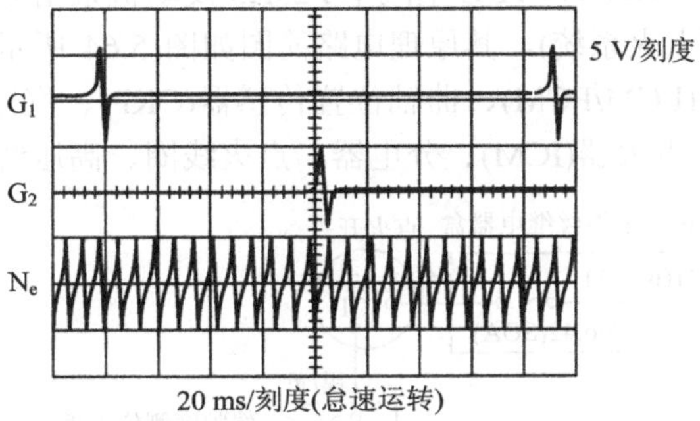

图 5.62 曲轴位置传感器(G 信号)与转速传感器(N_e)输出波形

拔开曲轴位置传感器与转速传感器的接插件，检查其传感线圈电阻，应符合规定值。

(4) 节气门位置传感器的检查。拔开节气门位置传感器的导线插头，用万用表检查节气门位置传感器接线柱之间的电阻。各接线端子之间的电阻(或通断状态)应符合要求。如图 5.63 所示，节气门在怠速位置时，端子 1、2 之间应导通；节气门不在怠速位置时，端子 1、2 之间应断开。端子 1、4 之间电阻为定值，与节气门开度无关。端子 3、4 和 3、1 之间的电阻随着节气门开度的变化而变化。

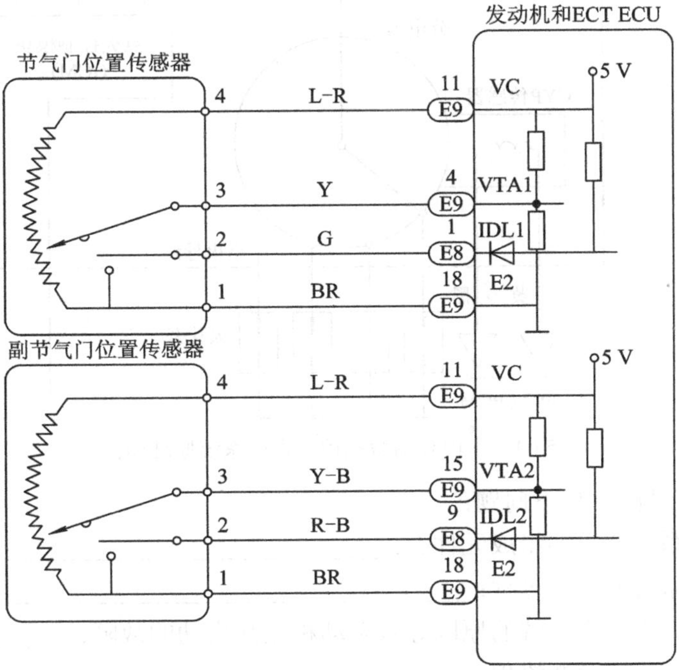

图 5.63 发动机节气门位置传感器原理图

在微机控制单元和线路连接正常的情况下，节气门位置传感器也可以通过测量有关端子之间的电压进行检查。节气门在不同位置时，各端子之间的电压应符合要求。

二、微机控制点火系统的故障诊断

通过本任务可熟悉微机控制点火系统的结构组成及工作原理，掌握微机控制点火系统的故障诊断。

广州本田雅阁(ACCORD)2.3VTI-L 型汽车 F23A3 发动机采用无机械提前式电子点火系统(有分电器的微机控制点火系统)，其原理电路简图如图 5.64 所示。它主要由发动机控制电脑/动力系统控制模块(ECM/PCM)、曲轴位置传感器(CKP)、汽缸位置传感器(CYP)、上止点位置传感器(TDC)、点火器(ICM)、分电器、点火线圈、高压线和火花塞组成。

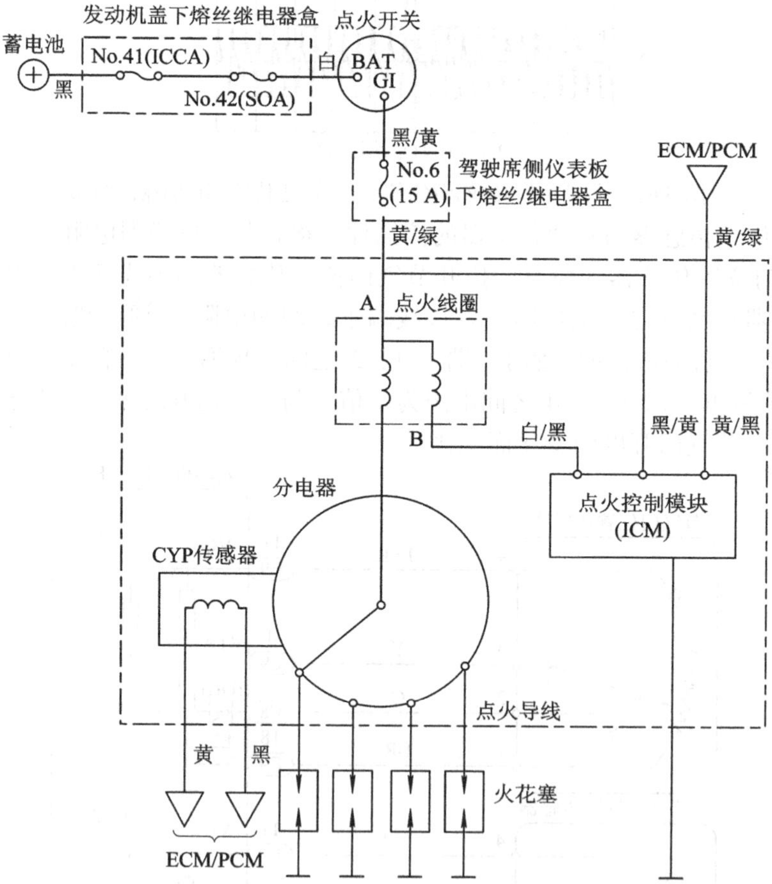

图 5.64 本田雅阁微机控制点火系统原理简图

对照图 5.64，试回答如下问题：

① 该车点火系统的主要组成元件有：____________________。

② 分析点火系统的工作过程：____________________。

③ 如何分析由于点火系统的原因导致发动机无法启动的故障：__________。

④ 根据故障，确定诊断流程：____________________

____。

拓展知识

点火系统波形检测与分析

对于点火系统故障造成的发动机工作不正常的故障，可以用示波器检测点火系统的初级和次级电压的波形变化进行诊断。

1．点火次级高压波形

对于独立点火和同时点火的具有高压线的发电机，单缸次级高压波形对故障分析很有帮助；对于各缸点火线圈直接点火，次级高压波形检测不到。

检测点火次级高压单缸波形的主要作用是分析单个缸的点火闭合角，分析点火线圈和次级高压电路性能，查出单缸不合适的混合气空燃比(从燃烧线看)，检测造成汽缸失火的火花塞。

点火系统各部分工作都正常时，单缸次级波形如图 5.65 所示。图中，波形上各点的意义如下：

a——初级电路切断，次级电压急剧上升。

ab——击穿电压，应为 6 kV～12 kV，且各缸之差不大于 3 kV。

bc——电容放电。

cd——电感放电，称为火花线，应该在 0.8 ms～2 ms 之间。

e——火花消失后，剩余磁场能维持的衰减振荡，称为第一次振荡，通常应该有 3 个～5 个振荡波形。

f——初级电路接通。

fg——初级电路接通后，初级电流增长引起的振荡，称为第二次振荡。

af——初级电路断开对应的角度(时间)。

fh——初级电路接通对应的角度(时间)，叫做闭合角，这段时间应超过 4 ms。

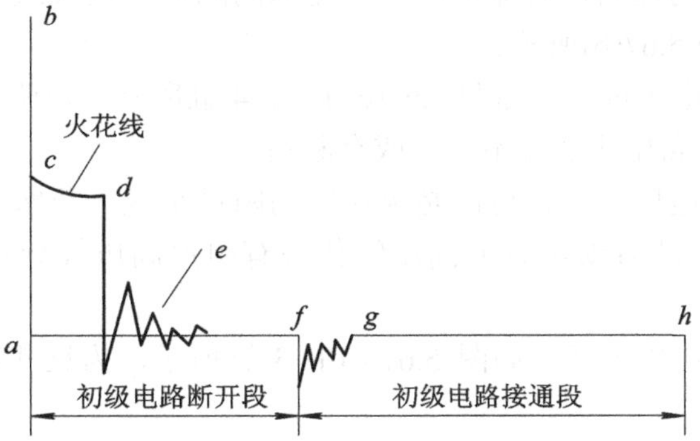

图 5.65　单缸标准次级波形

单缸的初级波形形状和各部分含义与次级波形基本相同，但是波形对应的是点火线圈“–”接线柱和搭铁之间的电压；初级电路断开段比初级电路接通段略高一点；初级电路接通后，电压立即降为0，没有二次振荡，直到限流开始。

通过人为选择，只显示某一个汽缸的初级或次级波形，称为该缸的初级或次级直列波或选缸波形；将所有汽缸的初级或次级波形重叠放在一起形成的波形称为初级或次级重叠波；将所有汽缸的初级或次级波形按点火次序自下而上排列形成的波形称为初级或次级并列波；将所有汽缸的初级或次级波形按点火次序自左而右排列形成的波形称为初级或次级平列波。

通过单缸初级直列波可以诊断点火控制器搭铁不良、限流失效等故障。

并列波能显示出所有各缸波形，便于比较各缸闭合角大小、点火早晚等。初级并列波如图5.66所示。

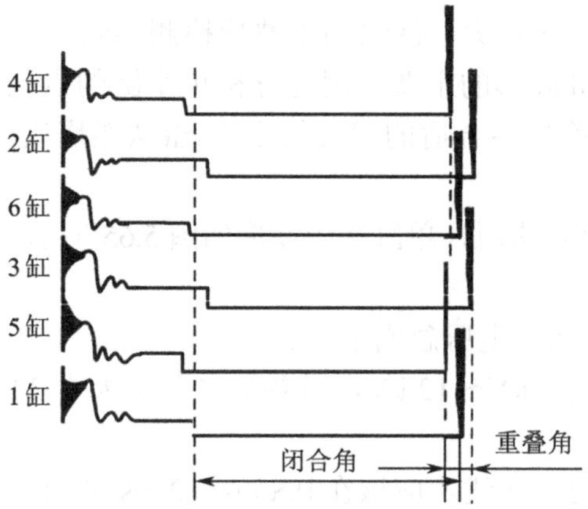

图5.66 初级并列波

利用次级平列波，可以方便快捷地诊断点火系统次级电路的故障，反映点火线圈的最高次级电压、高压线插接是否正常、各缸火花塞的工作情况等。

6缸发动机标准次级平列波以及常见故障波形如图5.67所示。

(1) 6缸发动机标准次级平列波如图5.67(a)所示。

(2) 各缸点火电压均过高，可能是因为火花塞间隙调整过大或烧坏，或中央高压线插接不良或有断路，如图5.67(b)所示。

(3) 个别汽缸点火电压过高，如图5.67(c)中3、4缸所示，说明这些缸火花塞间隙过大或烧坏，或对应的分缸高压线插接不良，或有断路。

(4) 全部汽缸点火电压过低，可能是火花塞间隙过小或火花塞热值相对偏高造成火花塞积炭、油污等故障，或者误用普通高压线代替有阻尼高压线导致击穿电压降低，如图5.67(d)所示。

(5) 个别汽缸点火电压过低，如图5.67(e)中3缸所示，为这些缸火花塞间隙小或绝缘体有裂纹、积炭等。

(6) 为检查点火系统的发火性能，任意取下某缸火花塞上的分缸高压线，使其悬空，该缸点火电压立即升高至20 kV以上，说明点火系统的发火性能正常，如图5.67(f)所示。

(7) 取下某缸火花塞上的分缸高压线，使其悬空，该缸点火电压低于15 kV，说明点火线圈发火性能不好、分火头或高压线绝缘不良等，如图5.67(g)所示。

(8) 发动机高速运转时，各缸点火电压一致减小，但是保证在 5 kV 以上，说明点火系统高速工作正常，如图 5.67(h)所示。

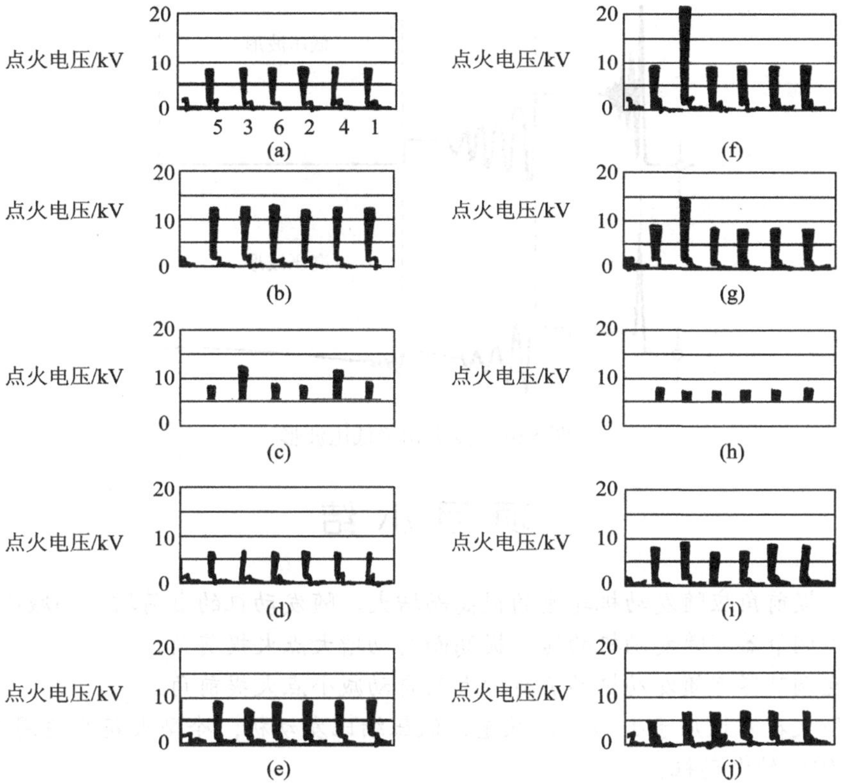

图 5.67　6 缸发动机次级平列波

(9) 发动机转速较低时，各缸点火电压一致，转速升高后，个别汽缸点火电压高于其他各缸时，说明这些缸火花塞间隙较大并有轻微积炭，如图 5.67(i)所示。

(10) 发动机转速升高后，个别汽缸点火电压过低(低于 5 kV)，说明该缸火花塞间隙过小、脏污或绝缘体有细微裂纹，如图 5.67(j)所示。

利用点火系统波形诊断点火系统故障时，只要注意测量发动机的单缸转速降，分别观察和分析不同转速和工况下的波形，就能很好地实现点火系统的快速就车诊断和检测，做到事半功倍。

2. 点火初级低压波形

由于点火初级和次级线圈有互感作用，因而当继电器触点断开时，次级线圈感应出高压，在点火次级发生跳火状态时还会反馈给初级电路，如图 5.68 所示。点火初级闭合角测试是初级低压波形中的一个重要数据，初级点火闭合角显示主要用于分析单个汽缸的点火闭合角(初级线圈通电时间)，确定平均闭合角的度数或毫秒数及分析点火线圈初级电路性能。汽车示波器在显示屏上可以用数字显示出波形的特征值。

检测点火初级低压波形时，先使发动机怠速运转，再加速发动机或按照行驶性能出现故障或点火不良发生的条件来启动发动机或驾驶汽车，密切注意当发动机负荷和转速变化时闭合角的变化情况，核实初级点火闭合角是否在标准范围内。

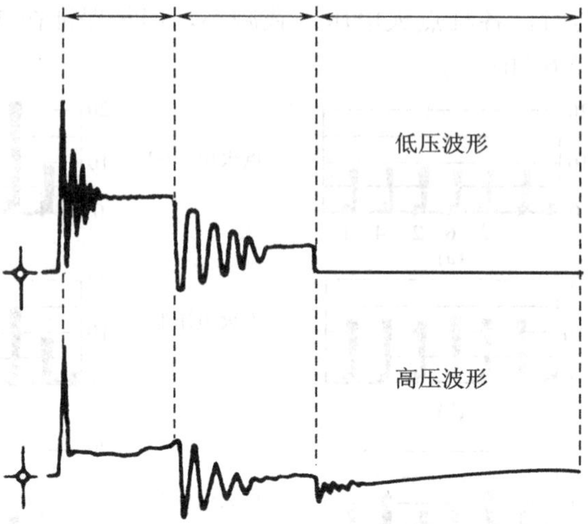

图 5.68 点火初级低压波形

项目小结

(1) 点火提前角应随发动机转速的提高而增大，随发动机的负荷增大而减小。

(2) 离心调节器可随发动机的转速提高而自动增大点火提前角。

(3) 真空调节器可随发动机的负荷增大而自动减小点火提前角。

(4) 热型火花塞适应于小功率、低速、低压缩比发动机；冷型火花塞适用于大功率、高速、高压缩比的发动机。

(5) 常用的信号发生器有磁感应式、霍尔效应式和光电感应式几种形式。

(6) 磁感应式信号发生器为无源信号发生器、霍尔效应式和光电感应式信号发生器为有源信号发生器。

(7) 在进行点火系故障诊断时，应首先区分故障发生在低压电路还是高压电路，可用高压试火法进行区分。

(8) 微机控制点火系统主要包括与点火有关的各种传感器、电子控制器(ECU)、点火器、点火线圈、火花塞等。

(9) 微机控制点火系统的功能主要包括点火提前角、通电时间和爆燃控制等三个方面。

(10) 微机控制点火系统按有无分电器可分为有分电器式和无分电器式。

练习与思考

一、判断题

1. 普通电子点火系统用三极管替代传统点火系统的断电器触点，用信号发生器替代传统点火系统断电器的凸轮。(　　)

2. 发动机熄火后仍能工作一段时间并伴有敲击声，应改用“冷”型火花塞。(　　)

3. 磁感应式点火信号发生器提供的点火信号幅值与发动机转速无关。(　　)

4. 火花塞的裙部越长，其工作时的温度就越低。(　　　)

二、选择题

1. 火花塞的热特性是用热值(数字 1～9)来表示的，甲认为数字越大，火花塞越冷，乙认为数字越小，火花塞越冷。你认为(　　　)。

A. 甲对　　B. 乙对　　C. 甲、乙都对　　D. 甲、乙都不对

2. 对于高速、大功率、高压缩比的发动机，甲认为应使用冷型火花塞，乙认为应使用热型火花塞。你认为(　　　)。

A. 甲对　　B. 乙对　　C. 甲、乙都对　　D. 甲、乙都不对

3. 在对电子点火系统的信号发生器进行检查时，对于磁感应式信号发生器，甲认为应有三个接头，其中一个是电源接头，乙认为应有两个接头，其中无电源接头。你认为(　　　)。

A. 甲对　　B. 乙对　　C. 甲、乙都对　　D. 甲、乙都不对

4. 在检查点火器好坏时，甲认为可用在点火器的信号输入端输入模拟的点火信号，以检查点火器的大功率三极管的通断情况的方法来确定点火器的好坏，乙认为只要总高压线无火，就说明点火器已经损坏。你认为(　　　)。

A. 甲对　　B. 乙对　　C. 甲、乙都对　　D. 甲、乙都不对

5. 发动机不能启动，故障由点火系统引发，在检查故障时，将总高压线拔下试火，结果发现无火，甲认为故障出现在高压电路，乙认为故障是由于点火正时不正确。你认为(　　　)。

A. 甲对　　B. 乙对　　C. 甲、乙都对　　D. 甲、乙都不对

三、简答题

1. 火花塞的热特性对发动机的工作有何影响？
2. 简述电磁感应式电子点火装置的工作原理。
3. 简述霍尔效应式电子点火装置的工作原理。
4. 简述光电式电子点火装置的工作原理。
5. 如何检查常用的点火信号发生器和电子点火器？
6. 微机控制点火系统由哪几部分组成？有何优点？
7. 微机控制点火系统是如何实现最佳点火提前角的精确控制的？
8. 简述同时点火式点火系统中点火线圈分配式的配电原理。
9. 说明霍尔效应式点火系统的诊断方法。
10. 微机控制点火系统与传统点火系统、晶体管点火系统主要有哪些差异？
11. 点火过早或过迟对发动机工作有何影响？如何进行点火正时的调整？
12. 如何判断低压电路和高压电路的故障？

项目六 汽车照明与信号系统的检修

【学习目标】

(1) 熟悉汽车照明与信号系统的作用、类型及其基本组成。
(2) 掌握汽车照明与信号系统的工作原理与电路分析识读。
(3) 熟悉汽车照明与信号系统的故障检修方法。
(4) 能进行照明与信号系统的检测与调整。
(5) 能进行照明与信号系统的故障分析与诊断。
(6) 能正确操作照明与信号装置。
(7) 能进行照明与信号装置的拆装与更换。

任务1 汽车照明系统的检修

【任务描述与解析】

一辆丰田花冠汽车右近光灯不亮，急需修理。要求对前照灯电路进行检测，查出故障原因，进行修复，并对前照灯进行检测。

照明系统的故障严重影响行车安全，要排除照明系统故障，首先必须对照明系统的组成、结构有一个全面的了解。首先要理解前照灯电路的工作过程；接着根据前照灯电路和故障现象来制定相应的诊断流程，依据诊断流程来逐项检测，查找故障原因。同时，可对前照灯进行检测，进而进行相应的调整。

【相关知识】

一、照明系统的作用与基本组成

1．照明系统的作用

汽车照明系统是为了保证汽车在光线不好的条件下提高车辆行驶的安全性和运行速度而设置的，从而确保行驶更加方便、可靠，减少交通事故与机械事故的发生。一般来说，汽车照明系统除了主要用于照明外，还用于汽车装饰。随着汽车电子技术应用程度的不断提高，照明系统也正在向智能化方向发展。

2．照明系统的类型和基本组成

汽车照明系统根据在汽车上安装位置和作用的不同，一般可分为外部照明装置和内部照明装置。外部照明装置主要包括前照灯、前雾灯、倒车灯(晚上照明)和牌照灯；内部照明装置主要包括顶灯、阅读灯、杂物箱灯和行李箱灯。

现代汽车照明装置多以组合方式进行设计安装，其中前组合灯主要由前照灯、前转向灯和示廓灯组合而成；后组合灯包括尾灯、后转向灯、制动灯和倒车灯，其安装位置如图6.1所示。

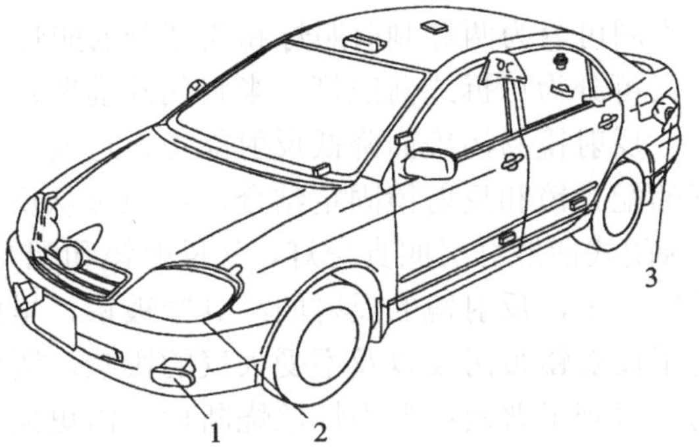

图6.1　汽车灯系及安装位置

采用组合式前照灯，制造商可以生产出想要的各种风格的配光镜，以改善汽车的空气动力学特性、燃油经济性和车型风格。组合式前照灯结构如图6.2所示。

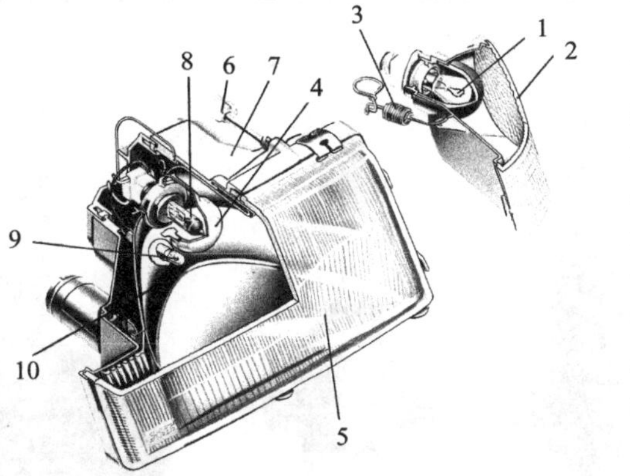

图6.2　组合式前照灯结构图

二、汽车照明系统

1. 前照灯的基本要求

前照灯是汽车照明系统最重要的外部照明灯具，用来照亮前方路面和环境，保证汽车全天候安全行驶。由于汽车前照灯的照明效果直接影响着夜间交通安全，所以世界各国交通管理部门一般都以法律形式规定了汽车前照灯的照明标准，以确保夜间行车的安全，其基本要求主要有以下几个方面：

(1) 前照灯应保证车前有明亮而均匀的照明，使驾驶员能看清车前100 m～150 m以内路面上的任何障碍物。

(2) 在夜间会车时，为避免造成对面驾驶员炫目而导致交通事故，前照灯应具有防炫目装置。

(3) 在横向上，前照灯的光束应有一定的散射，以便让驾驶员在直行时能看清来自侧面的运动物体，转弯时能看清路面。

2．前照灯的结构

前照灯按照装车形式的不同可分为两灯制前照灯和四灯制前照灯。

前照灯按结构的不同，又可分为可拆式前照灯、半封闭式前照灯和全封闭式前照灯。可拆式前照灯由于气密性差、反射镜易污染而降低反射能力，进而降低照明效果，目前已很少采用。半封闭式前照灯的配光镜和反射镜固定结合，灯泡可从反射镜后部更换，维修方便，因此被广泛采用。全封闭式前照灯又叫真空灯，其反射镜和配光镜用玻璃制成一体，形成灯泡，灯丝焊在反射镜底座上，反射镜的反射面经真空镀铝，里面充以惰性气体。由于全封闭式前照灯完全避免了反射镜被污染以及不受大气的影响，所以其反射效率高，照明效果好，使用寿命长，迅速得到了普及；但当灯丝烧断后，需更换整个总成，成本高，因此限制了它的使用范围。

汽车前照灯一般由光源(灯泡)、反射镜和配光镜(散光玻璃)三部分组成。

1) 灯泡

目前汽车前照灯用的灯泡有普通白炽灯泡、卤钨灯泡和HID灯泡(氙气灯泡)几种类型，如图6.3所示。

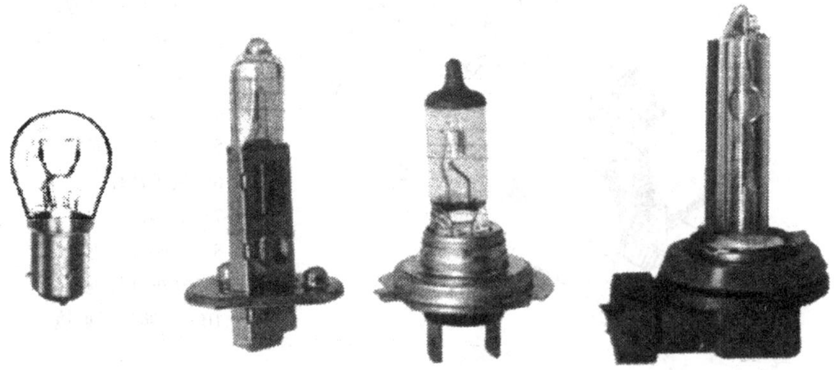

(a) 白炽灯泡　(b) 卤钨灯泡　(c) 卤钨灯泡　(d) HID灯泡

图6.3　前照灯的灯泡

随着汽车技术的不断发展，普通白炽灯泡已被淘汰，现在汽车的前照灯多以卤钨灯泡和氙气灯泡为主。卤钨灯泡就是在灯泡内掺杂少量的卤族元素(如碘、溴)，从灯丝蒸发出来的钨与碘原子相遇反应，生成碘化钨化合物，而碘化钨化合物一接触炽热的灯丝(温度超过1450℃)，又会分解还原为钨和碘，钨会重新回到灯丝中去，碘则重新进入气体中，如此循环不已，灯丝几乎不会烧断，灯泡也不会发黑，所以它要比传统的白炽灯泡寿命更长，亮度更高，目前已得到广泛的应用。

HID(High Intensity Discharge)灯也叫高压气体放电灯，可称为重金属灯或氙气灯。新型高压放电氙气灯的组件系统由弧光灯组件、电子控制器和增压器三大部件组成，图6.4所示是其外形及原理示意图。它的原理是在抗紫外线水晶石英玻璃管内，以多种化学气体填充，其中大部分为氙气(Xenon)与碘化物等惰性气体，然后再通过增压器将车上12 V的直流电瞬时增压至23 000 V，激发石英管内的氙气电离，使电子发生能级跃迁而开始发光，电极间蒸发少量水银蒸气，光源立即引起水银蒸气弧光放电，待温度上升后再转入卤化物弧光灯工作，这就是所谓的气体放电。由氙气所产生的白色超强电弧光可提高光线色温值，接近白昼的太阳光芒。HID 工作时所需的电流值仅为 3.5 A，亮度是传统卤钨灯泡的 3 倍，使用寿命比传统卤钨灯泡长 10 倍。氙气灯极大地提高了驾驶的安全性与舒适性，还有助于缓解驾驶员夜间行驶的紧张与疲劳。目前奔驰 E 级车、宝马 7 系列、丰田凌志、本田阿库拉等高档车都使用了这种新型前大灯。氙灯亮度大，发出的亮光色调与太阳光比较接近，消耗功率低，可靠性高，不受车上电压波动的影响。从应用前景看，随着成本的降低，氙气灯将会成为市场的主流。

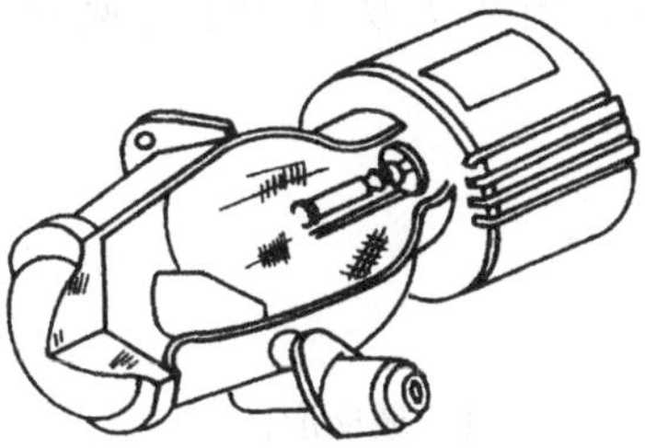

(a) 外形

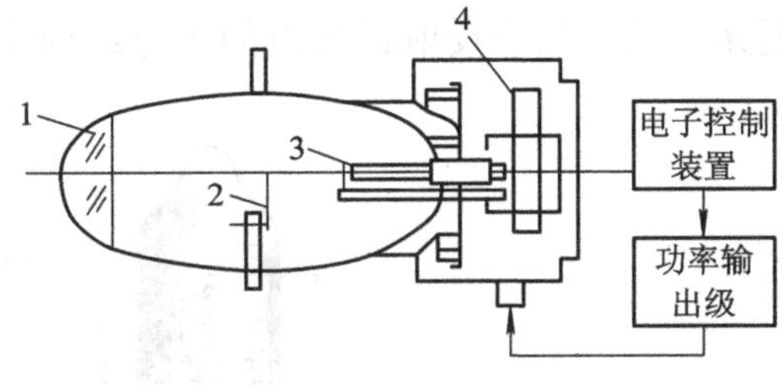

1—透镜；2—遮光板；3—弧光灯；4—引燃及稳弧部件

(b) 原理示意图

图 6.4 高压放电氙气灯外形及原理示意图

2) 反射镜

反射镜的作用是将灯泡发出的散光聚合成强光束后平行射向远方。反射镜材料有薄钢板、玻璃、塑料等，其表面形状是旋转抛物面，内表面镀银、铝或铬，再进行抛光处理。目前，反射镜内表面采用真空镀铝的较多，它具有极高的亮度，可使反射出来的光亮度比灯丝本身光亮度提高 6000 倍以上。

3) 配光镜

配光镜又称为散光玻璃，由透光玻璃压制而成，是多块特殊棱镜和透镜的组合，如图 6.5 所示。配光镜的作用是将反射镜反射出的平行光束进行折射，使车前的路面有良好而均匀的照明。现代轿车的组合前照灯往往将反射镜和配光镜作为一体，即反射镜形状经过计算机辅助设计，既起到反光作用，同时也进行了光的合理分配，如图 6.6 所示。

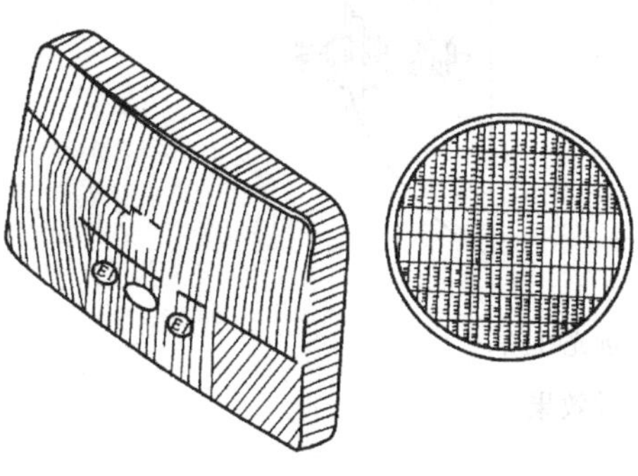

(a) 矩形　(b) 圆形

图 6.5 配光镜

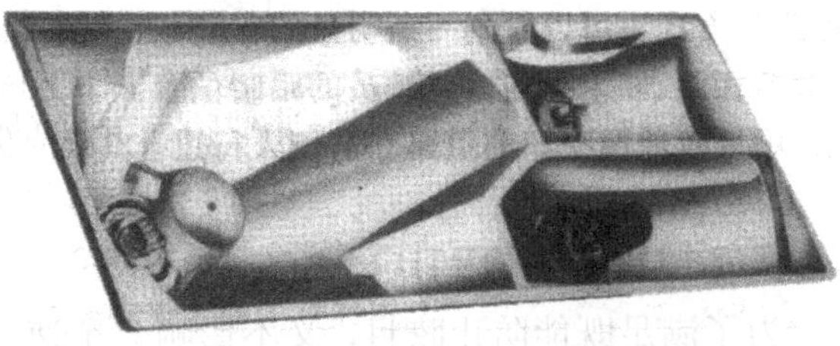

图 6.6 组合前照灯的反射镜与配光镜

3. 前照灯的防眩目措施

夜间行驶的汽车在交会时，由于前照灯的亮度较强，会引起对方驾驶员眩目。所谓眩目，是指人的眼睛突然受强光照射时，由于视觉神经受刺激而失去对眼睛的控制，本能地闭上眼睛或看不清暗处物体的生理现象。为了避免此类现象发生，前照灯采取了以下防眩目措施。

1) 采用带有遮光屏的双丝灯泡

采用带有遮光屏的双丝灯泡的前照灯，其远光灯丝安装于呈旋转抛物面的反射镜的焦点处，近光灯丝安装于反射镜焦点的上方或前上方。图 6.7 所示为带有遮光屏的双丝灯泡。

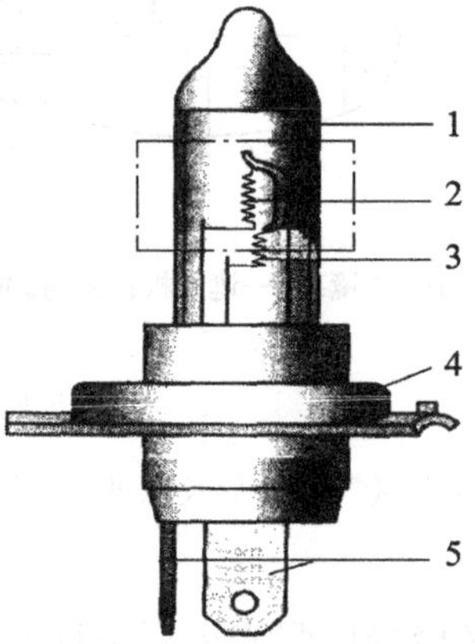

1—玻璃泡；
2—近光灯丝；
3—远光灯丝；
4—灯座；
5—插脚

图 6.7 带有遮光屏的双丝灯泡

根据光学原理，远光灯丝发射的光线经反射镜聚光、反射后，沿光学轴线以平行光束射向远方，以此照亮车前方 150 m 以上的路面；近光灯丝下方均设有遮光屏(又称遮光罩或光束偏转器)，用于遮挡近光灯丝射向反射镜下部的光线，消除反射向上照射的光束，近光灯丝发射的光线经反射镜反射后，大部分光束将倾斜向下射向车前的路面，从而避免使对方驾驶员眩目。远光和近光反射效果如图 6.8 所示。

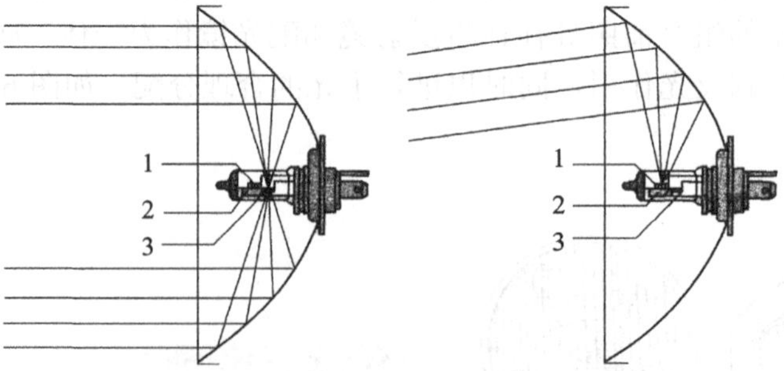

1—近光灯丝；2—遮光屏；3—远光灯丝

图 6.8 远光和近光反射效果

2) 采用非对称配光

为了满足既能防止眩目，又不影响会车速度的目的，汽车的前照灯常采用非对称光型。非对称配光方式的远光灯丝位于反射镜的焦点处，近光灯丝位于焦点前方且稍高出光学轴线，其下方装有金属配光屏，非对称式配光的配光屏安装时偏转一定角度，左侧边缘倾斜 15°，与新型配光镜配合使用，形成图 6.9 所示的近光光形。光形中有条明显的明暗截止线，区域 III 是一个明显的暗区，该区 B50*L* 点表示相距 50 m 处迎面来车驾驶员眼睛的位置，由于此点光的照度值规定得很低(最大值为 0.3 lx)，所以可避免使迎面来车驾驶员眩目。下方 I 、II 、IV 区域及上方 15° 区域是亮区，将车前路面和右方人行道照亮。这种非对称形的配光性能，称为欧式配光，符合联合国欧洲经济委员会制订的 ECE 标准，所以又称 ECE 方式，是比较理想的配光，已被世界公认。

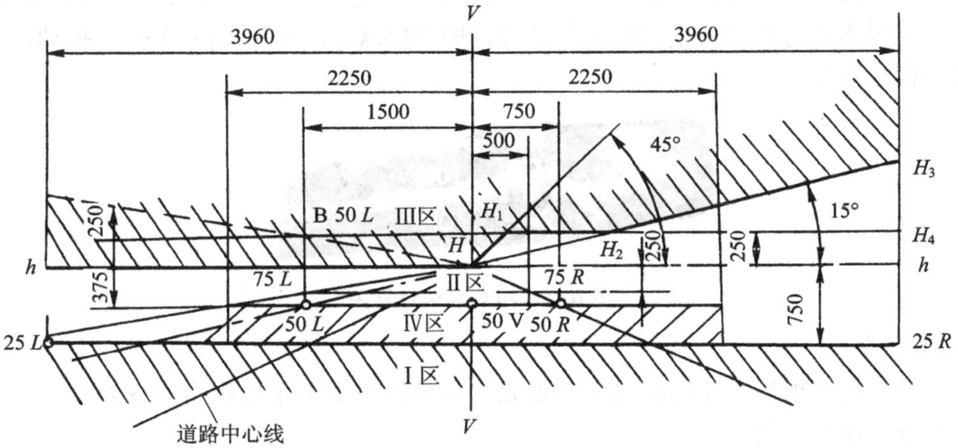

图 6.9　非对称配光光形(尺寸：mm；测定距离：25 mm)

近年来，国外又发展了一种更优良的光形，其近光光形如图 6.10 所示。明暗截止线呈 Z 形，故称为 Z 形配光。它不仅可以避免迎面来车驾驶员的眩目，还可以防止迎面而来的行人和非机动车使用者的眩目，更加保证了汽车夜间行驶的安全。

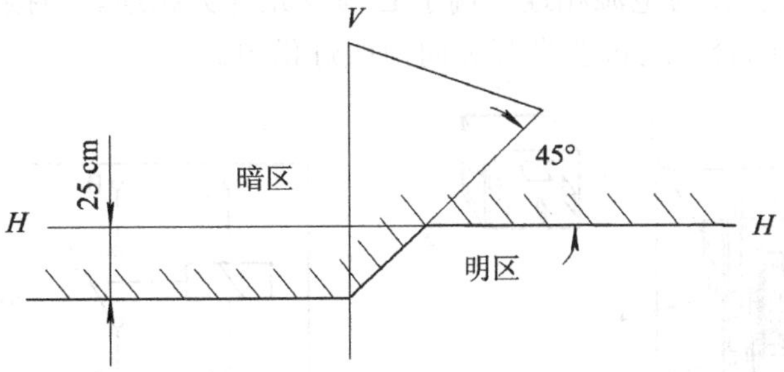

图 6.10　Z 形非对称配光示意图

3) 采用前照灯自动变光器

前照灯自动变光器是一种根据对方车辆灯光的亮度自动变远光为近光或变近光为远光的自动控制装置。它的优点首先是实现了自动控制，不需要驾驶员操纵；其次是体积小，性能稳定可靠，且灵敏度高。

当夜间两车相对行驶时，在 150 m～200 m 以外对方的灯光照射到自动变光器上，就立即自动变远光为近光，从而有效地避免了远光给对方驾驶员带来的眩目；待两车相会时，自动变光器自动变近光为远光，汽车即可恢复原来的行驶速度。

4．前照灯的电路组成与工作原理

前照灯电路主要由车灯开关、变光开关、前照灯继电器及前照灯组成。

1) 车灯开关

车灯开关的形式有拉钮式、旋转式、组合式等多种，现代汽车上使用较多的是将前照灯、尾灯、转向灯及变光开关制成一体的组合式开关，如图 6.11 所示。该组合开关是丰田花冠轿车使用的组合开关，将开关旋至一挡，示宽灯、牌照灯、尾灯、仪表灯即会亮起；将开关旋至二挡，前照灯(远光或近光)即会亮起，推开变光开关则远光灯亮起，扳回则近光灯亮起。将开关向后扳住，也可变为远光，其不同的是：松手后，开关自动弹回近光位置，此位置用来作为夜间行车时的超车信号，即“FLASH”挡；将开关上下扳动，则左右转向灯及指示灯亮起。

图 6.11　组合式车灯开关

2) 变光开关

变光开关可以根据需要切换远光和近光。目前汽车上多采用组合式变光开关，安装在方向盘下方，便于驾驶员操作。

3) 前照灯继电器

前照灯的工作电流较大，特别是四灯制的汽车，用车灯开关直接控制前照灯时，车灯开关易烧坏，因此许多汽车在灯光电路中设有灯光继电器。

图 6.12 所示为触点常开式前照灯继电器的结构和引线端子，端子 SW 与前照灯开关相连，端子 E 搭铁，端子 B 与电源相连，端子 L 与变光开关相连。当接通前照灯开关时，继电器线圈通电，触点闭合，通过变光开关向前照灯供电。

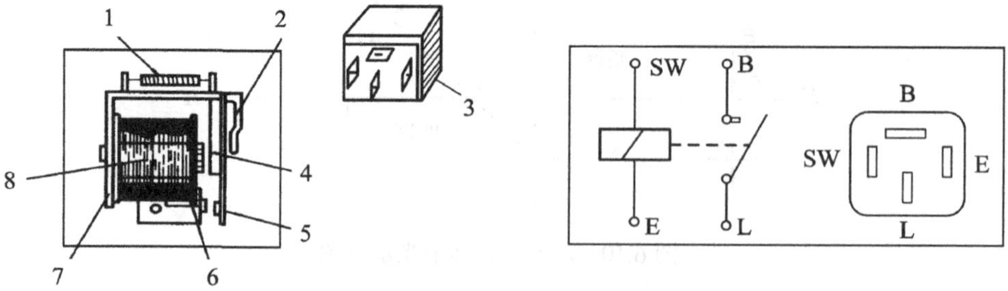

1—弹簧；2—限位卡；3—外形；4—衔铁；5—动触点；6—静触点；7—支架；8—线圈

图 6.12　前照灯继电器

4) 前照灯的电路原理

前照灯按车灯开关的控制方式不同可分为控制火线式和控制搭铁线式两种类型，其控制线路示意图如图 6.13 所示。

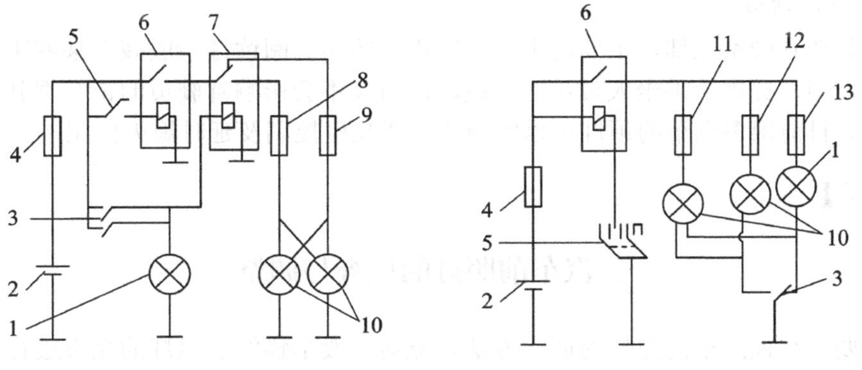

1—远光指示灯；2—蓄电池；3—变光开关；4—熔断器；5—车灯开关；6—前照灯继电器；7—变光继电器；8—熔断丝(远光)；9—熔断丝(近光)；10—前照灯；11、12、13—熔断丝

图 6.13　前照灯的控制电路原理图

5. 其他照明装置

汽车照明装置除了前照灯外，还有前雾灯、倒车灯、牌照灯及内部照明装置的顶灯、阅读灯、杂物箱灯和行李箱灯。

1) 前雾灯

前雾灯是主要用于改善大雾、大雨、大雪或尘埃弥漫情况下道路照明的灯具，不但有助于驾驶员看清楚道路，也有助于本车被其他人看到，因此雾灯的光源需要有较强的穿透性。一般的车辆用的都是卤钨雾灯，也有少数车辆配置氙气雾灯。前雾灯安装在前照灯附近或比前照灯较低的前保险杠下方位置，为防止迎面车辆驾驶员的眩目，前雾灯光束在地面的投射距离相对近光光束来说要近。

2) 牌照灯

牌照灯装于汽车尾部牌照上方或左右，用于照亮后牌照，功率一般为 5 W，确保行人在后方 20 m 内能够清楚地看见牌照上的文字。

3) 倒车灯

倒车灯是倒车时用于照明后方道路并提醒其他车辆和行人注意的照明、信号两用灯。倒车灯颜色是白色，驾驶员挂上倒挡，就自动接通倒车灯，灯的亮度应照亮 7.5 m 的距离，灯泡功率一般为 28 W。

4) 车门灯(门控灯)

车门灯一般用于轿车或旅行车。当车门打开时，车门灯电路即接通，车门灯被点亮；当车门关上时，车门灯便熄灭。为了便于驾驶员上、下车或打开其他照明设备以及插入点火钥匙等操作，有的车门灯电路还设有自动延时器。

5) 仪表及开关照明灯

仪表及开关照明灯主要用于夜间行车时仪表及开关的照明。仪表及开关照明灯为驾驶员及时查看仪表以及操作开关提供了便利条件。

6) 顶灯及阅读灯

顶灯安装在驾驶室顶部，主要用于车辆的内部照明。阅读灯一般装于乘客座位旁边，供乘客阅读使用，提供给乘坐人员足够亮度，同时又不会影响驾驶员的正常驾驶或者其他乘员的休息。目前很多汽车的顶灯可以实现剧场式亮度控制及延时熄灭控制。

【任务实施】

一、汽车前照灯的检查与调整

本任务要求掌握汽车前照灯的调整方法，能对一般车辆的前照灯的光束进行正确的调整。调整前照灯时，前轮胎气压应符合规定，前照灯配光镜表面应清洁，并且汽车应空载；驾驶室内只准许乘坐 1 名驾驶员；场地平整。对装用远、近光双丝灯泡的前照灯，应以调整近光光形为主。

1．前照灯的国家标准

在使用过程中，会因为灯泡老化、反射镜变暗、照射位置不正确而使前照灯的发光强度不足或照射位置不正确，进而影响汽车行驶速度和行车安全，因此必须对前照灯进行定期检测。前照灯的发光强度是指光源在给定方向上所发出的光线强度(单位：坎，单位符号：cd)。目前，前照灯光束调整标准各国略有差异。我国现行汽车前照灯远光光束的发光强度、照射位置等国家标准见表 6.1 和表 6.2。

表 6.1　前照灯远光光束发光强度要求

机动车类型	检　查　项　目			
	新注册车/cd		在用车/cd	
	两 灯 制	四 灯 制	两 灯 制	四 灯 制
最高车速小于 70 km/h	10 000	8000	8000	6000
其他汽车	18 000	15 000	15 000	12 000

表 6.2　前照灯光束照射位置要求

检测方法		在检验前照灯近光和远光光束照射位置时，前照灯照射在距离 10 m 的屏幕上			
上下偏差	检测标准	近光光束明暗截止线转角或中点的高度		远光光束及远光单光束灯照射位置时	
		乘用车	应为$(0.7\sim0.9)H$	乘用车	应为$(0.9\sim1.0)H$
		其他机动车	应为$(0.6\sim0.8)H$	其他机动车	应为$(0.8\sim0.95)H$
		说明：表中“H”为前照灯基准中心高度			
左右偏差	检测标准	左灯：向左偏不允许超过 170 mm，向右偏不允许超过 350 mm			
		右灯：向左偏或向右偏均不允许超过 350 mm			

2．前照灯的检测

前照灯的检测可以采用屏幕检验法或仪器检验法。用屏幕检验法只能检测前照灯的光束照射位置，不能检测发光强度。另外，屏幕检验法检测时操作不便，精确度也低，不同车型其调整方法和数据也不同。因此，目前汽车维修企业和汽车检测站广泛采用前照灯检测仪来检测前照灯的发光强度和光束照射位置，据此来检验和调整汽车前照灯的发光强度和光轴偏斜量。

前照灯检测仪如图 6.14 所示。前照灯检测仪是利用光电池受光线照射后产生电动势，再由光度计来指示前照灯的发光强度的。检测前照灯光束位置时，将四块光电池组合在一起，位于上、下的光电池接有上下偏斜指示计，位于左、右的光电池接有左右偏斜指示计，当前照灯照射在光电池上后，上下偏斜指示计和左右偏斜指示计将发生摆动，据此可测出前照灯的光束照射位置。

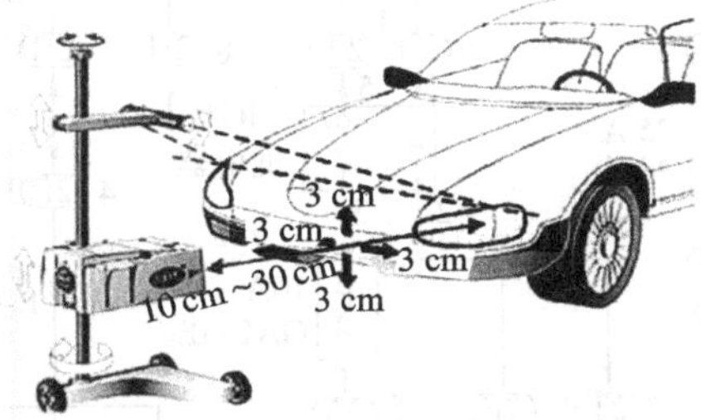

图 6.14　前照灯的检测

调整前照灯时，先遮住右侧的前照灯，通过调整光束水平方向调整螺钉或垂直方向调整螺钉，调整左侧前照灯，使其射出的光束中心对准屏幕上前照灯光点中心，然后以同样的方法调整右侧前照灯。前照灯的调整部位如图 6.15 所示。

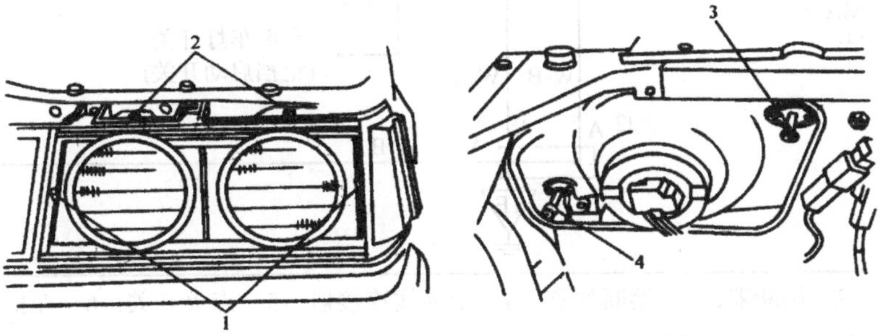

(a) 外侧调整式　　(b) 内侧调整式

1、3—左右调整螺钉　2、4—上下调整螺钉

图 6.15　前照灯的调整部位

二、丰田花冠轿车照明系统的电路分析

花冠轿车的车灯开关为组合开关，旋动开关有“OFF”、“TAIL”或“HEAD”三挡。若旋至“TAIL”挡，则示宽灯、牌照灯、尾灯、仪表灯即会亮起；若旋至“HEAD”挡，则前照灯(远光或近光)同时也会亮起。将组合开关向前后推拉又分别可至“HIGH”、“LOW”或“FLASH”等不同位置，向前推开变光开关则远光灯亮起，扳回则近光灯亮起。将开关

向后扳住，也可变为远光，不同的是：松手后，开关自动弹回近光位置，此位置用来作为夜间行车时的超车信号。花冠轿车照明系统的电路如图 6.16 所示。

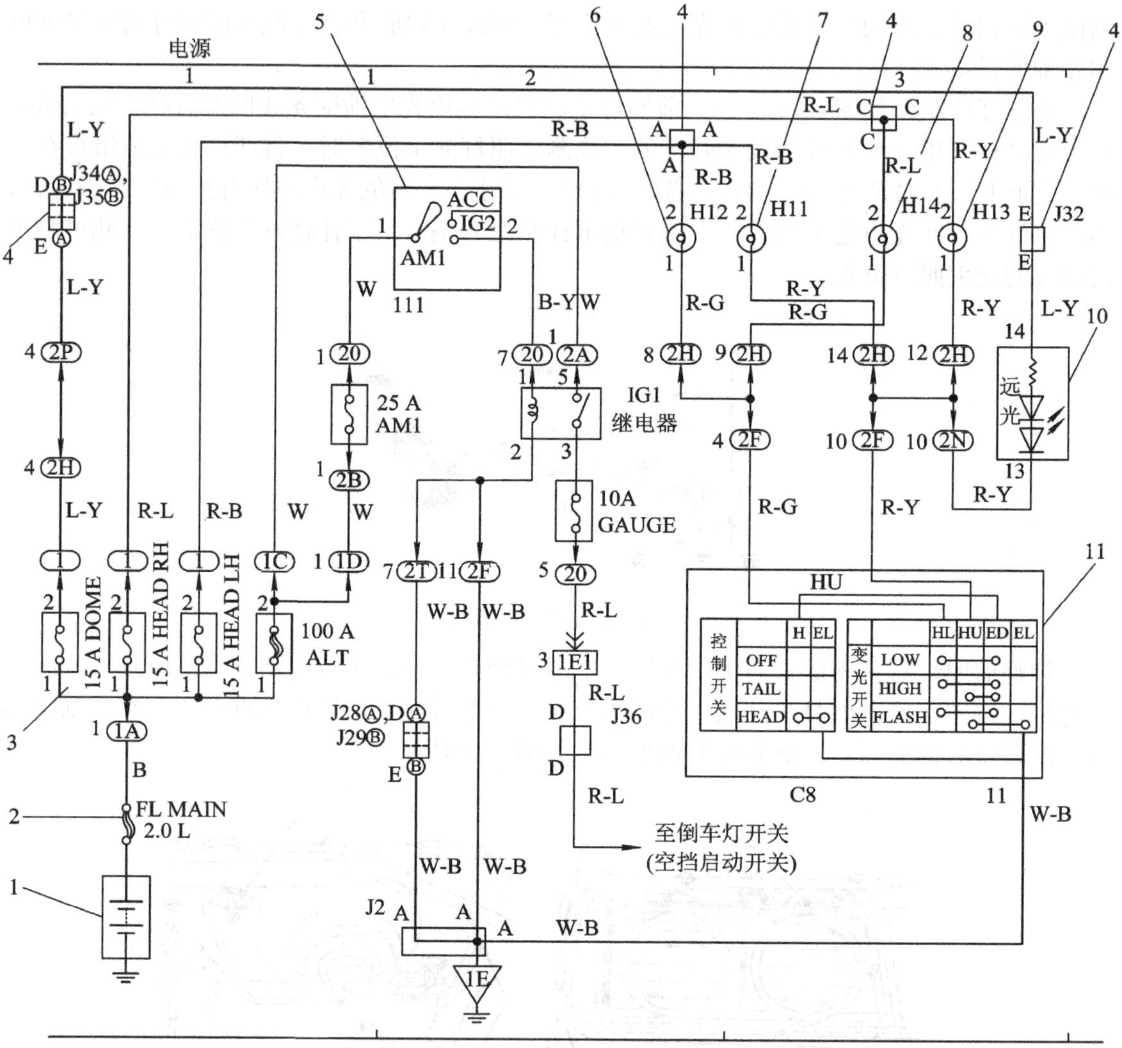

1—蓄电池；2—熔断器；3—熔断丝盒；4—中继线连接器；5—点火开关；6—左前照灯(近光)；7—左前照灯(远光)；8—右前照灯(近光)；9—右前照灯(远光)；10—组合仪表远光指示灯；11—组合开关

图 6.16　花冠轿车前照灯(不带自动灯控制)电路

对照图 6.16，试回答如下问题：

① 该车前照灯电路的主要组成元件有：____________________。

② 当组合开关从“OFF”挡旋至“HEAD”挡，变光开关在“LOW”位置时，前照灯(蓄电池供电时)电流通路为(写出电流回路)：____________________。

③ 当组合开关从“OFF”挡旋至“HEAD”挡，变光开关在“HIGH”位置时，前照灯(蓄电池供电时)电流通路为(写出电流回路)：____________________。

④ 当变光开关拉至“FLASH”位置(车灯开关在“OFF”挡或其他位置)时，前照灯(蓄电池供电时)电流通路为(写出电流回路)：____________________。

任务 2　汽车信号系统的检修

【任务描述与解析】

一辆丰田花冠汽车的信号系统不工作，要求对该车的信号系统故障进行检测，查出故障原因，进行修复，并记录工作过程和检测数据。

本任务的目的是使学习者能通过对信号系统电路的分析，熟悉信号系统的工作原理；根据故障现象分析可能的故障原因，并确定诊断流程；逐项检测，查出故障原因，并进行修复。

【相关知识】

汽车信号系统的主要作用是向环境(如人、车辆)发出警告、示意信号，它分为灯光信号和声音信号两种类型。灯光信号主要包括转向信号灯、制动信号灯、倒车信号灯、危险报警灯、示廓灯(示宽灯)及后雾灯等；声音信号主要包括电喇叭、蜂鸣器、语音倒车报警器等。

汽车信号系统也可分为外部信号装置和内部信号装置。外部信号装置有转向灯、制动灯、尾灯、倒车灯、后雾灯、停车灯、示廓灯等；内部信号装置泛指仪表板内的指示灯，主要有转向信号指示灯、远光指示灯、充电指示灯、发动机故障指示灯、安全气囊指示灯、ABS 指示灯等。

一、灯光信号装置

1. 转向信号灯

转向信号灯安装在汽车的前后左右四角，其用途是在车辆转向、路边停车、变更车道、超车时发出明暗交替的闪光信号，给前后车辆、行人、交警提供行车信号。前、后转向信号灯的灯光光色为琥珀色。转向信号灯的指示距离：要求前、后转向信号灯白天距离 100 m 以外可见，侧转向信号灯白天距离 30 m 以外可见。转向信号灯的闪光由闪光继电器控制，其频率应控制在 1.0 Hz～2 Hz，启动时间应不大于 1.5 s。

转向信号灯的频闪由闪光器控制。闪光器按结构和工作原理可分为电热丝式(俗称电热式)、电容式、翼片式、水银式、晶体管式等多种。虽然电热式闪光器结构简单、制造成本低，但闪光频率不够稳定，使用寿命短，已被淘汰。电容式闪光器闪光频率稳定；翼片式闪光器结构简单、体积小、闪光频率稳定、监控作用明显、工作时伴有响声；晶体管式闪光器具有性能稳定、可靠等优点，故得到广泛应用。

晶体管式闪光器的结构和线路繁多，常用的有全晶体管式无触点闪光器、由晶体管和小型继电器组成的有触点晶体管式闪光器以及由集成块和小型继电器组成的有触点集成电路闪光器。

1) 带继电器的有触点晶体管式闪光器

图 6.17 所示为带继电器的有触点晶体管式闪光器电路图，它由一个晶体管的开关电路和一个继电器组成。

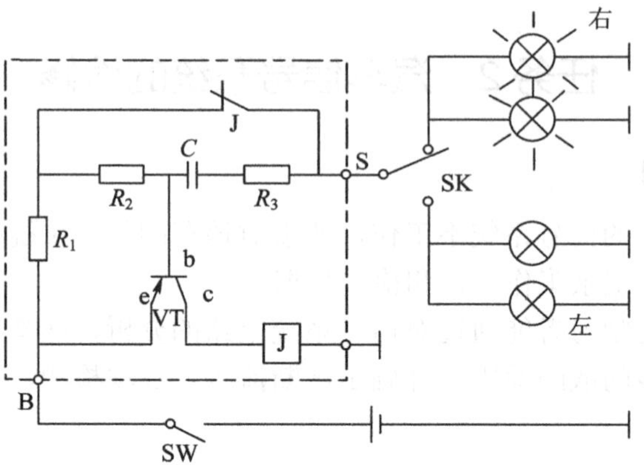

图 6.17 带继电器的有触点晶体管式闪光器的电路图

当汽车向右转弯时，接通电源开关 SW 和转向灯开关 SK，电流由蓄电池正极→电源开关 SW→接线柱“B”→电阻 R_1→继电器 J 的常闭触点→接线柱“S”→转向灯开关 SK→右转向信号灯→搭铁→蓄电池负极，右转向信号灯亮。当电流通过 R_1 时，在 R_1 上产生电压降，晶体管 VT 因正向偏压而导通，集电极电流 I_c 通过继电器 J 的线圈，使继电器常闭触点立即断开，右转向信号灯熄灭。

晶体管 VT 导通的同时，VT 的基极电流向电容器 C 充电。充电电路为：蓄电池正极→电源开关 SW→接线柱 B→VT 的发射极 e、基极 b→电容器 C→电阻 R_3→接线柱 S→转向灯开关 SK→右转向信号灯→搭铁→蓄电池负极。在充电过程中，随着电容器电荷的积累，充电电流 I_b 逐渐减小，晶体管 VT 的集电极电流 I_c 也随之减小，当此电流不足以维持衔铁的吸合而释放时，继电器 J 的常闭触点又重新闭合，转向信号灯再次发亮。这时电容器 C 通过电阻 R_2、继电器的常闭触点 J、电阻 R_3 放电。放电电流在 R_2 上产生的电压降为 VT 提供反向偏压，加速了 VT 的截止，继电器 J 的常闭触点依然闭合。当放电电流接近 0 时，R_1 上的电压降又为 VT 提供正向偏压，使其导通。这样，电容器 C 不断地充电和放电，晶体管 VT 也就不断地导通与截止，控制继电器的触点反复地闭合、断开，使转向信号灯发出闪光。

2) 无触点全晶体管式闪光器

图 6.18 所示为国产 SG131 型无触点全晶体管式闪光器的电路图。它利用电容器充放电延时的特性，控制晶体管 VT_1 的导通和截止，从而实现闪光的目的。接通转向灯开关后，晶体管 VT_1 的基极电流由两路提供，一路经电阻 R_2，另一路经 R_1 和 C，使 VT_1 导通，VT_1 导通时，VT_2、VT_3 组成的复合管处于截止状态。由于 VT_1 的导通电流很小，仅 60 mA 左右，所以转向信号灯暗。与此同时，电源对电容器 C 充电，随着 C 的两端电压升高，充电电流减小，VT_1 的基极电流减小，使 VT_1 由导通变为截止。这时 A 点电位升高，当其电位达到 1.4 V 时，VT_2、VT_3 导通，于是转向信号灯亮。

此时电容器 C 经过 R_1、R_2 放电，放电时间为灯亮的时间。C 放完电，接着又充电，VT_1 再次导通，使 VT_2、VT_3 截止，转向信号灯又熄灭，C 的充电时间为灯灭的时间。如此反复，使转向信号灯发出闪光。改变 R_1、R_2 的电阻值和 C 的大小以及 VT_1 的 β 值，即可改变闪光频率。

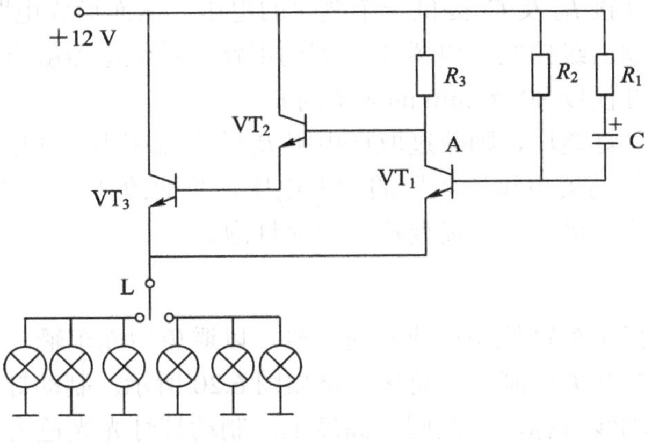

图 6.18　无触点全晶体管式闪光器的电路图

3) 由集成块和小型继电器组成的有触点集成电路闪光器

集成电路闪光器可用通用集成电路制成，也有专用闪光器集成电路。进口汽车上的集成电路闪光器一般采用的是专用集成电路。

上海桑塔纳轿车装用的电子闪光器的核心器件 ICU243B 是一块低功耗、高精度的汽车电子闪光器专用集成电路。U243B 的标称电压为 12 V，实际工作电压范围为 9 V～18 V，采用双列 8 引脚直插塑料封装，其引脚及电路原理图如图 6.19 所示。内部电路主要由输入检测器 SR、电压检测器 D、振荡器 Z 及功率输出级 SC 四部分组成。

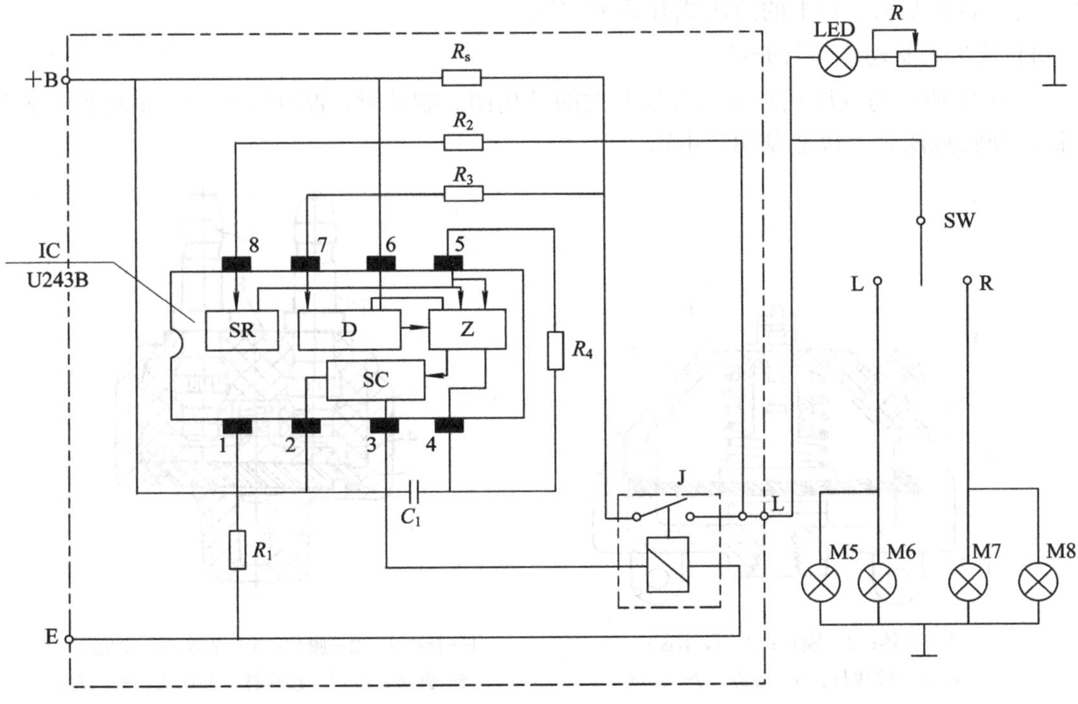

图 6.19　桑塔纳轿车电子闪光器电路原理图

输入检测器用于检测转向信号灯开关是否接通。振荡器由一个电压比较器和外接 R_4 及 C_1 构成。内部电路给比较器的一端提供了一个参考电压(其值的高低由电压检测器控制)，比较器的另一端则由外接 R_4 及 C_1 提供一个变化的电压，从而形成电路的振荡。

振荡器工作时，输出级控制继电器 J 线圈的电路，使继电器触点反复开、闭，于是转向信号灯和转向指示灯便以 80 次/min 的频率闪光。

如果一只转向信号灯烧坏，则流过取样电阻 R_s 的电流减小，其电压降减小，经电压检测器识别后，便控制振荡器电压比较器的参考电压，从而改变振荡(即闪光)频率，则转向指示灯的闪光频率加快一倍，以示需要检修更换灯泡。

2. 制动信号灯

制动信号灯用于指示车辆的制动或减速信号，以避免后面车辆与其后部相撞。制动信号灯通常由制动信号灯开关控制，其简化电路如图 6.20 所示。制动灯安装在车尾两侧，两制动灯应与汽车的纵轴线对称，并在同一高度上。制动灯灯光光色为红光，应保证白天距离 100 m 以外可见。

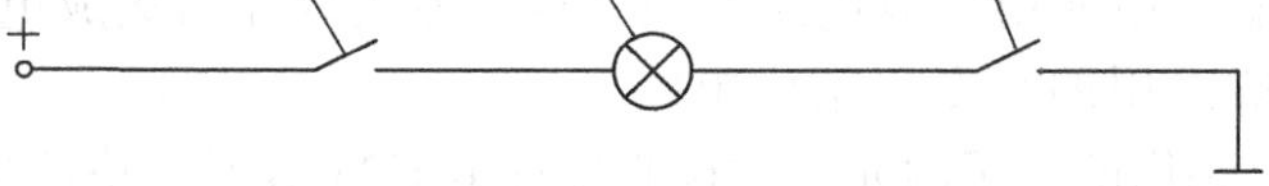

图 6.20　制动信号灯的电路示意图

气压制动系统的制动信号灯通常由安装在制动系统管路中或制动阀上的制动信号灯开关控制；液压制动系统的制动信号灯一般由与制动踏板直接连动的机械行程开关控制，也可采用安装在制动回路上的液压式开关来控制。

1) 气压式制动信号灯开关

图 6.21 所示为气压式制动信号灯开关的结构图。制动时，制动压缩空气推动橡皮膜片上拱，使触点闭合，接通制动灯电路。

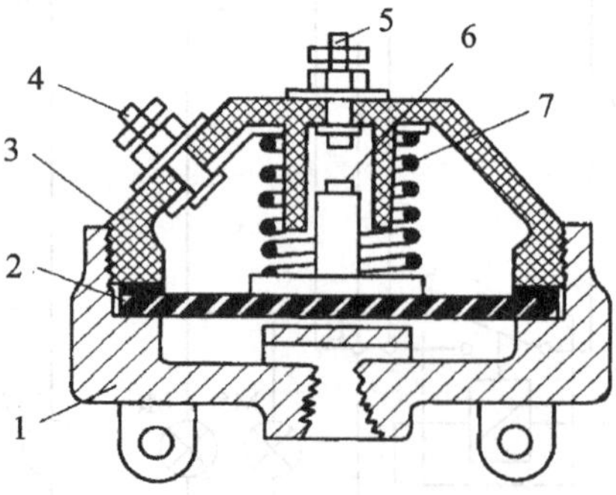

1—壳体；2—膜片；3—胶木盖；
4、5—接线柱；6—触点；7—弹簧

图 6.21　气压式制动信号灯开关

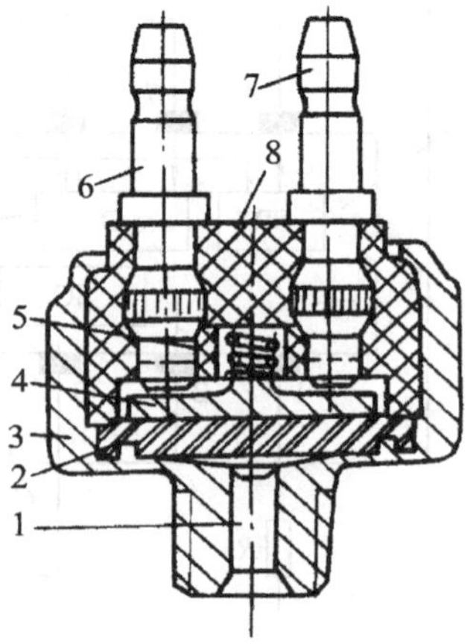

1—管接头；2—膜片；3—壳体；4—动触片；
5—弹簧；6、7—接线柱及静触头；8—胶木

图 6.22　液压式制动信号灯开关

2) 液压式制动信号灯开关

图 6.22 所示为液压式制动信号灯开关的结构图。当踩下制动踏板时，制动系统中油液

压力增大，膜片 2 向上拱曲，克服弹簧 5 的作用力使动触片 4 接通接线柱 6 和 7，制动信号灯通电发亮。松开制动踏板时，油液压力降低，动触片 4 在弹簧 5 的作用下复位，制动信号灯熄灭。

3. 倒车信号灯

倒车信号灯装于汽车尾部，用于照亮车后路面，并警告车后的车辆和行人，表示该车正在倒车。倒车信号灯由倒车灯开关控制。

1) 倒车灯开关

倒车灯开关的结构如图 6.23 所示。当把变速杆拨到倒车挡时，由于倒车开关中的钢球 1 被松开，在弹簧 5 的作用下，触点 4 闭合，于是倒车灯、倒车蜂鸣器或语音倒车报警器便与电源接通，使倒车灯发出闪烁信号，蜂鸣器发出断续的鸣叫声，语音倒车报警器发出警告声音。

2) 倒车信号电路

倒车信号电路如图 6.24 所示。它的工作原理为：倒车时，倒车信号灯开关触点接通倒车信号灯电路，倒车信号灯亮。与此同时，倒车蜂鸣器利用电容的充电和放电，使线圈 L_1 和 L_2 的磁场时而相加、时而相减，使触点时开时闭，从而控制电磁振动式蜂鸣器间歇发声，以警告行人和其他车辆的驾驶员注意。

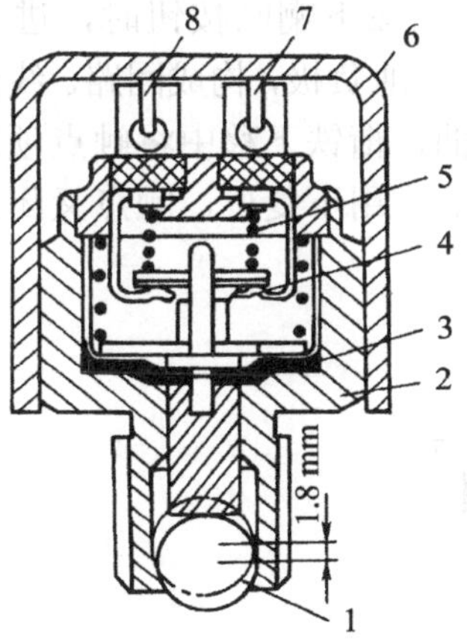

1—钢球；2—壳体；3—膜片；4—触点；5—弹簧；6—保护罩；7、8—导线

图 6.23　倒车灯开关的结构

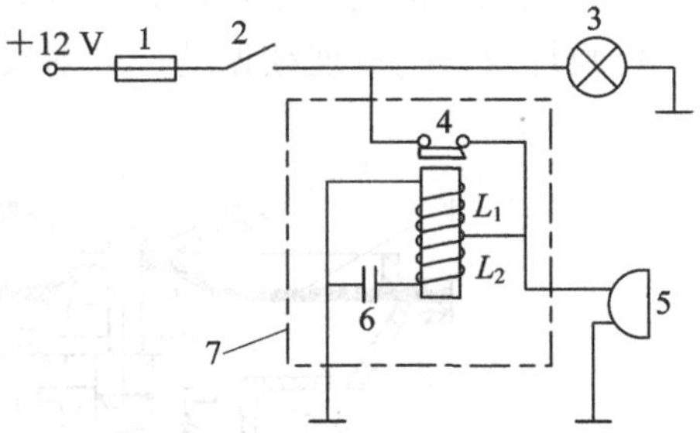

1—熔断丝；2—倒车信号灯开关；3—倒车信号灯；4—继电器触点；5—蜂鸣器；6—电容器；7—倒车信号间歇发声控制器

图 6.24　倒车信号电路

4. 危险报警灯

危险报警灯与转向信号灯是共用的，当车辆出现故障停在路面上时，按下危险报警开关，全部转向信号灯同时闪亮，以便提醒后方车辆避让。

5. 示廓灯(示宽灯)

示廓灯安装在汽车前、后、左、右侧的边缘。大型车辆的中部、驾驶室外侧还增设了一对示宽灯，用于夜间行驶时指示汽车宽度。前示廓灯的灯光光色为白色，后示廓灯的灯光光色多为红色。

6．后雾灯

后雾灯主要是在大雾情况下，从车辆后方观察，使得车辆更为易见的灯具。由于它的穿透力较尾灯更强，可在很大程度上减少不良天气情况下汽车的追尾事故，预防交通事故的发生。后雾灯若采用单只时，一般安装于车辆纵向平面的左侧，与制动灯之间的距离应大于 100 mm；有的安装在保险杠下方中间位置。后雾灯灯光光色为红色，灯泡功率一般为 35 W。

二、声音信号装置

1．电喇叭

电喇叭的作用是警告行人和其他车辆，其声级为 90 dB(A)～105 dB(A)。电喇叭按有无触点可分为普通电喇叭和电子电喇叭。普通电喇叭主要是靠触点的闭合和断开控制电磁线圈激励膜片振动，从而产生音响的；电子电喇叭中无触点，它利用晶体管电路激励膜片振动，从而产生音响。

1) 普通电喇叭的构造及其工作原理

盆形电喇叭具有尺寸小、质量轻、工作可靠性高等特点，因此为现代汽车普遍采用。下面以盆形电喇叭为例，介绍普通电喇叭的工作原理。

盆形电喇叭的结构如图 6.25 所示。它的工作原理为：当按下喇叭按钮时，进入喇叭的电流由蓄电池正极→线圈→触点→喇叭按钮→搭铁→蓄电池负极，构成回路。线圈通电后产生电磁吸力，吸动上铁芯及衔铁下移，使膜片向下拱曲，衔铁下移中将触点顶开，线圈电路被切断，其电磁力消失，上铁芯、衔铁在膜片弹力的作用下复位，触点又闭合。如此反复通断，使膜片及共鸣板连续振动，辐射发声。

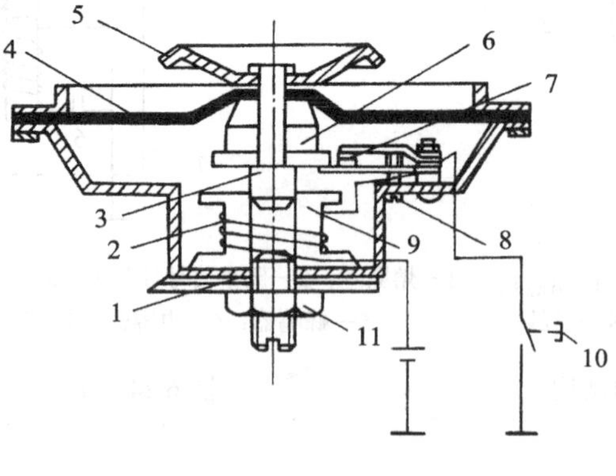

1—下铁芯；2—线圈；3—上铁芯；4—膜片；5—共鸣盘；6—衔铁；
7—触点；8—调整螺钉；9—铁芯；10—喇叭按钮；1—锁紧螺母

图 6.25 盆形电喇叭的结构

为了保护触点，在触点之间并联有一只电容器(或消弧电阻)。

2) 电子电喇叭及其工作原理

普通电磁振动式电喇叭由于触点易烧蚀、氧化，影响电喇叭的工作可靠性，故障率高。

因此，无触点电喇叭(电子电喇叭)应运而生，它是利用晶体管控制电路来激励膜片振动，从而产生声响的。电子电喇叭主要由多谐振荡电路和功率放大电路组成，如图 6.26 所示。

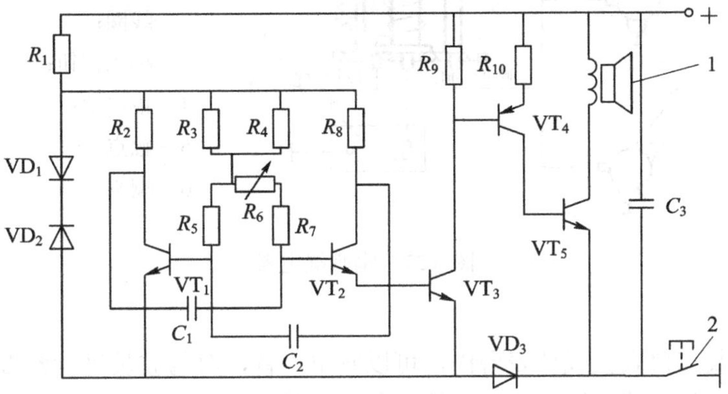

1—喇叭；2—喇叭按钮

图 6.26　电子电喇叭电路图

图中 VT_1、VT_2、VT_3 和 C_1、C_2 及 R_1～R_9 组成多谐振荡电路。按下喇叭按钮，电路即通电。由于 VT_1 和 VT_2 的电路参数有微小差异，因此两个三极管的导通程度不可能完全一致。假设在电路接通瞬间 VT_1 先导通，则 VT_1 的集电极电位首先下降，于是，多谐振荡电路通过 C_1、C_2 正反馈电路形成正反馈过程，使 VT_1 迅速饱和导通，而 VT_2 则迅速截止，VT_3 也截止，电路进入暂时稳态。此时，C_1 充电，使 VT_2 的基极电位升高，当达到 VT_2 的导通电压时，VT_2 开始导通，VT_3 也随之导通。多谐振荡电路又形成正反馈过程，使 VT_2 迅速导通，而 VT_1 则迅速截止，电路进入新的暂时稳态。这时，C_2 的充电又使 VT_1 的基极电位升高，使 VT_1 又导通，电路又产生一个正反馈过程，使 VT_1 迅速饱和导通，而 VT_2、VT_3 则迅速截止。如此周而复始，形成振荡。此振荡电流信号经 VT_4、VT_5 的直流放大，控制喇叭线圈电流的通断，从而使喇叭发出声响。

电路中，电容 C_3 是喇叭的电源滤波电容，以防其他电路瞬变电压的干扰。VD_2、R_1 为多谐振荡器的稳压电路，使振荡频率稳定。VD_1 用于温度补偿，VD_3 起电源反接保护作用。R_6 用于调节喇叭的音量。

3) 喇叭继电器

为了得到更加悦耳的声音，在汽车上常装有两个不同音调(高、低音)的喇叭。其中，高音喇叭膜片厚，扬声筒短，低音喇叭则相反。有时甚至用三个(高、中、低)不同音调的喇叭。

装用单只喇叭时，喇叭电流是直接由按钮控制的，按钮大多装在转向盘的中心。当汽车装用双喇叭时，因为消耗电流较大(15 A～20 A)，用按钮直接控制时，按钮容易烧坏，所以采用喇叭继电器，其构造和接线方法如图 6.27 所示。当按下按钮时，蓄电池电流便流经线圈(因线圈电阻很大，所以通过线圈及按钮的电流不大)，产生电磁吸力，吸拉触点臂，因而触点闭合，接通了喇叭电路。因为喇叭的大电流不再经过按钮，所以保护了喇叭按钮。松开按钮时，线圈内电流被切断，磁力消失，触点在弹簧力作用下打开，即可切断喇叭电路。

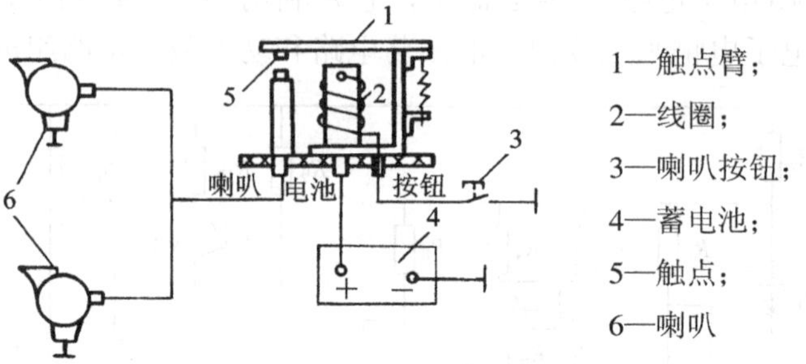

图 6.27 喇叭继电器

2．蜂鸣器

蜂鸣器一般装在仪表板或仪表台内，可以发出声音，对驾驶员进行警告或提醒，如大灯忘关、钥匙忘拔、门没锁好等信息。有的汽车蜂鸣器在倒车时，会发出音响信号，警告车后行人和车辆。

将点火开关置于“ON”位置，并将变速器操纵杆置于倒车位，此时倒车蜂鸣器应发出鸣叫，且倒车指示灯点亮，否则为倒车蜂鸣器自身或线路故障。

【任务实施】

一、闪光继电器的检测

(1) 转向闪光继电器的就车检查。以无触点电子闪光器为例，且在转向灯及转向指示灯完好时进行。

① 在点火开关置于“ON”位时，将转向灯开关打开，观察转向灯的闪烁情况。如果闪光继电器正常，那么相应转向灯及转向指示灯应随之闪烁；如果转向灯不闪烁(常亮或不亮)，则为闪光继电器自身或线路故障。

② 用万用表检测闪光继电器电源接线柱 B 与搭铁之间的电压，正常值为蓄电池电压。如果无电压或电压过小，则为闪光继电器电源线路故障。

③ 用万用表 R×1 挡，检测闪光继电器的搭铁接线柱 E 的搭铁情况，正常时电阻为 0；否则为闪光继电器搭铁线路故障。

④ 在闪光继电器灯泡接线柱“L”与搭铁之间接入一个二极管试灯，正常情况下，灯泡应闪烁，否则为闪光继电器内部晶体管元件故障。

(2) 转向闪光继电器的独立检测。将稳压电源、闪光继电器、试灯按照图 6.28 所示接入试验电路，检测闪光继电器工作情况：将稳压电源的输出电压调至 12 V，接通试验电路，观察灯泡闪烁情况。如果灯泡能够正常闪烁，则闪光继电器完好；如果灯泡不亮，则表明闪光继电器损坏。

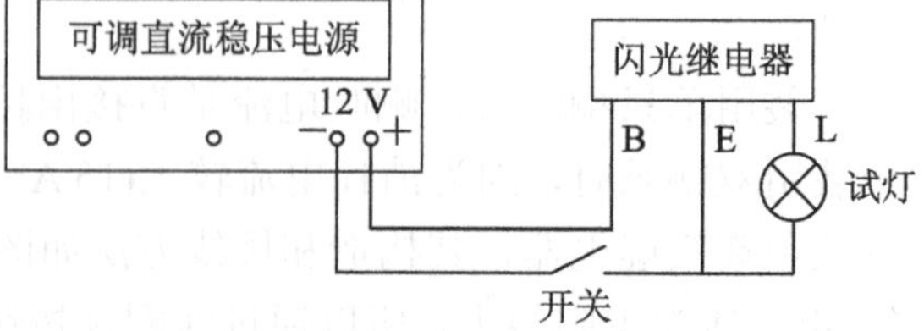

图 6.28 闪光继电器试验电路

二、电喇叭的检查与调整

1. 电喇叭的检查

(1) 喇叭筒及盖有凹陷或变形时，应予修整。

(2) 检查喇叭内的各接头是否牢固，如果有脱落，则用烙铁焊牢。

(3) 检查触点接触情况。喇叭触点应保持清洁、平整，上、下触点应相互重合，其中心线的偏移不应超过 0.25 mm，接触面积不应少于 80%，否则应予修整。如果有严重烧蚀应及时进行检修。

(4) 检查喇叭消耗电流的大小。将喇叭接到蓄电池上，并在其中电路中串接一只电流表，检查喇叭在正常蓄电池供电情况下的发音和耗电情况。声音应清脆洪亮，无沙哑声音，消耗电流不应大于规定，如喇叭耗电量过大或声音不正常时，应予调整。

(5) 喇叭的固定方法对其发音影响极大，为了使喇叭的声音正常，喇叭不能作刚性的装接，而应固定在缓冲支架上，即在喇叭与固定支架之间装有片状弹簧或橡皮垫。

(6) 喇叭继电器检查的主要内容有闭合电压检查和释放电压检查，接线如图 6.29 所示。另外，可以用万用表检测喇叭继电器线圈的电阻值，以判断其正常与否。将检测结果填入表 6.3，并给出结论。

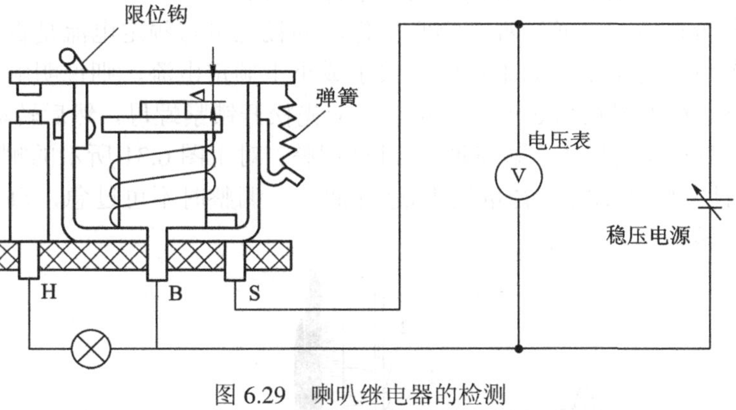

图 6.29　喇叭继电器的检测

表 6.3　电喇叭线圈阻值的测量

检　测　项　目	检测结果	分　　析
电喇叭线圈的阻值		

2. 电喇叭的调整

电喇叭的形式不同，其结构亦不完全相同，因此调整方法也不完全一致，但其原则基本是相同的。电喇叭的调整一般有如下两处。

1) 铁芯间隙的调整

电喇叭音调的高低与铁芯间隙有关，铁芯间隙小时，膜片的频率高，音调高；间隙大时，膜片的频率低，音调低。铁芯间隙(一般为 0.7 mm～1.5 mm)视喇叭的高、低音及规格而定，如 DL34G 为 0.7 mm～0.9 mm，DL34D 为 0.9 mm～1.05 mm。几种常见电喇叭铁芯间隙的调整部位如图 6.30 所示。对于图 6.30(a)所示的电喇叭，应先松开锁紧螺母，然后转动衔铁，即可改变衔铁与铁芯间的间隙；对于图 6.30(b)所示的电喇叭，扭松上、下调节螺母，使铁芯上升或下降即可改变铁芯间隙；对于图 6.30(c)所示的电喇叭，可先松开锁紧螺母，转动衔铁加以调整，然后拧松螺母，使弹簧片与衔铁平行后紧固。调整时应使衔铁与铁芯间的间隙均匀，否则会产生杂音。

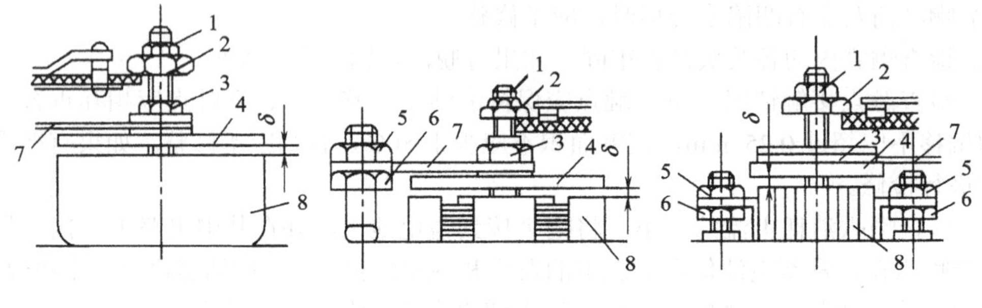

1、3—锁紧螺母；2、5、6—调节螺母；4—衔铁；7—弹簧片；8—铁芯

图 6.30　电喇叭的调整部位

2) 触点压力的调整

电喇叭声音的大小与通过喇叭线圈的电流大小有关。当触点压力增大时，流入喇叭线圈的电流增大使喇叭产生的音量增大，反之则音量减小。

触点压力是否正常，可通过观察喇叭工作时的耗电量与额定电流是否相符来判别。如果相符，说明触点压力正常；如果耗电量大于或小于额定电流，则说明触点压力过大或过小，应予以调整。对于图 6.30(c)所示的喇叭，应先松开锁紧螺母，然后转动调节螺母(逆时针方向转动时，触点压力增大，音量增大)进行调整；对于图 6.31 所示的喇叭，可直接旋转调节螺钉(逆时针方向转动时，音量增大)进行调整。调整时不可过急，每次只需对调节螺母转动十分之一转。

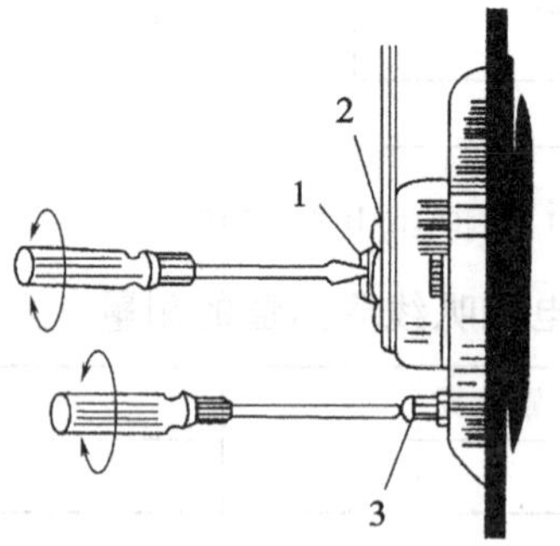

1—音调调整铁芯；
2—锁紧螺母；
3—音量调整螺钉；

图 6.31　盆形电喇叭的调整

拓 展 知 识

前照灯的电控装置

为了提高汽车行驶的安全性和方便性，减轻驾驶员的劳动强度，很多新型车辆前照灯

采用了电子控制装置，常见的有前照灯会车自动变光器、前照灯昏暗自动发光器、前照灯自动关闭延时器等，从而实现对前照灯的自动控制。

1) 前照灯会车自动变光器

前照灯自动变光器的光敏器件一般安装于汽车风窗玻璃下。当在 150 m～200 m 以外对方车辆有灯光信号时，能够自动地将本车的远光变为近光，避免给对方驾驶员带来眩目；两车交会后又可自动恢复为远光，确保汽车行驶过程中照明的要求。

前照灯自动变光器控制电路如图 6.32 所示。变光继电器有一个常闭触点和一个常开触点。常闭触点连通远光灯，常开触点连通近光灯，因此，在继电器线圈不通电时，是远光灯处于接通状态。继电器线圈由 VT_1、VT_2、VT_3、VT_4 等元件组成的放大电路控制其通断电。VD_1、VD_2 为光敏二极管，安装在汽车风窗玻璃左上角，其电阻值与感光强度成反比，连接于三极管 VT_1 的偏置电路，使 VT_1、VT_2、VT_3、VT_4 等元件组成的放大电路的工作受风窗玻璃处的光强控制。自动/手动转换开关可以让驾驶员选择自动或手动变光，在自动变光器失效的情况下，通过此开关仍可以实现人工操纵变光。

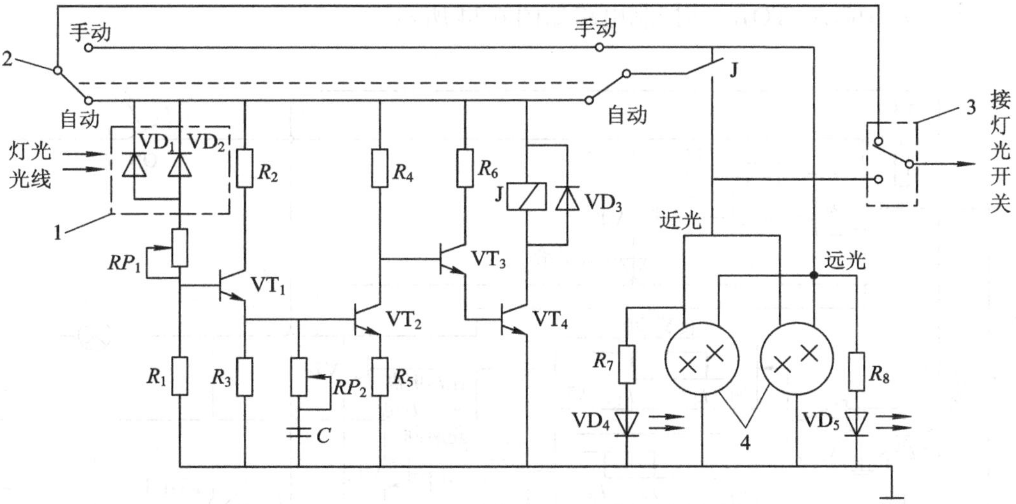

1—灯光传感器；2—手动/自动变光转换开关；3—变光开关；4—前照灯；J—变光继电器

图 6.32　前照灯自动变光器控制电路

(1) 在夜间行车无迎面来车灯光照射时，感光器(VD_1、VD_2)内阻较大，使 VT_1 基极没有导通所需的正向电压而截止，于是 VT_2、VT_3、VT_4 的基极也都因为无正向导通电压而截止，变光继电器线圈不通电，其常闭触点接通远光灯。

(2) 当有迎面来车或道路有较好的照明度时，VD_1、VD_2 的电阻下降，这使 VT_1 基极电位升高从而导通，VT_2、VT_3、VT_4 的基极也随之有正向偏置而导通，使变光继电器线圈通电，其常闭触点打开，常开触点闭合，前照灯由远光自动切换为近光。

(3) 会车结束后，VD_1、VD_2 因无强光照射而电阻增大，使 VT_1 又截止。此时，由于 C 的放电，使 VT_2、VT_3、VT_4 仍保持导通，1 s～5 s 后，待 C 放电至 VT_2 不能维持导通状态时，变光继电器线圈才断电，前照灯恢复远光照明。延时恢复远光可避免会车过程中由于光照突变而引起的频繁变光，以提高近光会车的可靠性。延时的时间可通过电位器 RP_2 来调整。

2) 前照灯昏暗自动发光器

前照灯昏暗自动发光器的作用是在汽车行驶过程中(并非夜间行驶)，当汽车前方自然光的强度降低到一定程度时，如汽车通过高架桥、林荫小道、树林、竹林或天空突然乌云密布等，发光器便自动将前照灯电路接通，从而开灯行驶以确保行车安全，如图 6.33 所示。

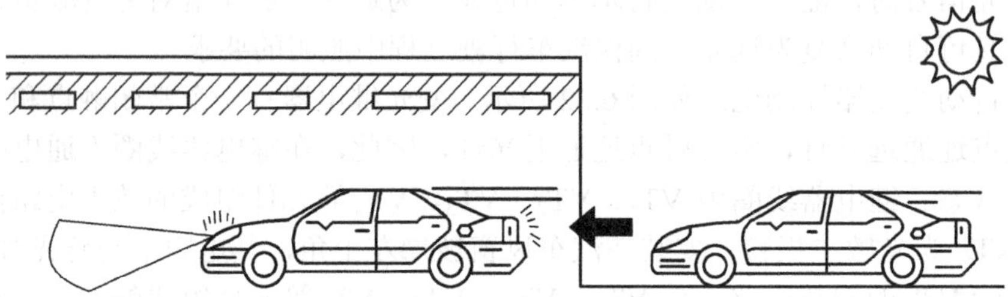

图 6.33　前照灯昏暗自动发光

前照灯昏暗自动发光器通常安装在汽车仪表盘上方。一般来讲，这种轿车的灯光控制开关设有自动挡位(AUTO)，其控制电路如图 6.34 所示。

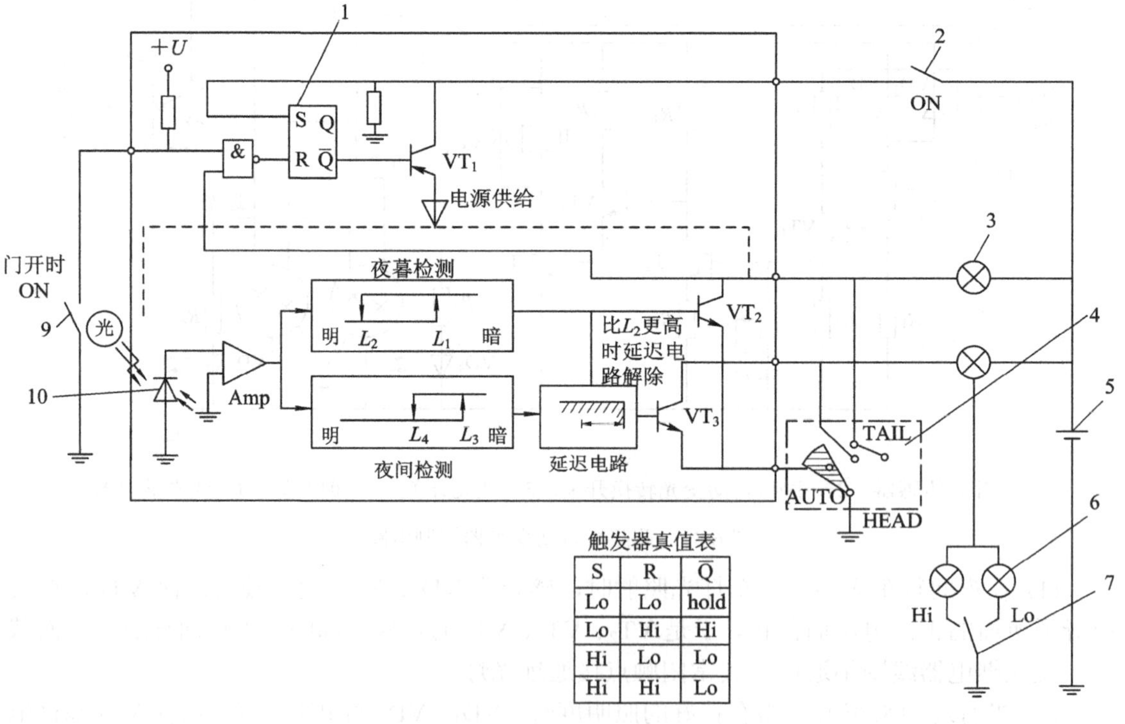

S	R	$\overline{Q}$
Lo	Lo	hold
Lo	Hi	Hi
Hi	Lo	Lo
Hi	Hi	Lo

1—触发器；2—点火开关；3—尾灯；4—车灯开关；5—蓄电池；6—前照灯；
7—变光开关；8—ECU；9—驾驶座门控开关；10—光电二极管

图 6.34　前照灯自动点亮系统的控制电路

当前照灯开关位于“AUTO”位置时，由安装在仪表板上部的光传感器检测周围的光线强度，自动控制灯光的点亮。下面介绍其工作原理。

当车门关闭，点火开关处于“ON”状态时，触发器控制晶体管 VT_1 导通，为灯光自动控制器提供电源。

(1) 周围环境明亮时。当周围环境的亮度比夜幕检测电路的熄灯照度 L_2(约 550 lx)及夜间检测电路的熄灯照度 L_4(200 lx)更亮时，夜幕检测电路与夜间检测电路都输出低电平，晶体管 VT_2 和 VT_3 截止，所有灯都不工作。

(2) 夜幕及夜间时。当周围环境的亮度比夜幕检测电路的点灯照度 L_1(约 130 1x)暗时，夜幕检测电路输出高电平，使 VT_2 导通，尾灯电路接通，点亮尾灯。当变成更暗的状态，达到夜间点灯电路的点灯照度 L_3(约 50 1x)以下时，夜间检测电路输出高电平，此时，延迟电路也输出高电平，使晶体管 VT_3 导通，前照灯继电器动作，点亮前照灯。

(3) 接通后周围亮度变化时。在前照灯点亮时，由于路灯等原因使得周围环境变为明亮的情况下，夜间检测电路的输出变为低电平。但在延迟电路的作用下，在时间 T 期间，VT_3 仍保持导通状态，所以前照灯不熄灭。在周围的亮度比夜幕检测电路的熄灯照度 L_2 更亮的情况下(如白天汽车从隧道驶出来)，夜幕检测电路输出低电平，从而解除延迟电路，尾灯和前照灯都立即熄灭。

(4) 自动熄灯。点火开关断开，使发动机停止工作时，触发器 S 端子断电，处于低电平。但是，触发器由 $+U$ 供电，VT_2 仍是导通状态，因为触发器 R 端子也是低电平，不能改变触发器的输出端 $\bar{Q}$ 的状态。在这种状态下打开驾驶室门时，触发器 R 端子就变成高电平，$\bar{Q}$ 端输出就反转成为高电平，向电路供应电源的晶体管 VT_1 截止，VT_2 及 VT_3 也截止，所有灯都熄灭。上述情况下，在夜间黑暗的车库等处下车前，因为有车灯照亮周围，所以给下车提供了方便。

3) 前照灯自动关闭延时器

前照灯自动关闭延时器是一种自动关闭前照灯的控制装置。当汽车停驶时，为驾驶员下车离去提供一段照明时间。

典型的前照灯延时控制电路如图 6.35 所示。前照灯延时继电器触点常开，与车灯开关并联，因此车灯开关关闭后，只要使继电器的触点闭合，前照灯就会点亮。前照灯延时继电器线圈在三极管 VT 导通时通电。延时电路由三极管 VT、电阻 R、电容 C 组成，利用电容 C 的充放电特性，使三极管导通后能延时截止。机油压力开关在无机油压力时闭合，将其连接在延时控制电路与搭铁之间，其作用是使前照灯延时控制只在发动机熄火后起作用。前照灯延时开关为自动复位的按钮开关，按下开关时，接通电源对电容 C 的充电电路。

(1) 发动机熄火后，机油压力开关处于闭合状态，当需要前照灯延时关灯时，驾驶员在离车前按一下仪表板上的前照灯延时按钮，电源就开始对电容 C 充电。充电电路为：蓄电池“+”→延时按钮开关→电容 C→机油压力开关→搭铁→蓄电池“−”。随着电容 C 充电电压的上升，三极管 VT 基极的电位随之升高，并很快使 VT 导通。VT 的导通使前照灯延时继电器线圈通电而吸合触点，接通前照灯电路。

(2) 松开前照灯延时开关后，电容 C 开始放电，电容 C 的放电电流经过电阻 R 到三极管 VT 的发射极后，使 VT 保持导通，前照灯保持通电照明，一直到电容 C 的电压下降至不能维持 VT 导通时，VT 截止，继电器断电，前照灯熄灭。

调整前照灯延时电路中的 C、R 参数，就可以改变前照灯延时关闭的时间。

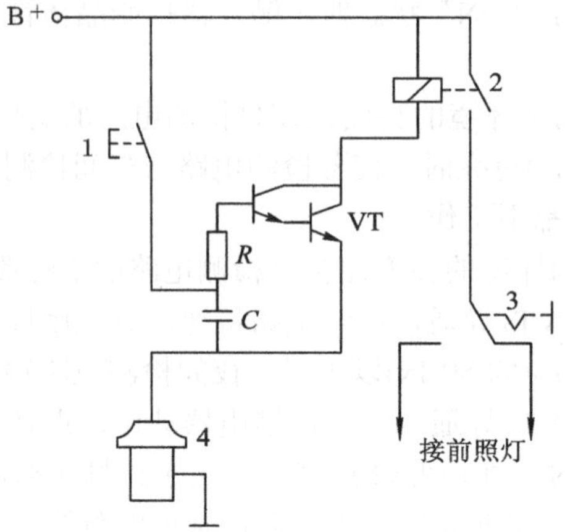

1—前照灯延时按钮；2—延时继电器；3—变光开关；4—机油压力开关

图 6.35 前照灯延时控制电路

项目小结

(1) 汽车照明系统主要由照明设备、电源和线路(包括控制开关)组成，其中主要照明设备有前照灯、雾灯、仪表灯、顶灯、工作灯等。

(2) 灯光信号装置主要有转向信号灯、危险报警灯、示宽灯、尾灯、制动灯、倒车灯等。

(3) 前照灯主要由灯泡、反射镜和配光镜三部分组成。

(4) 制动信号灯是与汽车制动系统同步工作的，它由制动信号灯开关控制。

(5) 倒车信号装置的作用是提醒车后的行人和汽车驾驶员注意。在夜间，也有一定的照明作用。

(6) 电喇叭工作消耗的电流较大，用按钮直接控制时，按钮容易烧蚀，故常采用喇叭继电器控制。

(7) 电喇叭的调整包括音调和音量的调整。

练习与思考

一、判断题

1. 反射镜的作用是将光源的光线聚集成强光束。(　　)
2. 配光镜的作用是将前照灯的光束扩散分配均匀。(　　)
3. 卤钨灯泡就是在灯泡的充气中加入某种卤族元素的灯泡。(　　)
4. 前照灯的近光灯丝安装在反射镜的焦点位置。(　　)
5. 筒形电喇叭音量的调整是通过调整衔铁与铁芯之间的间隙来实现的。(　　)
6. 照明系统用电一般不受点火开关控制。(　　)
7. 汽车照明系统的主要电气设备有前照灯、位灯、雾灯、转向灯和牌照灯。(　　)

8. 前照灯的光学系统主要包括反射镜、散光玻璃和灯泡。(　　)

9. 前照灯电子控制装置一般用光电传感器进行光电转换。(　　)

10. 前照灯检验的技术指标为光束照射位置、发光强度和配光特性。(　　)

二、选择题

1. 汽车大灯一侧亮，另一侧暗时，说明(　　)。

A. 变光开关接触不良　　B. 大灯暗的这一侧搭铁不良　　C. 车灯开关故障

2. 能将反射光束扩展分配，使光形分布更适宜汽车照明的器件，甲认为是反射镜，乙认为是配光镜。你认为(　　)。

A. 甲对　　B. 乙对　　C. 甲、乙都对　　D. 甲、乙都不对

3. 甲认为控制转向灯闪光频率的是转向开关，乙认为是闪光器。你认为(　　)。

A. 甲对　　B. 乙对　　C. 甲、乙都对　　D. 甲、乙都不对

4. 更换卤钨灯泡时，甲认为可以用手指接触灯泡的玻璃部位，乙认为不能。你认为(　　)。

A. 甲对　　B. 乙对　　C. 甲、乙都对　　D. 甲、乙都不对

三、简答题

1. 前照灯由哪几部分组成？对前照灯的基本要求是什么？前照灯继电器的作用是什么？

2. 前照灯电子控制装置有哪些？它们的作用分别是什么？

3. 简述无触点全晶体管式闪光器的工作原理。

4. 简述盆形电喇叭及喇叭继电器的工作原理。

5. 根据灯系电路，简要分析灯光不亮的原因。

6. 丰田花冠轿车前照灯的灯光暗淡，试画出检修流程图。

项目七 汽车仪表与报警信息系统的检修

【学习目标】

(1) 掌握汽车常用信息仪表的结构、工作原理和故障检测方法。
(2) 掌握汽车电子仪表的结构组成、工作原理和故障检测方法。
(3) 掌握汽车报警装置及指示灯的工作原理和故障检测方法。
(4) 能够分析常见车型仪表的控制电路。
(5) 能够对汽车仪表系统进行故障诊断与检修作业。

任务1 汽车仪表系统的检修

【任务描述与解析】

一位顾客向维修店反映其奥迪 A6 轿车燃油表不指示，现要求对该车仪表系统进行检测，查出故障原因并进行修复，要求记录检测数据和工作过程。

汽车燃油表常见故障就是不能准确指示油箱的存油量。要排除汽车仪表故障，首先需要对汽车仪表结构、工作原理和控制电路有一个清晰的认识，然后根据汽车电路故障诊断、检修方法进行综合分析，找出故障点。

【相关知识】

汽车仪表系统

1. 概述

为了使驾驶员随时了解汽车各主要系统的工作是否正常，及时发现和排除可能出现的问题，在汽车驾驶员易于观察的转向盘前方台板上都装有各种指示仪表、报警灯及电子显示装置。这些装置一般都集成在仪表台上，形成仪表总成。汽车仪表台是车辆和驾驶员进行信息沟通的最重要、最直接的人机界面。

对于汽车仪表，不但要求其工作可靠、抗震、耐冲击性好，更要美观大方，指示准确、清晰，便于读取。

汽车仪表按工作原理可分为机械式仪表、电气式仪表、模拟电路电子仪表和数字化电子仪表。传统仪表一般是指机械式仪表、电气式仪表和模拟电路电子仪表。随着现代汽车不断向信息化和电子化方向发展，数字化电子仪表相对于传统仪表具有集成度和精确度高、信息含量大、可靠性好及显示模式自由等优点，逐步取代传统仪表。

汽车仪表按安装方式可分为分装式仪表和组合式仪表两种。分装式仪表是指各仪表单独安装，组合式仪表是将各种仪表在设计时就组合在一起，结构紧凑，便于安装。现代汽车最常用的是组合式仪表。

组合仪表又分为可拆式和整体不可拆式两种。可拆式组合仪表的仪表、指示灯等组成部件如果损坏可以单独更换，而整体不可拆式仪表的仪表、指示灯等组成部件如果损坏就要更换总成，代价较高。

汽车仪表装在仪表台上最便于驾驶员观察的位置，并且以最清晰、直观、简便的方式来显示信息。一般汽车仪表都具备最基本最重要的如车速、里程、发动机转速、水温、燃油量等信息的指示功能，以及发动机电控、灯光、电源、安全、润滑、制动等系统相关工况信息的指示及报警功能。

仪表板的显示装置有模拟式和数字式两种基本形式。在传统的模拟式显示装置中，通过指示器在固定的刻度盘前摆动来指示状态。指示器通常是一根指针，但也可以是液晶或图形显示器，数字式显示器则用数字代替指针或图形符号。模拟式显示器在显示相对变化时优于数字式显示器，这在驾驶员必须很快看见而不需要准确读数时很有用。数字式显示器更适合显示诸如里程等精确数据。很多汽车速度里程表将模拟式(速度)和数字式(距离)二者结合在一起。

图 7.1 所示为丰田普锐斯轿车组合仪表，它是典型的数字式仪表板，并且还有多种报警显示装置。

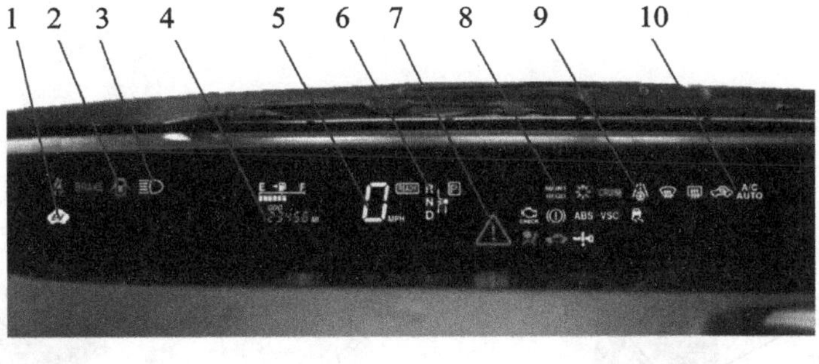

1—EV 模式指示灯；2—车门未关指示灯；3—前照灯远光指示灯；4—里程表；
5—发动机转速表；6—挡位指示灯；7—主警报灯；8—机油更换指示灯；
9—环境温度指示灯；10—空调指示灯

图 7.1　丰田普锐斯轿车组合仪表

上海桑塔纳 2000GSi 型轿车仪表板上主要有车速里程表、转速表、冷却液温度表、燃油表、时钟、动态油压报警、防冻液液位报警、高温报警、燃油不足报警、ABS 报警等二十几种仪表或显示装置。仪表大部分都集中安装在驾驶室内方向盘正前方的专用仪表板上。

图 7.2 所示即为桑塔纳 2000GSi 型轿车仪表板，图 7.3 所示为桑塔纳 2000 型轿车组合仪表的组成。

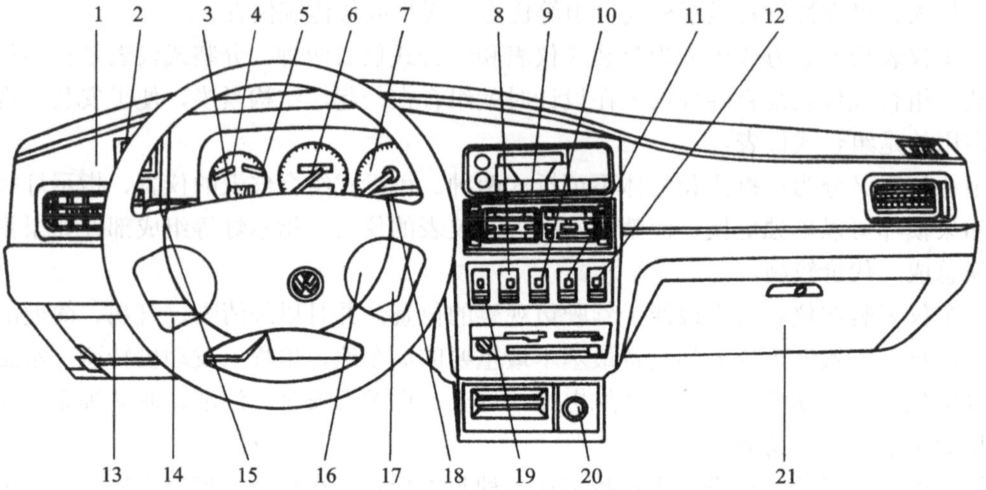

1—出风口；2—车灯开关和仪表板照明亮度调节器；3—电子钟；4—冷却液温度表和燃油量表；
5—信号灯/警告灯；6—车速里程表；7—发动机转速表；8—后窗除霜开关(GSi)/备用；9—收放机；
10—雾灯开关/紧急闪光灯开关(GSi)；11—防盗系统指示灯(GSi)/后窗除霜开关；
12—紧急闪光灯开关/ABS指示灯(GSi和加装ABS系统的车辆上)；13—熔断器盖板；
14—阻风门拉手(仅GLS)；15—转向信号灯及变光拨杆开关；16—喇叭按钮；
17—点火开关及方向盘锁；18—风挡括水器及洗涤剂喷射装置拨杆开关；
19—空调开关；20—点烟器；21—杂物箱

图 7.2　桑塔纳 2000GSi 型轿车仪表板

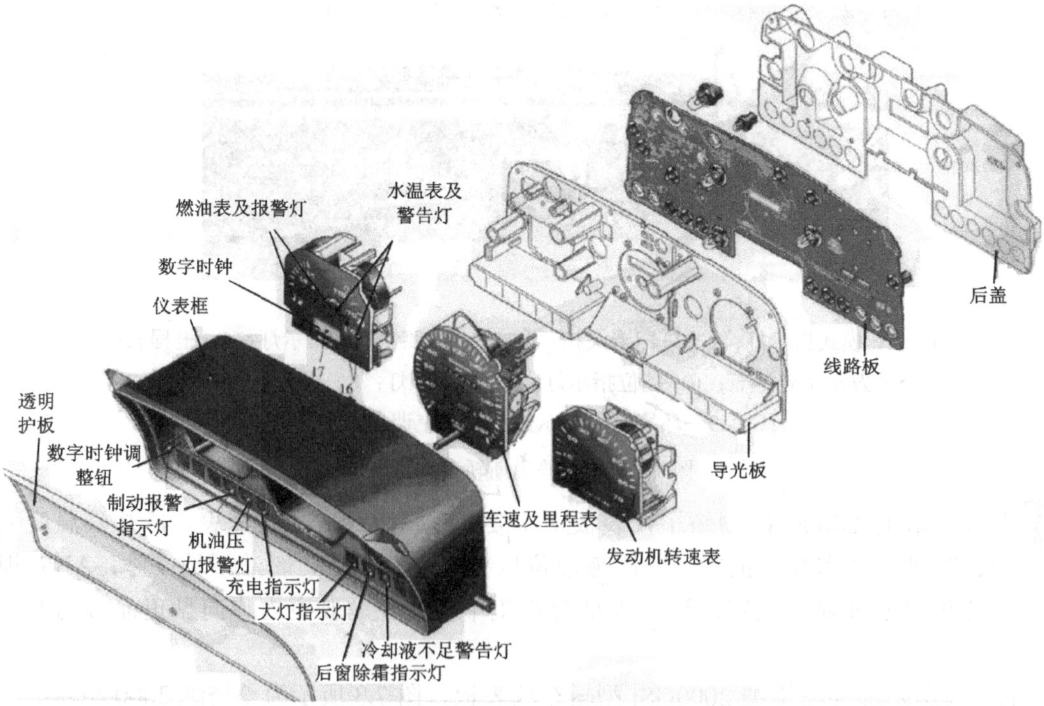

图 7.3　桑塔纳 2000 型轿车组合仪表的组成

2．传统汽车仪表

传统的汽车仪表主要有燃油表、冷却液温度表、机油压力表、车速里程表、发动机转速表等组成。

汽车的燃油表、冷却液温度表和机油压力表虽然测量的参数不同，但均由指示表和传感器两部分组成。指示表在结构上分为电热式和电磁式两种，传感器分为电热式和可变电阻式两种。指示表和传感器的配合类型为：电热式指示表+电热式传感器；电磁式指示表＋可变电阻式传感器；电热式指示表＋可变电阻式传感器。

1) 机油压力表

机油压力表用来指示发动机机油压力的大小，以便了解发动机润滑系统是否工作正常。它由装在发动机主油道中或粗滤器上的机油压力传感器和仪表板上的机油压力指示表组成。

目前很多车辆取消了机油压力表，而用机油压力报警装置代替机油压力表来监控机油压力。

桑塔纳2000型轿车的机油压力指示系统由低压油压开关、高压油压开关、油压检查控制器、机油压力指示灯等组成。当发动机工作时，它用来检测发动机主油道中机油压力的大小。低压开关安装在发动机缸盖上，其外壳直接接地。低压油压开关为常闭型开关，当油压低于0.03 MPa时常闭(发动机未发动)；当油压高于0.03 MPa时打开。高压开关安装在机油滤清器支架上，其外壳直接接地。高压油压开关为常开型开关，当油压低于0.18 MPa时，开关常开；当油压高于0.18 MPa时，开关闭合。红色机油压力指示灯位于仪表板上。

(1) 电热式机油压力表。电热式机油压力表又称为双金属片式机油压力表，由装在发动机主油道上的油压传感器和仪表板上的机油压力指示表组成，如图7.4所示。

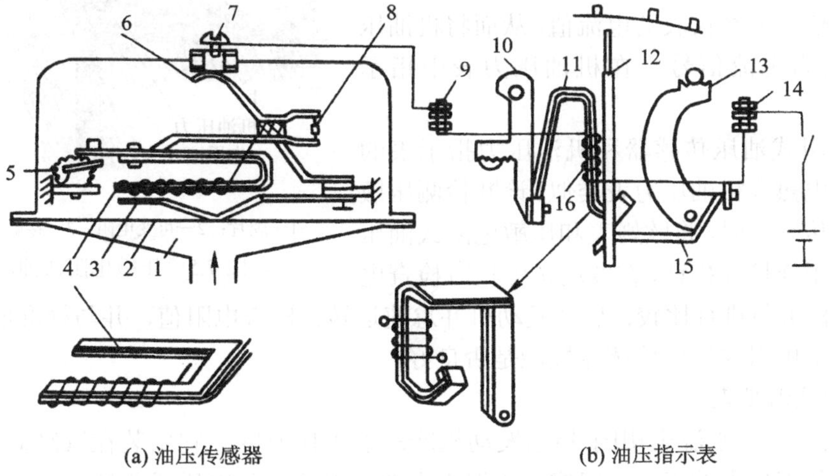

1—油腔；2—膜片；3、15—弹簧片；4、11—双金属片；5—调节齿轮；6—接触片；7、9、14—接线柱；8—校正电阻；10、13—调节齿扇；12—指针；16—加热线圈

图7.4　双金属片式机油压力表

机油压力表的油压传感器结构如图7.4(a)所示，它装在发动机主油道上，膜片中心顶着弯曲的弹簧片3，一端焊有触点，另一端通过壳体搭铁。双金属片4上绕有加热电阻丝，

它一端与双金属片的触点相连，另一端则通过接触片 6、接线柱 7 与油压指示表相连。校正电阻 8 与加热电阻丝并联。油压指示表中的双金属片 11，一端固定在调节齿扇 10 上，另一端与指针 12 相连，其上绕有加热线圈 16。

双金属片是由两种热膨胀系数不同的金属制成的。若油压低，传感器膜片几乎不变形，这时作用在触点上的压力很小，所以加热线圈中虽只有小电流通过，但只要温度略有上升，双金属片 4 稍有弯曲就会使触点分开，切断电路。之后双金属片冷却伸直，触点又闭合，电流重新导通，但很快触点又分开，如此反复循环。因为在油压低时，只要有较小的电流通过加热线圈，温度略有升高，触点就会分开。所以触点打开的时间长，闭合时间短，变化频率也低，通过加热线圈的平均电流值很小。机油油压表内双金属片变形不大，指针只略微向右摆偏，指示低油压。

当油压升高时，膜片向上拱曲，触点之间的压力增大，使双金属片向上弯曲。加热线圈通过较长时间的电流，双金属片才有较大的变形，使触点分开；而且分开后稍微冷却就会很快闭合。所以触点打开的时间短，闭合的时间长，变化频率增大，电流增大。机油压力表内双金属片变形大，指针右偏多，指示高油压。

为使油压的指示值不受外界温度的影响，双金属片 4 制成“Π”字形，其上绕有加热线圈的一边称为工作臂，另一边称为补偿臂。当外界温度变化时，工作臂的附加变形被补偿臂的相应变形所补偿，所指示值保持不变。

(2) 压敏电阻式机油压力表。许多机油压力表采用可变电阻式的油压传感器，即压敏电阻式油压传感器。它的结构如图 7.5 所示，安装在发动机主油道上，机油压力使挠性膜片运动，膜片的运动传动到滑动电阻接触臂，滑动电阻接触臂所处的位置决定了电阻值和流经仪表的电流值，从而将机油压力信号转换为电流信号，在机油压力表中指示出来。

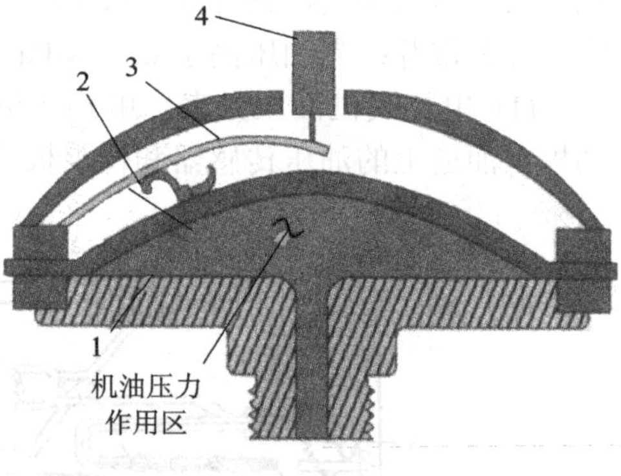

1—膜片；2—可变电阻；3—接触臂；4—接线端

图 7.5 压敏电阻式油压传感器

压敏电阻式油压传感器和机油压力指示表的线路连接与电热式机油压力表类似。诊断检测压敏电阻式油压传感器时，将欧姆表和压敏电阻式油压传感器的端子连接并搭铁，在发动机停机时检查电阻值，并与标准值进行比较；启动发动机并怠速运转，检查电阻值，并与标准值进行比较，从而判断压敏电阻式油压传感器性能是否良好。

2) *冷却液温度表*

冷却液温度表(水温表)用于指示发动机冷却液工作温度。它由装在汽缸盖上的温度传感器和装在仪表板上的指示表组成。水温表主要有电热式和电磁式两种。

(1) 电磁式水温表。电磁式水温表的工作原理如图 7.6 所示，其等效电路如图 7.7 所示。温度传感器内装有负温度系数的热敏电阻 1，其阻值随温度的升高而减小。指示表内有两个线圈，当水温低时，热敏电阻阻值大，流经 L_1 线圈与 L_2 线圈的电流相差不多，但 L_1 匝数多，产生的磁场强，吸引衔铁使指针偏向 0℃。当水温增高时，热敏电阻阻值减小，分流作用增强，流经 L_1 的电流减小，磁力减弱，衔铁被 L_2 吸引，指针向左偏转指向较高温度。

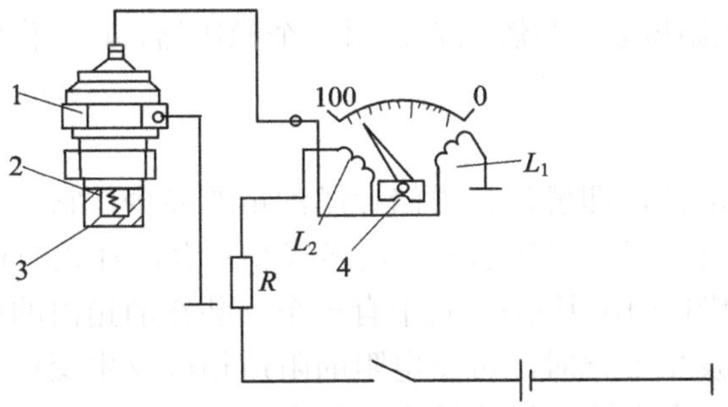

1—热敏电阻；2—弹簧；3—传感器壳体；4—衔铁

图 7.6　电磁式水温表

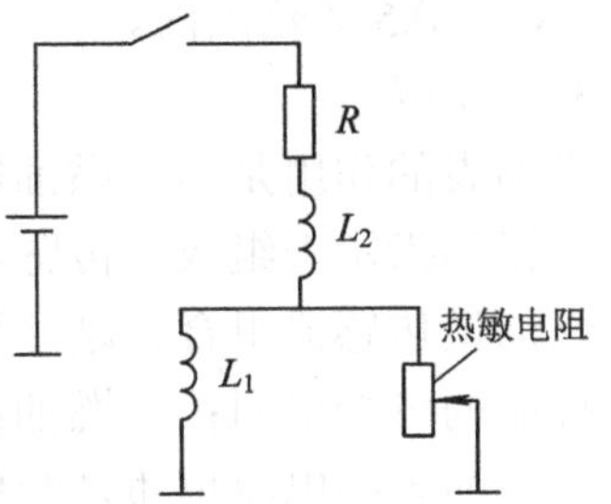

图 7.7　电磁式水温表的等效电路

(2) 电热式水温表。电热式水温表又称为双金属片式水温表，可与电热式水温传感器或热敏电阻式水温传感器配套使用。电热式水温表由传感器和指示表组成，如图 7.8 所示。指示表的构造和工作原理与机油油压表相同，只是刻度值不一样。

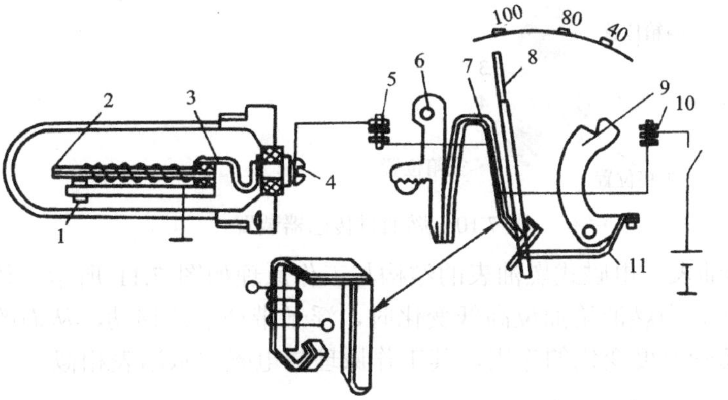

1—固定触点；2、7—双金属片；3—接触片；4、5、10—接线柱；6、9—调节齿扇；8—指针

图 7.8　电热式水温表

由于电源电压的变化会对仪表指示值产生影响，造成仪表示值误差，所以仪表电路一般安装有仪表稳压器。常用的仪表稳压器有双金属片式和集成电路式两种。电热式仪表稳压器的工作原理图如图 7.9 所示。

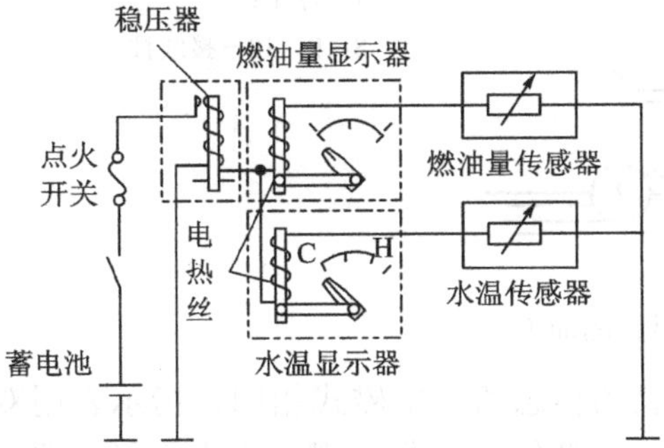

(a) 稳压器各触点闭合

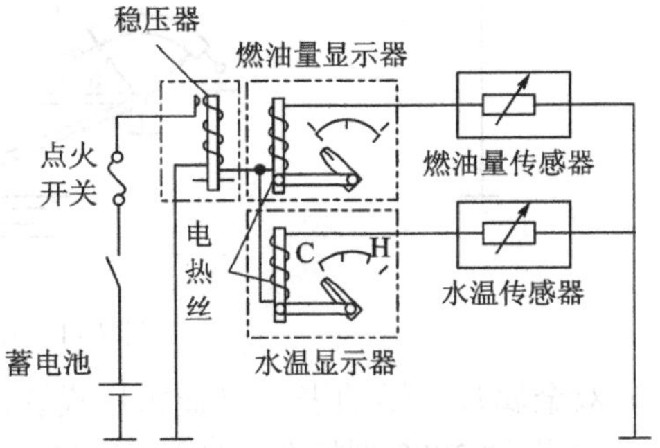

(b) 稳压器各触点断开

图 7.9　电热式仪表稳压器的工作原理图

桑塔纳 2000 型轿车采用电热式冷却液温度表，与燃油表共用一个稳压器，其工作电压在 9.5 V～10.5 V 范围内。

3) 燃油表

燃油表的作用是指示燃油箱内燃油的油位，即燃油箱内储存燃油量的多少，它由燃油量传感器和指示表组成。传感器均为可变电阻式，但指示表有电磁式和双金属片式两种。

燃油量传感器组合在燃油泵总成内(如图 7.10 所示)，其中有一个安装在油箱内的用浮子杆控制的可变电阻；当燃油箱内的油位发生变化时，可变电阻的阻值相应发生变化，于是流过燃油表的电流也随之变化，从而燃油表指针的移动量或者条格的数量也随之变化。

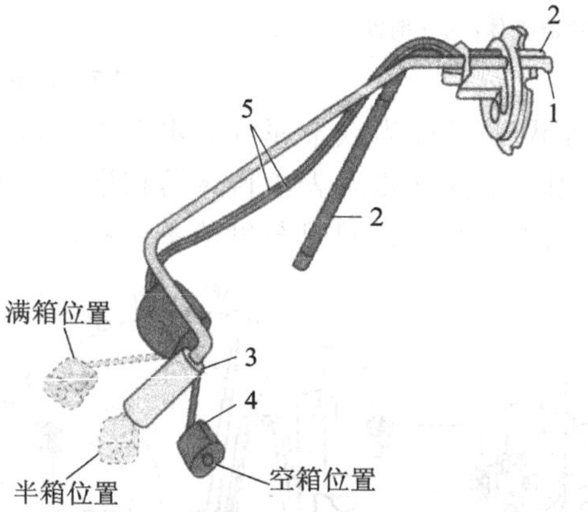

1—进油管；
2—回油管；
3—滤清器；
4—浮子；
5—导线

图 7.10 燃油量传感器装置

(1) 电磁式燃油表。电磁式燃油表的结构与工作原理如图 7.11 所示。传感器由可变电阻滑片和浮子组成。当燃油箱油位高低变化时，浮子带动滑片移动，从而改变电阻大小，相当于热敏电阻感受温度变化的作用，其工作原理与电磁式水温表相似。

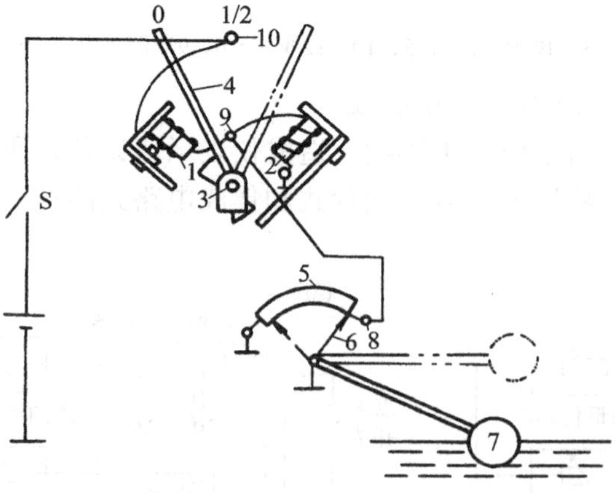

1—左线圈(L_1)；
2—右线圈(L_2)；
3—转子；
4—指针；
5—可变电阻；
6—滑片；
7—浮子；
8、9、10—接线柱

图 7.11 电磁式燃油表

(2) 双金属片式燃油表。双金属片式燃油表的传感器与电磁式相同，指示表用双金属片。上海桑塔纳 2000 型轿车的燃油表即为电热式(双金属片式)，燃油表由带稳压器的油面指示表和油面高度传感器(变阻器)组成，如图 7.12 所示。电流自蓄电池流经稳压器的双金属片 6、燃油表电阻丝 8、油面高度传感器的可变电阻 2 和滑动接触片 1，最后回到蓄电池。

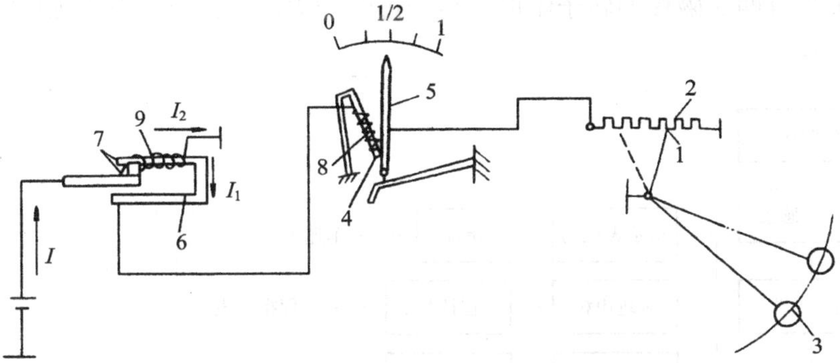

图 7.12　双金属片式燃油表

当低油量时浮子 3 处于较低位置，滑动接触片触头 1 位于可变电阻 2 的右端，此时电阻最大而电流最小，表头里的电阻丝 8 散热量少，使表头里的双金属片 4 产生的变形较小，指针则处于接近“0”位。当加油后，油面高度增加时，浮子上升，触头 1 逐步向左移动，回路电阻减小，电流增大，双金属片 4 因加热而变形增大，指针 5 随之右移，当油箱加满时，指针移到最大刻度“1”上。当燃油表显示满载时，变阻器阻值为 50 Ω；当燃油表显示空载时，变阻器阻值为 560 Ω。当燃油量低于 10 L 时，红色警告灯点亮。

用双金属片做指示仪表的，需加装稳压器，使指示仪表始终在一个比较稳定的电压下工作，以减少电源电压对仪表的影响。现在，奥迪等轿车均采用汽车专用的集成电路型仪表稳压器。

4) 车速里程表

车速里程表是用于指示汽车行驶速度和累计行驶里程数的仪表。早期的磁感应式车速里程表是利用磁感应原理工作的，无电路连接。图 7.13 所示为捷达轿车机械式车速里程表。它的主动轴由变速器传动蜗杆经软轴驱动。车速里程表是由与主动轴紧固在一起的永久磁铁、带有轴与指针的铝罩、罩壳和紧固在车速里程表外壳上的刻度盘等组成的。里程记录部分由三对蜗轮蜗杆、中间齿轮、单程里程计数轮、总里程计数轮及复零机构组成。每两个相邻的数字轮之间形成 1/10 的传动比。

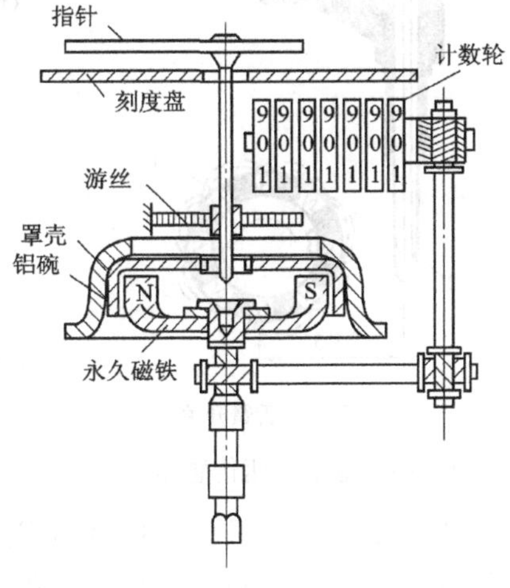

图 7.13　机械式车速里程表

新型汽车几乎都采用电子车速里程表，尽管所采用的电子车速里程表有多种形式，但最常用的电子车速里程表均是接收安装在变速器上的车速传感器的速度信号的。它主要由车速传感器、电子电路、车速表和里程表四部分组成，如图 7.14 所示。奥迪、红旗、桑塔纳 2000 型等轿车都采用电子式车速里程表，用于指示车辆瞬时行驶速度，并记录车辆行驶累计里程和短程里程。

电子车速里程表采用安装在变速箱主传动输出端的车速传感器所输出的脉冲信号，通过导线输入车速里程表，脉冲信号正比于汽车行驶速度。如图 7.15 所示，电子车速传感器由一个舌簧开关和一个含有四对磁极的转子组成。转子每转一周，舌簧开关中的触点闭合八次，产生八个脉冲信号。

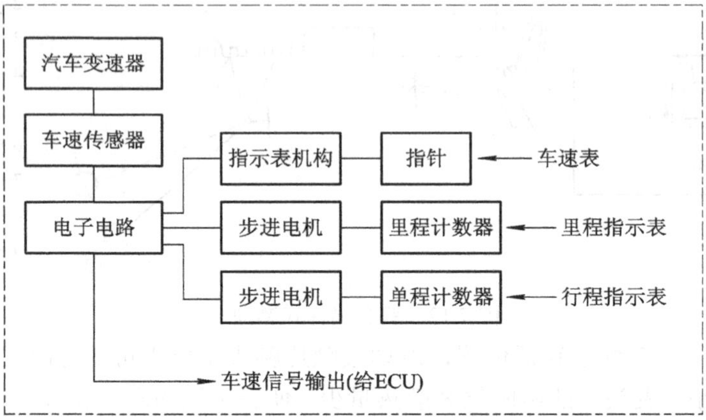

图 7.14 电子车速里程表的组成

电子电路是将车速传感器送来的具有一定频率的电信号，经整形、触发后输出一个与车速成正比的电流信号。如图 7.16 所示，该电子电路主要包括稳压电路、单稳态触发电路、恒流源驱动电路、64 分频电路和功率放大电路。

车速表实际上是一个磁电式电流表，当汽车以不同车速行驶时，从电子电路接线端 6 输出的与车速成正比的电流信号便驱动车速表指针偏转，即可指示相应的车速。

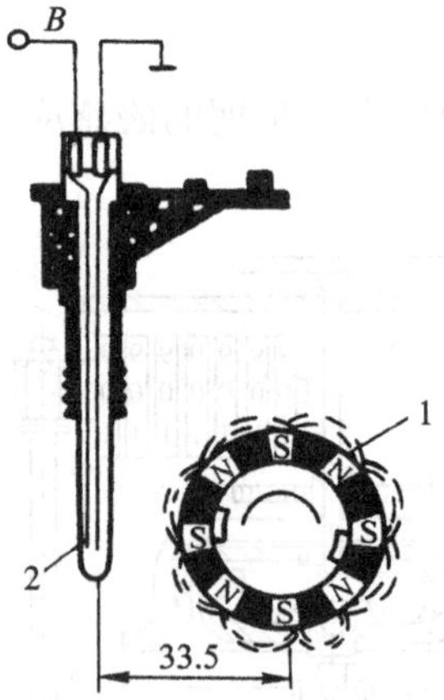

1—转子；2—舌簧开关

图 7.15 电子车速传感器

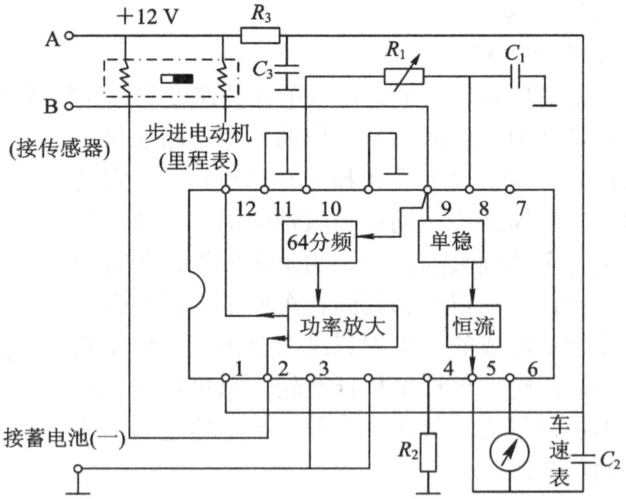

图 7.16 电子式车速里程表电子电路

里程表由一个步进电动机及 6 位数字的十进位齿轮计数器组成。步进电动机是一种利用电磁铁的作用原理将脉冲信号转换为线位移或角位移的电动机。车速传感器输出的频率信号经 64 分频后，再经功率放大器放大到具有足够的功率，驱动步进电动机，带动 6 位数字的十进位齿轮计数器工作，从而积累行驶的里程。

5) 发动机转速表

发动机转速表有机械式和电子式两种。机械式转速表工作原理与磁感应式车速表基本相同。现在广泛采用的电子式转速表一般由指数表、信号处理电路组成，有的还有发动机转速传感器。

发动机转速表信号源主要有三种：信号取自点火系统初级电路的脉冲电压；从交流发电机单相定子绕组取正弦交流信号；从安装在飞轮边缘上的转速传感器取信号。桑塔纳2000型轿车采用电子发动机转速表。其中，2000 GLi 型轿车是从点火线圈中获得一次电流中断时产生的脉冲信号，在点火线圈中转换成电压脉冲，经数字集成电路计算后，在表头上偏转指针以显示出发动机转速。2000 GSi 型轿车则是由安装在飞轮侧的发动机转速传感器，直接把转速脉冲信号输入表头转换成发动机转速信号。

(1) 电容充放电式转速表。图 7.17 所示是利用电容器充放电的脉冲式电子转速表。其工作原理如下：当触点闭合时，晶体管 VT 无偏压而处于截止状态，电容 C_2 被充电。其充电电路为：蓄电池正极→R_3→C_2→VD_2→蓄电池负极，构成回路。当触点分开时，晶体管 VT 的基极得正电位而导通，此时 C_2 便通过导通的三极管 VT、电流表 A 和 VD_1 构成放电回路，从而驱动电流表。

当发动机工作时，分电器触点不断开闭，其开闭次数与发动机转速成正比。所以当触点不断开闭时，对电容 C_2 不断进行充放电，其放电电流平均值与发动机转速成正比，于是将电流表刻度值经过标定刻成发动机转速即可。

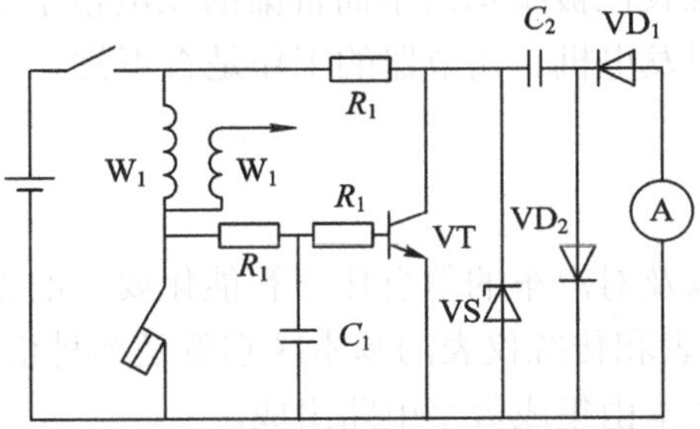

图 7.17　电容充放电脉冲式电子转速表

(2) 电磁感应式转速表。这种转速表由装在飞轮壳上的转速传感器和装在仪表板上的转速表表头(包括电子线路)组成。图 7.18 所示为磁感应式转速传感器的结构原理图。它由永久磁铁 3、感应线圈 6、芯轴 5、外壳 2 等组成。

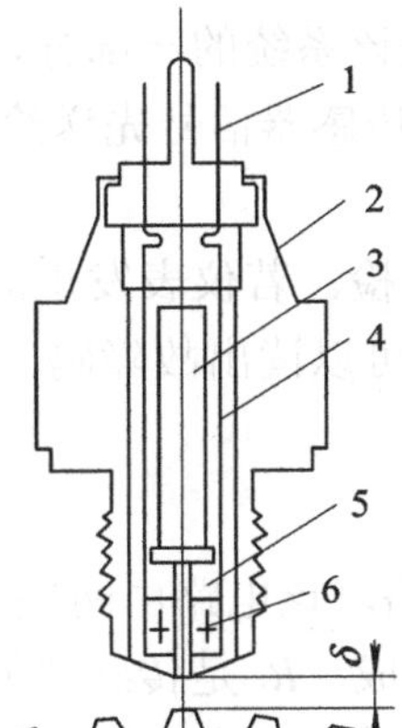

1—接线片；
2—外壳；
3—永久磁铁；
4—连接线；
5—芯轴；
6—感应线圈；
δ—空气隙

图 7.18　磁感应式转速传感器

当飞轮转动时，齿顶与齿底不断地通过芯轴，空气隙的大小发生周期性变化，使穿过芯轴中的磁通也随之发生周期性的变化，于是在感应线圈中感应出交变电动势。该交变电动势的频率与芯轴中磁通变化的频率成正比，也即与通过芯轴端面的飞轮齿数成正比。

磁感应式转速传感器输出的近似正弦波频率信号加在转速表线路，经电路处理后，输出具有一定的幅值和宽度的矩形波，用来驱动毫安表。由于输入的信号频率与通过芯轴的飞轮齿数成正比，因而信号的频率和幅值与发动机转速成正比，当转速升高时频率升高，幅值增大，使通过毫安表中的平均电流增大，则指针摆动角度也相应增大，于是转速表指示的转速就高。

6) 电流表

电流表用于指示蓄电池充电或放电的电流值，串接在充电电路中。通常把它做成双向，表盘的中间刻度为“0”，两旁标有“+”、“−”两个标记。发电机向蓄电池充电时，指示值为“+”；蓄电池向用电设备放电时，指示值为“−”。早期东风 EQ1090 型汽车就采用动磁式电流表。

绝大多数汽车上的电流表已被结构简单而价廉的充电指示灯所取代。充电指示灯可以通过指示灯信号变化来表明发电机、调节器的工作是否正常。

3. 数字仪表

1) 数字仪表的特点

随着电子技术的发展以及对汽车的信息化、智能化要求的不断提高，汽车仪表逐步向数字电路方向发展。数字仪表和传统仪表的基本区别就是各种信号都转化为数字信号传输、计算和处理，其仪表电路基本由集成数字电路组成。

数字仪表由实现汽车工况信息采集的传感器、单片机控制及信号处理的仪表控制单元和显示系统等组成。传感器将各种工况信号传输给仪表控制单元，这些工况信号中的模拟信号往往要经过 A/D 转换为数字信号后，再经过仪表控制单元的计算处理，然后输出对应的信号，驱动步进电动机指示装置或利用显示设备以数字或图形方式显示出对应的示值。对于装备有多路传输系统的车辆，仪表只是该系统的一部分，用于仪表显示的信息往往也是发动机 ECU 所需要的，所以有的车辆的传感器信号先送给发动机 ECU，然后再经过多路传输系统到仪表。

数字仪表具有自诊断功能，可以进行自检。若仪表发生故障，则其故障代码会存放在组合仪表的电可擦写存储器里。用专用仪器可以读出故障码，便于维修人员迅速诊断故障。

2) 数字仪表与控制电路

(1) 数字燃油表电路。

图 7.19 所示为一数字燃油表的控制电路。该电路由两块 IC 电压比较器及相关电路、发光二极管显示器、浮筒传感器三大部分组成。R_x 是传感器的可变电阻，当油箱内燃油加满时，R_x 阻值最小，A 点电位最低，6 只绿色发光二极管全部点亮，而红色发光二极管 VD_1 熄灭，表示油箱已满。

当油箱内的燃油量逐渐减少时，R_x 阻值逐渐增大，A 点电位逐渐增高，绿色发光二极

管 VD_7、VD_6、VD_5……VD_2 依次熄灭。

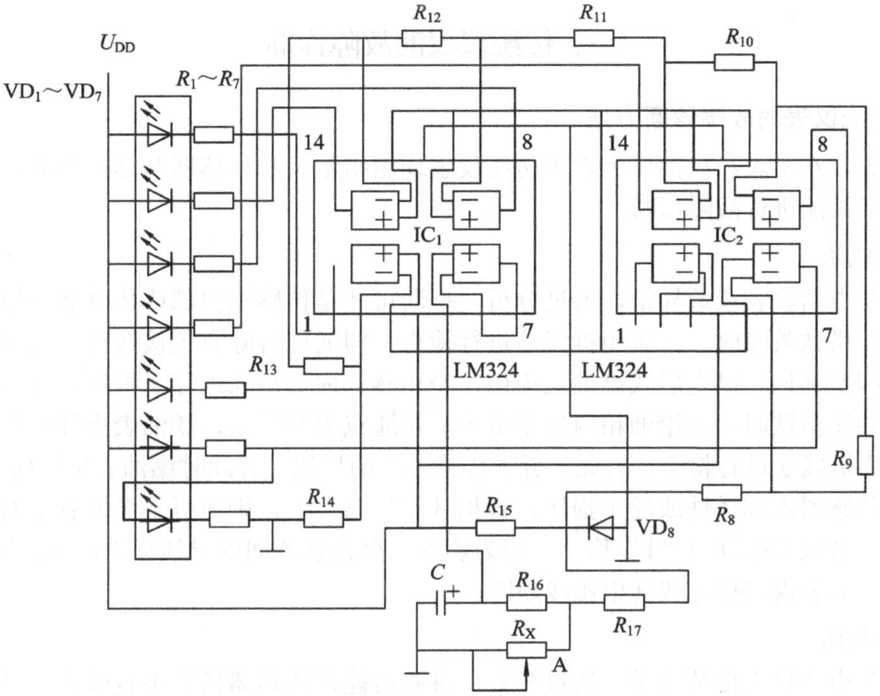

图 7.19　数字燃油表的控制电路

(2) 电子仪表板。

电子仪表通过仪表中的微电脑和各种集成电路处理各种传感器的信号，然后以数字形式在真空荧光显示器上显示出来，其大体组成可分为各种传感器、微电脑和集成电路以及真空荧光显示器。雪铁龙毕加索多功能仪表显示屏如图 7.20 所示。大多数电子仪表都有自诊断功能。每当点火开关置于“ACC”或“ON”挡时，仪表板便开始一次自检。检验时，通常是整个仪表板发亮。与此同时，各显示器的每段字段均发亮。在自检过程中，仪表功能标准符号一般都闪烁，检验完成时，所有仪表都显示出当时的读数。若发现故障，便显示一个提醒驾驶员的代码。

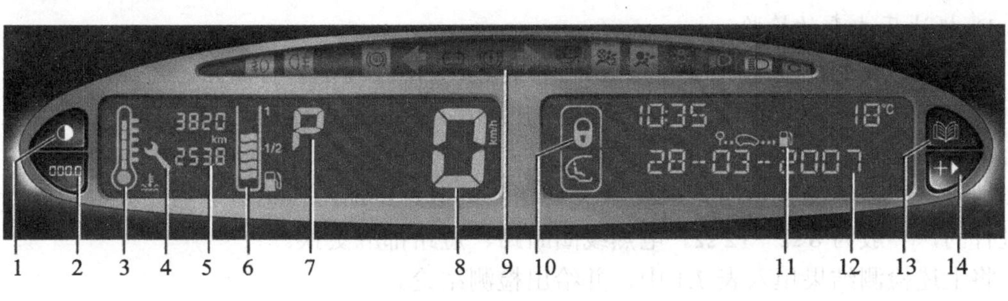

1—夜晚驾驶按钮；2—计程里程表归零按钮；3—水温表；4—保养提示灯；5—计程里程表/总里程表；6—燃油表；7—自动变速器挡位显示；8—车速表；9—指示灯；10—电动中央门锁指示灯；11—仪表板电脑；12—信息区；13—显示器功能切换的按制钮；14—显示器功能调节钮

图 7.20　雪铁龙毕加索多功能仪表显示屏

【任务实施】

一、传统仪表的故障诊断

1. 传统仪表的故障诊断方法

燃油表、水温表和机油压力表等传统仪表均由指示表和传感器两部分组成，可以采用拆线法和搭铁法进行故障诊断。

1) 拆线法

当汽车电器仪表读数异常，通过分析，推断可能是传感器内部或传感器与指示仪表间的导线存在搭铁故障时，常采用拆线法进行检查，即通过拆除有关接线柱上的导线来判断故障的原因及部位。以电磁式燃油表为例，当传感器内部搭铁或浮子损坏以及传感器与燃油表间的导线搭铁时，无论油箱内油量多少，接通点火开关后，燃油表指针总指向“0”，此时可采用拆线法进行检查。首先，拆下传感器上的导线，若此时燃油表指针向“1”处移动，则为传感器内部搭铁或浮子损坏；若指针仍指向“0”，则应拆下燃油表上的传感器接线柱导线。若仪表指针向“1”移动，则为燃油表至传感器间的导线搭铁；若指针仍不动，则可能是燃油表内部损坏或其电源线断路。

2) 搭铁法

当汽车电器仪表读数异常，通过分析，推断可能是传感器搭铁不良或损坏以及传感器与指示仪表间的导线存在断路故障时，常采用搭铁法进行检查。通过导线将有关接线柱搭铁，可判断故障的原因及部位。

接通点火开关后，对于电磁式燃油表，无论油箱存油多少，燃油表指针均指向“1”；对于双金属片式燃油表，燃油表指针则均指向“0”，以上情况均说明相应仪表传感器可能搭铁不良、损坏，或者是传感器与指示仪表间的导线存在断路故障。此时，可利用搭铁法进行检查。首先，将传感器与导线相连的接线柱搭铁，若指针转动，说明传感器损坏或搭铁不良；若指针不转动，可用导线将指示仪表上接传感器的线柱搭铁；若指针转动，则是传感器与指示仪表间的导线存在断路故障；若指针仍不转动，则说明指示仪表内部损坏或其电源断路。

2. 传统仪表的检验

1) 机油压力表的检验

机油压力表的检验是用万用表 $R\times1$ 挡测量电热线圈是否有断路、短路的方法来进行的。在电热线圈完好的条件下，检查机油压力指示表在各种规定电流下的指针偏转值是否符合规定。

油压传感器的检验是用万用表 $R\times1$ 挡测量电热式油压传感器电热线圈电阻值的方法来进行的，一般为 8 Ω～12 Ω。电热线圈断路、短路都应更换。

将上述检测结果填入表 7.1 中，并给出检测结论。

表 7.1　机油压力表与传感器的检验

车型：	测量电阻值/Ω	校验偏差/%	结论
油压表型号：			
传感器型号：			

2) 冷却液温度表的检验

冷却液温度表的检验是用万用表 $R\times 1$ 挡测量电热线圈阻值的方法来进行的。若电热线圈短路或断路，均应更换。若读数有偏差，可通过零位调整齿扇和指针摆角调整齿扇进行调整。

电热式冷却液温度传感器检验是用万用表 $R\times 1$ 挡测其电阻的方法来进行的。过大、过小都应更换。

可变电阻传感器检验：首先用万用表 $R\times 1$ 挡测量常温状态下的电阻值，应大于 100 Ω，而后将其放在热水中加温，再测其阻值。若阻值随水温的升高而增大，说明传感器良好，否则应更换。

将上述检测结果填入表 7.2 中，并给出检测结论。

表 7.2　冷却液温度表的检验

	标准阻值/Ω	测量电阻值/Ω	结论
冷却液温度表线圈电阻			

3) 燃油表的检验

对于电磁式指示表，可利用万用表 $R\times 1$ 挡测量左、右两线圈的电阻值。阻值过大、过小都应更换指示表。

对于电热式指示表，也可以利用万用表测电阻的方法进行检验。测其电阻时，其阻值应符合原制造厂规定，若出现断路或短路，只能更换。

燃油表的传感器一般均采用可变电阻式，也可以利用测量其电阻值的变化情况来确定其好坏。

将上述检测结果填入表 7.3 中，并给出检测结论。

表 7.3　燃油表的检验

	标准阻值/Ω	测量电阻值/Ω	结论
燃油表线圈电阻			
传感器位置	标准阻值/Ω	测量电阻值/Ω	结论
0/E(空) 1/2 1/F(满)			

二、电子式车速里程表的故障诊断

电子式车速里程表的常见故障是不工作。以奥迪 100、帕萨特轿车为例，汽车行驶中车速里程表指针不动，可以按照图 7.21 的故障流程图进行排除。如果是仪表故障，可进一步执行仪表自诊断，确认后更换仪表并匹配。如果是线路故障，可进一步检测具体位置。

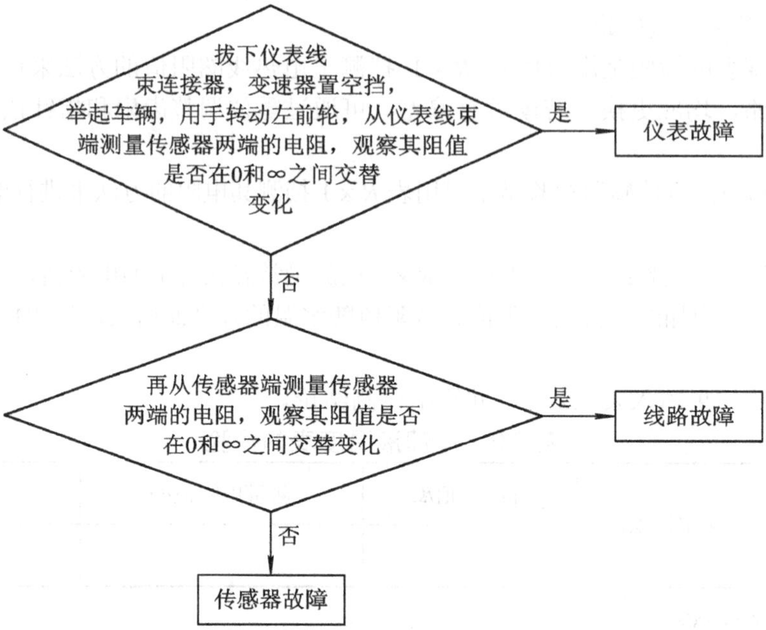

图 7.21　电子式车速里程表不工作的故障诊断

任务 2　汽车报警信息系统的检修

【任务描述与解析】

某汽车的报警装置不工作，要求对该车的报警系统进行检测，查出故障原因并进行修复，记录工作过程及检测数据。

本任务的目的是让学习者通过对报警装置的结构和系统电路的分析，理解报警系统的工作原理；根据故障现象分析可能的故障原因，并确定诊断流程；逐项检测查出故障原因，并总结出报警系统常见故障的诊断与排除程序。

【相关知识】

汽车仪表除了指示基本的车辆行驶工况信息外，还要对其他一些工况进行监测，并向驾驶员发出指示或警告信息。这些信息通常以指示灯的形式显示在仪表板上或以文字信息形式显示在液晶显示屏上，有的还伴有蜂鸣声，以引起驾驶员注意。对于运用多路传输系统的汽车，它的仪表系统当然也包括指示灯，不过这些系统都是由 PCM(动力控制模块)或 BCM(车身控制模块)控制的。PCM 和 BCM 通常是多路传输系统的一部分。

1. 汽车仪表板上的指示灯

汽车仪表上的指示灯系统一般由光源、刻有符号图案的透光塑料板和外电路组成。指示灯的光源以前大多采用小的白炽灯泡，损坏后可以更换。目前电子仪表上更多地采用体积小、亮度高、易于集成的 LED 作为光源。仪表指示灯一般都使用国际标准化组织(ISO)规定的通用符号。仪表报警指示灯标准符号及意义见表 7.4。

表 7.4　仪表报警指示灯标准符号及意义

	转向信号指示灯		安全带指示灯
	远光指示灯		制动报警灯
	前后雾灯指示灯		刹车盘指示灯
	示宽指示灯		ABS(Anti-LockBrake System)指示灯
	充电指示灯		TCS(Traction Control System)指示灯
	水温指示灯	VSC	VSC(Venicle Stability Control)指示灯
	机油压力指示灯	EPC	EPC(Electronic Power Control)指示灯
	燃油指示灯		发动机自检灯
	清洗液指示灯		车门状态指示灯
	安全气囊指示灯	O/D OFF	O/D(Over-Drive)挡指示灯

目前汽车仪表上的指示灯比较多，一般来说可分为三种类型：第一种是工作状态指示灯，如转向信号指示灯，大灯远、近光指示灯，前雾灯指示灯等，这类灯光一般为绿色或蓝色；第二种是警告指示灯，如制动片磨损、燃油不足、清洗液不足等警告指示灯，这类灯光一般为黄色，用于警告驾驶员尽快进行处理，一般不影响行驶安全；第三种为报警灯，如机油压力低、水温高、充电系统故障及 ABS 故障等报警灯，这类灯光一般采用红色，用于指示车辆某系统出现故障或异常情况，此类灯亮时应引起驾驶员高度重视。警告灯如果点亮而对它置之不理，要么会对行车安全造成巨大影响，要么对车辆本身造成很大的伤害，因此必须要立即进行处理。图 7.22 所示为凯旋轿车仪表板上的指示灯。

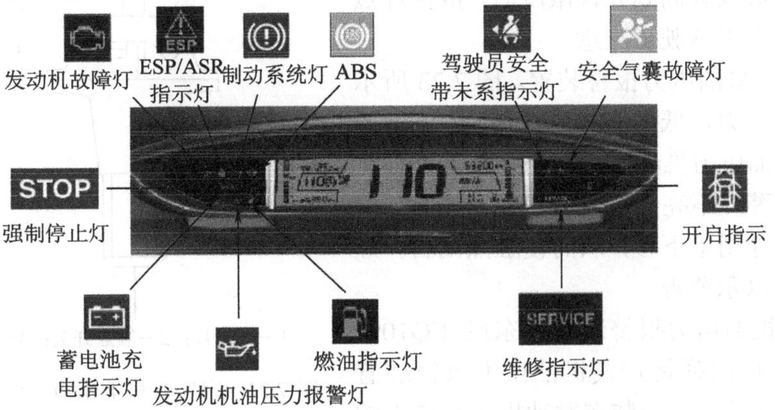

图 7.22　凯旋轿车仪表板上的指示灯

汽车仪表板上的常见指示灯有如下几种。

(1) 安全气囊指示灯：安全气囊指示灯使驾车者了解安全气囊系统已经准备就绪随时可用，它在点火开关闭合时会短暂点亮。当安全气囊存在故障时，该指示灯会持续点亮或闪烁。

(2) 安全带指示灯：当点火钥匙转到运转或启动位置时，不论驾车者是否将安全带系上，报警谐音器模块都会向安全带指示灯供电，使该灯点亮 6 s。若驾驶员已经系好安全带，则随后指示灯熄灭；若没有系上安全带，则指示灯常亮，以提醒驾驶员系好安全带。

(3) 刹车片指示灯：当车轮制动器中的传感器发现刹车片磨损至太薄时，该灯点亮。当该灯点亮时，驾车者应避免强力制动，并尽快维修制动器。

(4) 充电指示灯：该灯指示充电系统的状况，如果充电系统存在故障，在发动机运转时该灯会点亮。当该灯亮时，说明蓄电池处于放电状态，应尽快维修充电系统至正常。

(5) 转向指示灯：当组合开关处于左转或右转位置时，电路通电，将左转向指示灯或右转向指示灯点亮，转向指示灯的闪烁频率与车外转向信号灯一致。

(6) 雾灯指示灯：该指示灯在雾灯打开时点亮。

(7) 远光指示灯：当前照灯打开且将大灯变光开关置于远光位置时，该灯点亮。

(8) 驱动模式指示灯：有些四轮驱动的汽车设有驱动模式指示灯，当该灯点亮时，表示汽车在四轮驱动模式下工作。

(9) 巡航控制指示灯：该灯在启用巡航控制时会点亮。

(10) 车窗除霜指示灯：该灯点亮时，说明除霜器正在工作。

2. 报警装置

现代汽车为了保证行车安全和提高车辆的可靠性，安装了许多报警装置。如在制动系统气压过低、真空度过低、机油压力过低、燃油储存量过少、冷却水温度过高以及在汽车制动液液面高度不足等情况下时发出报警信号。报警装置一般由警报开关(传感器)、报警灯(或蜂鸣器)等组成。

1) 机油压力报警装置

在现代多数汽车上配有一个机油压力报警灯，用于显示机油压力安全值的情况。当润滑系统机油压力降低或升高到允许限度时，报警灯点亮，以便引起汽车驾驶员注意。

(1) 膜片式机油压力报警装置。图 7.23 所示为薄膜式机油压力过低报警灯原理图。当机油压力正常时，机油压力推动薄膜向上拱曲，推杆将触点打开，报警灯不亮；当机油压力过低时，薄膜在弹簧压力作用下下移，从而使触点闭合，红色报警灯亮，以示警告。

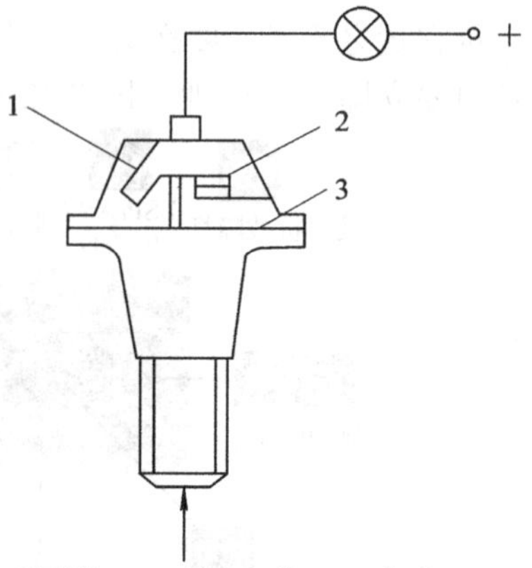

1—弹簧片；2—触点开关；3—薄膜

图 7.23 薄膜式机油压力过低报警灯原理图

(2) 弹簧管式机油压力报警装置。东风 EQ1090 型载货汽车装用的弹簧管式机油压力报警装置结构如图 7.24 所示。它由装在发动机主油道上的弹簧管式传感器和仪表板上的红色警告灯组成。

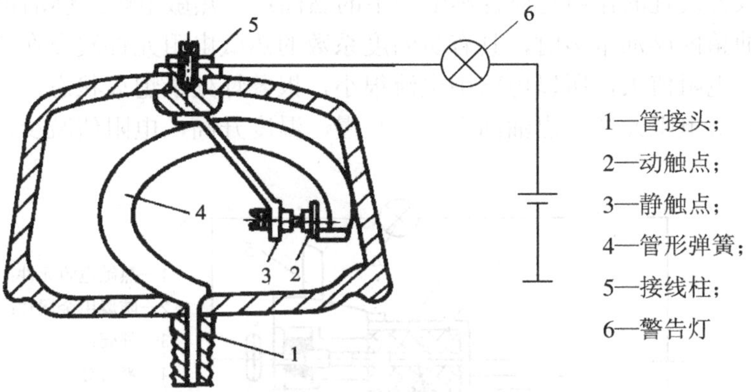

图 7.24　弹簧管式机油压力报警装置

2) 轮胎气压报警装置

轮胎气压报警系统用于在车辆行驶中检测轮胎的气压状态。当轮胎气压降低时，使仪表板的报警信号灯点亮，向驾驶员发出警告。轮胎气压报警系统如图 7.25 所示。

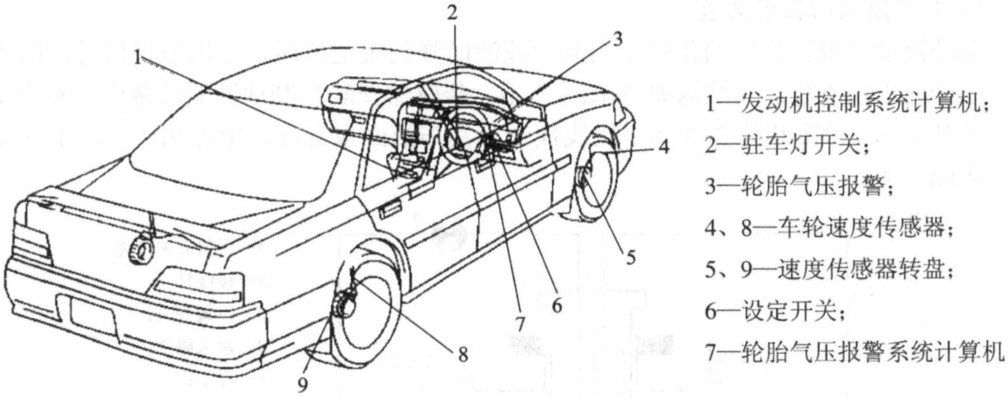

图 7.25　轮胎气压报警系统

3) 冷却液温度报警装置

冷却液温度(水温)报警装置的作用是当发动机冷却液温度达到或超过规定值时，使驾驶室仪表板上的冷却液温度报警灯点亮，发出灯光信号，以示警告。冷却液温度报警装置的电路如图 7.26 所示。在传感器的密封套管 1 内装有条形双金属片 2，由双金属片作为温度敏感元件。当温度升高到 95℃～98℃时，双金属片 2 向静触点方向弯曲，使两触点接触，红色报警灯便接通发亮。

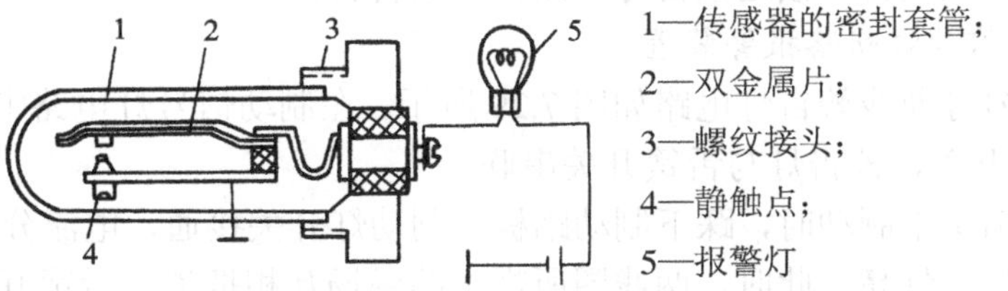

图 7.26　冷却液温度报警装置

4) 燃油量报警装置

燃油量报警装置的作用是监视燃油箱中的燃油量。热敏电阻式燃油报警装置如图 7.27 所示，当燃油箱内燃油量多时，具有负温度系数的热敏电阻元件浸没在燃油中，散热快，其温度较低，电阻值大，所以电路中电流很小，报警灯处于熄灭状态。当燃油减少到规定值以下时，热敏电阻元件露出油面上，散热慢，温度升高，电阻值减少，电流增大，报警灯发亮。

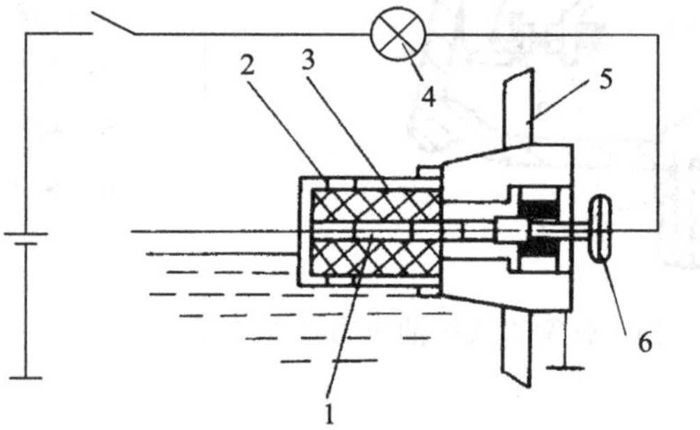

图 7.27　热敏电阻式燃油报警装置

5) 制动液液面报警装置

制动液液面报警装置的作用是当制动液液面降到规定值时，发出报警信号，防止制动效能下降而出现事故。其结构如图 7.28 所示，传感器安装在制动液储液罐中。外壳 1 内装有舌簧开关 3，舌簧开关 3 的两个接线柱 2 分别与液面报警灯、电源相连，浮子 5 上固定着永久磁铁 4。

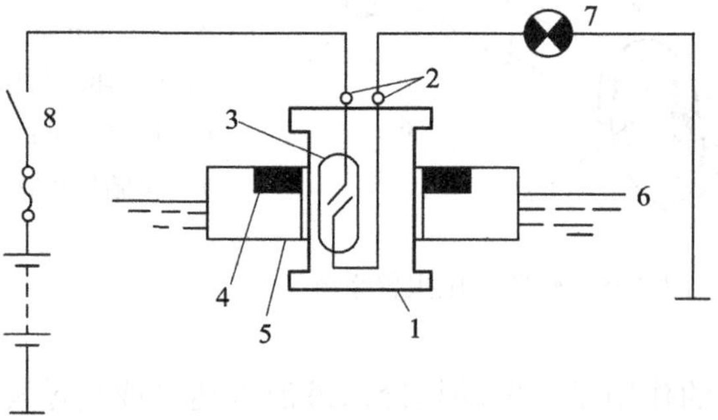

图 7.28　制动液液面报警装置

当制动液充足时，浮子位置较高，永久磁铁高于舌簧开关的位置，舌簧开关处于断开状态，报警灯电路断开，报警灯熄灭。当制动液液面下降到规定值时，通过浮子带动永久磁铁使舌簧开关闭合，接通报警灯电路，发出警告。

6) 制动信号灯断路报警装置

制动信号灯断线警告灯电路如图 7.29 所示。在制动信号灯电路中连接有两个电磁线圈 4、6 及舌簧开关，警告灯与舌簧开关串联。

在正常情况下制动时，踩下制动踏板，制动灯开关接通，电流分别经电磁线圈 4 和 6，使左右制动信号灯亮。此时，两线圈所产生的磁场互相抵消，舌簧开关 5 在自身弹力作用下断开触点，警告灯不亮。

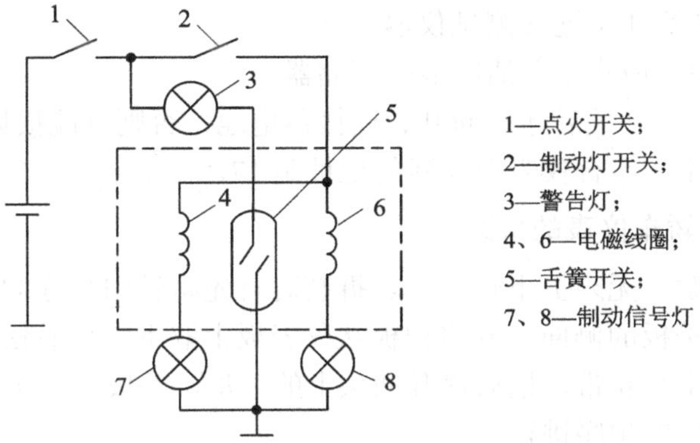

图 7.29 制动信号灯断线警告灯电路图

若左(或右)制动信号灯灯线断路(或灯丝烧断)时制动，则电磁线圈 4(或 6)无电流通过，而通电的线圈所产生的磁场吸力吸动舌簧开关，触点闭合，警告灯 3 亮，以示警告。

【任务实施】

一、仪表装置构造研究记录

(1) 观察车辆启动前后仪表板上的变化，这种变化说明了什么问题？

(2) 检测制动液面过低报警装置时，接通点火开关，无论制动液储油罐内是否有油，报警灯均亮。这说明什么问题？

二、汽车报警系统故障检修

针对小组具体任务实施车型，分析其报警系统电路。

发动机工作后机油压力报警灯常亮。你认为该车出现此故障的可能原因有：________

____。

通过讨论，确定诊断流程____

____。

拓 展 知 识

一、奥迪轿车数字仪表的故障诊断

随着汽车电子技术的飞速发展及传感器的不断增多，数字仪表系统被广泛应用于汽车上。数字仪表系统主要由传感器、电子控制单元、显示器、连接器、导线等组成。奥迪 A6 轿车组合仪表由一个微处理器控制，具有很强的自诊断功能。如果有故障发生，故障代码会存入组合仪表的故障存储器里，用 V.A.G 1551 或 V.A.G 1552 可以读出这些故障。

1. 奥迪仪表自诊断安全注意事项

(1) 为避免试车时发生交通事故，读取测量数据块时，V.A.G 1551 必须固定在后座上，并由另一人在后座上操作。

(2) 关闭点火开关后才可连接测试仪器。

(3) 检测及修理后，应查询并清除故障存储器。

(4) 只有关闭了点火开关后才可断开、连接蓄电池，否则可能损坏控制单元。

在快速数据传递下，组合仪表自诊断的地址是 17。

2. 奥迪轿车 A6 轿车仪表的拆装

组合仪表不可分解，无须拆下转向盘。拆装时首先将转向盘连同调整装置全部拉出并向下调整；再向上压护板的侧面，并将护板从仪表板上取下，接着松开两个十字头螺钉，切断组合仪表后部的电线扎带，最后松开插头上的卡爪，并拔下插头。

安装按与拆卸相反的顺序进行。

3. 组合仪表上的多孔插塞连接

奥迪 A6 轿车上所有警报灯均为发光二极管，如果一个警报灯损坏，就必须更换组合仪表。

4. 组合仪表上的插头布置

组合仪表的插头连接如图 7.30 所示。

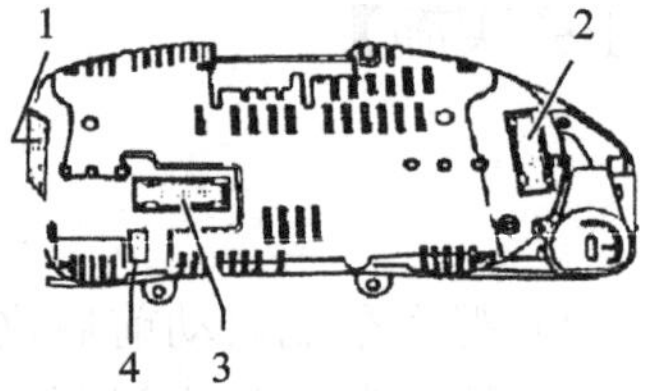

1—多孔插头(绿色32引脚)；
2—多孔插头(蓝色32引脚)；
3—多孔插头(灰色32引脚)；
4—遥控时钟多孔插头(黑色4引脚)

图 7.30 组合仪表的插头连接

5. 奥迪轿车数字仪表的故障自诊断

(1) 连接 V.A.G 1551/2，打开点火开关。如果显示屏上无显示，则应按电路图检查 V.A.G 1551 的供电是否正常。“HELP”键可查阅附加的操作说明。按“→”键切换到下一个检测程序。如果输入错误，可按“C”键清除。

(2) 打开点火开关，按“1”键选择“快速数据传输”，屏幕显示：

快速数据传输 帮助
输入地址码××

(3) 组合仪表地址码为 17，按“1”和“7”键，屏幕显示：

快速数据传输 Q
17-组合仪表

自诊断具有的功能见表 7.5。

表 7.5 自诊断具有的功能

代　码	功　能
02	查询故障代码
03	执行元件诊断
05	清除故障代码
06	输入结束
07	给控制单元编制代码
08	读取测量数据块
10	自适应

(4) 按“0”和“2”键选择“查询故障代码”，屏幕显示：

快速数据传输	Q
02-查询故障代码	

(5) 执行元件诊断。只有汽车静止且发动机停转时，才能进行执行元件诊断。如果执行元件诊断中显示有故障，应查寻故障。如果需要，应更换组合仪表。按“0”和“3”键选择执行元件诊断功能，屏幕显示：

快速数据传输	Q
03-执行元件诊断	

(6) 清除故障代码之前，应先查询故障代码，并排除故障。按“0”和“5”键选择“清除故障代码”，屏幕显示：

快速数据传输	Q
05-清除故障代码	

(7) 自适应。通过自适应通道号码可选择相应功能。

6. 车速信号检查

如果确定了车速表上的车速显示有故障，应检查车速表是否接收得到信号。连接 V.A.S 5051 或 V.A.G 1551，读取测量数据块，选择显示组号 001，并进行试车。如果 V.A.G 1551 上显示车速值，但它不等于组合仪表上的车速显示，说明组合仪表损坏，必须更换。如果 V.A.G 1551 显示屏上未显示车速值，应检查组合仪表上多脚插头信号。

拆卸组合仪表，将 V.A.G 1598 用 V.A.G 1598/25 接到 32 引脚的蓝色插头，将 V.A.G 1526 接到触点 28 和汽车搭铁间，依靠听觉来检查导线是否导通。

检测步骤：在汽车被前后推动时(约 1 m)，检测仪上的振鸣信号应多次接通和断开。如果检查不正常，需检查连接车速传感器的导线，如果导线正常，则应更换车速传感器。

7. 燃油表传感器 G 的信号检查

如果组合仪表上的燃油量指示有故障，应检查组合仪表是否接收得到信号。连接 V.A.S 5051 或 V.A.G 1551，读取测量数据块，选择显示组号 002。如果 V.A.G 1551 显示屏上显示燃油量，但它不等于组合仪表上显示的燃油量，说明组合仪表损坏，必须更换。如果 V.A.G 1551 显示屏上未显示燃油量，应检查组合仪表上的多脚插头信号。

拆卸组合仪表，将 V.A.G 1598 用 V.A.G 1598/25 接到 32 引脚的蓝色插头上，将 V.A.G 1526 接到触点 5 和触点 7(传感器接地)之间测量电阻。规定值为：油箱全满约 270 Ω，油箱全空约 70 Ω。

如果未达到规定值，则应检查组合仪表和燃油表传感器间导线连接、电气故障诊断和安装位置。如果测得值为 0 或∞，则说明油箱内有断路或短路处。如果既无短路也无断路，则应检查燃油表传感器 G。

8. 检查燃油消耗信号

必备的专用工具、检测仪和辅助工具为：万用表 V.A.G 1526、检测盒 V.A.G 1598 及其附件 V.A.G 1598/25。

启动发动机，注意组合仪表上的燃油消耗显示(也可试车)。燃油消耗显示可能有如下三种。

1) 一直显示 0.0 L/100 km

可能是信号线对蓄电池负极短路。关闭点火开关，将检测盒接到发动机控制单元上，检查附加信号；检查车载计算机燃油消耗信号。

拆下组合仪表，将 V.A.G 1598 用 V.A.G 1598/25 接到 32 引脚的蓝色插头上，将 V.A.G 1526 的正极检测线接到 V.A.G 1598/25 的触点 25 上，将负极检测线接到发动机控制单元检测盒上和发动机控制单元附属的燃油消耗信号触点上，测量其电阻。规定值小于 2 Ω。

将 V.A.G 1526 的正极检测线接到发动机控制单元检测盒上和附属燃油消耗信号触点上，将负极检测线接到蓄电池负极，测量其电阻。规定值大于 9 MΩ。

如果达到规定值，说明导线连接正常。

2) 一直显示 51 L/100 km

可能是信号线断路。关闭点火开关，将检测盒接到发动机控制单元上，检查附加信号；检查车载计算机燃油消耗信号。

拆下组合仪表，将 V.A.G 1526 用 V.A.G 1598/25 接到 32 引脚的蓝色插头上，将 V.A.G 1526 正极检测线接到 V.A.G 1598/25 的触点 25 上，将负极检测线接到发动机控制单元检测盒上和发动机控制单元附属燃油消耗信号触点上，测量电阻。规定值小于 2 Ω。

将 V.A.G 1526 正极检测线接到发动机控制单元检测盒上和其附属燃油消耗信号触点上，将负极检测线接到蓄电池负极上，测量电阻。规定值大于 9 MΩ。

如果达到规定值，说明导线连接正常。

3) 显示的油耗值无意义或在不断变化

燃油消耗显示值偏离实际燃油消耗值时，应进行燃油消耗显示自适应。

9．冷却液温度传感器 G2 的信号检查

如果组合仪表上的冷却液温度显示有故障，则应检查组合仪表是否收到信号。

连接 V.A.S 5051 或 V.A.G 1551，读取测量数据块，选择显示组号 003。如果 V.A.G 1551 显示屏上显示冷却液温度，但它不等于组合仪表上显示的冷却液温度，则说明组合仪表损坏，必须更换。如果 V.A.G 1551 显示屏上未显示冷却液温度，应检查组合仪表上的多脚插头信号。

拆下组合仪表，将 V.A.G 1598 用 V.A.G 1598/25 接到 32 引脚的蓝色插头上，将 V.A.G 1526 接到触点 8 和触点 7(传感器的)之间测量电阻。规定值为：冷却液温度为 60℃时电阻值约为 259 Ω；冷却液温度为 90℃时电阻值约为 107 Ω；冷却液温度为 120℃时电阻值约为 40 Ω。如果未达到规定值，则应检查连接冷却液温度传感器的电线，检查导线连接、电器故障诊断和安装位置。如果导线正常，则应必须更换冷却液温度传感器 G2。

二、汽车常用电子显示器件

汽车上使用的显示元器件有许多类型，并且各有特点。最常用的电子显示器件可分为发光型和非发光型两大类。发光型显示器自身发光，容易获得鲜艳的流行色显示；非发光

型显示器靠反射环境光显示。发光型显示器件主要有真空荧光管(VFD)、发光二极管(LED)、阴极射线管(CRT)、等离子显示器件(PDP)、电致发光显示器件(ELD)等；非发光型显示器件有液晶显示器件(LCD)、电致变色显示器件(ECD)等。这些都可以作为汽车电子显示器件使用，既可制成数字式的，也可制成图形或指针式的。

(1) 真空荧光管(VFD)。VFD 实际上是一种低压真空管，它是最常用的数字显示器，如图 7.31 所示。VFD 由钨丝、栅极和涂有磷光物质的屏幕构成，它们被封闭在抽成真空后充以氩气或氖气的玻璃壳内。负极是一组细钨丝制成的灯丝，钨丝表面涂有一层特殊材料，受热时释放出电子。多个涂有荧光材料的数字板片为正极，夹在负极与正极之间，用于控制电子流的为栅极。正极接电源正极，每块数字板片接有导线，导线铺设在玻璃板上，导线上覆盖绝缘层，数字板片在绝缘层上面。

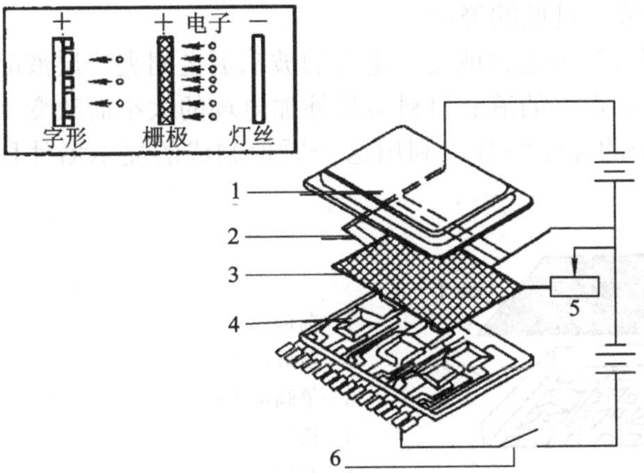

图 7.31　真空荧光管及显示屏

当施加正向电压时，即灯丝与电源负极相接，屏幕与电源正极相接时，电流通过灯丝，并将灯丝加热至 600℃左右，从而导致灯丝释放出电子，数字板片会吸引负极灯丝放出的电子。当电子撞击数字板片上的荧光材料时，使数字板发光，通过正面玻璃板的滤色镜显示出数字。因此，若要使某一块板片发光就需要在它上面施加正向电压，否则该板片就不会发光。

栅极处于比负极高的正电位。它的每一部分都可等量地吸引负极灯丝放出电子，确保电子能均匀地撞击正极，使发光均匀。

与其他显示设备相比，VFD 具有较高的可靠性和抵抗恶劣环境的能力，且只需要较低的操作电压，其色彩鲜艳、可见度高、立体感强。VFD 的缺点为：由于是真空管，为保持一定强度，必须采用一定厚度的玻璃外壳，故体积和重量较大。

(2) 发光二极管(LED)。LED 是一种将电能直接转换成光能的固态发光器件。它具有体积小、结构简单、耐用等特点，是应用最广泛的低压显示器件。

LED 一般都是用半导体材料制成的。当在正、负极引线间加上适当正向电压后，二极管导通，半导体晶片便发光，通过透明或半透明的塑料外壳显示出来。发光的强度与通过管芯的电流成正比。LED 可通过透明的塑料壳发出红、绿、黄、橙等不同颜色的光，以便需要时使用。LED 可单独使用，也可用于组成数字、字母或光条图。用 7 只 LED 组成的数码显示装置如图 7.32 所示。

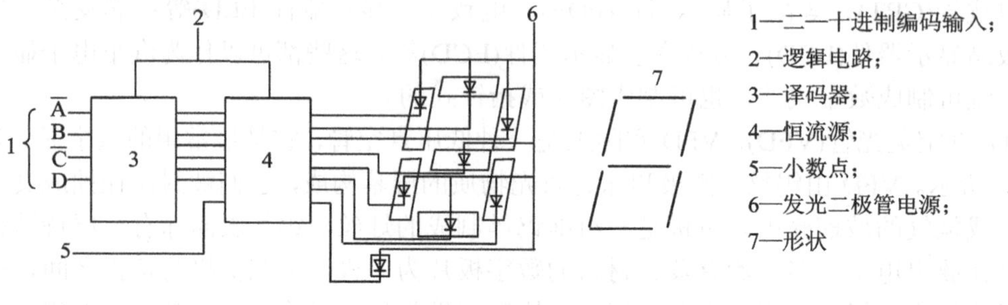

图 7.32　LED 数码显示

汽车电子仪表中常用 LED 作为汽车仪表板上的指示灯、数字符号段或不太复杂的图符显示，如燃油、制动液、风窗洗涤液等液面过低的警示。

(3) 液晶显示器件(LCD)。在两层制有镶嵌电极或交叉电极的玻璃板之间夹一层液晶材料，当板上各点加有不同电场时，各相应点上的液晶材料会随外加电场的大小而改变晶体特殊分子结构，从而改变这些特殊分子的光学特性。利用这一原理制成的显示器件称为 LCD。LCD 的结构如图 7.33 所示。

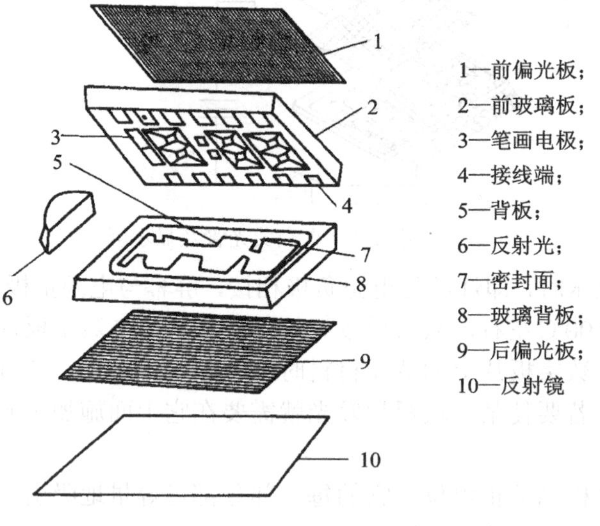

图 7.33　液晶显示器件的结构

由于 LCD 为非发光型显示器件，所以只有在光亮的环境中才能观察 LCD 的内容。由于在较暗的环境中难于观察 LCD 的内容，所以在汽车上所用的 LCD 通常采用白炽灯作为背景照明光源。

LCD 功耗小、显示面积大、示值清晰，在汽车上得到了广泛应用，常用于仪表里程、时钟或者综合信息的显示。

项 目 小 结

(1) 汽车仪表包括机油压力表、水温表、发动机转速表、燃油表、电流表、电压表，按照工作原理分为双金属片式、电磁式、动磁式仪表等。

(2) 双金属片式水温表和燃油表配用可变电阻式传感器时，应在电路中串入仪表稳压器，其作用是当电源电压发现变化时稳定仪表平均电压，避免仪表的指示误差。

(3) 汽车报警装置的目的是保证行车安全和提高车辆的可靠性，主要有制动系统低气压报警装置、低真空度报警装置、机油压力报警装置、冷却液温度报警装置、燃油量报警装置、制动液液面报警装置、蓄电池液面过低报警装置、制动信号灯断线报警装置、空气滤清器堵塞报警装置、轮胎气压报警装置等。

(4) 汽车电子显示器件有发光二极管、真空荧光管、液晶显示器件、阴极射线管等。

练习与思考

一、判断题

1. 电流表应与发电机串联。(　　)
2. 机油压力报警装置在机油压力过高、过低时都会报警。(　　)
3. 汽车上所有用电设备的电流都必须通过电流表。(　　)
4. 电流表指示起动蓄电池放电电流时，表针指向“+”侧。(　　)
5. 电流表指示发电机启动蓄电池的充电电流时，表针指向“+”侧。(　　)
6. 冷却液温度报警装置是在冷却液温度过高时报警。(　　)
7. 数字式仪表具有一“表”多用的功能。(　　)
8. 制动液液面报警装置在液面过高、过低时都会报警。(　　)

二、选择题

1. 若将负温度系数热敏电阻的水温传感器电源线直接搭铁，甲认为水温表表示值最大，乙认为水温表示值最小。你认为(　　)。

A. 甲对　　B. 乙对　　C. 甲、乙都对　　D. 甲、乙都不对

2. 将机油压力传感器的电源线直接搭铁，甲认为机油压力表示值最大，乙认为表示值最小。你认为(　　)。

A. 甲对　　B. 乙对　　C. 甲、乙都对　　D. 甲、乙都不对

3. 通向燃油位传感器的线路短路，甲认为燃油表指示值应为 0，乙认为燃油表指示值应为 1。你认为(　　)。

A. 甲对　　B. 乙对　　C. 甲、乙都对　　D. 甲、乙都不对

4. 使用双金属结构的机油压力表，甲认为应配有稳压器，乙认为没必要配稳压器。你认为(　　)。

A. 甲对　　B. 乙对　　C. 甲、乙都对　　D. 甲、乙都不对

5. (　　)电路需配仪表稳压器。

A. 双金属片电热表头配电热式传感器　　B. 双线圈式表头配电热式传感器

C. 电热式表头配用变阻型传感器　　D. 所有仪表

三、简答题

1. 汽车上常用的信息仪表有哪些？各有什么作用？

2. 简述电热式机油压力表及传感器的工作原理。
3. 汽车电子显示系统有哪些优点？其使用的显示器件有哪些？
4. 汽车上有哪些警报装置和指示灯？各有何作用？
5. 简述燃油量警报装置、机油压力警报装置、冷却液温度报警装置的工作原理。
6. 举例说明汽车电子仪表的应用。
7. 以上海大众轿车为例，总结用故障诊断仪检查电子仪表故障的方法。
8. 现代汽车电子仪表检修中需要注意哪些事项？

项目八　汽车辅助电器设备的检修

【学习目标】

(1) 能认识辅助电器系统各元件及其在汽车上的安装位置。

(2) 能进行各辅助电器系统的拆装、检测与分析。

(3) 能正确使用汽车辅助电器系统。

(4) 掌握电动刮水器、风窗玻璃洗涤器和除霜装置的基本结构及工作原理。

(5) 掌握电动车窗、电动座椅、电动中央门锁、电动后视镜的结构和工作原理。

(6) 能够正确检查电动刮水器、风窗玻璃洗涤器的工作线路，并对常见故障进行检修。

(7) 能够分析、判断和排除电动车窗、电动座椅、电动中央门锁、电动后视镜的常见故障。

任务1　风窗清洁装置的检修

【任务描述与解析】

某汽车风窗清洁装置不工作，要求对该系统进行检测，查出故障原因并进行修复。

要完成本任务，首先要认识风窗清洁装置的组成及功能，认识风窗清洁装置的工作状态，对工作电路图进行分析，理解风窗清洁装置的工作过程；依据故障现象分析可能的故障原因，制定诊断流程，查清故障原因并进行修复。

【相关知识】

汽车风窗清洁装置由风窗玻璃刮水器、风窗玻璃洗涤器和除霜装置三部分组成。其作用是清除风窗玻璃上的雨水、雪、尘土或污物，保证驾驶员有良好的驾驶视线。

1. 电动刮水器

汽车上采用的刮水器按动力源的不同可分为真空式、气动式和电动式三种。因为电动刮水器动力大，容易控制，不受发动机工况影响，所以目前在汽车上广泛使用。一般汽车在前风窗装有刮水器，部分汽车前、后风窗都装有刮水器。

1) 电动刮水器的结构

电动刮水器由直流电动机和一套传动机构组成，如图8.1所示。刮水器电动机11旋转，经蜗杆10、蜗轮9减速后，带动拉杆3、7、8和摆杆2、4、6运动，使左、右两刮片架1、5做往复摆动，橡皮刷便刷去风窗玻璃上的雨水、雪和灰尘。

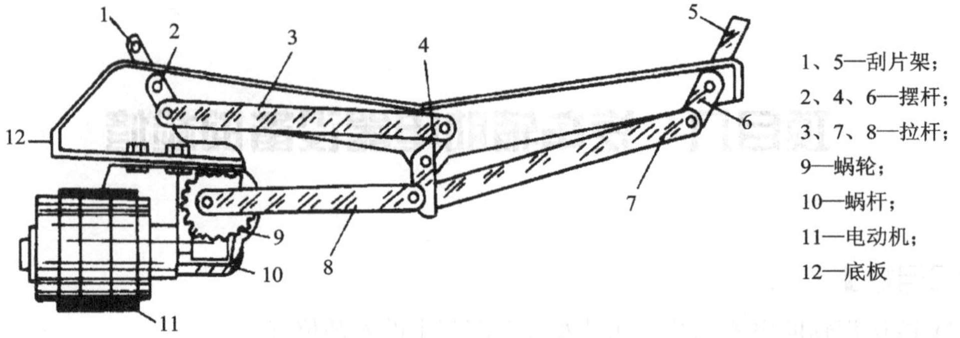

图 8.1　电动刮水器

2) 电动刮水器的变速原理

刮水器的变速是利用直流电动机的变速原理来实现的，由直流电动机电压平衡方程式可得转速公式为

$$n = \frac{U - IR}{kZ\Phi}$$

式中，U 为电动机端电压；I 为通过电枢绕组的电流；R 为电枢绕组的电阻；k 为常数；Z 为正、负电刷间串联的绕组(导体)数；Φ为磁极磁通。

在电压 U 和直流电动机定型的条件下，即 I、R、k 均为常数时，当磁极磁通Φ增大时转速 n 下降，反之转速上升。当两电刷之间的电枢绕组(导体)数 Z 增多时，转速 n 也下降，反之上升。所以，刮水器变速是在直流电动机变速的理论基础上，通过改变电动机磁极磁通的强弱，或者改变两电刷之间的导体(绕组)数来实现的。

(1) 改变磁通变速。采用改变电动机磁极磁通变速的方法，只适合绕线式直流电动机。绕线式电动刮水器的工作原理如图 8.2 所示。

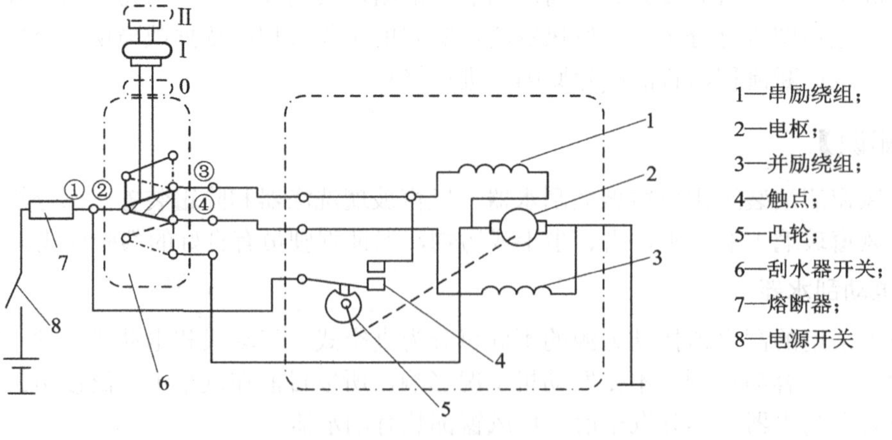

图 8.2　绕线式电动刮水器的工作原理

当刮水器开关在 I 挡位置(低速)时，电流从蓄电池正极经电源开关 8→熔断器 7→接线柱②→接触片，然后分两路：一路通过接线柱③→串励绕组 1→电枢 2 至蓄电池负极形成回路；另一路通过接线柱④→并励绕组 3 至蓄电池负极形成回路。此时，在串励绕组 1 和

并励绕组 3 的共同作用下，磁场增强，电动机以低速运转。

当刮水器开关在Ⅱ挡位置(高速)时，电流由蓄电池正极经电源开关 8→熔断器 7→接线柱②→接触片→接线柱③→串励绕组 1→电枢 2 至蓄电池负极形成回路。此时由于并励绕组 3 被隔除，磁场减弱，电动机以高速运转。

(2) 改变电刷间的导体数变速。要改变电刷间导体数变速，只能通过永磁电动机(三刷永磁式直流电动机)来实现。永磁电动机的磁极为铁氧体永久磁铁，具有不易退磁的优点，能够实现高、低转速，其工作原理如图 8.3 所示。由图可见，它是利用三个电刷来改变正、负电刷之间串联的线圈数来实现变速的。

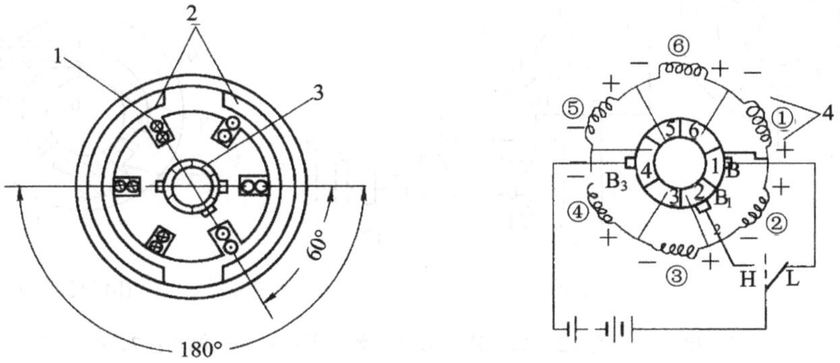

(a) 结构原理图　　(b) 电路原理图

1—电枢绕组；2—永久磁铁；3—换向器；4—反电动势

图 8.3　永磁式刮水器电动机的工作原理

图 8.3(b)中，B_1 为低速运转电刷，B_2 为高速运转电刷，B_3 为公共电刷。B_1、B_2 安装位置相差 60°。

当电动机工作时，在电枢内同时产生反电动势，其方向与电枢电流的方向相反。如果要使电枢旋转，外加电压 U 必须克服反电动势的作用，当电枢的转速上升时，反电动势也相应上升，只有当外加电压 U 几乎等于反电动势时，电枢的转速才趋于稳定。

如图 8.3(b)所示，当开关拨向 L 时，电源电压 U 加在 B_1 和 B_3 之间，在电刷 B_1 和 B_3 之间有①、⑥、⑤串联的支路和②、③、④串联的支路，两条支路并联，支路中串联的线圈(导体)均为有效线圈，串联线圈(导体)数相对较多(每条支路串联三个线圈)。由于有三个线圈串联的反电动势与电源电压平衡，所以电动机以较低转速运转。

当开关拨向 H 时，电源电压 U 加在 B_2 和 B_3 之间，电枢绕组一条为四线圈②、①、⑥、⑤串联，另一条由两个线圈③、④串联。其中，线圈②与线圈①、⑥、⑤的反电动势方向相反，互相抵消，所以组成两条并联支路，支路中串联线圈(导体)数相对较少(每条支路串联三个线圈)。因而只有转速升高使反电动势增大，才能得到新的平衡，所以此时转速较高。

3) 电动刮水器的自动复位装置

汽车上装用的电动刮水器都设有自动复位装置。所谓自动复位，是指在切断刮水器开关时，刮水片能自动停在驾驶员视野以外的指定位置。

图 8.2 中的触点 4 及凸轮 5 就是绕线式电动刮水器的自动复位装置。凸轮与电枢轴联动，触点由凸轮控制。如果断开刮水器开关时，刮水片没有停在指定位置，那么凸轮继续将触点顶在闭合位置，电动机继续转动；只有当刮水片停在指定位置时，凸轮的凹处才把触点断开，电动机也相应地停转。

永磁式电动刮水器的自动复位装置的结构如图 8.4 所示。在减速蜗轮 8 上嵌有铜环，其中较大的一片铜环 9 与电动机外壳相连接而搭铁。

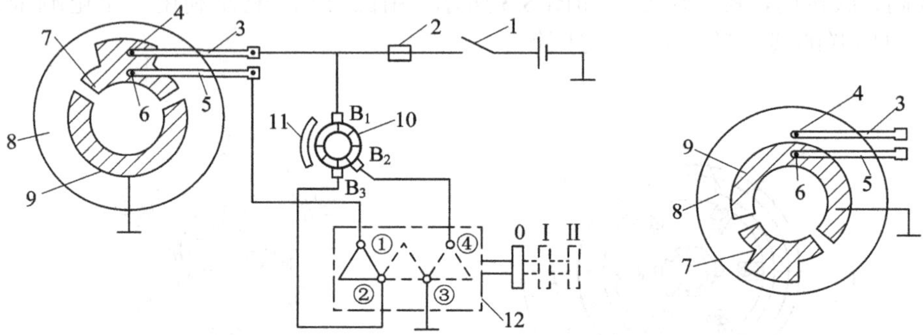

(a) 工作电路　　(b) 复位原理

1—电源总开关；2—熔断器；3、5—触点臂；4、6—触点；7、9—铜环；8—蜗轮；10—电枢；11—永久磁铁；12—刮水器开关

图 8.4　永磁式电动刮水器的自动复位装置原理图

当开关 1 接通，把刮水器开关拉到 I 挡(低速挡)时，电流方向为蓄电池正极→开关 1→熔断器 2→电刷 B_1→电枢绕组→电刷 B_3→接线柱②→接触片→接线柱③→搭铁→蓄电池负极。

当把刮水器开关拉到 II 挡(高速挡)时，电流方向为蓄电池正极→开关 1→熔断器 2→电刷 B_1→电枢绕组→电刷 B_2→接线柱④→接触片→接线柱③→搭铁→蓄电池负极。

当把刮水器开关推到 0 挡时，如果刮水片没有停在规定的位置，则由于触点 6 与铜环 9 接触，电流继续流入电枢。电流由蓄电池正极→开关 1→熔断器 2→电刷 B_1→电枢绕组→电刷 B_3→接线柱②→接触片→接线柱①→触点臂 5→触点 6→铜环 9→搭铁→蓄电池负极，构成回路，电动机以低速运转，如图 8.4(b)所示。直至蜗轮 8 转到图 8.4(a)所示的位置时，触点 6 通过铜环 7 与触点 4 连通，将电动机电枢绕组短路。

由于电枢的惯性，电动机不能立即停止转动，电动机以发电机方式运行，此时电枢绕组通过触点臂 3、5，与铜环 7 接通而短路，电枢绕组产生很大的反电动势，产生制动力矩，电动机迅速停止转动，使橡皮刷复位到风窗玻璃的下部。

4) 电动刮水器的间歇控制

电动刮水器间歇控制的作用，一是在与洗涤器配合使用时，可以实现先洗后刮的循环刮洗工序，以提高刮洗效果；二是在雨量稀少时，如果刮水器仍像原来那样不断地工作，不仅会引起刮片颤动，而且会对玻璃有损伤。同步振荡电路控制的间歇刮水器的电路如图 8.5 所示。电路中，电阻 *R*、电容 *C*、二极管 VD 组成间歇时间控制电路，调整其参数可改变间歇时间的长短。

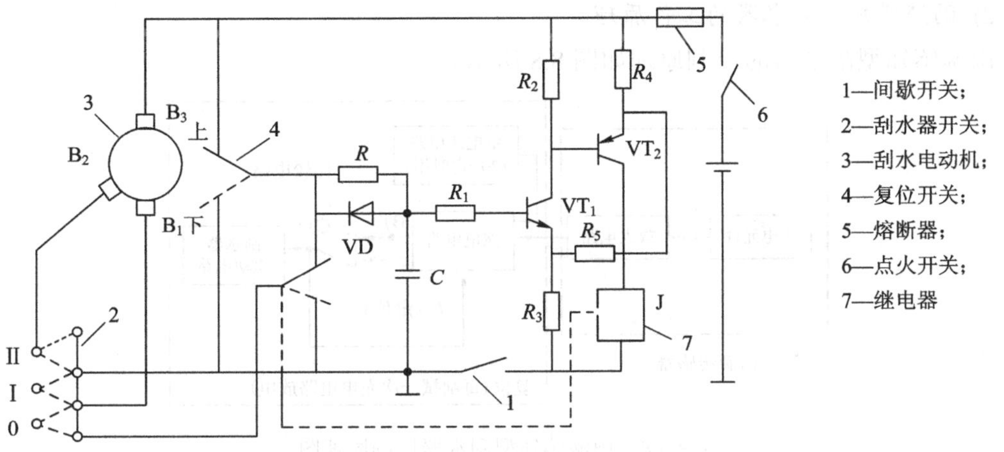

图 8.5　同步式间歇刮水器控制电路

2. 雨滴感知型刮水器

电动刮水器虽然能够实现间歇控制，但不能够随雨量的变化及时调整雨刮的刮水频率。雨滴感知型刮水器则能根据雨量的大小自动调节刮水器的刮水频率，使驾驶员始终保持良好的视线。

1) 雨滴感知型刮水器的组成

雨滴感知型刮水器主要由雨滴传感器、间歇刮水放大器和刮水器电动机组成，如图 8.6 所示。雨滴传感器将雨量的大小转变为与之相对应的电信号，主要由振动片、压电元件、放大电路等组成，其结构如图 8.7 所示。

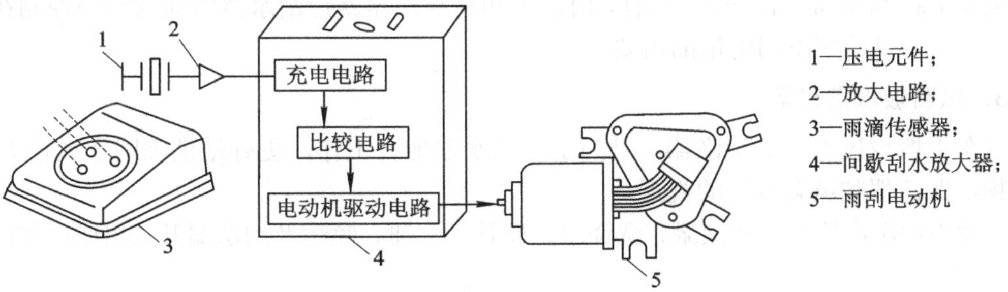

图 8.6　雨滴感知型刮水器的组成

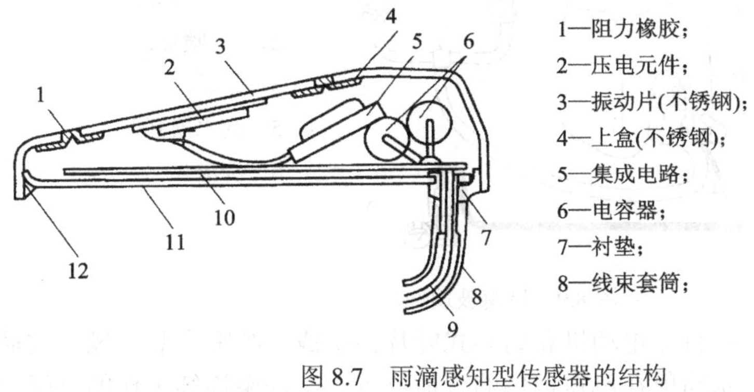

图 8.7　雨滴感知型传感器的结构

2) 雨滴感知型刮水器的工作原理

雨滴感知型刮水器的控制原理如图 8.8 所示。

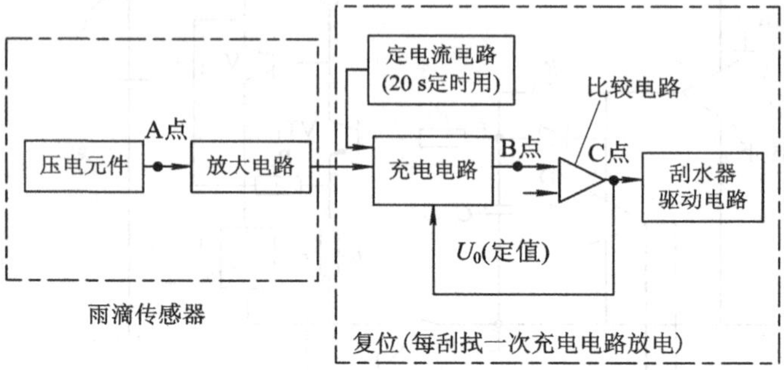

图 8.8　雨滴感知型刮水器控制原理图

工作时，由于雨滴下落撞击到传感器的振动片 3 上，振动片 3 将振动能量传给压电元件 2(如图 8.7 所示)。压电元件受压而产生电压信号，该电压值与撞击振动片上的雨滴的撞击能量成正比。电压信号经过放大后送入间歇刮水放大电路，对放大器的充电电路(电容)进行 20 s 的定时充电，随之电容电压上升。该电压输入比较电路，比较电路将其与基准电压 U_0 比较。当电容电压达到 U_0 时，比较电路向刮水器电动机发出信号，使其工作一次。当雨量大时，压电元件产生的电信号强，充电电路电压达到基准电压值 U_0 所需的时间就短，刮水器的工作间歇时间就短；反之，雨量小时压电元件产生的电压小，充电电路电压达到基准电压 U_0 所需的时间就长，刮水器的工作间歇时间就长。当雨量很小，雨滴传感器没有电压信号输出时，只有定电流电路对充电电路进行充电，20 s 后充电电路的输出电压达到基准电压 U_0，刮水器动作一次。这样，雨滴感知型刮水器就把刮水器的间歇时间控制在 0～20 s 范围内，以适应不同雨量的需要。

3. 风窗玻璃洗涤器

汽车上增设风窗玻璃洗涤器，是为了与刮水器配合工作，更好地消除附在风窗玻璃上的污物，保证驾驶员有良好的视野。

风窗玻璃洗涤器由洗涤液罐、洗涤泵、软管、三通、喷嘴及刮水器开关组成，如图 8.9 所示。

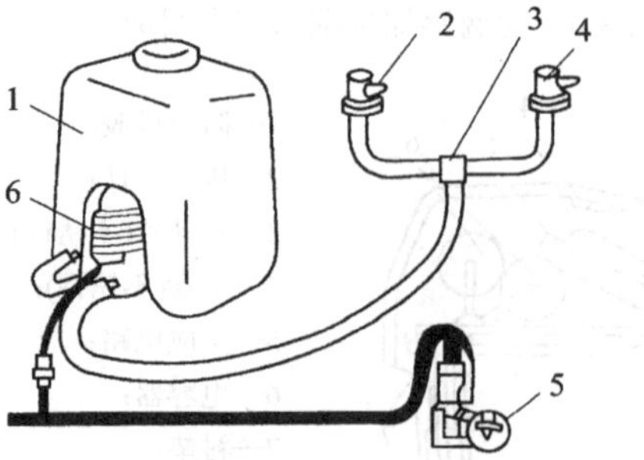

1—洗涤液罐；
2、4—喷嘴；
3—三通；
5—刮水器开关；
6—洗涤泵

图 8.9　风窗玻璃洗涤器

洗涤泵由一只微型永磁直流电动机和离心式叶片泵组成。喷嘴安装在风窗玻璃下面，其喷嘴方向可以调整，使水喷射在风窗玻璃的合适位置。洗涤泵连续工作的时间一般不超过 1 min，使用时应先开洗涤泵，使洗涤液喷出浸软尘土和污物后，再开刮水器。在喷水停止后，刮水器应连续刮 2 次～5 次，这样配合使用才能达到良好的洗涤效果。所以，洗涤器的电路一般与刮水器开关联合工作。

图 8.10 所示是奥迪轿车前风窗玻璃清洗装置电路，当刮水器开关在 I 挡位置时，刮水器处于间歇工作状态，利用自动复位触点及 C_2 充放电时间来实现间歇控制；当刮水器开关处于 I 挡时，刮水器以低速工作；当刮水器开关处于 II 挡时，刮水器以高速工作；当刮水器开关置于 Tip 位置时，刮水器电机短时间工作；松开刮水器 I 开关，开关自动返回至 0 位置。

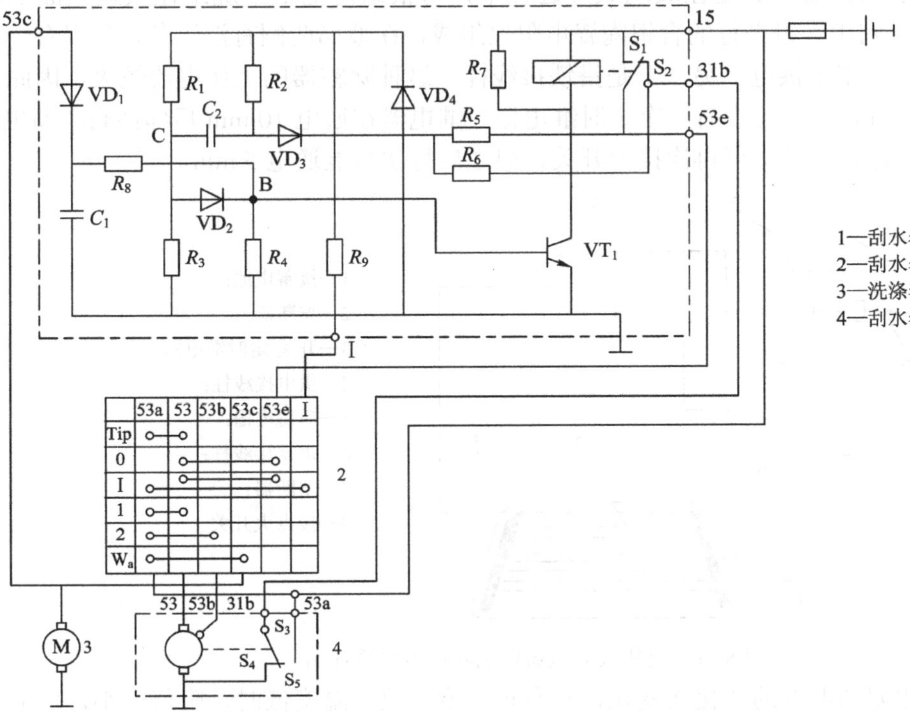

1—刮水器间隙控制器；
2—刮水器及洗涤器开关；
3—洗涤器电动机；
4—刮水器电动机

图 8.10　奥迪轿车前风窗玻璃清洗装置电路

当刮水器开关置于 Wa 位置时，将完成洗涤和刮水两项工作，具体工作过程如下。

(1) 洗涤器工作电路中的工作电流路径为：蓄电池正极→熔断器→刮水器开关的 53a 端子→刮水器开关的 53c 端子→洗涤器电动机→搭铁→蓄电池负极。于是洗涤器开始工作，将洗涤液喷洒到风窗玻璃上。

(2) 除洗涤器工作外，同时电路中的工作电流流向为刮水器开关的 53c 端子→刮水器间歇控制器的 53c 端子→二极管 VD_1→电容 C_1→搭铁→蓄电池负极，构成回路，给 C_1 充电。在 C_1 充电的同时，电阻 R_8 与电阻 R_4 电路中的电流由小增大，B 点的电位逐渐升高。在此电压作用下，晶体三极管 VT_1 导通，刮水器间歇控制器的继电器线圈通电，触点 S_1 闭合，使刮水器间歇控制器中的端子 15 与 53e 接通，于是刮水器电机的电路接通。电路中的工作电流流向为蓄电池正极→熔断器→刮水器间歇控制器端子 15 与 53e→刮水器开关的端子 53e 与 53→刮水器电动机→搭铁→蓄电池负极，构成回路，于是刮水器电动机以低速工作。

松开刮水器开关手柄时，刮水器开关自动复位，洗涤泵立刻停止喷水工作。但这时刮水器间歇控制器中的电容 C_1 开始向电阻 R_8 及电阻 R_4 放电，使晶体三极管 VT_1 继续导通，刮水器电动机仍以低速工作 4 s，即电容 C_1 放电的时间，其目的是为了刮干前风窗玻璃上的水滴。

4．风窗玻璃除霜装置

冬天风窗玻璃会结霜，轻时影响驾驶员视野，重时会无法驾驶运行，所以汽车上必须装有风窗玻璃除霜装置。汽车前、侧风窗玻璃上的霜层通常是利用空调系统中产生的暖气进行清除的，后风窗玻璃多使用电热式除霜。

后风窗玻璃除霜器一般是在玻璃成形过程中，将很细的电阻丝烧结在玻璃表面上，如图 8.11 所示。它由一组平行的含银陶瓷电阻丝组成，在玻璃两侧有汇流条，各焊有一个接线柱，其中一个用于供电，另一个是搭铁接线柱。这种除霜器的工作电流较大，因此电路中除设有开关外，有的还设有一个定时继电器。继电器在通电 10 min 后即能自动断电，如果霜还没有除净，驾驶员可再次接通开关，但之后每次只能通电 5 min。

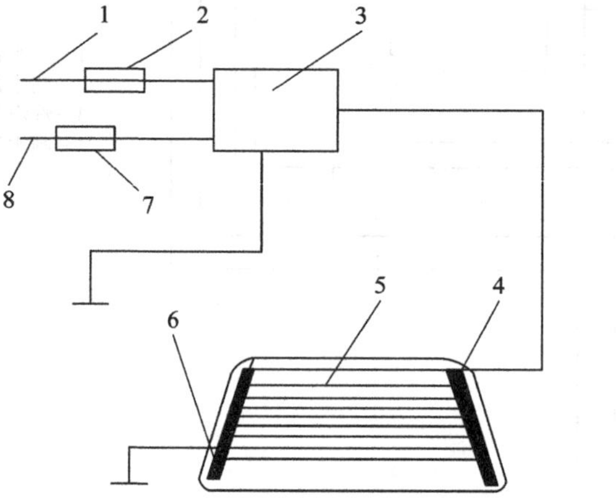

1—接蓄电池；
2—熔断器；
3—开关/定时继电器；
4—供电接线柱；
5—后窗电栅；
6—搭铁接线柱；
7—熔断器；
8—接点火开关

图 8.11 电热式后风窗玻璃除霜电路原理图

除霜器的电阻随温度的变化而变化，具有正温度系数。温度低时，阻值减小，电流增大；温度高时，阻值增大，电流减小。因此，除霜器自身具有一定的调节功能。

对电阻丝通电控制方式可分为手动和自动两种。自动控制除霜装置由开关、自动除霜传感器、自动除霜控制器、电阻丝电栅等组成，如图 8.12 所示。

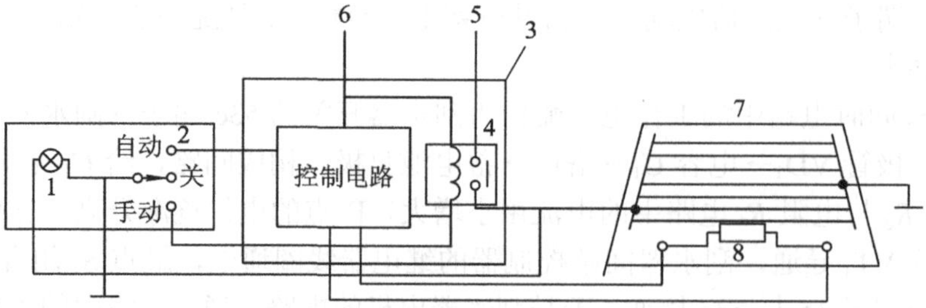

1—指示灯；
2—后除霜器开关；
3—自动后除霜器控制盒；
4—继电器；
5—接点火开关IG接线柱；
6—接点火开关ACC挡位；
7—后除霜器；
8—传感器

图 8.12 后风窗自动控制除霜装置

自动控制除霜装置的工作过程如下：

(1) 当除霜开关位于“关”位置时，除霜装置不工作。

(2) 当除霜开关拨至“自动”位置时，除霜装置工作。当后窗玻璃下缘所装传感器检测到冰霜达到一定厚度时，传感器电阻值急剧减小到某一设定值，控制器便控制继电器使电路接通，继电器触点闭合。于是，由点火开关 IG 接线柱向电阻丝供电，同时仪表板上的指示灯点亮，指示除霜装置正在工作。随着玻璃上冰霜减少到某一程度后，传感器电阻值增大，控制器便将继电器电路切断，触点断开，指示灯熄灭，后窗电栅断电，除霜装置停止工作。

(3) 将除霜开关拨至“手动”位置时，继电器磁化线圈可经“手动”开关直接搭铁，使除霜电路接通。

【任务实施】

电动刮水器及清洗装置的故障诊断与维修

下面以桑塔纳轿车的刮水器及清洗装置为例说明。

1．刮水器及清洗装置的结构

桑塔纳轿车的刮水器及清洗装置由熔断器、带间歇挡的前风窗刮水器开关、前风窗刮水器继电器、电动机、刮水器支座、连杆总成、定位杆以及刮水器橡皮条、喷水泵、储液罐、喷嘴等组成。

桑塔纳轿车风窗刮水与清洗系统电路如图 8.13 所示。在中央线路板内部，端子“D_9”与“A_5”接通，端子“D_{20}”与端子“D_9”接通，端子“D_{17}”与“A_6”接通，端子“C_9”与“A_{19}”接通，端子“D_{22}”为搭铁端子，减荷继电器 2 安装在中央线路板 8 号位置；刮水继电器安装在中央线路板 10 号位置。

刮水器高速工作时，电动机电路直接受刮水器与洗涤器开关 6 控制，不受刮水继电器控制，刮水器与洗涤器开关拨到 1 挡，其电路为：电源正极→中央线路板单端子插座→红色导线→点火开关“30”端子→点火开关“X”端子→黑/黄色导线→熔断器 S_{11}→中央线路板端子“B_9”→黑/灰色导线→刮水器与洗涤器开关“53a”端子→刮水器与洗涤器开关 1 挡→刮水器与洗涤器开关“53b”端子→绿/黄色导线→中央线路板“A_5”端子→端子“D_9”→绿/黄色导线→刮水器电动机“53b”端子→刮水器电动机→电动机“31”端子→棕色导线搭铁，最终回到电源负极。此时电动机电刷偏置，刮水器处于快速刮水状态。

当刮水器与洗涤器开关拨到 2 挡时，刮水器低速工作，其电路为：电源正极→中央线路板单端子插座→红色导线→点火开关“30”端子→点火开关“X”端子→黑/黄色导线→熔断器 S_{11}→中央线路板端子“B_9”→黑/灰色导线→刮水器与洗涤器开关“53a”端子→刮水器与洗涤器开关 2 挡→刮水器与洗涤器开关“53”端子→绿色导线→中央线路板“A_2”端子→刮水继电器“53S”端子→刮水继电器触点→刮水继电器“53H”端子→中央线路板“D_{12}”端子→绿/黑色导线→刮水器电动机→电动机“31”端子→棕色导线搭铁，最终回到电源负极。此时电动机电刷相隔 180°，风窗上的刮水片慢速摆刮。

桑塔纳轿车刮水器电动机上设有一个由凸轮驱动的停机自动复位开关，用于保证刮水器停机(刮水器与洗涤器开关拨回到 3 挡)时，刮水片处在挡风玻璃下沿位置。只有在刮水片摆到挡风玻璃下沿时，刮水器电动机电路才能切断，否则停机自动复位开关的触点“53e”和“53a”接通，电动机将继续转动，直到刮水片摆到玻璃下沿时为止。

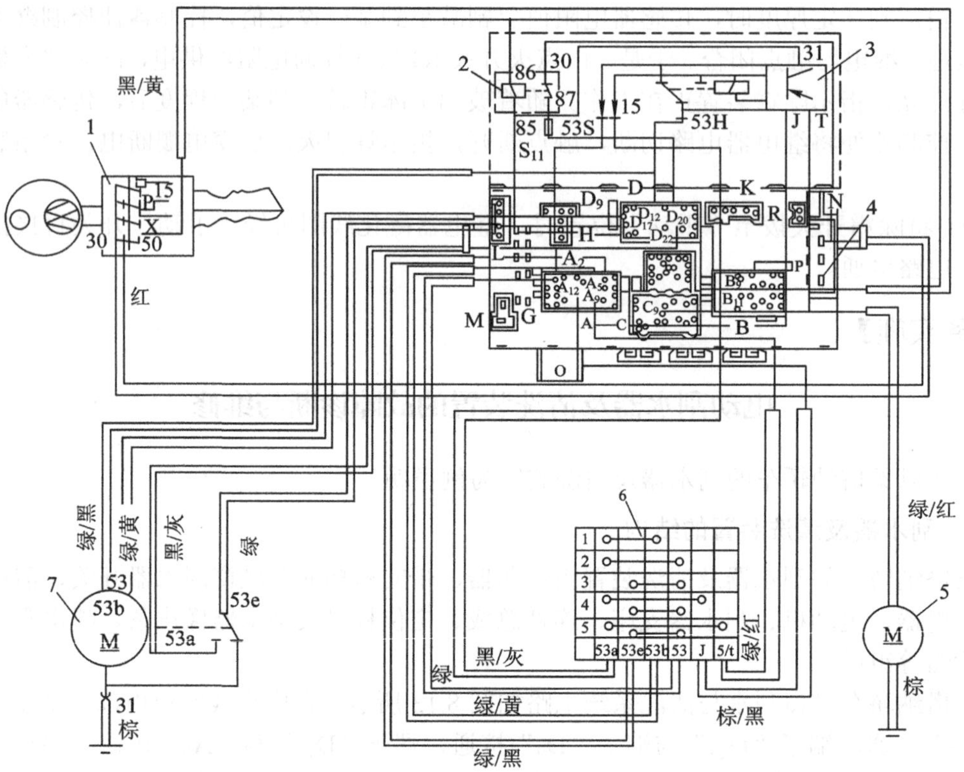

1—点火开关；2—减荷继电器；3—刮水继电器；4—中央线路板；5—洗涤器电动机；
6—刮水器与洗涤器开关；7—刮水器电动机

图 8.13 桑塔纳轿车风窗刮水与清洗系统电路

当点火开关接通时，减荷继电器线圈电流接通，其电路为：电源正极→中央线路板单端子插座→红色导线→点火开关“30”端子→点火开关“X”端子→黑/黄色导线→减荷继电器的“86”端子、线圈、“85”端子→中央线路板“D_{22}”端子搭铁→电源负极。

减荷继电器线圈通电产生电磁吸力，将其触点吸闭，刮水器电动机停机复位时的电路接通，其电路为：电源正极→中央线路板单端子插座→减荷继电器“30”端子、触点、“87”端子→中央线路板“D_{20}”端子→黑/灰导线→刮水器电动机触点“53a”、“53e”→绿色导线→中央线路板“D_{17}”端子→中央线路板“A_6”端子→绿/黑色导线→刮水器与洗涤器开关“53e”、“53”端子→绿色导线→中央线路板“A_2”端子→刮水器继电器“53S”端子→继电器触点“53H”端子→中央线路板“D_{12}”端子→绿/黑色导线→刮水器电动机→“31”端子→搭铁→电源负极。刮水器电动机转动到复位开关的触点“53e”与搭铁触点“30”接通时，电动机电路切断，停止转动，此时刮水片正好摆到挡风玻璃下沿位置。

桑塔纳轿车刮水器与洗涤器手柄开关的 3 挡为空挡，此挡时刮水器处于停止工作状态。当驾驶员按下手柄开关时，刮水系统工作情况与手柄开关接通 2 挡时相同；当放松手柄时，开关将自动回到空挡，实现点动刮水。

当刮水器与洗涤器开关拨到 4 挡(最下挡)时，刮水器处于间歇工作状态。在继电器的控制下，刮水器每 6 s 工作一次。刮水继电器电路为：电源正极→中央线路板单端子插座→红色导线→点火开关“30”端子→点火开关“X”端子→黑/黄色导线→熔断器 S_{11}→中央线路板端子“B_9”→黑/灰色导线→刮水器与洗涤器开关“53a”端子→刮水器与洗涤器开关 4 挡→刮水器与洗涤器开关“J”端子→棕/黑色导线→中央线路板“A_{12}”端子→刮水继电器“J”端子→继电器内部电路→继电器“31”端子搭铁→电源负极。

刮水继电器电源接通后，内部电路工作，其触点每 6s 将“53H”端子接通电源一次，使刮水器电动机电源接通工作。此时电动机电路为：电源正极→中央线路板单端子插座→红色导线→点火开关“30”端子→点火开关“X”端子→黑/黄色导线→熔断器 S_{11}→中央线路板端子“B_9”→继电器“15”端子→继电器触点→继电器“53H”端子→绿/黑色导线→刮水器电动机→电动机“31”端子→棕色导线搭铁→电源负极。

当刮水器开关朝方向盘拨时，前洗装置开始工作，喷水泵喷水，刮水器来回刮 3～4 次即停止。

2. 刮水器与清洗装置的维修

1) 刮水器橡胶条的拆装

(1) 用鲤鱼钳把刮水橡胶条被封住的一侧的两块钢片钳在一起，从上面的夹子里取出，并把橡胶条连同钢片从刮水片其余的几个夹子里拉出。

(2) 把新的刮水橡胶条塞进刮水片下面的夹子里，并把它扎紧。

(3) 把两块钢片插入刮水橡胶条的第一条的槽口，对准橡胶条并进入槽内的橡胶条凸缘内。

(4) 用鲤鱼钳把两块钢片与橡胶条重新钳紧，并插入上端夹子，使夹子两边的凸缘均进入刮水橡胶条的限位槽内。

2) 曲柄定位位置的调整

(1) 使刮水器电动机转到极限位置。

(2) 装上曲柄，并调整到能看见管内螺纹为止。

3) 刮水器支座的更换

刮水器支座一经拆卸，就应进行更换。在拆卸刮水器支座时，用割刀切断铆钉，如图 8.14 所示。安装刮水器支座时，支座应支撑牢固。

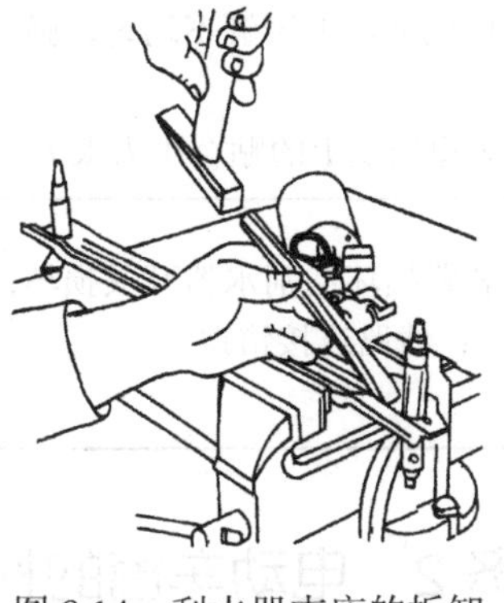

图 8.14　刮水器支座的拆卸

4) 刮水器和清洗装置的故障排除

刮水器常见故障包括各挡都不工作、个别挡位不工作、雨刷不能停在正确位置等。

刮水器和清洗装置常见故障与排除方法见表 8.1。

表 8.1　刮水器和清洗装置常见故障与排除方法

故障现象	可能的故障原因	排除方法
接通点火开关，拨动刮水器各挡开关，刮水器均不工作	熔断器 S_{11} 熔断 刮水器电动机插接器不良 刮水器电动机内部断路转子咬死	更换 修理或更换 修理或更换
刮水器在“慢挡”工作，其余各挡均不工作	中央线路板“D_{12}”接头及中间连接导线接触不良、断路继电器损坏 刮水器开关有故障	修理或更换中间导线 更换 修理或更换
刮水器快挡工作正常，其余挡均不工作	继电器故障	更换
刮水器在“间歇”挡不工作，其作各挡均工作正常	中央线路板“A_{12}”接头及中间连接导线接触不良、断路 刮水器开关有故障 继电器损坏	修理或更换中间导线 修理或更换 更换
刮水器开关在“喷水挡”时，刮水与喷水均不工作，其余各挡无工作异常	中央线路板“A_{19}”、“C_9”接头及中间连接导线接触不良、断路 刮水器开关有故障 喷水电机、喷水泵有故障，连接管、喷嘴堵塞	修理或更换中间导线 修理或更换 修理、更换或清洗
玻璃上留存水迹擦痕	刮水橡胶条过脏 橡胶条因边缘磨损而断裂或磨坏 橡胶条老化，表面扯破	用硬质尼龙刷和洗涤剂溶液或酒清刷洗 更换新的橡胶条 更换新的橡胶条
刮水后仍留有积水	挡风玻璃粘有油漆、抛光剂、机油等	用干净的抹布蘸上硅酮去油剂擦拭风窗玻璃
刮水片一侧正常，另一侧嘎嘎作响	有一面刮水橡胶条变形，不能正常工作 定位杆扭曲，刮水片斜着卡在挡风玻璃上	装上新的刮水橡胶条 小心地把刮水杆扭转到垂直
部分表面刮不到	刮水橡胶条从卡槽中脱出 刮水片在挡风玻璃上接触不均匀，弹簧条或钢片弯曲 刮水杆在风窗玻璃上的贴合压力太大	把刮水橡胶条塞进卡槽 更换刮水片 对刮水杆的接头和弹簧条稍微加一点油或调换刮水杆
雨刷不能停在正确位置	自动停位装置损坏；刮水器开关损坏；刮水臂调整不当；线路连接错误。	首先检查刮水臂的安装是否正确；开关线路连接是否正确；最后检查自动停位机构的触片和滑片接触是否良好

任务 2　电动车窗的检修

【任务描述与解析】

一辆凌志 LS400 型轿车，按下控制开关后，发现驾驶员侧电动车窗不能自动升降，而其他各车窗可以自由升降。要求对该车的电动车窗系统进行检测，查出故障原因并进行修复。

设计任务的主要目的是使学习者通过对电动车窗控制电路的分析，熟悉电动车窗系统的工作原理，根据故障现象分析可能的故障原因，并确定诊断流程；能够按正确的操作规范逐项检测，查出故障原因并进行修复。

【相关知识】

电动车窗是指以电为动力使车窗玻璃自动升降的车窗。它由驾驶员或乘员在座位上操纵开关来接通车窗升降电动机的电路，电动机产生动力，并通过一系列的机械传动，使车窗玻璃按要求进行升降。

1. 电动车窗的构造

电动车窗系统由双向直流电动机、车窗玻璃升降器、控制开关、继电器、断路器等装置组成。电动机有永磁型和双绕组串励型两种。每个车窗都装有一个电动机，通过开关控制它的旋转方向，使车窗玻璃上升或下降。

车窗玻璃升降器常见的有钢丝滚筒式和齿扇式两种，如图 8.15 和图 8.16 所示。钢丝滚筒式玻璃升降器的双向直流电动机前端安装有蜗轮蜗杆减速机构，其上安装一个绕有钢丝的滚筒，玻璃卡座固定在钢丝上，且可在滑动支架上移动。齿扇式玻璃升降器的双向直流电动机带动蜗轮蜗杆减速机构后，驱动齿扇，从而使车窗玻璃上下移动。

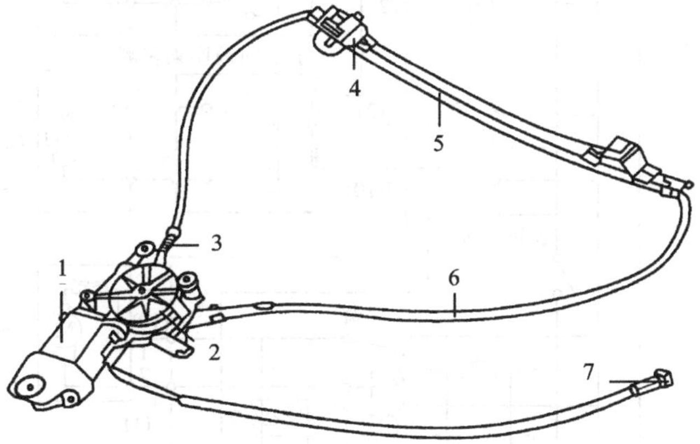

1—直流电动机；
2—蜗轮蜗杆；
3—减振弹簧；
4—玻璃卡座；
5—滑动支架；
6—拉锁；
7—电源插头

图 8.15　钢丝滚筒式车窗玻璃升降器

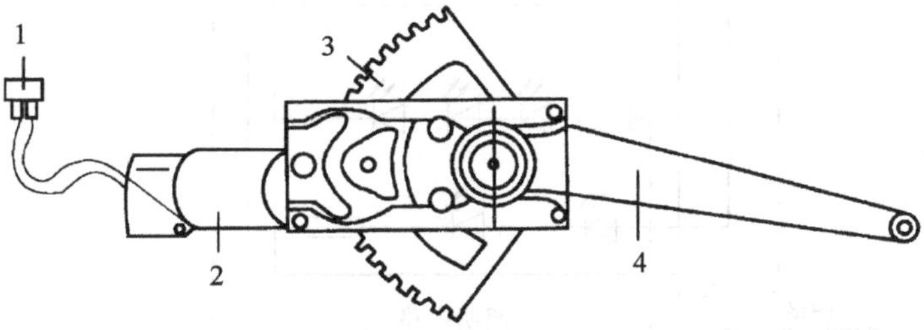

1—电源插头；
2—直流电动机；
3—齿扇；
4—推力杆

图 8.16　齿扇式车窗玻璃升降器

一般电动车窗系统都装有两套控制开关：一套装在仪表板或驾驶员侧车门扶手上，为主开关，它由驾驶员控制每个车窗玻璃的升降；另一套分别装在每一个乘客门的扶手上，为分开关，可由乘客进行操纵。一般在主开关上还装有控制分开关的总开关，如果它断开，分开关就不起作用。

为了防止电动机过载，在电路或电动机内装有一个或多个热敏断路开关，用以控制电动机中的电流。当车窗玻璃因某种原因卡住(如结冰)，即使操纵开关没有断开，热敏开关也会自动断路，从而保护电动机。有的车上还专门装有一个延迟开关，在点火开关断开后约 10 min 内，或在车门打开以前，仍有电源提供，使驾驶员和乘客有时间关闭车窗。

2．永磁型直流电动机电动车窗

永磁型直流电动机电动车窗通过改变电动机电枢的电流方向来改变电动机的旋转方向，从而使车窗玻璃上升或下降。图 8.17 所示为日本凌志 LS400 轿车电动车窗控制电路，它由电源、易熔线、主继电器、开关、电动车窗电动机、指示灯等组成。

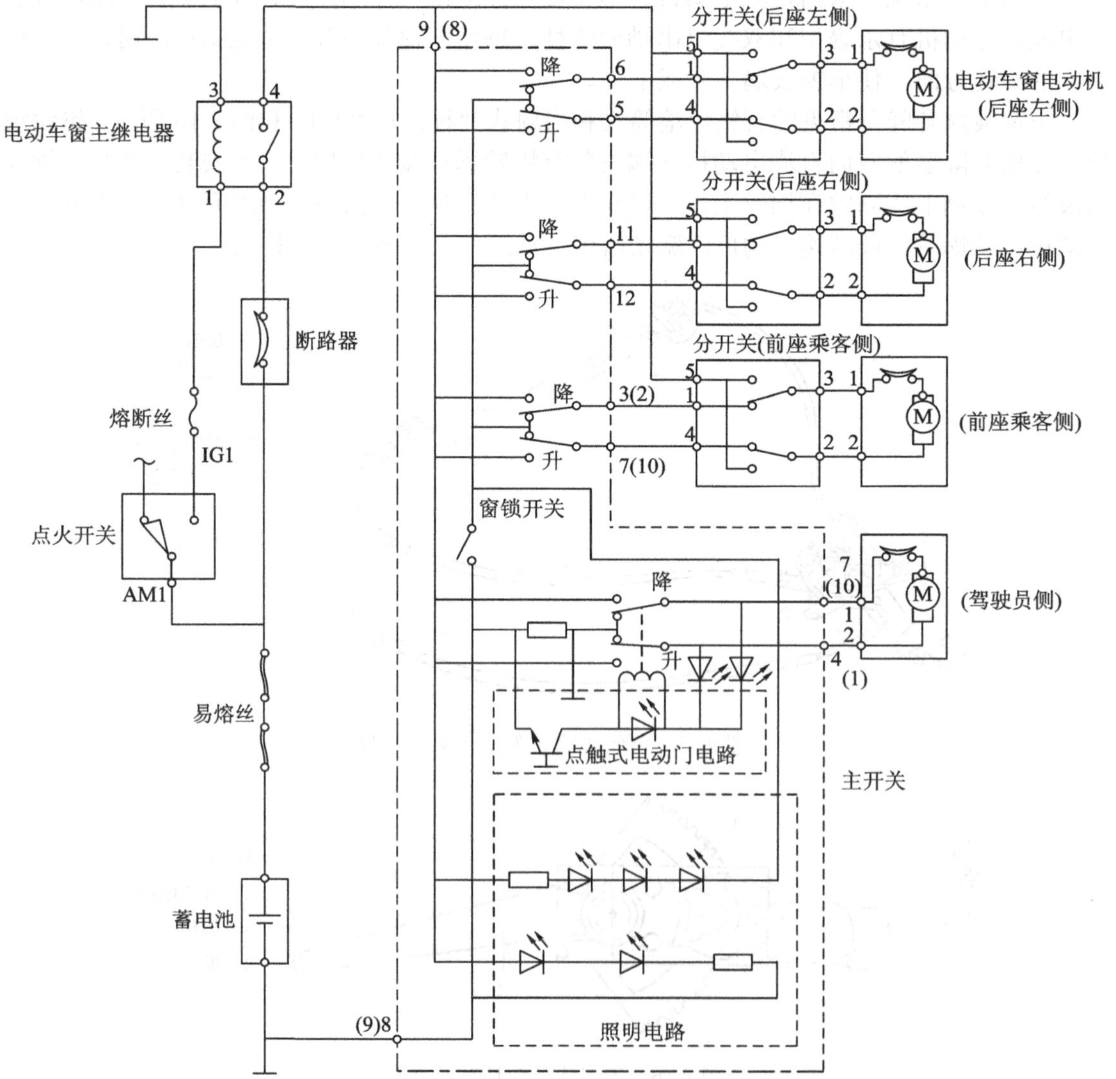

图 8.17 凌志 LS400 轿车电动车窗控制电路

其工作过程如下：

(1) 当点火开关旋到点火挡时，由蓄电池正极→易熔线→点火开关→熔断丝→电动车窗主继电器磁化线圈→搭铁→蓄电池负极构成回路，电动车窗主继电器触点闭合，给电动车窗控制电路提供电源。

(2) 若总开关(图 8.17 中窗锁开关)断开，则只有驾驶员侧车窗具备工作条件，其他车窗玻璃驱动电动机的搭铁线均被切断。例如，驾驶员侧车窗玻璃需要下降时，驾驶员按下主开关相应的驾驶员侧车窗玻璃下降开关，由蓄电池正极→易熔线→断路器→电动车窗主继电器触点→“9”接柱→驾驶员侧车窗开关“降”→“10”接柱→驾驶员侧电动车窗电动机→“4”接柱→搭铁→蓄电池负极构成回路，完成下降动作。另外，驾驶员侧的车窗玻璃在下降的同时也可受点触式电路的点动控制，车窗玻璃在下降过程中，即如果要使其停止在某一位置，则只要再点触一下开关即可。当需要车窗玻璃上升时，驾驶员按下主开关上的上升开关即可，因为电动机是永磁双向电动机，因而当电动机的电枢电流方向相反时，电动机通电后反转，使车窗玻璃上升。

(3) 当总开关(图 8.17 中窗锁开关)闭合时，驾驶员可对其他车窗玻璃进行控制。例如，驾驶员按下主开关相应的前座乘客侧车窗玻璃上升开关时，其电流由蓄电池正极→易熔线→断路器→电动车窗主继电器触点→“9”接柱→主开关前座乘客侧车窗开关“升”→前座乘客侧分开关“升”→前座乘客侧电动车窗电动机→前座乘客侧分开关“降”→窗锁开关→搭铁→蓄电池负极构成闭合回路，使前座乘客侧车窗玻璃上升。

(4) 当总开关闭合时，乘客可对相应车窗玻璃进行控制。例如，乘客按下分开关相应的前座乘客侧车窗玻璃上升开关时，其电流由蓄电池正极→易熔线→断路器→电动车窗主继电器触点→前座乘客侧分开关“升”→前座乘客侧电动车窗电动机→前座乘客侧主开关→窗锁开关→搭铁→蓄电池的负极构成了闭合电路，使前座乘客侧车窗玻璃上升。

3. 双绕组串励型直流电动机电动车窗

双绕组串励型直流电动机有两个绕向相反的磁场绕组，一个称为“上升”绕组，一个称为“下降”绕组，在给不同绕组通电时，会产生相反方向的磁场，电动机的旋转方向也就不同，从而实现车窗玻璃上升或下降。其典型控制电路如图 8.18 所示。

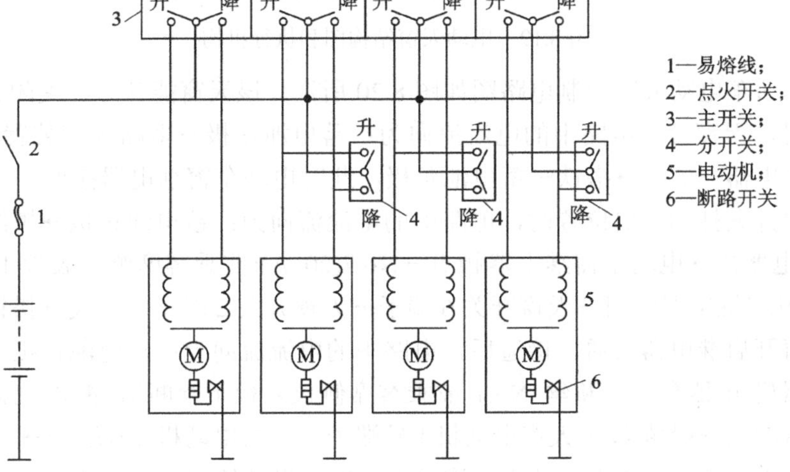

图 8.18　双绕组串励型直流电动机电动车窗控制电路

电动车窗的断路开关是双金属片触点臂结构，当电动机超载电路中电流过大时，双金属片因温度上升而变形，触点打开，切断电路。电流消失后，双金属片冷却，变形消失，触点再次闭合。如此周期动作，使电动机电流平均值不超过规定值，不致过热而烧坏。

4．电动天窗

电动天窗主要由天窗组件、滑动机构、驱动机构和控制系统组成，如图 8.19 所示。天窗组件包括天窗框架、天窗玻璃、遮阳板、导流槽、排水槽等部分。电动天窗执行机构主要由电动机、传动机构、滑动螺杆等组成。工作时，电动机驱动传动机构，使得天窗滑移开启或倾斜开启。

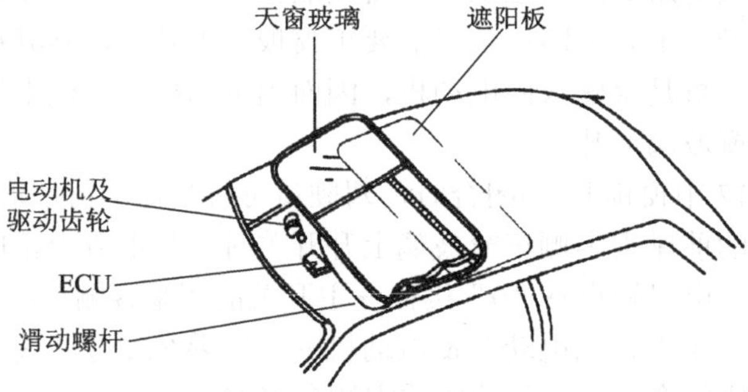

(a) 电动天窗结构图

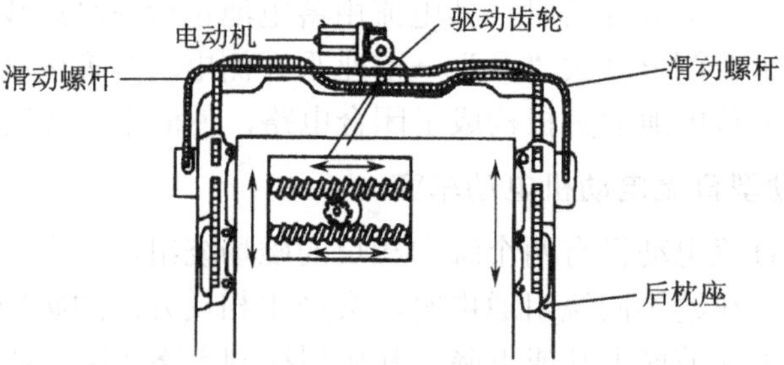

(b) 电动天窗执行机构

图 8.19 电动天窗结构图和执行机构

本田雅阁轿车电动天窗控制电路图如图 8.20 所示。该天窗能开启、关闭、倾斜。当打开点火开关时，天窗开启电路中的电流流向为：蓄电池正极→多路控制装置(前乘客席侧)→电动车窗继电器→黑线→搭铁→蓄电池负极，此时电动车窗继电器接通。

电动天窗开关打到开启位置时，电路中的电流流向为：蓄电池正极→黑线→发动机盖下熔断器/继电器盒→电动车窗继电器触点→No.7(20 A)(前乘客席侧仪表板下熔断器/继电器盒)→天窗开启继电器线圈→天窗开关 6 端子→天窗开关 2 端子→黑线→搭铁→蓄电池负极，此时天窗开启继电器接通。接通后，电路中的电流流向为：蓄电池正极→黑线→发动机盖下熔断器/继电器盒→熔断丝 No.1(前乘客席侧仪表板下熔断器/继电器盒)→绿线→天窗开启继电器触点→绿/黄线→天窗电动机 1 号端子→天窗电动机 2 号端子→绿/红线→天窗关闭继电器触点→搭铁→蓄电池负极，这时天窗电动机开始工作，天窗开启。

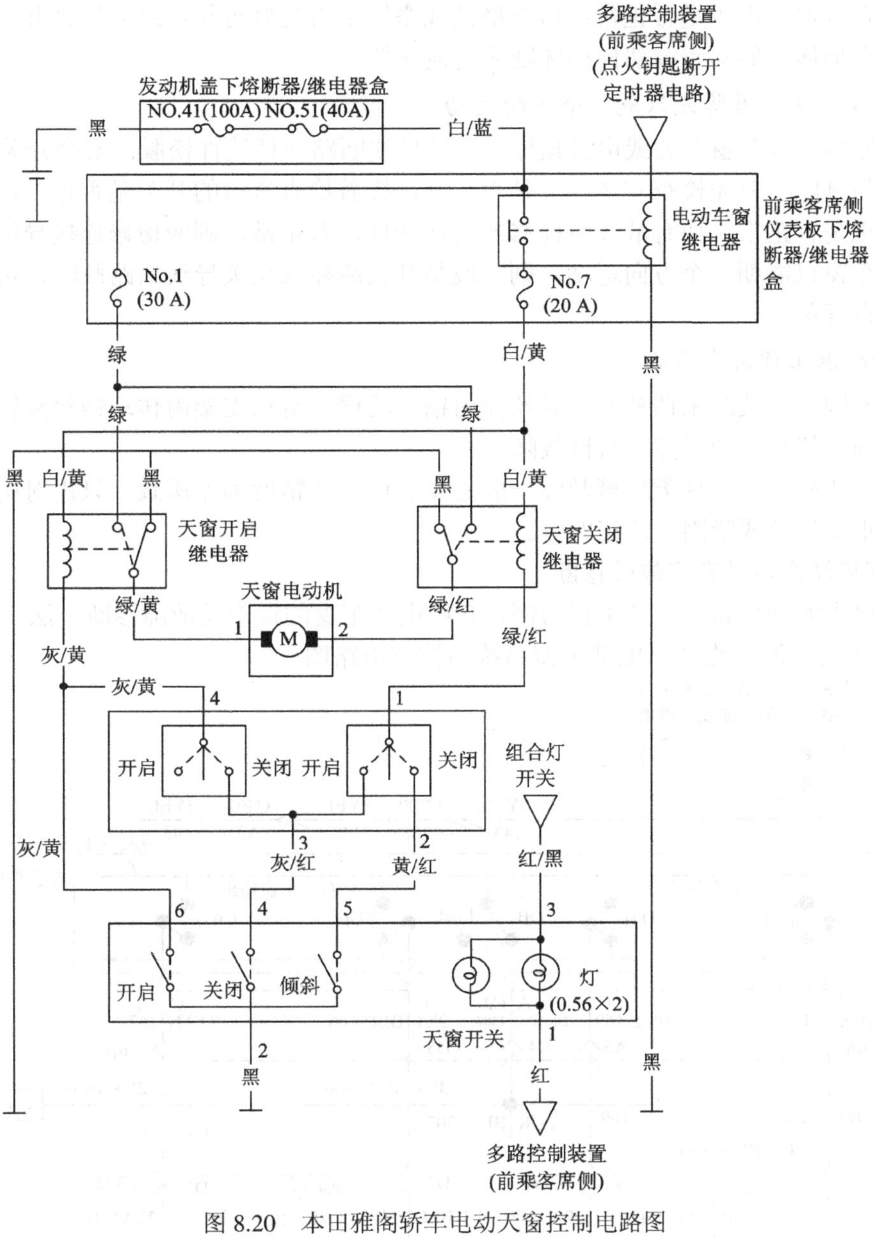

图 8.20 本田雅阁轿车电动天窗控制电路图

【任务实施】

电动车窗故障的诊断与检修

1. 电动车窗常见故障与排除

1) 玻璃升降器不工作

主要原因：熔断器断路；连接导线断路或相关插接件松脱；有关继电器、开关损坏；电动机损坏；搭铁线锈蚀、松动。

诊断与排除：首先检查熔断器是否断路，然后检查各插接件连接是否紧固可靠；检查电源线是否有电，电压是否正常；检查搭铁线搭铁是否良好可靠；最后检查开关、继电器及电机是否损坏，如确属零部件损坏则应更换新件。

2) 某车窗不能升降或只能一个方向运动

主要原因：该车窗开关或电机损坏；该处导线断路或插接件松脱；安全开关故障。

诊断与排除：首先检查安全开关是否正常；接着检查该窗的开关是否正常；再通电检查该窗电机是否正常，如有故障应检修或更换新件，若正常，则应检修连接导线是否有断路处。如车窗只能朝一个方向运动，则一般是开关故障或相关导线断路故障，可先检查线路，再检查开关。

3) 升降器工作时有异响

主要原因：安装时未调整好；卷丝筒内钢丝跳槽；滑动支架内传动钢丝夹转动；电动机盖板或固定架与玻璃碰擦等机械故障。

诊断与排除：通常这类机械故障一般是安装位置或精度偏差所致，只需对所在位置的螺钉进行重新调整或紧固、矫正即可。

2．别克轿车电动车窗故障诊断

下面以上海别克轿车电动车窗为例，介绍电动车窗的检查及故障诊断方法。图 8.21 和图 8.22 所示为上海别克轿车电动车窗系统的控制电路图。

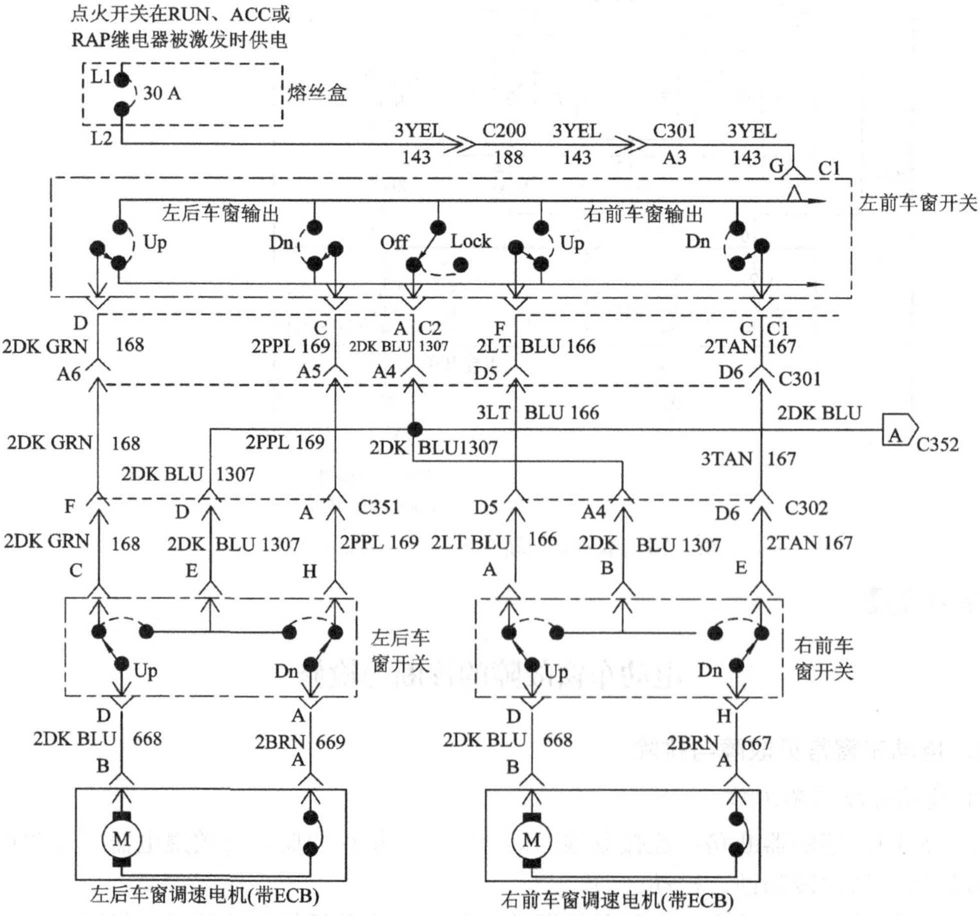

图 8.21 上海别克轿车电动车窗系统控制电路(一)

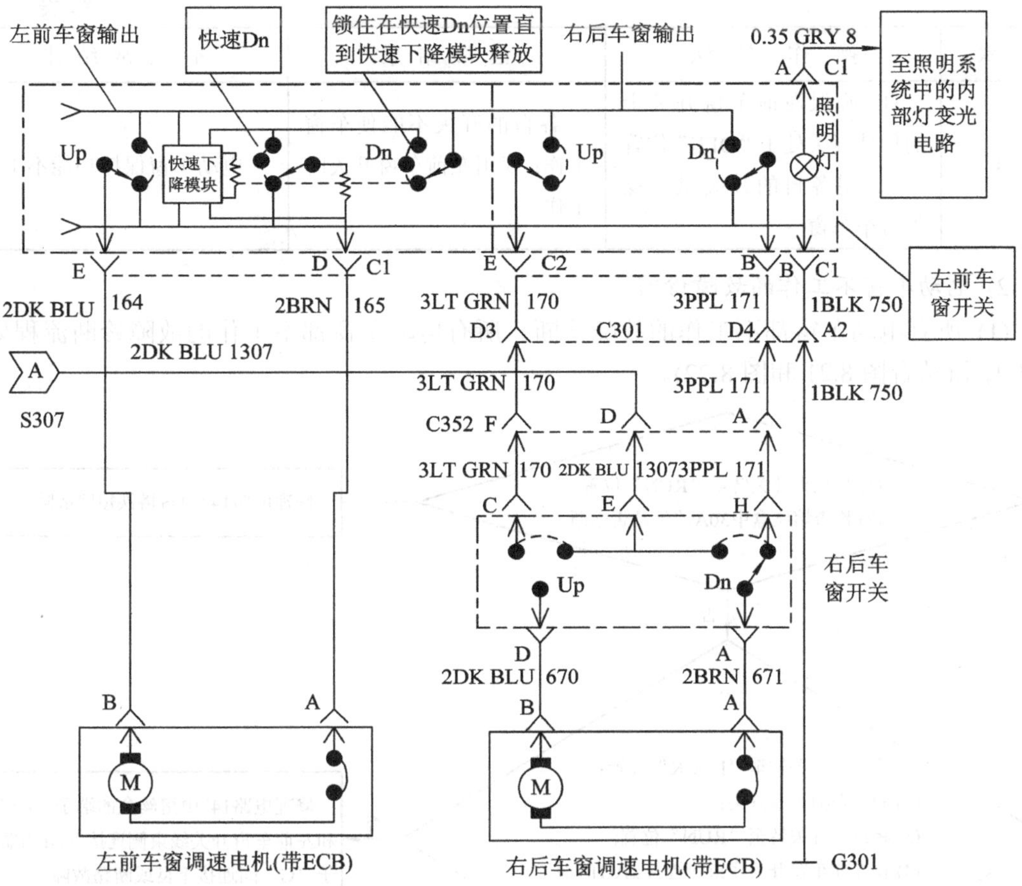

图 8.22　上海别克轿车电动车窗系统控制电路(二)

1) 电动车窗系统的检查

电动车窗系统的检查如表 8.2 所示。

表 8.2　上海别克轿车电动车窗系统检查表

步骤	操作方法	正常结果	不正常结果
1	① 将点火开关转至“RUN”位置 ② 从左前车窗开关上操纵各个车窗使之上升和下降	每个车窗工作迅速、顺畅，没有发涩现象	(1) 所有车窗均不工作 (2) 个别车窗不工作
2	左前车窗上升时，压下左前车窗开关至下降处	左前车窗降到最低位置	电动车窗快速模式不工作
3	① 确保左前车窗开关上的保持开关处于“OFF”位置； ② 操作各个车窗各自的开关	每个车窗工作迅速、顺畅，没有发涩现象	(1) 所有车窗均不工作 (2) 个别车窗不工作

续表

步骤	操 作 方 法	正 常 结 果	不 正 常 结 果
4	① 确保左前车窗开关上的保持开关处于“OFF”位置 ② 用各自的开关试着操作每个车窗	各自的开关不能使车窗工作；仅用左前车窗开关时工作	电动车窗保持功能不工作

2) 电动车窗不工作的故障诊断

(1) 所有电动车窗都不工作的故障诊断。所有电动车窗都不工作的故障诊断流程如图8.23所示(结合图8.21和图8.22)。

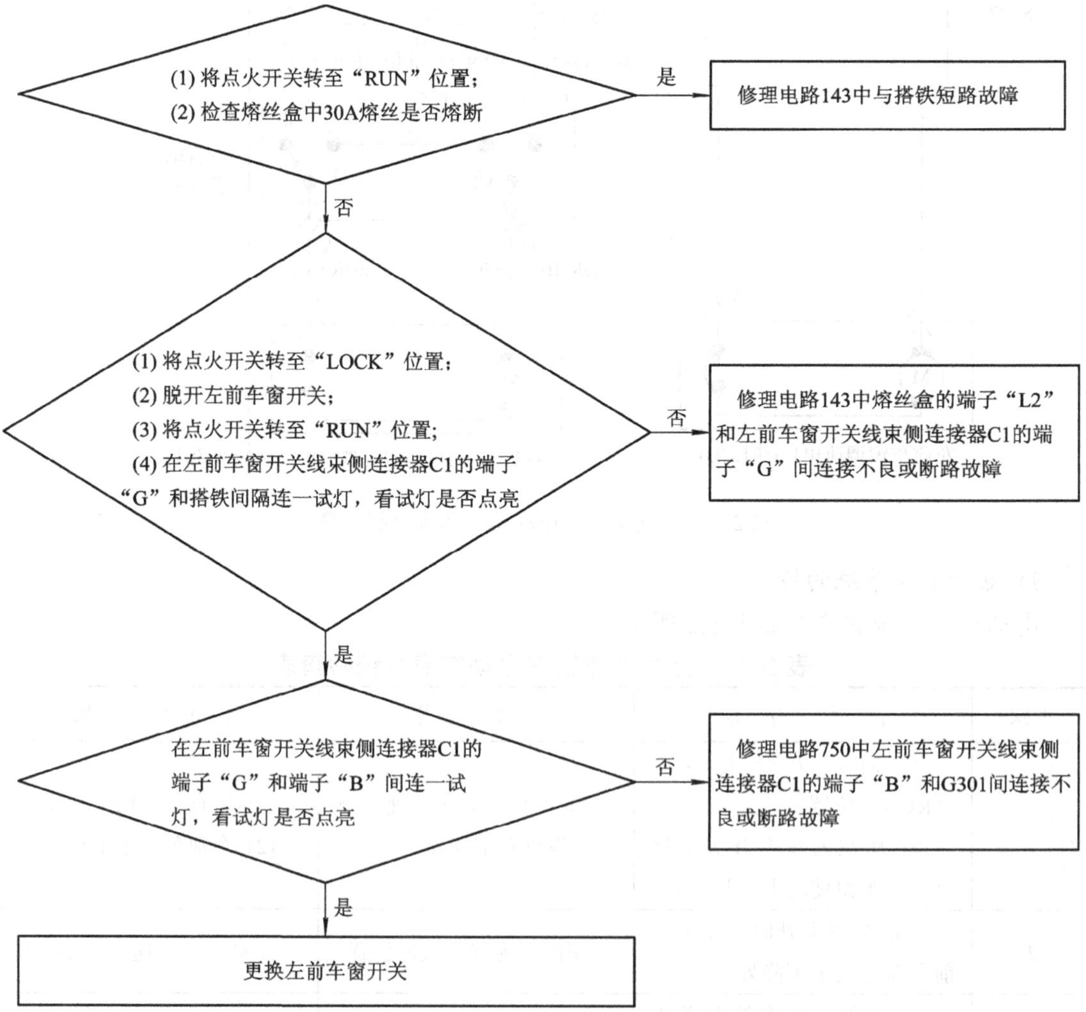

图8.23　上海别克轿车电动车窗都不工作的故障诊断流程图

(2) 左前电动车窗不工作的故障诊断。左前电动车窗不工作的故障诊断流程如图8.24所示(结合图8.21和图8.22)。其他电动车窗不工作的故障诊断可参考左前电动车窗不工作的故障诊断。

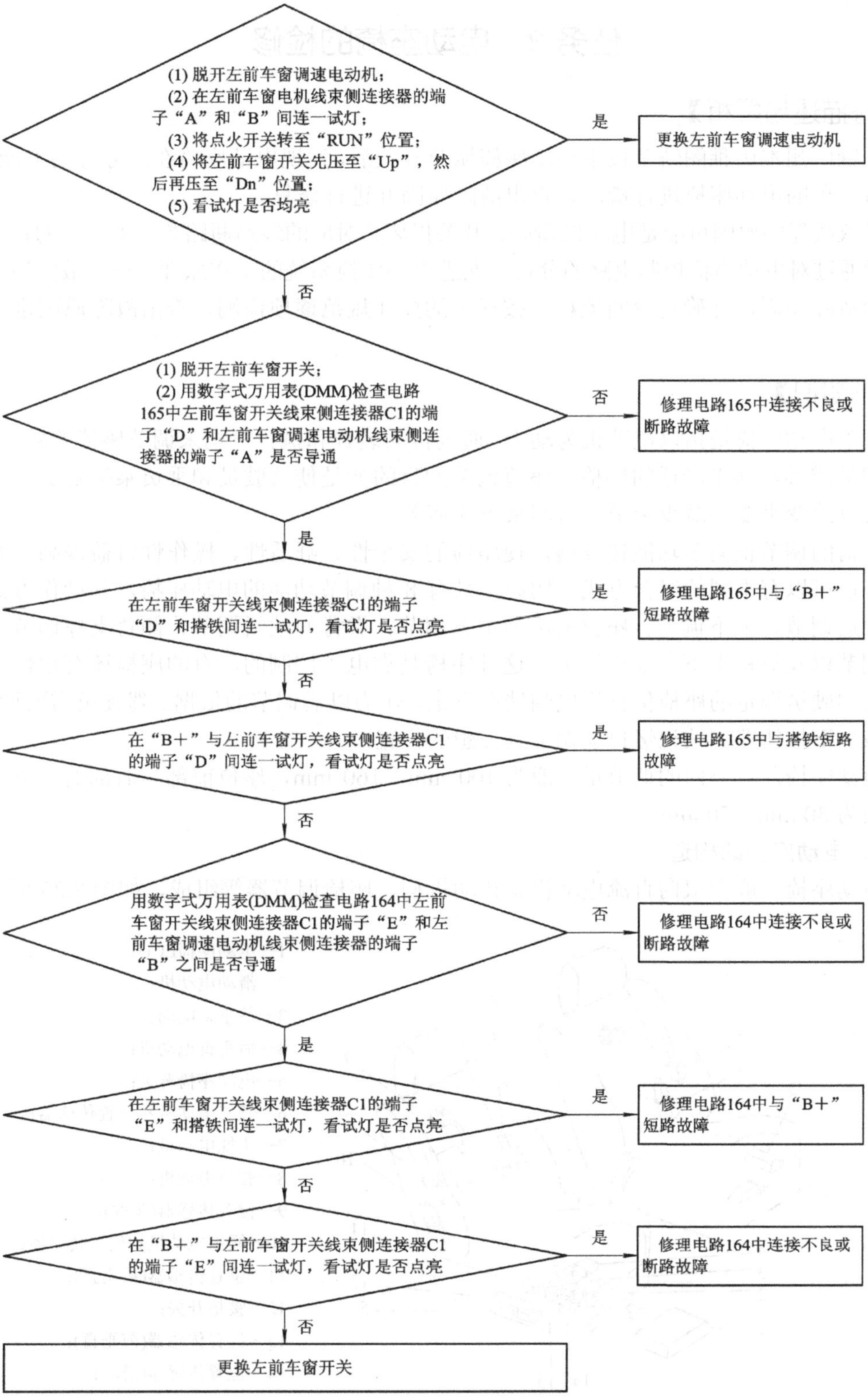

图 8.24　上海别克轿车左前电动车窗不工作的故障诊断流程图

任务3 电动座椅的检修

【任务描述与解析】

一辆广州本田雅阁轿车按下电动座椅调节开关后，发现电动座椅在部分方向不能动作。要求对该车的电动座椅进行检测，查出故障原因并进行修复。

导致故障的原因可能是电动机损坏、开关损坏、对应的线路断路等。本任务的目的是让学习者通过对电动座椅控制电路的分析，熟悉电动座椅系统的工作原理，根据故障现象分析可能的故障原因，并确定诊断流程，按正确的操作规范逐项检测，查出故障原因进而进行修复。

【相关知识】

汽车电动座椅是指以电动机为动力，通过传动装置和执行机构来调节座椅的各种位置，使驾驶员或乘员乘坐舒适的座椅。座椅调节的目的就是使驾驶员和乘员乘坐舒适。通过调节还可以改变坐姿，减少乘员长时间乘车的疲劳。

座椅的调节正向多功能化发展，使座椅的安全性、舒适性、操作性日益提高。其种类很多，还可以有不同的组合方式。例如，具有 8 种调节功能的电动座椅，其动作方式有座椅的前后调节、上下调节、座位前部的上下调节、靠背的倾斜调节、侧背支撑调节、腰椎支撑调节以及靠枕上下、前后调节。这种座椅是靠电子控制的，有的座椅还有记忆功能，它能把驾驶员调定的座椅位置靠电脑储存下来，作为以后调节的依据。驾驶员需要调节时，只要按一下按钮即可按记忆自动调节到理想的位置。

电动座椅前后方向的调节量一般为 100 mm～160 mm，座位前部与后部的上下方向调节量约为 30 mm～50 mm。

1．电动座椅的构造

电动座椅一般由双向直流电动机、传动机构、座椅调节器等组成，如图 8.25 所示。

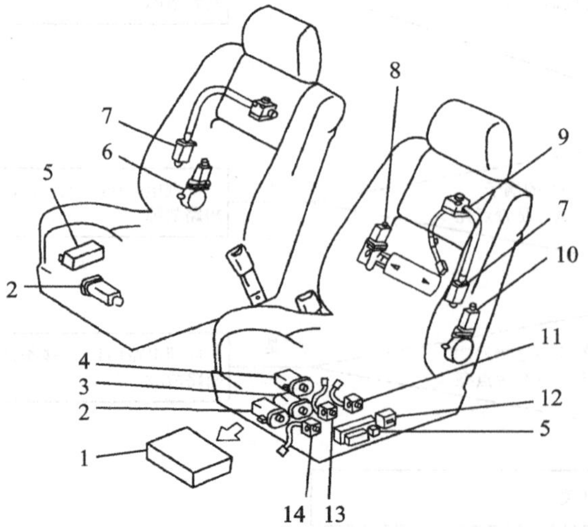

1—电动座椅ECU；
2—滑动电动机；
3—前垂直电动机；
4—后垂直电动机；
5—电动座椅开关；
6—倾斜电动机和位置传感器；
7—头枕电动机；
8—腰垫电动机；
9—位置传感器(头枕)；
10—倾斜电动机和位置传感器；
11—位置传感器(后垂直)；
12—腰垫开关；
13—位置传感器(前垂直)；
14—位置传感器(滑动)

图 8.25 电动座椅的构造

1) 电动机

电动机的数量取决于电动座椅的类型，通常两向移动座椅装有 2 个电动机，四向移动座椅装有 4 个电动机，最多可达 6 个电动机。大多数电动座椅使用永磁式电动机，通过开关来操纵电动机，使电动机按不同方向旋转。为防止电动机过载，大多数永磁式电动机内装有断路器。

2) 传动机构

电动座椅通过传动机构改变座椅的空间位置。

(1) 上下调整机构。上下调整机构由蜗杆轴、蜗轮、芯轴等组成，如图 8.26 所示。调整时蜗杆轴在电动机的驱动下，带动蜗轮转动，从而保证芯轴在蜗轮内旋进或旋出，实现座椅的上下移动。

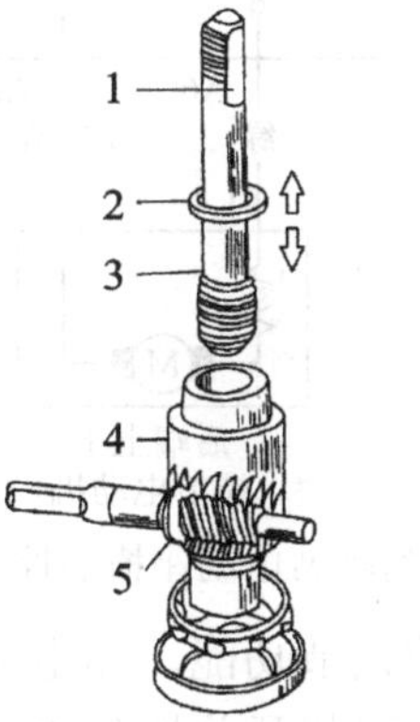

1—铣平面；
2—止推垫片；
3—芯轴；
4—蜗轮；
5—挠性驱动蜗杆轴

图 8.26 上下调整机构

(2) 前后调整机构。前后调整机构由蜗杆、蜗轮、齿条、导轨等组成，如图 8.27 所示。齿条装在导轨上。调整时，电动机转矩经蜗杆传至两侧的蜗轮上，经导轨上的齿条，带动座椅前后移动。

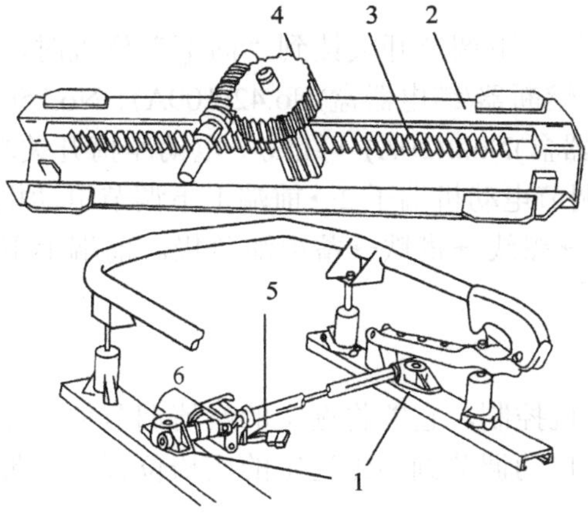

1—支撑及导向元件；
2—导轨；
3—齿条；
4—蜗轮；
5—位置传感器；
6—调整电动机

图 8.27 前后调整机构

2. 电动座椅的控制电路

广州本田雅阁轿车驾驶席座椅有 8 种可调方式：前端上、下调节；后端上、下调节；

前、后调节；向前、向后倾斜调节。其控制电路如图 8.28 所示。

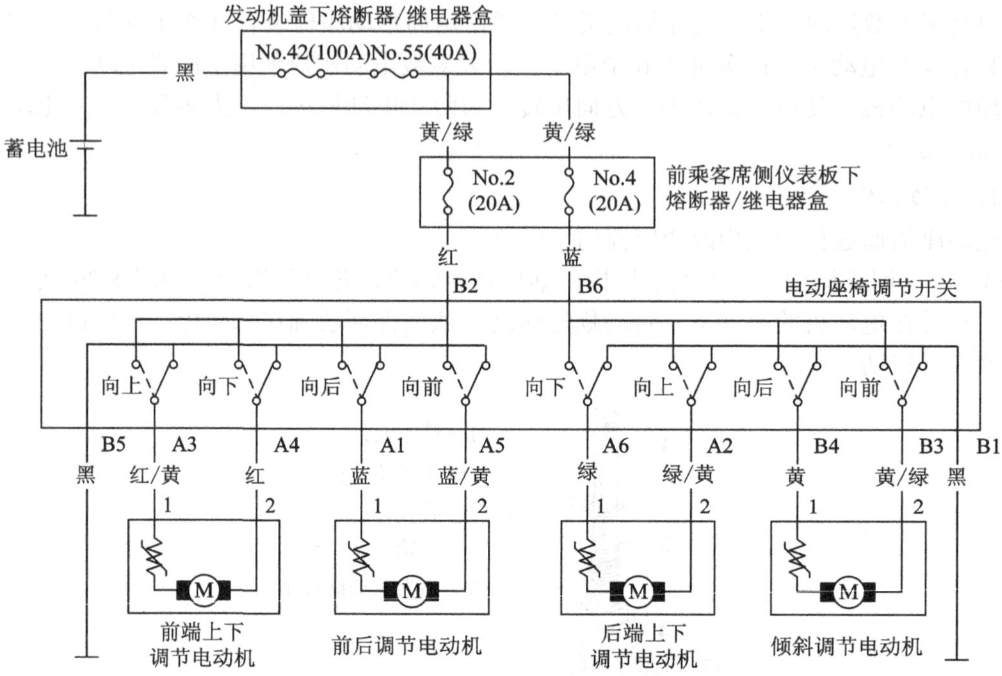

图 8.28 广州本田雅阁轿车驾驶席电动座椅的控制电路

通过电动座椅调节开关，即可完成不同的调节功能，如电动座椅前端上、下调节：

(1) 向上调节。当将电动座椅前端上、下调节开关拨到“向上”位置时，电路中的电流为：蓄电池正极→黑线→(发动机盖下熔断器/继电器盒)No.42(100A)、No.55(40A)→黄/绿线→(前乘客席侧仪表板下熔断器/继电器盒)No.2(20A)→红线→电动座椅开关端子 B2→前端上下调节开关端子 A3→红/黄线→前端上、下调节电动机端子 1→前端上下调节电动机→前端上下调节电动机端子 2→红线→A4→B5→黑线→搭铁→蓄电池负极。前端上下调节电动机工作，座椅前端向上移动。

(2) 向下调节。当将电动座椅前端上下调节开关拨到“向下”位置时，电路中的电流为：蓄电池正极→黑线→(发动机盖下熔断器/继电器盒)No.42(100A)、No.55(40A)→黄/绿线→(前乘客席侧仪表板下熔断器/继电器盒)No.2(20A)→红线→电动座椅开关端子 B2→电动座椅开关端子 A4→红线→前端上下调节电动机端子 2→前端上下调节电动机→前端上下调节电动机端子 1→红/黄线→A3→B5→黑线→搭铁→蓄电池负极。前端上下调节电动机启动，座椅前端向下移动。

3. 带存储功能的电动座椅

带存储功能的电动座椅采用了微机控制，它能将选定的座椅调节位置进行存储，使用时只要按指定的按键开关，座椅就会自动调节到预先选定的座椅位置上。带存储功能电动座椅的控制如图 8.29 所示。

该系统有一个存储器，存储装置通过 4 个位置传感器来检测座椅的调定位置。只要座椅位置调定后，驾驶员按下存储器的按钮，微型电脑就将这些电压信号存储起来，作为重新调整位置时的基准。使用时，只要一按按钮，就能按存储时的状态来调整座椅位置。

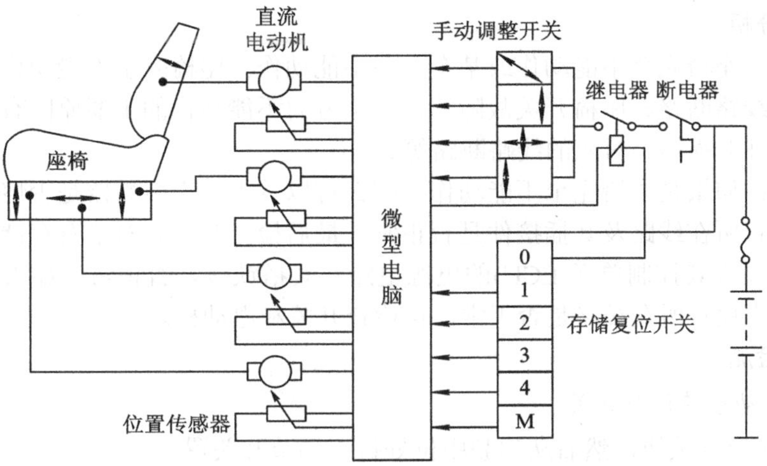

图 8.29　带存储功能电动座椅的控制示意图

【任务实施】

电动座椅的故障诊断与检测

下面以广州本田雅阁轿车的电动座椅为例，介绍故障诊断与检测的步骤与方法。图 8.30 所示为广州本田雅阁轿车的电动座椅电路。

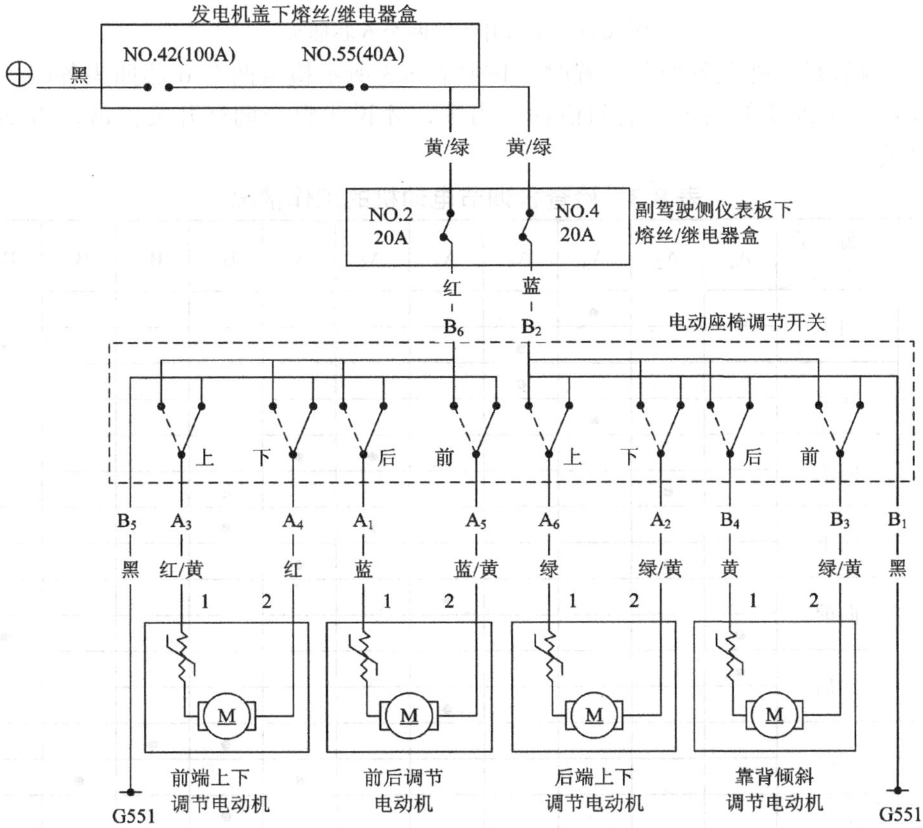

图 8.30　广州本田雅阁轿车的电动座椅电路

1．故障分析

常见故障：座椅完全不能动作或某个方向不能动作。座椅完全不能动作的主要原因有熔断器熔断、线路断路、座椅开关故障等；某个方向不能动作的主要原因有该方向对应的电动机损坏、开关损坏、对应的线路断路等。

诊断步骤：如果是座椅完全不能动作，那么可以首先检查熔断器是否熔断；若熔断器良好，则应检查所在线路及其插接件是否正常，最后检查开关。对于有存储功能的电动座椅系统，还应检查其控制单元(ECU)的电源电路及其搭铁线是否正常。如果是某个方向不能动作，可以先检查所在线路是否正常，再检查开关和电动机。

2．故障检测

1) 检测电动座椅调节开关

(1) 拔出调节开关钮，然后从驾驶座位处拆下调节开关罩。

(2) 拆开调节开关的两个 6 芯插头，如图 8.31 所示。再拆下该开关的两个固定螺钉，然后从开关罩上拆下调节开关。

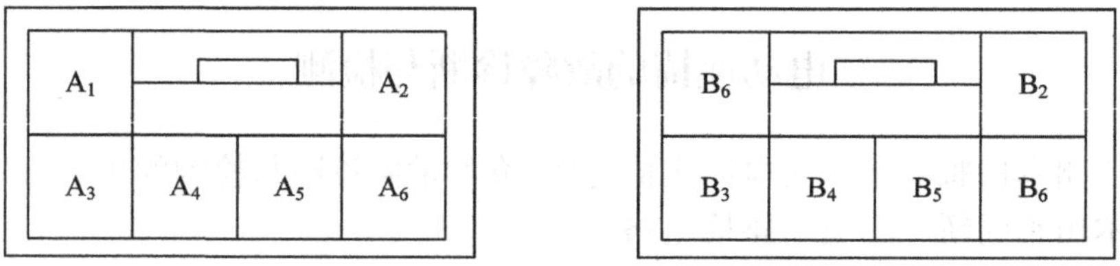

图 8.31　调节开关的两个 6 芯插头

(3) 当调节开关处在各调节位置时，按照表 8.3 所示检查两个 6 芯插头各端子之间的导通情况。各个连线的端子间的阻值都应为零，才说明整个调整开关正常，否则应进行修理或更换。

表 8.3　检查各调节电动机的工作情况

开关位置＼端子		A_1	A_2	A_3	A_4	A_5	A_6	B_1	B_2	B_3	B_4	B_5	B_6
前端上下调节开关	向上			●									●
					●							●	
	向下				●								●
				●								●	
后端上下调节开关	向上						●	●					
			●						●				
	向下						●		●				
			●					●					
前后调节开关	向前					●							●
		●										●	
	向后	●											●
						●						●	
靠背倾斜调节开关	向前								●	●			
								●			●		
	向后								●	●			
								●			●		

2) 检测电动座椅调节电动机

(1) 拆下驾驶席座椅轨道端盖，再拆下坐椅的四个固定螺栓。

(2) 拆开座椅线束插头和线束夹，然后拆下驾驶席座椅。

(3) 拆开调节开关的两个 6 芯插头。

(4) 将两个 6 芯插头的某两端分别接蓄电池的正、负极，对照表 8.4 检查各调节电动机的工作情况。注意：当电动机停止运转时，应立即断开端子与蓄电池的连接。

表 8.4　检查各调节电动机的工作情况

工作情况＼电源		电源正极	电源负极
前端上下调节电动机	向上	A_3	A_4
	向下	A_4	A_3
后端上下调节电动机	向上	A_2	A_6
	向下	A_6	A_2
前后调节电动机	向前	A_5	A_1
	向后	A_1	A_5
靠背倾斜调节电动机	向前	B_3	B_4
	向后	B_4	B_3

(5) 如果某个调节电动机不运转或者不平稳，应检查 6 芯插头与该调节电动机的 2 芯插头之间的线束是否断路，如果线路正常，则应更换调节电动机。线路检测可以采用电压检测法或者电阻检测法。例如检测前端上下调节电动机线路，可将该电动机上的 2 芯插头拔下，用万用表的电阻挡测量相关处的电阻值。

3) 检测线路

(1) 电压检测法：例如检测前端上下调节电动机线路，可将该电动机上的 2 芯插头拔下，用万用表的电压挡测量 1、2 端子间的电压。当该电动机的开关未操作时，电压值应为零；当将开关掷于“向上”位置时，1、2 端子间的电压应为+12 V，即 1 端子为正，2 端子为零；当将开关掷于“向下”位置时，1、2 端子间的电压应为−12 V，即 2 端子为正，1 端子为零。其他电机线路的检测方法与此相同。

(2) 电阻检测法：例如检测前端上下调节电动机线路，可将该电动机上的 2 芯插头拔下，用万用表的电阻挡测量相关处的电阻值。当该电动机的开关未操作时，1、2 端子间的阻值应为零；当将开关掷于“向上”位置时，1 端子与电源正极间的阻值应为零，2 端子与搭铁线(电源负极)间的阻值也应为零，1、2 端子间的阻值为无穷大；当将开关掷于“向下”位置时，2 端子与电源正极间的阻值应为零，1 端子与搭铁线(电源负极)间的阻值也应为零，1、2 端子间的阻值为无穷大。其他电机线路的检测方法与此相同。

任务 4　电动后视镜的检修

【任务描述与解析】

一辆桑塔纳 2000 型轿车电动后视镜装置不工作，要求对该车的电动后视镜系统进行检测，查出故障原因并进行修复，记录工作过程及检测数据。

本任务的目的是使学习者通过对电动后视镜电路的分析，熟悉电动后视镜系统的工作原理，根据故障现象分析可能的故障原因，并确定诊断流程；能够按正确操作规范逐项检测，查出故障原因，并总结出电动后视镜系统常见故障的诊断与排除程序。

【相关知识】

为了便于驾驶员调整后视镜的角度，很多轿车安装了电动后视镜，驾驶员在行车时便可方便地对左、右后视镜的角度进行随时调节。

1．电动后视镜的组成

电动后视镜主要由控制开关、微型直流电动机、传动机构、执行机构等组成。微型直流电动机采用双向永磁式，每个后视镜安装两个，可操纵后视镜上下及左右转动。通常上下方向的转动用一个电动机控制，左右方向的转动由另一个电动机控制。每个电动后视镜都用一个独立控制开关，开关杆可多方向移动，可使一个电动机工作或两个电动机同时工作。有的电动后视镜还带有伸缩功能，由伸缩开关控制伸缩电动机工作，使整个后视镜回转伸出或缩回。

2．电动后视镜的工作过程

图 8.32 所示为桑塔纳 2000 型轿车电动后视镜控制电路。图中，4 个电动机分别调整右侧后视镜、左侧后视镜的左右转动及上下转动，所有电动机均由组合开关控制，该开关既可旋动，又可上下、左右拨动。为叙述方便，将组合开关分为具有三个独立控制功能的子开关 M11、M21 和 M22。M11 为左右选择开关，M21 为左右调整开关，M22 为上下调整开关。接通点火开关后，即可根据需要通过操纵组合开关进行调整，工作过程如下所述。

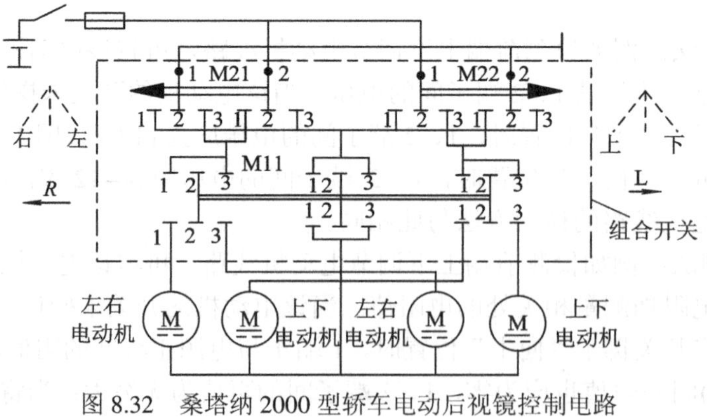

图 8.32　桑塔纳 2000 型轿车电动后视镜控制电路

1) *调整左侧后视镜左转*

先将左右选择开关 M11 拨至“L”，再按左右调整开关 M21 的“L”侧。电流由蓄电池正极→点火开关→熔断丝→M21(上)2→M21(左)3→M11(图中间)3(上)→M11(图中间)3(下)→左侧左右电动机→M11(图右)3(下)→M11(图右)3(上)→M21(右)3→M21(上)1→搭铁→蓄电池负极，形成电流回路，使左侧后视镜向左转动。电流方向示意图如图 8.33 所示。

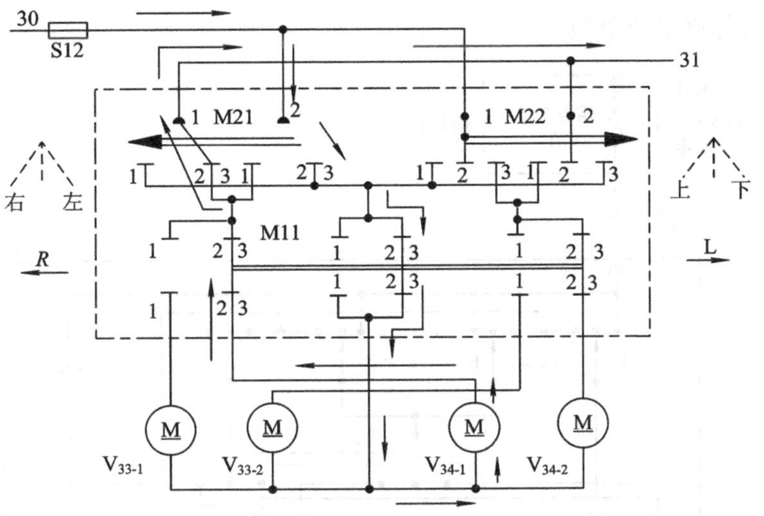

图 8.33　调整左侧后视镜使之左转的电流方向示意图

2) 调整左侧后视镜右转

先将左右选择开关 M11 拨至“L”，再按左右调整开关 M21 的“R”侧，使左侧后视镜向右转动。

3) 调整左侧后视镜上转

先将左右选择开关 M11 拨至“L”，再按上下调整开关 M22 的“上”侧。电流由蓄电池正极→点火开关→熔断丝→M22(上)1→M22(右)1→M11(图中间)3(上)→M11(图中间)3(下)→左侧上下电动机→M11(图左)3(下)→M11(图左)3(上)→M22(左)1→M22(上)2→搭铁→蓄电池负极，形成电流回路，使左侧后视镜向上转动。

4) 调整左侧后视镜下转

先将左右选择开关 M11 拨至“L”，再按上下调整开关 M22 的“下”侧，使左侧后视镜向下转动。

同理，右侧后视镜的调整与上述方法相同，只要将左右选择开关 M11 拨至“R”即可。

【任务实施】

奥迪 A4 轿车电动后视镜故障的诊断与检测

奥迪 A4 轿车电动后视镜系统电路如图 8.34 所示。

1. 电路分析

(1) 该车电动后视镜系统的主要组成元件有：________________________________。

(2) 电动后视镜开关状态有__________种，各开关状态下的工作过程为(写出电流回路)：____。

(3) 请描述该车电动后视镜系统的故障现象：________________________________。

(4) 分析故障原因，你认为该车出现此故障的可能原因有：____________________。

(5) 根据由简单到复杂的原则，通过小组讨论，确定诊断流程。

(6) 按照制定的诊断流程进行逐项检测，记录各步骤的数据，并对数据进行分析，确定故障原因，进行修复或更换。

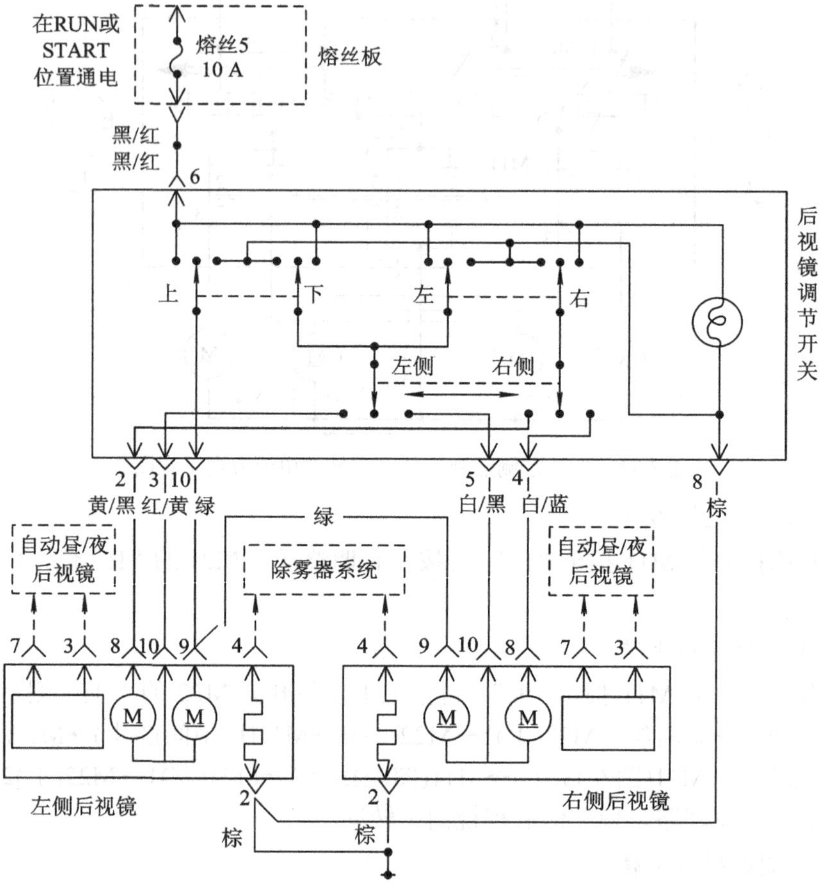

图 8.34　奥迪 A4 轿车电动后视镜系统电路

2. 故障分析

常见故障：电动后视镜系统常见故障有电动后视镜不工作或部分功能不正常。

主要原因：保险丝熔断，线路断路或插接件松脱；开关或电动机有故障等。

诊断与排除：如果两个后视镜都不工作，则往往是保险丝熔断，线路断路或插接件松脱等故障，也可能是开关有故障。可先查保险丝，然后检查开关上的插接件是否松脱，相关各线有无断路或接触不良等，最后检查开关。如果是部分功能不正常，很可能是个别电机及控制开关对应部分有故障或相应线路断路、接触不良等。可先查线路，后查开关及电机。

1) 检查奥迪 A4 轿车后视镜开关

首先从左前车门的内拉手下面拆下装饰盖以及三个螺钉，从车门面板后顶端拆下其上的螺钉，掀起车门面板以拆卸固定件。拆下内手柄并从车门面板松开拉索，从车门面板上断开剩余电器接头，从汽车上拆下车门面板。松开拉手的固定件，从车门面板上拆下拉手。然后用一个小的一字旋具压下位于电动后视镜开关的锁止片，从拉手上拆下开关。最后用万用表按照表 8.5 所示检查各端子之间的导通情况。

表 8.5　奥迪 A4 轿车电动后视镜开关检查

开关位置 \ 端子		2	3	4	5	6	8	10
左	上	●					●	
			●			●		
	下		●			●		
		●					●	
	左		●				●	
						●		●
	右		●			●		
							●	●
右	上				●	●		
				●			●	
	下				●		●	
				●		●		
	左					●		●
					●		●	
	右				●	●		
							●	●

2) 检查后视镜电动机

拔下开关上的插头，找到和左侧电机相连的 2、3、10 三个端子。让蓄电池的正极和端子 3 相连，负极分别和端子 2 和 10 相连，观察后视镜转动情况。若哪个方向不动，则可能是电机损坏也可能是电机处在该方向上的极限位置。将蓄电池的正、负极对调，再分别接到三个端子上，观察后视镜转动情况。右侧后视镜的检查方法和左侧的相似。

任务 5　电动中央门锁的检修

【任务描述与解析】

一辆别克轿车中央门锁系统不工作，要求对该车的中央门锁系统进行检测，查出故障原因并进行修复。

本任务的目的是让学习者通过对电动中央门锁电路的分析，熟悉中央门锁系统的工作原理；根据故障现象分析可能的故障原因，并确定诊断流程；按正确操作规范逐项检测，查出故障原因，并总结出电动中央门锁系统常见故障的诊断与排除程序。

【相关知识】

1. 电动中央门锁

为了使汽车的使用更加方便和安全，现代轿车多数都安装了电动中央集控门锁控制系统。它具有以下三大功能：

(1) 集中锁门：将驾驶员侧车门锁扣按下时，其他几个车门及行李箱门都能自动锁定；

如果用钥匙锁门，也可同时锁好其他车门和行李箱门。

(2) 集中开门：将驾驶员侧车门锁扣拉起时，其他几个车门及行李箱门都能同时打开；如果用钥匙开门，也可实现该动作。

(3) 机械锁有效：为了方便，乘客仍可用各车门机械锁来开关车门。

中央集控门锁按结构形式的不同，一般分为双向空气压力泵式和微型直流电动机式两种；按控制方式不同分为不带防盗系统的中控门锁和带防盗系统的中控门锁。

1) 双向空气压力泵式中央门锁

双向空气压力泵式中央门锁是利用双向空气压力泵产生压力或真空，通过膜盒来完成门锁的开、关动作的。它主要由门锁控制器、机械装置、空气管路三部分组成，如图 8.35 所示。

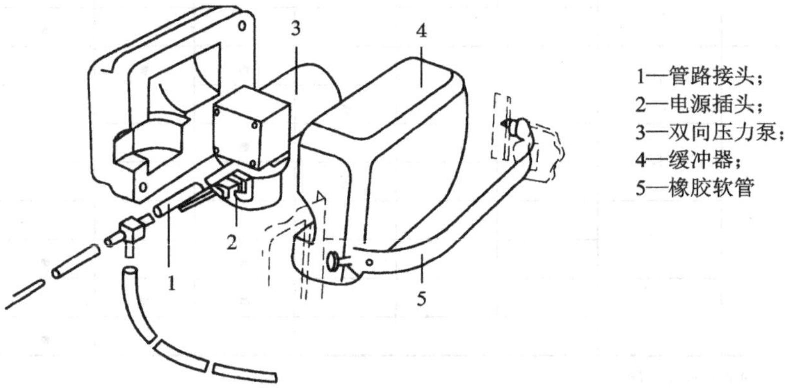

图 8.35　双向空气压力泵式中央门锁结构

前门锁控制如图 8.36 所示。当用钥匙或用手拉起两前门的任意一个门锁扣来开门锁时，由于锁扣通过连接杆与前车门锁执行元件相连接，连接杆被向上拉起，车门锁执行元件中的门锁开关的开锁触点 I 闭合。门锁控制器接收到此信号后，立即控制双向压力泵转动，压缩空气，使管路中的气体为正压，气体进入 4 个车门及行李舱的执行元件(膜盒)内，膜片推动连接杆向上运动，将各门锁打开。当用钥匙按下两前门的任意一个门锁扣来锁住车门时，连接杆被压下，车门锁执行元件中的门锁开关的锁门触点 II 闭合。门锁控制器收到此信号后，立即控制双向压力泵向另一个方向运转，用以抽吸空气，管路中呈负压，各门锁的执行元件进入真空状态，膜片带动连接杆向下运动，从而将各车门锁住。

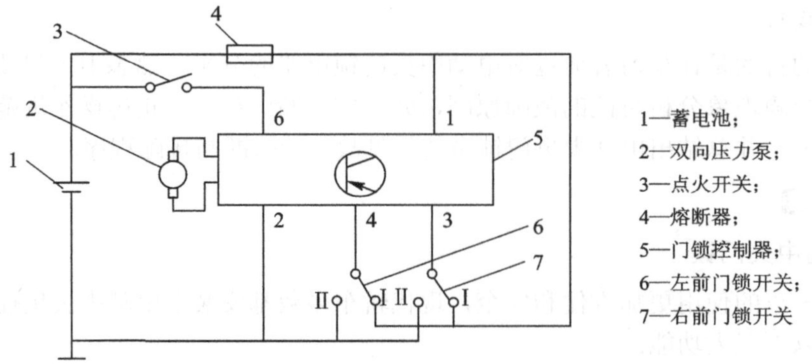

图 8.36　中央门锁控制电路

后车门及行李舱的门锁执行元件与前门有所不同，它们没有门锁开关及接线，只有一个气动执行元件(膜盒)。另外，装有门锁控制器和双向压力泵的塑料盒内有一个双触点压力开关。压力泵不转动时两对触点都断开；压力泵转动 3 s～7 s 后，无论是正压还是负压，都会使一对触点闭合，门锁控制器收到信号后，立即使压力泵停止转动。如果管路或膜盒出现漏气，则压力泵虽然转动，但建立不起正压或负压，触点不能闭合。门锁控制器具有压力泵强行保护功能，其延迟电路每次只允许压力泵转动 30 s 便自动停机，其作用是当管路出现漏气故障后，防止压力泵因长时间运转而被烧毁。塑料盒内的系统管路上还装有一个放气阀，每当压力泵停止转动后，此阀立即打开，使系统中管路与大气相通，以备下一次操作。每当压力泵转动之前，此阀立即关闭，使系统管路与大气隔离。

2) 直流电动机式中央门锁

直流电动机式中央门锁是利用控制直流电动机的正、反转来实现门锁的开、关动作的。直流电动机式中央门锁主要由双向电动机、导线、继电器、门锁开关及连杆操纵机构组成，直流电动机式中央门锁的操纵机构如图 8.37 所示。

当门锁电动机 9 运转时，通过门锁操纵连杆 8 操纵门锁动作。电动机的旋转方向由经过电机电枢的电流方向决定。若锁门时电动机电枢流通的是正向电流，那么开锁时电动机电枢流通的就为反向电流，电动机即反向旋转。这样利用电动机的正转或反转，就可完成车门的闭锁和开锁动作。

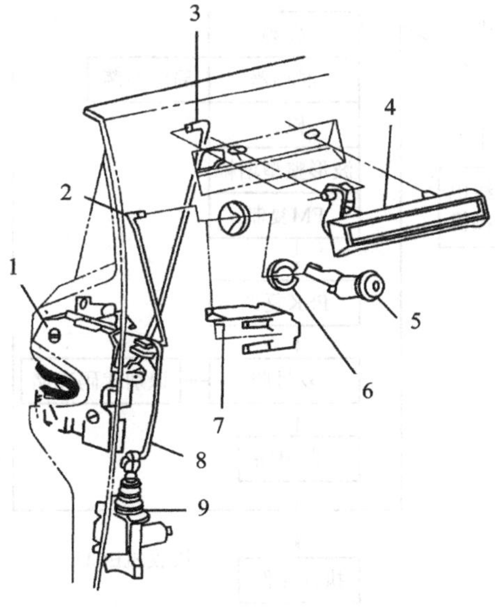

1—门锁总成；
2—锁心至门锁连杆；
3—外门锁把手至门锁连杆；
4—外门锁把手；
5—锁心；
6—垫圈；
7—锁心定位架；
8—电动机至门锁连杆；
9—门锁电动机

图 8.37　直流电动机式中央门锁的操纵机构

2. 电子式汽车门锁

汽车门锁的发展趋势是机械化向电子化演变。汽车电子门锁是采用电子电路控制的，以电磁铁、微型电动机或继电器作为执行机构的机电一体化保险装置，现在已走向自动化、智能化。

汽车电子门锁的结构原理如图 8.38 所示，主要由控制部分和执行机构两大部分组成。控制部分主要由输入、存储、编码、鉴别、抗干扰、驱动、显示和报警及保险单元组成。

其中，编码和鉴别电路是整个控制部分的核心。

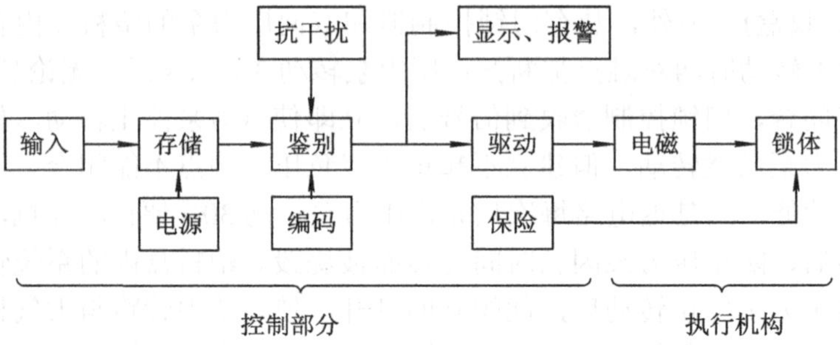

图 8.38　汽车电子门锁的结构原理框图

3. 遥控门锁

遥控门锁可以不用把钥匙插入门锁开关而进行远距离遥控操作，使夜间或黑暗中开、锁门更为方便。遥控门锁系统主要由发射机、分配器、接收机、保险装置等组成，其原理如图 8.39 所示。

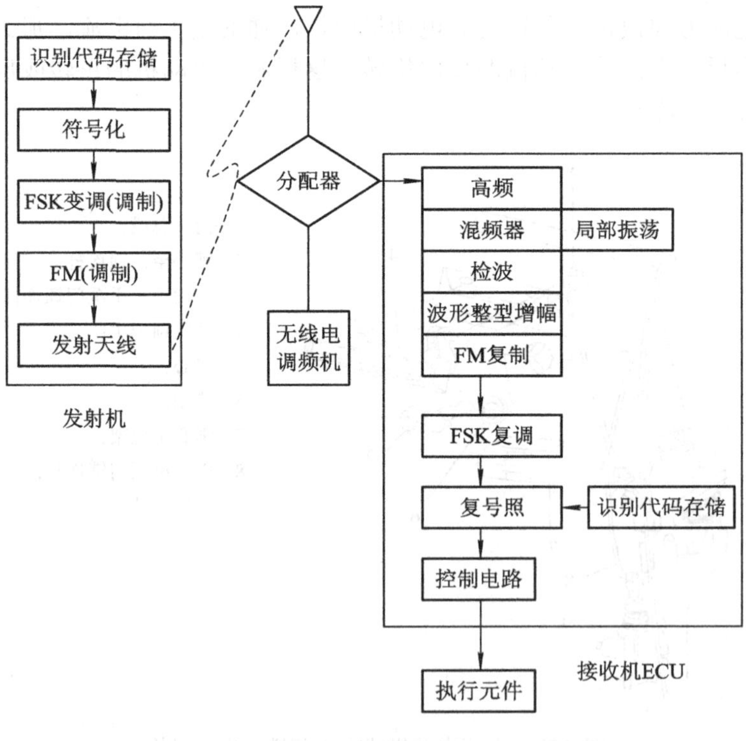

图 8.39　遥控门锁电路

发射机将次载波的频率按照数字识别代码信号进行频率偏移调制(FSK)，再进行 FM 调制和发射，而不受外来杂波的干扰。FM 波由汽车无线电调频机的 FM 天线进行接收，通过分配器进入接收机 ECU 的高频增幅处理器进行处理，与存储的识别代码进行比较。如果正确，则输入控制电路，控制执行元件工作。

发射机在键板上与通信电路组成一体，如图 8.40 所示。从识别代码存储回路到 FSK 回路，由于采用单芯片集成电路而使体积小型化，集成电路的背面为锂电池。发射开关每按一次，接收器便接收一次上锁或解锁命令。

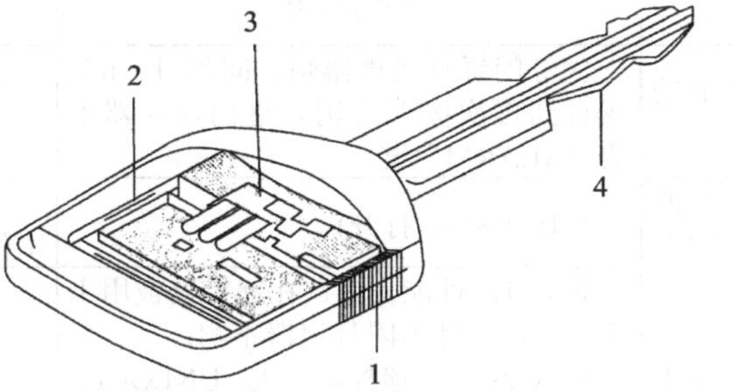

图 8.40　发射机

【任务实施】

中央集控门锁故障的诊断与检测

以上海别克轿车为例，介绍遥控门锁的检查及故障诊断。上海别克轿车的中控门锁系统属于遥控门锁装置(无钥匙进门系统)，它具有车门上锁、车门开锁、打开后备厢的功能。具有报警功能的遥控门锁系统还有使扬声器鸣响、车内灯点亮、车前大灯点亮的功能。它主要由车身控制模块(BCM)、驾驶员开锁继电器、熔丝、门锁电动机、导线等组成。它的开锁、锁定指令是通过接收信号指令，经过 BCM 处理，然后 BCM 再发出指令使门锁电动机按要求转动，来实现锁定或开锁动作的。

1．遥控门锁系统的检查

遥控门锁系统的检查操作方法见表 8.6

表 8.6　遥控门锁系统检查表

步骤	操 作 方 法	正常结果	不正常结果
1	① 确保大灯 IP 变光开关处于“OFF”位置；② 从点火锁缸中拔下钥匙；③ 关上所有车门；④ 按无钥匙进门遥控器上“LOCK”键一次	① 所有车门均锁上；② 门控灯熄灭(OFF)	① 仅后盖释放模式工作；② 门控灯一直点亮(其诊断参考内部灯系统检查)
2	按下无钥匙进门遥控器上的“UNLOCK”键一次	① 在无钥匙进门遥控器上的“UNLOCK”键被按下一次时，驾驶员侧车门打开；② 门控灯保持点亮 36 s～44 s	① 用遥控器时，仅后盖释放模式工作；② 门控灯一直点亮；③ 遥控无钥匙进门系统不工作
3	在第一次按下“UNLOCK”键 5 s 内，再次按下“UNLOCK”键	所有车门均打开	① 仅后盖释放模式工作；② 遥控无钥匙进门系统不工作

续表

步骤	操 作 方 法	正常结果	不正常结果
4	按下无钥匙进门遥控器上的“ALARM”键	大灯闪烁且扬声器响，间隔 12 min 或直到再次按下无钥匙进门遥控器上的“ALARM”键	仅后盖释放模式工作
5	按下无钥匙进门遥控器上的“REAR COMPARTEMENT”键	后舱盖释放(打开)	后舱盖释放模式不工作
6	① 确认钥匙已从点火锁缸中拔出；② 关上所有车门；③ 按下“UNLOCK”键一次，同时观察大灯和听扬声器声音	模式 1：性能丧失，在遥控器被用于锁门时，大灯不闪且声器不响； 模式 2：按下遥控器上的“UNLOCK”键时，扬声器响； 模式 3：按下遥控器上的“UNLOCK”键时，大灯闪亮； 模式 4：按下遥控器上的“UNLOCK”键时，大灯闪亮且扬声器响	遥控门锁系统不能改变规定模式
7	① 确认钥匙已从点火锁缸中拔出；② 关上所有车门；③ 按下“UNLOCK”键一次，同时观察大灯和听扬声器声音	模式 1：性能丧失，在遥控器被用于锁门时，大灯不闪且声器不响； 模式 2：按下遥控器上的“LOCK”键时，扬声器响； 模式 3：按下遥控器上的“LOCK”键时，大灯闪亮； 模式 4：按下遥控器上的“LOCK”键时，大灯闪亮且扬声器响	遥控门锁系统不能改变规定模式

2．遥控门锁系统的更换与设定

1) 遥控门锁接收器的更换

遥控门锁接收器(RCDLR)的拆卸：拆下仪表板；通过松开易扣接头拆下 RCDLR；脱开 RCDLR 的导线插接器；从仪表板上拆下 RCDLR。

遥控门锁接收器(RCDLR)的安装：将遥控门锁接收器(RCDLR)装在仪表底板上；插好 RCDLR 的导线插接件；通过连接易扣接头安装 RCDLR；安装仪表板。

2) 遥控门锁开锁控制设定方法(不用专用工具)

遥控门锁控制设定有四种模式：模式 1——遥控门锁不起作用；模式 2——仅喇叭响；模式 3——仅大灯闪亮；模式 4——喇叭响与大灯闪亮。

开锁控制设定步骤如下：

(1) 坐在驾驶座位上，关上所有车门；

(2) 将点火开关转至“RUN”位置；

(3) 按下并保持门锁开关在“UNLOCK”位置；

(4) 按下遥控器“UNLOCK”键，报警器将发出 1 次～4 次的响声，响的次数等于当前模式号，说明车辆处于该模式；

(5) 当欲设定的模式号被警报器指示出时，将门锁开关从“UNLOCK”位置释放；

(6) 将点火开关转至“OFF”位置，设置完成。

注意：在上述方法中，如果点火开关被移至“OFF”位置或任一车门被打开，遥控开锁校验设定将被终止，且系统将保持在最新模式。

3) 遥控门锁上锁控制设定方法

遥控上锁的控制设定方法与遥控开锁的控制设定方法基本相同，只是门锁开关位置和按下遥控器上的键改为“LOCK”键。

4) 遥控器的校准

当出现下列情况时应对遥控器进行校准：遥控器使用超过 256 次；更换遥控器电池后，马上使用超过 16 次。

遥控器的校准方法是：同时按下并保持住遥控器的“UNLOCK”和“LOCK”键至少 7 s，或直到喇叭响 3 次为止。

3. 门锁电机的检查

首先关闭点火开关，拆下车门内侧板，接近门锁电机。拆下电机的 2 芯插头，然后将蓄电池的正、负极分别与电机插座的两个插芯相通，电机应转动；再将蓄电池的正、负极对调，接在两个插芯上，电机应反转。如电机不转或转动不平稳，则应修理或更换电机。四个车门及后箱电机检查方法相同。

拓展知识

汽车防盗系统

伴随着汽车保有量的逐年增加、轿车档次提高及车主的大众化，汽车被盗现象越来越引起人们的关注。目前轿车普遍采用电子式防盗系统，也称为微电脑防盗系统。

桑塔纳 2000GSi 型轿车配置了和德国大众帕萨特轿车一样的汽车防盗系统，采用使发动机不能发动的方式防盗。

1. 桑塔纳 2000GSi 型轿车汽车防盗系统的组成

桑塔纳 2000GSi 型轿车汽车防盗系统由带脉冲转发器的汽车钥匙、识读线圈(D_2)、防盗系统控制单元 ECU(J_{362})、带可变代码的发动机 ECU(J_{220})以及防盗系统警告灯(K_{117})组成，如图 8.41 所示。

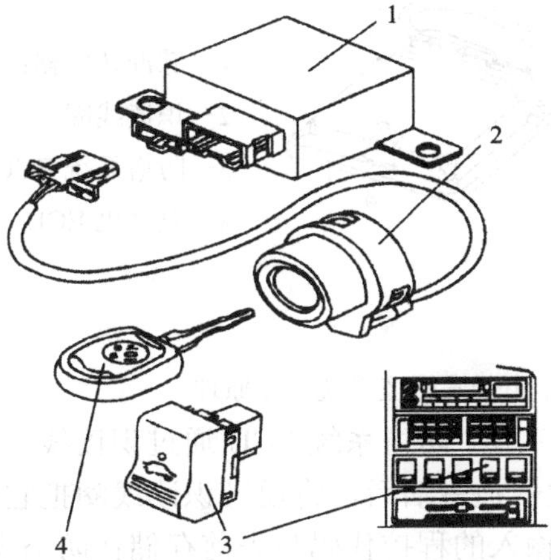

1—防盗系统控制单元 ECU(J_{362})；
2—识读线圈(D_2)；
3—防盗系统警告灯(K_{117})；
4—带脉冲转发器的汽车钥匙

图 8.41　桑塔纳 2000GSi 型轿车防盗系统

车钥匙上的脉冲转发器和识读线圈是整个电子控制防盗系统的信号发生器，防盗系统ECU是控制单元，而发动机ECU是执行器。

1) 脉冲转发器

脉冲转发器安装在车钥匙中，它是一种不需要电池来驱动的感应和发射元件。

当车钥匙插入锁孔并打开点火开关时，防盗系统ECU把能量输送给识读线圈。由识读线圈把能量用感应的方式传送给脉冲转发器。这时，脉冲转发器接收感应能量后立即发射出程控代码，通过识读线圈把程控代码输送给防盗系统ECU，供其核对，以识别合法性。每一把钥匙(脉冲转发器)都有不同的程控代码。

2) 识读线圈

识读线圈环绕在机械点火开关锁的外面，在点火开关置于“ON”时，把能量传送给车钥匙中的脉冲转发器，并把脉冲转发器中存储的程控代码输送给防盗系统ECU。

3) 防盗系统控制单元ECU

防盗系统控制单元 ECU 安装在转向柱左边支架中央线路板的上方。在点火开关置于“ON”时，激活脉冲转发器，通过识读线圈将程控代码接收回防盗系统 ECU。防盗系统ECU把输入的程控代码与先前存储在防盗器内的车钥匙代码进行核对。同时防盗系统ECU又对发动机ECU存储在防盗系统ECU中的代码进行核对。如果核对后，代码不一致，发动机将在发动后2 s之内，中断点火和燃油喷射，从而熄火。

由于防盗系统ECU是经过与发动机ECU匹配后，才介入发动机电子控制系统中的，所以只有使用被装于汽车上的防盗系统ECU匹配过并认可的车钥匙，才能安全启动发动机。

4) 防盗系统警告灯

当使用合法的车钥匙打开点火开关时，安装在仪表台中部面板上的防盗系统警告灯会点亮后熄灭(3 s内)。如果使用非法的车钥匙，或者在防盗系统中存在故障，打开点火开关后，防盗系统警告灯会连续不停地闪烁，此时发动机不能正常启动。

2. 工作原理

汽车电子式防盗系统的工作原理如图8.42所示。

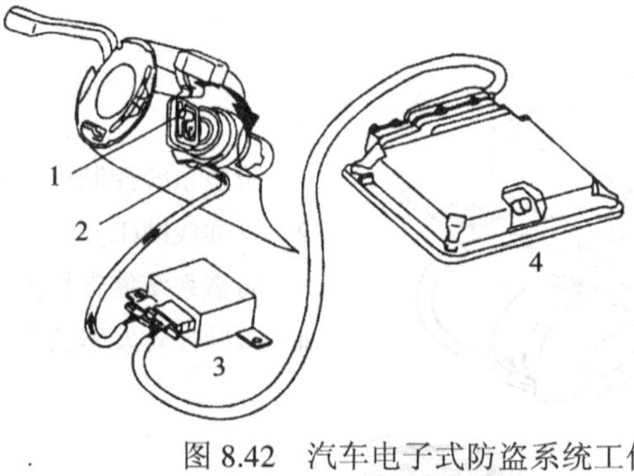

1—脉冲转发器；
2—识读线圈；
3—防盗系统ECU；
4—发动机ECU

图8.42　汽车电子式防盗系统工作原理

当点火开关打开时，防盗系统开始工作。防盗系统ECU通过识读线圈把能量感应地传送给钥匙中的脉冲转发器。当脉冲转发器被激活后，将通过识读线圈把它的程控代码送给防盗系统ECU。在防盗系统ECU里，输入的程控代码与先前存储在防盗系统ECU的钥匙代码进行比较。然后，防盗系统 ECU 再核对发动机 ECU 的代码是否正确。该代码由发动机 ECU 存储在防盗系统 ECU 中。每次启动发动机时，ECU 中的随机代码发生器都会发生一个可变的代码。如果核对后代码不一致，发动机将在启动后 2 s 内熄灭。

3. 汽车防盗系统的识别码与密码

桑塔纳 2000GSi 型轿车的汽车防盗系统属于电子控制系统，设有故障自诊断功能和匹配、配钥匙功能，必须使用专用的上海大众故障诊断阅读仪和相应的操作程序来诊断故障和进行防盗系统匹配。

防盗系统 ECU 有一个 14 位字符的识别码和一个 4 位数的密码。密码用于解密和重新配置车钥匙。如果钥匙牌丢失或遗忘了密码，通过上海大众专用的故障诊断阅读仪 V.A.G 1552/1551，输入地址码 25 后，可从仪器显示屏上读取 14 位字符的识别号码。通过此号码，可由上海大众汽车服务公司热线查到密码。

4. 防盗报警系统

1) 防盗报警系统的结构

防盗报警系统由传感器、防盗系统 ECU 和执行器组成。图 8.43 所示为防盗报警系统的结构原理框图。

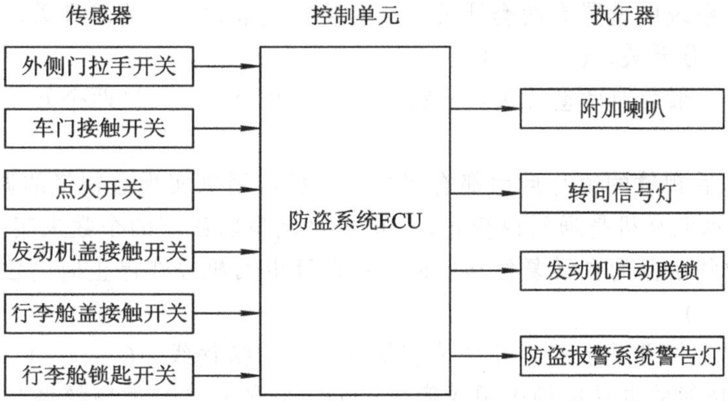

图 8.43　防盗报警系统的结构原理框图

2) 防盗报警系统的功能

在防盗报警系统功能开启的同时，所有的车门、发动机盖和行李舱盖均应关闭。一旦开启这个功能，当非法的车钥匙开门或撬动发动机舱盖和行李舱盖时，报警系统就会以声光方式报警。此时转向灯会闪动，附加的喇叭(蜂鸣器)会响起警报。桑塔纳 2000GSi 型轿车均可以安装与汽车防盗系统一体化的汽车防盗报警系统，并采用遥控方式开启车门。

项 目 小 结

(1) 刮水器的变速是利用直流电动机变速原理来实现的。永磁电动机(三刷永磁式直流电动机)是利用三个电刷来改变正负电刷之间串联的线圈数，从而实现变速的。

(2) 风窗玻璃洗涤器与刮水器配合工作。风窗玻璃洗涤器由洗涤液罐、洗涤泵、软管、三通、喷嘴及刮水器开关组成。

(3) 电动后视镜主要由控制开关、微型直流电动机、传动机构、执行机构等组成。对于电动调节后视镜，驾驶员可通过操作开关控制两个可逆永磁电动机，从而将后视镜调到合适的位置。

(4) 电动升降车窗、电动调整座椅和中央控制门锁一般使用永磁电动机，电动机的旋转方向由电流流经主控开关的电刷决定。

(5) 雨滴感知型刮水器能根据雨量的大小自动调节刮水器刮水频率，使驾驶员始终保持良好的视线。雨滴感知型利水器由雨滴传感器、间歇刮水放大器、刮水器电动机等组成。

(6) 除霜可分为暖风除霜和电热除霜。

练习与思考

一、判断题

1. 具有自动复位装置的刮水器系统，关刮水器时，刮水片将落在风窗玻璃下部不挡驾驶员视线的位置。(　　)

2. 永磁式风窗刮水电动机用了两只电刷。(　　)

3. 车窗齿轮、齿条将电动机的旋转运动变为车窗玻璃的上下运动。(　　)

4. 电动车窗系统中设置有两套开关，一套装在仪表板上，为总开关；另一套分别装在每个车窗中部，为分开关。(　　)

5. 电动车窗一般装有两套开关，分别为总开关和分开关，这两个开关之间是互相独立的。(　　)

6. 每个电动后视镜的镜片后面都有四个电动机，用来实现后视镜的调整。(　　)

7. 永磁式刮水电动机是通过改变正、负电刷之间串联线圈的个数来实现变速的。(　　)

8. 检查电动刮水器的自动复位功能时，可以让电动机停在停止时的位置，然后进行相关的检查。(　　)

9. 电动车窗主控开关上的总开关是控制分开关的搭铁线。(　　)

10. 带储存功能的电动座椅采用了微机控制，它能将选定的座椅调节位置进行存储，只要按指定的按键开关，座椅就会自动调节至预先选定的座椅位置上。(　　)

二、选择题

1. 在讨论永磁式刮水电动机时，技师甲说，电动机转速由电刷在整流子上的位置决定；技师乙说，电动机用了两个磁场绕组。你认为(　　)。

A. 甲对　B. 乙对　C. 甲、乙都对　D. 甲、乙都不对

2. 技师甲说，如果在公共电刷和高速电刷之间接入的电枢绕组多，电枢的磁性就小，因而反电势就小，电动机便转得快；技师乙说，电枢的反电势越小，电枢电流越大。你认为(　　)。

A. 甲对　B. 乙对　C. 甲、乙都对　D. 甲、乙都不对

3. 技师甲说，电动升降门的主控开关对系统进行集中控制；技师乙说，流过电动调整座椅电动机的电流方向，决定了电动机的旋转方向。你认为(　　)。

A. 甲对　B. 乙对　C. 甲、乙都对　D. 甲、乙都不对

4. 不管使用哪个开关(主控开关或分控开关)，乘员侧的电动车窗均不能升降。对此，技师甲说，故障在失效的主开关；技师乙说，故障出在磨损的电动机。你认为(　　)。

A. 甲对　　B. 乙对　　C. 甲、乙都对　　D. 甲、乙都不对

5. 中控门锁系统中的门锁控制开关用于控制所有车门锁的开关，安装在(　　)。

A. 驾驶员侧门的内侧扶手上　　B. 每个车门上　　C. 门锁总成中

6. 门锁控制开关的作用是(　　)。

A. 在任意一车门内侧实现开锁和锁门动作

B. 在任意一车门内侧实现开锁和锁门动作

C. 在驾驶员侧车门内侧实现开锁和锁门动作

7. 电动车窗的电动机一般为(　　)。

A. 单向直流电动机　　B. 双向直流电动机　　C. 永磁双向直流电动机

8. 检查电动机车窗左后电动机时，用蓄电池的正、负极分别接电动机连接端子后，电动机转动，互换正、负极和端子的连接后，电动机反转，说明(　　)。

A. 电动机状况良好　　B. 不能判断电动机的好坏　　C. 电动机损害

9. 在电动座椅中，一般一个电机可完成座椅的(　　)。

A. 1个方向的调整　　B. 2个方向的调整　　C. 3个方向的调整

10. 每个电动后视镜的后面都有(　　)电动机驱动。

A. 1个　　B. 2个　　C. 3个

三、简答题

1. 简述两速永磁式电动刮水器的工作原理。
2. 当关闭电动刮水器时，刮水片为什么总是在不影响驾驶员视线的下边缘停止？
3. 简述电动车窗的组成和工作原理。
4. 电动座椅一般具有哪些调节功能？
5. 分析广州本田雅阁轿车电动座椅前、后位置移动调整的工作过程。
6. 简述电动中央门锁系统的组成和工作原理。
7. 简述电动后视镜的组成和工作原理。
8. 电动车窗和电动座椅的电动机是如何改变旋转方向的？

项目九　汽车空调系统的检修

【学习目标】

(1) 了解汽车空调系统的功能及组成。
(2) 掌握制冷的基本原理及制冷循环工作过程。
(3) 掌握汽车空调控制系统的控制原理。
(4) 具有对汽车空调常见故障进行分析、诊断和排除的能力。
(5) 掌握汽车空调系统维护和检修的基本方法。

任务 1　汽车空调制冷剂的加注

【任务描述与解析】

一辆桑塔纳轿车在使用多年以后，感觉空调的制冷效果明显变差。经初步检查，发现汽车空调压缩机的表面有明显油迹，疑似有冷冻机油泄漏。现要求对该系统进行检修，查出故障原因并进行修复。

要对汽车空调系统进行故障诊断和部件检修，首先应熟悉空调系统的类型、组成和工作原理，其次要掌握系统组成部件的结构和工作原理。本任务的目的是使学习者能依据故障现象分析可能的故障原因，制定诊断流程；选择合适的仪器进行检测，查出故障原因并进行修复。

【相关知识】

一、汽车空调系统的功能

汽车空调可对汽车驾驶室和车厢内的温度、湿度、流速、清洁度等进行调节，使驾驶员和乘员感到舒适。

汽车空调通常应具备以下功能：

(1) 调节温度：将车内的温度调节到人体感觉适宜的温度。
(2) 调节湿度：将车内的湿度调节到人体感觉适宜的湿度。
(3) 调节气流：调节车内出风口的位置、出风的方向及风量的大小。
(4) 净化空气：滤去空气中的尘土和杂质，或对空气进行杀菌消毒。

二、汽车空调系统的组成

汽车空调系统由采暖系统、通风系统、空气净化系统、制冷系统、控制系统等子系统组成。图 9.1 所示为空调系统在车上的布置。

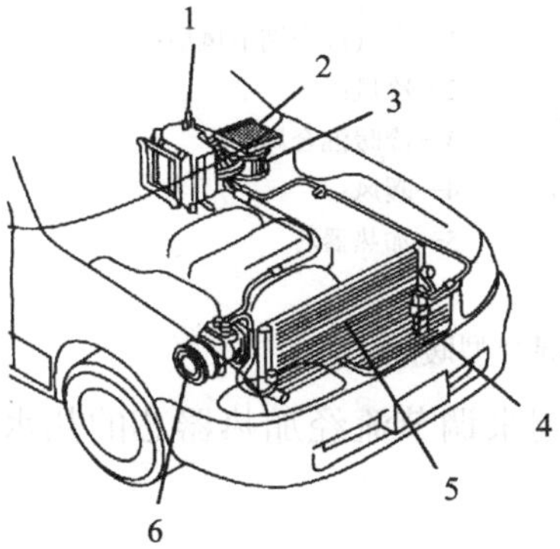

1—冷却单元(膨胀阀、蒸发器)；
2—空气过滤器；
3—送风机；
4—储液罐/干燥器(检查窗)；
5—冷凝器；
6—压缩机

图 9.1　空调系统在车上的布置

1．采暖系统

采暖系统又称为暖风系统，其主要功用是在冬季为车内提供暖气以及为挡风玻璃除霜除雾。汽车的暖风系统有许多类型，按热源的不同可分为热水采暖系统、燃气采暖系统、废气采暖系统等。目前小车上主要采用热水采暖系统，大型车辆上主要采用燃气采暖系统。

1) 热水取暖系统

热水取暖系统的热源通常采用发动机的冷却水，使冷却水流过一个加热器芯，再用鼓风机将冷空气吹过加热器芯加热空气，使车内的温度升高，如图 9.2 所示。

热水取暖系统主要由加热器芯、水阀、鼓风机、控制面板等组成，其在车上的安装位置如图 9.3 所示。加热器芯由水管和散热器片组成。发动机的冷却水进入加热器芯的水管，通过散热器片散热后，再返回发动机的冷却系统。水阀用来控制进入加热器芯的水量，进而调节暖风系统的加热量。调节时，可通过控制面板上的调节杆或旋钮进行控制。鼓风机由可调节速度的直流电动机和鼠笼式风扇组成，其作用是将空气吹过加热器芯，将加热后的空气送入车内。通过调节电动机的速度，可以调节对车厢内的送风量。

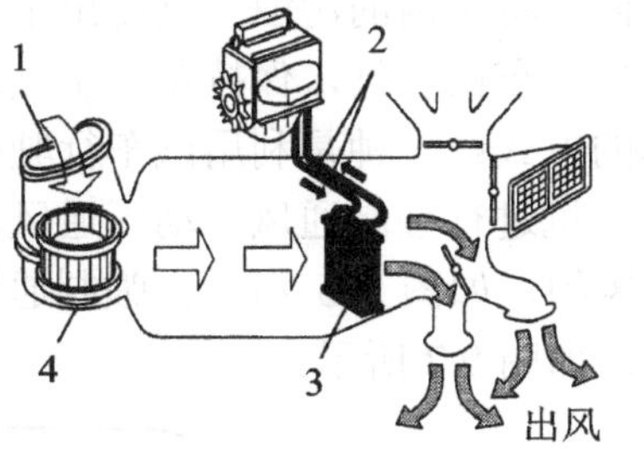

1—进风；2—发动机冷却水；3—加热器芯；4—鼓风机

图 9.2　热水取暖系统的工作原理

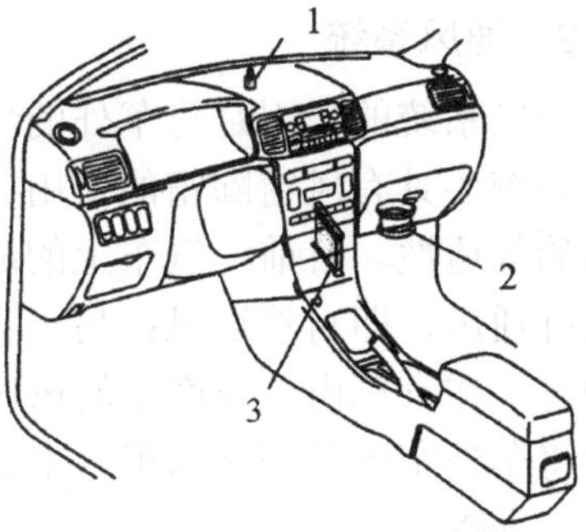

1—水阀；2—鼓风机；3—加热器芯

图 9.3　热水取暖系统部件的安装位置

就暖风系统而言，其温度的调节方式有两种：一种是空气混合型，另一种是水流调节型。

(1) 空气混合型暖风系统在暖风的气道中安装有空气混合调节风门。这个风门可以控制通过加热器芯的空气和不通过加热器芯的空气的比例，实现温度的调节。目前，绝大多数汽车均采用这种方式，其示意图如图 9.4 所示。

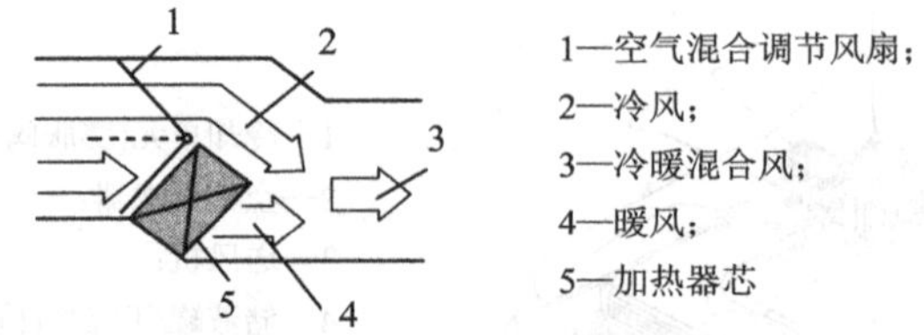

图 9.4　空气混合型暖风系统

(2) 水流调节型暖风系统采用前述的水阀来调节流经加热器芯的热水量，从而改变加热器芯本身的温度，进而调节温度。

2) 燃气取暖系统

在大、中型客车上，仅靠发动机冷却水的余热取暖是远远满足不了要求的，为此在大客车中常采用燃气取暖系统。燃气取暖系统的示意图如图 9.5 所示，燃油和空气在燃烧室中混合燃烧，加热发动机的冷却水，加热后的水进入加热器芯时向外散热，降温后返回发动机再进行循环。

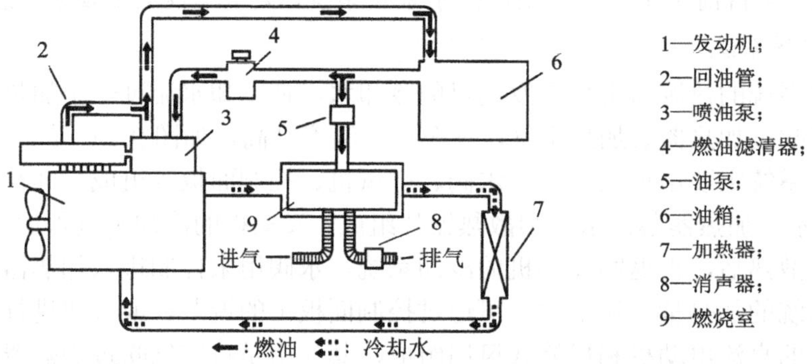

图 9.5　燃气取暖系统

2. 通风系统

通风系统的作用是将车外的新鲜空气引入车内，将车内的污浊空气排出车外。同时，通风系统还具有风窗除霜的作用。通风系统可以净化车内空气，保持车内空气新鲜，提高车辆的舒适性。目前，汽车上的通风有两种基本的方式：一种是利用汽车行驶中产生的动压进行通风，即自然通风；另一种利用车上的鼓风机进行强制通风。动压通风是利用汽车行驶时，在汽车内、外产生的风压来实现换气通风的，如图 9.6 所示；强制通风是利用鼓风机将车外空气强制送入车内来实现换气通风的，如图 9.7 所示。

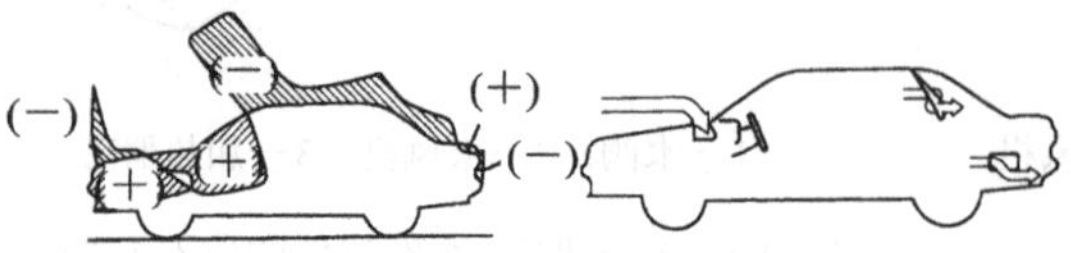

(+)正压；(−)负压

图 9.6　动压通风

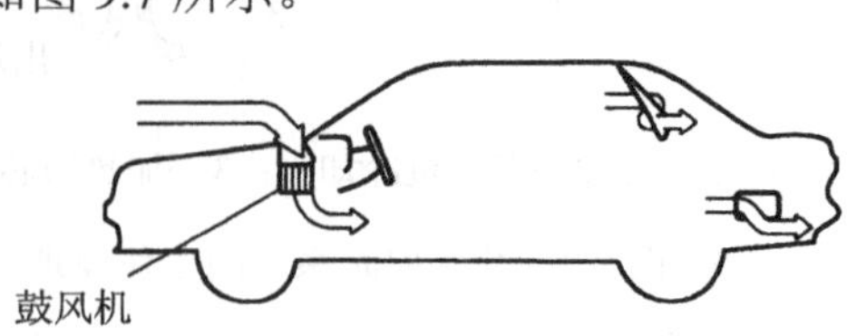

图 9.7　强制通风

3. 空气净化系统

空气净化系统可以除去车内空气中的灰尘，保持车内空气清洁，部分车辆的空气净化系统还具备去除异味、杀灭细菌的作用。一些高级轿车上的空气净化系统还装备了负氧离子发生器，使车内的空气更加清新。目前大多数车辆的空气净化系统采用的方法是在空调系统的进气系统中安装空气滤清器，如图 9.8 所示。滤清器可以滤除空气中的尘埃，使车内的空气保持清洁。

有些车辆的空气净化系统在滤清器中加入了活性炭，可吸收空气中的异味；有些车辆在净化系统中设有香烟传感器，当传感器检测到车内存在烟气时，便通过放大器自动使鼓风机以高速挡运转，排出车内的烟气，这种净化系统如图 9.9 所示。

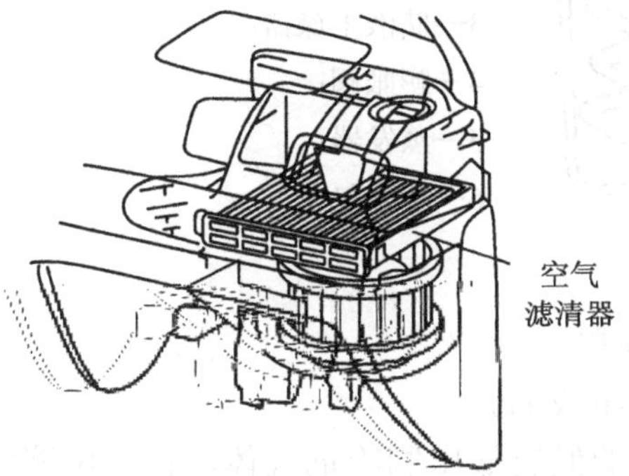

图 9.8　空调进气系统中的空气滤清器

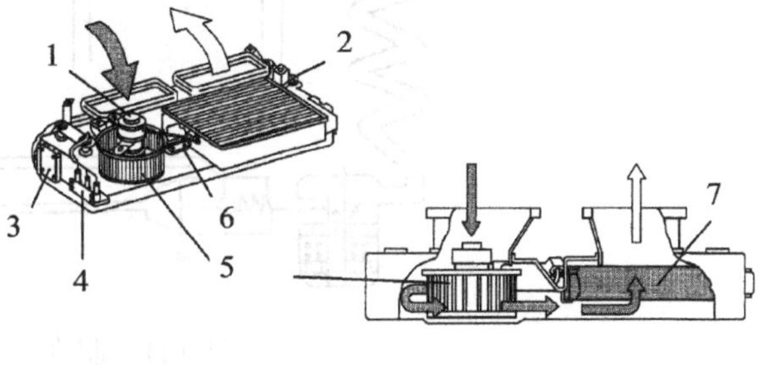

1—风机电动机；2—滤清器；3—放大器；4—调速电阻；
5—鼓风机风扇；6—烟雾传感器；7—滤清器

图 9.9　空气净化装置

4．制冷系统

制冷系统是汽车空调系统最重要的子系统，其主要功用是夏季为车内提供冷气。因为作为冷源的蒸发器的温度低于空气的露点温度，所以制冷系统还具有除湿和净化空气的作用。

制冷系统主要由压缩机、冷凝器、储液干燥器、热力膨胀阀(或节流孔管)、蒸发器等制冷部件组成。各制冷部件之间用耐压的铜管或铝管以及耐压耐氟的橡胶管连接成一个密闭的循环系统，现在采用的多为膨胀阀系统或孔管系统，如图 9.10 所示。

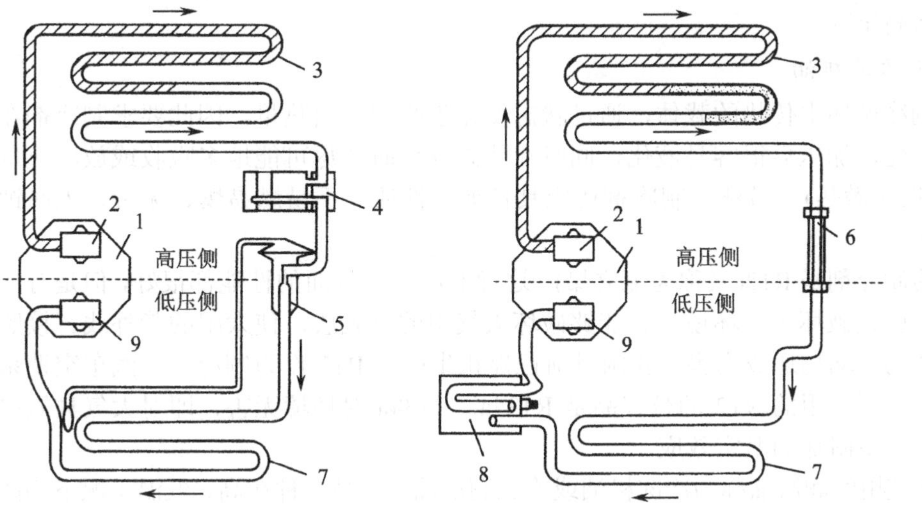

1—压缩机；
2—高压维修接头；
3—冷凝器；
4—储液干燥器；
5—膨胀阀；
6—孔管；
7—蒸发器；
8—集液器；
9—低压侧维修接头

图 9.10　空调制冷系统的组成

1) 制冷循环工作过程

制冷循环是利用制冷剂在封闭的制冷系统中，反复地被压缩、冷凝、膨胀、蒸发来实现的。制冷剂在蒸发器中吸热气化，使蒸发器始终保持较低的温度而用于车内空气的降温。在制冷循环系统中，提供动力的是压缩机。图 9.11 所示为制冷循环示意图。

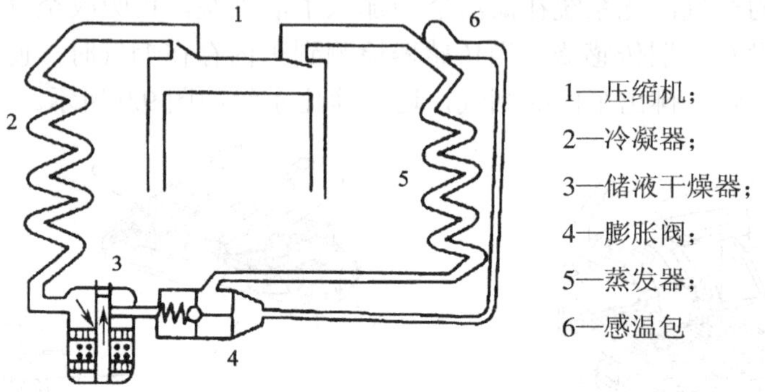

图 9.11 制冷循环示意图

制冷循环是由压缩、冷凝、膨胀和蒸发四个过程组成的。

(1) 压缩过程：汽车空调压缩机吸入蒸发器出口的低温低压制冷剂气体，将其压缩成高温(约 65℃)、高压(约 1300 kPa)气态制冷剂，并送往冷凝器冷却降温。

(2) 冷凝过程：高温高压气态制冷剂由发动机水箱前面的冷凝器(散热器)散热，将其冷凝成高温(约 55℃)、高压(约 1300 kPa)液态制冷剂。

(3) 膨胀过程：冷凝后的高温、高压液态制冷剂经热力膨胀阀节流降压后，将其转变成低温(约 −5℃)、低压(约 150 kPa)的液态制冷剂送入蒸发器。

(4) 蒸发过程：低温低压液态制冷剂流经蒸发器时，不断吸收车内空气的热量而气化成低温(约为 0℃)、低压(约 150 kPa)气态制冷剂。从蒸发器流出的气态制冷剂又被压缩机吸入而进入下一次制冷循环。

从膨胀阀出口经蒸发器至压缩机入口为低压区；从压缩机出口经冷凝器、储液干燥器至膨胀阀入口为高压区。

2) 制冷剂与冷冻机油

制冷剂是制冷循环中传热的载体，通过状态变化吸收和放出热量，因此要求制冷剂在常温下很容易气化，加压后很容易液化，同时在状态变化时要尽可能地多吸收或放出热量(较大的气化或液化潜热)。另外，制冷剂还应具备如下性质：不易燃易爆、无毒、无腐蚀性、对环境无害。

过去常用的制冷剂是 R12(又称为氟立昂)。这种制冷剂各方面的性能都很好，但是有一个致命的缺点，就是破坏大气环境。它能够破坏大气中的臭氧层，使太阳的紫外线直接照射到地球，对植物和动物造成伤害。我国目前已停止生产用 R12 作为制冷剂的汽车空调系统。目前汽车上广泛采用的 R12 的替代品是 R134a。R134a 对环境无害，即对大气臭氧层无破坏作用，不产生附加的温室效应。

空调压缩机使用的润滑油称为冷冻机油或冷冻润滑油，它是一种在高、低温工况下均能正常工作的特殊润滑油。冷冻机油的作用主要有：润滑、冷却、密封、降低压缩机噪声等。

冷冻机油在空调制冷系统中完全溶解于制冷剂中，并随制冷剂一起在制冷系统中循环，因此，冷冻机油的油温有时会超过 120℃，而制冷剂的蒸发温度范围为−30℃～+10℃，所以制冷是在高温与低温交替的条件下进行的。为保证其正常工作，冷冻机油应具有良好的黏温性、流动性及稳定性等。注意必须严格使用原车空调压缩机所规定的冷冻机油牌号，或换用具有同等性能的冷冻机油，不能使用变质的冷冻机油。加注或更换冷冻机油时，操作必须迅速，在加注完后应立即将油罐的盖子封紧储存，不得有渗透现象。只允许加到规定的用量，绝不允许过量使用，以免降低制冷效果。在排放制冷剂时要缓缓进行，以免冷冻机油和制冷剂一起喷出。

3) 制冷系统的主要零部件

(1) 压缩机。汽车空调系统的压缩机安装在发动机前部，由发动机曲轴上的驱动轮经驱动带驱动旋转。压缩机的吸气侧抽吸制冷剂蒸气，然后制冷剂流经压缩机的出口或排放侧，对其加压(温度也随之升高)。高压、高温的制冷剂被压出压缩机而流入冷凝器。

压缩机有两个重要的功能：一是使系统内产生低压条件；二是使制冷剂循环，把制冷剂蒸气从低压压缩至高压。这两种功能是同时完成的。

压缩机是制冷循环系统的动力源，它驱动制冷剂循环流动，将低温(约 0℃)、低压(约 150 kPa)的气态制冷剂压缩成高温(约 65℃)、高压(约 1300 kPa)的气态制冷剂。

空调压缩机种类繁多，形式各异，主要有斜盘式、曲柄连杆式、转子式、叶片式、螺杆式和涡旋式六种。汽车空调系统一般都采用斜盘式或曲柄连杆式压缩机。目前，曲柄连杆式压缩机主要用于大、中型客车空调系统，小轿车普遍采用斜盘式压缩机，桑塔纳轿车 SE5H－14 型(制冷剂用 R134a)压缩机即为斜盘式压缩机。

(2) 电磁离合器。电磁离合器安装在压缩机上，其作用是控制发动机与压缩机的动力传递。空调制冷系统工作时，使发动机能驱动压缩机运转；制冷系统停止运行时，切断发动机到压缩机的动力传递。

电磁离合器的结构如图 9.12 所示，它主要包括压力板、皮带轮、定子线圈等主要部件。压力板与压缩机轴相连，皮带轮通过轴承安装在压缩机的壳体上，皮带轮通过皮带由发动机驱动，定子线圈也安装在压缩机的壳体上。

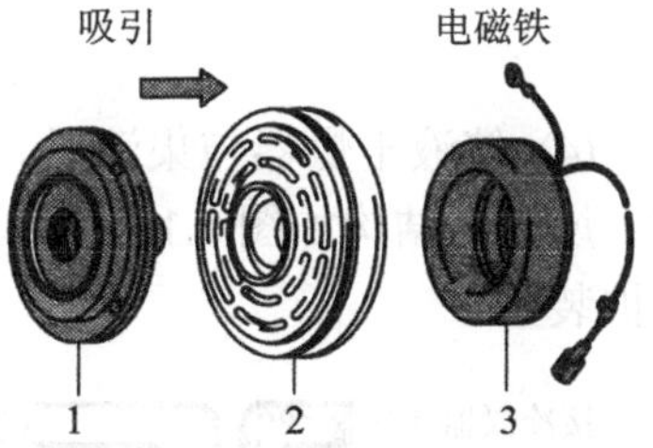

1—压力板；2—皮带轮；3—定子线圈

图 9.12　电磁离合器的结构

当接通空调开关使空调制冷系统进入工作状态时，电磁离合器的定子线圈通电，线圈通电后产生磁力，将压力板吸向皮带轮，使两者结合在一起，发动机的动力便通过皮带轮传递到压力板，带动压缩机运转。

当空调制冷系统停止工作时，电磁离合器的定子线圈断电，磁力消失，压力板与皮带轮分离，此时皮带轮通过轴承在压缩机的壳体上空转，压缩机停止运转。

(3) 冷凝器。冷凝器的功用是将空调压缩机送来的高温、高压气态制冷剂中的热量散发到车外，过热气态制冷剂进入冷凝器散热冷凝为液态制冷剂。冷凝过程的后期，制冷剂成为高压中温(约 40℃)的液体进入储液干燥器。

冷凝器一般都安装在汽车发动机冷却液散热器的前面，以利用车辆行驶中的迎面来风冷却散热。为了保证良好的散热效果和提高制冷能力，在冷凝器前面还安装有电控风扇。

当空调系统上面或发动机的冷却液温度上升到一定值时，温控开关自动接通风扇电路，增强冷凝器和散热器的散热效果。

冷凝器是一种由铜管(或铝管)与散热片(铝片或铁片)组成的热交换器。制冷剂在铜管或铝管中流动，散热片套装或焊接在管的周围以便散热。

按散热片结构不同，冷凝器可分为管片式和管带式两种。管片式冷凝器由铜管或铝管套装散热片而构成，其结构形状与家庭取暖用新型热交换器相似，如图 9.13(a)所示。管带式冷凝器由 S 形异形多孔扁管焊接 S 形散热带而构成，结构如图 9.13(b)所示。桑塔纳 2000 系列轿车空调系统使用 R134a 制冷剂后，由于制冷系统压力升高，为了提高冷凝效果，已将原来的管片式冷凝器改为传热效果更好的全铝管带式冷凝器。

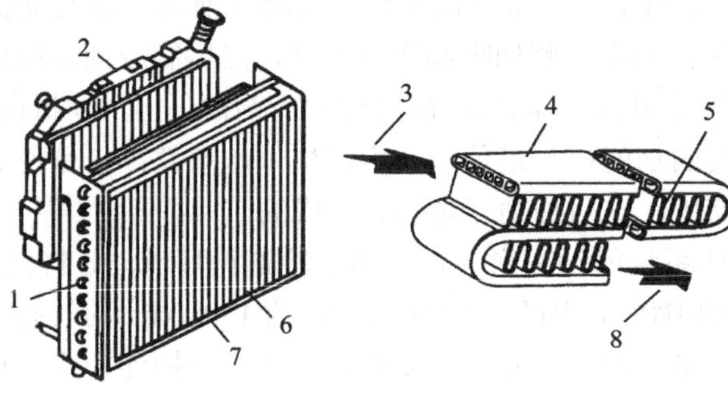

(a) 管片式冷凝器与散热器　　(b) 管带式冷凝器

1—芯管；2—散热器；3—气态制冷剂；4—异形扁管；
5—S形散热带；6—散热片；7—冷凝器；8—液态制冷剂

图 9.13　冷凝器的结构

(4) 储液干燥器与集液器。储液干燥器又称为储液器，安装在冷凝器与膨胀阀之间。储液干燥器的结构如图 9.14 所示。在储液干燥器上，还安装有高、低压力开关和易熔塞等安全保护装置。

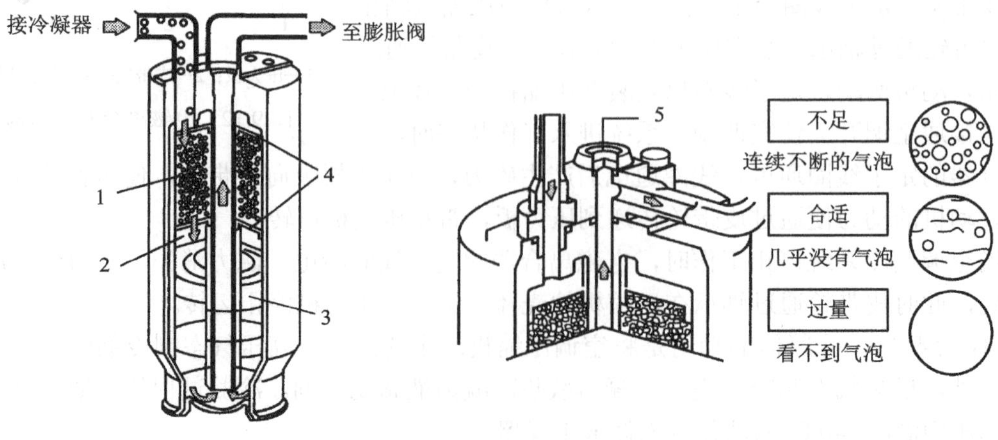

1—干燥剂；2—气态制冷剂；3—液态制冷剂；4—过滤器；5—视液镜(观察孔)

图 9.14　储液干燥器的结构

储液罐罐体分为铁罐和铝罐两种。为提高罐体的抗腐蚀能力，使用R134a制冷剂的空调系统一般采用铝罐。由于R134a与水的亲和力强，脱水困难，所以对干燥剂性能的要求有所提高。

储液罐用于临时性地储存一些制冷剂。当蒸发器制冷负荷变化时，它及时向制冷系统补充制冷剂，以保证制冷循环连续稳定地进行。干燥剂用于吸收制冷剂中的水分，防止制冷系统发生冰堵。输液管管口伸入到储液罐底部，确保从储液罐输送到膨胀阀的制冷剂均为液态制冷剂。观察孔设在储液器顶部，用于观察制冷循环系统是否具有足够的制冷剂。

集液器用于膨胀管式的制冷系统，安装在蒸发器出口处的管路中。由于膨胀管无法调节制冷剂的流量，因此由蒸发器出来的制冷剂不一定全部是气体，可能有部分液体。为防止压缩机损坏，在蒸发器出口处安装有集液器，一方面将制冷剂进行气液分离，另一方面起到与储液干燥器相同的作用，其结构如图9.15所示。

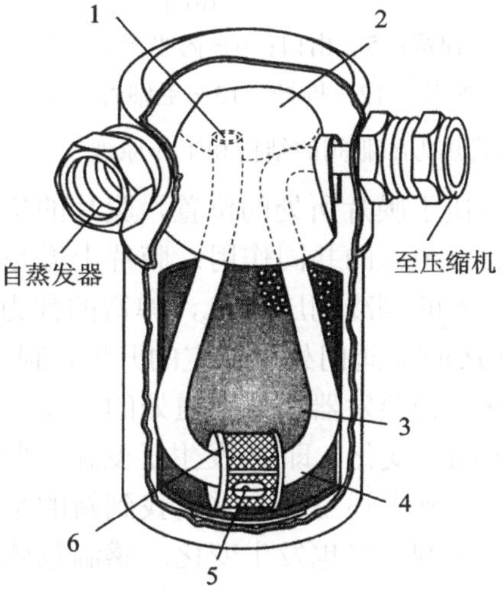

1—气态制冷剂进口；
2—塑料盖；
3—干燥剂；
4—U形管；
5—制冷剂孔；
6—过滤器

图9.15 集液器

(5) 膨胀阀。膨胀阀又称为节流阀。汽车空调系统使用的膨胀阀为温度控制式膨胀阀，故又称为热力膨胀阀。热力膨胀阀是空调系统的重要制冷部件之一，安装在蒸发器入口处。

热力膨胀阀具有两项功能：一是节流降压，即将来自储液干燥器的高温、高压液态制冷剂变成低温、低压液态制冷剂，保证制冷剂在蒸发器内蒸发气化吸热，以便降低车内空气温度；二是调节流量，即调节制冷剂流入蒸发器的流量，使制冷剂流量适合制冷负荷变化的需求，避免压缩机发生液击现象或因蒸发器蒸发不足而出现冷气不足现象。

所谓液击现象，是指流入蒸发器的液态制冷剂过多，未蒸发的液态制冷剂进入压缩机后，由于压缩压力升高而导致压缩机阀片损坏的现象。过多的液态制冷剂流入蒸发器不仅会导致液击现象，而且还会导致蒸发器表面结霜或结冰，阻碍空气在蒸发器芯内流通，从而降低空调系统的制冷能力。

如果流入蒸发器的液态制冷剂过少，就没有足够的制冷剂供蒸发器蒸发吸热，因此会导致制冷系统(即车厢内)出现冷气不足现象。

膨胀阀有不同的分类方式，根据外形不同，热力膨胀阀可分为F型热力膨胀阀和H型热力膨胀阀两种。F 型热力膨胀阀根据工作原理又分为内平衡式和外平衡式两种。

① 内平衡式热力膨胀阀。图 9.16(a)所示为内平衡式热力膨胀阀的结构，它主要由内平衡管、感温包、膜片、弹簧、阀门等组成。

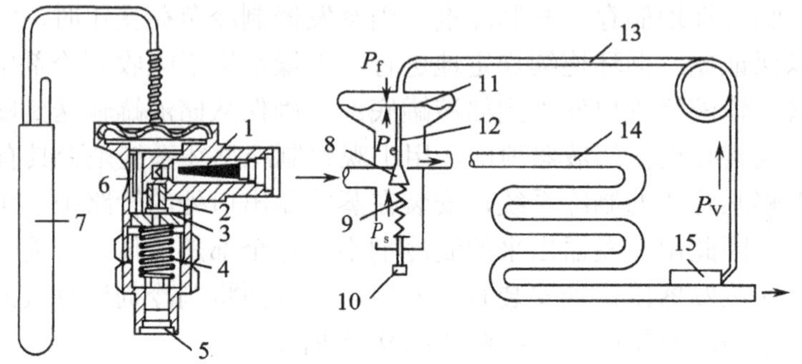

(a) 结构　　(b) 工作原理

1—滤网；2—孔口；3—阀座；4、9—弹簧；5—出口；6—内平衡管；7、15—感温包；8—针阀；10—调节螺钉；11—膜片；12—推杆；13—毛细管；14—蒸发器

图 9.16　内平衡式热力膨胀阀的结构和工作原理

如图 9.16(b)所示，膨胀阀的开度取决于膜片所处的位置，膜片的位置取决于膜片的受力情况。膨胀阀在工作时，其膜片受到三个力的共同作用：膜片上方是来自感温包的饱和气体压力 P_f，膜片下方有蒸发器进口导入的制冷剂压力 P_e，弹簧的弹力 P_s。

当这三个力处于平衡状态($P_f = P_e + P_s$)时，阀门处于一定的开度，制冷剂流量保持一定；当安装在蒸发器出口管道处的感温包感受到蒸发器出口管道处的温度发生变化时，被封在感温包内的制冷剂的压力受温度变化影响而变化，即 P_f 发生了变化。此时，原来的三力平衡状态被打破，膜片的位置发生变化，直到上述三个力重新找到新的平衡点。此时，阀门的开度发生变化，进而使通过阀门的制冷剂流量也发生变化。感温包感受到的蒸发器出口处的温度越高，P_f 越大，膨胀阀的开度越大，通过阀门的制冷剂剂量越大，制冷强度越强；感温包感受到的蒸发器出口处的温度越低，P_f 越小，膨胀阀的开度越小，通过阀门的制冷剂剂量越少，制冷强度越弱。

当蒸发器的温度下降到 0℃以下，吹出的冷风为 0℃～4℃时，恒温器便自动切断压缩机电磁离合器线圈的电路，压缩机停止运行；当温度升高到恒温器设定的温度时，恒温器又将压缩机电磁离合器线圈的电路接通，压缩机再度运行，汽车空调制冷系统又开始工作。

② 外平衡式热力膨胀阀。图 9.17 所示为外平衡式热力膨胀阀的结构和工作原理示意图，它主要由外平衡管、感温包、膜片、弹簧、阀门等组成。

外平衡式热力膨胀阀与内平衡式热力膨胀阀的主要区别是：外平衡式热力膨胀阀的外平衡管安装在蒸发器的出口处，并通过管道将蒸发器出口处的压力 P_e 作用在膜片的下端。其工作原理与内平衡式热力膨胀阀相同。

③ H 型热力膨胀阀的工作原理。H 型热力膨胀阀也叫整体型膨胀阀、板式热力膨胀阀，因其内部通路形同 H 而得名，如图 9.18 所示。由于 H 型热力膨胀阀可靠性高，又便于机械手装配，因而其在汽车空调系统中的运用越来越广泛。

在 H 型膨胀阀上，设有低压与高压两个通道和四个管路接头，分别与制冷系统的低压管路和高压管路连接。上面一个通道为低压通道，下面一个通道为高压通道。低压通道的入口接头经制冷管路与蒸发器出口连接，出口接头经制冷管路与空调压缩机入口连接；高压通道的入口接头经制冷管路与储液干燥器连接，出口接头经制冷管路与蒸发器入口连接。

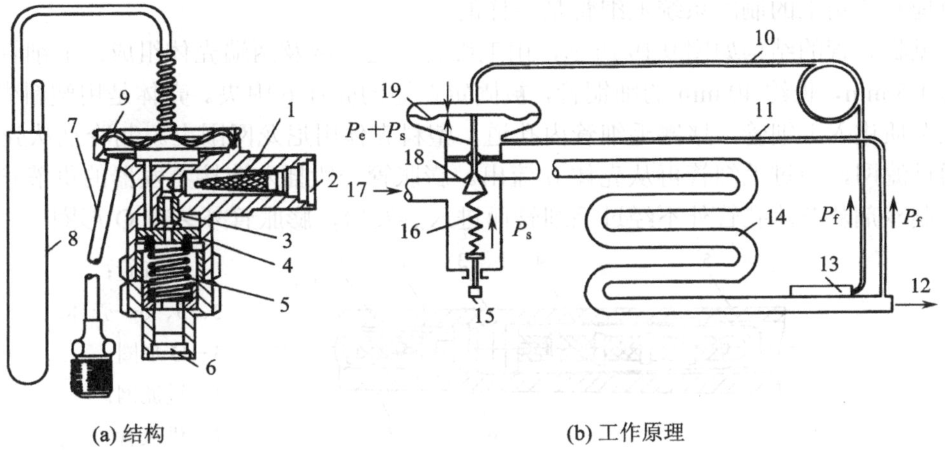

1—滤网；2、17—入口；3—孔口；4—阀座；5、16—弹簧；6—出口；7、11—外平衡管；8、13—感温包；9、19—膜片；10—毛细管；12—(制冷剂)出口；14—蒸发器；15—调节螺钉；18—针阀；

图 9.17　外平衡式热力膨胀阀的结构和工作原理

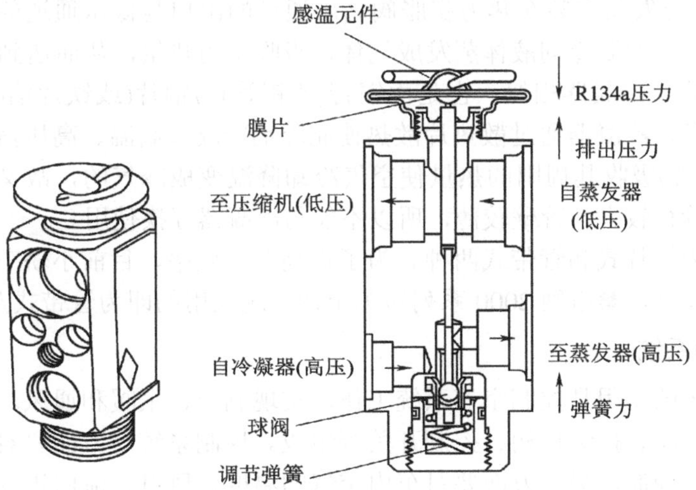

图 9.18　H 型膨胀阀的结构示意图

在高压液体进口和出口之间，设有一个由球阀组成的节流阀。节流阀开度的大小由感温元件和预紧弹簧控制。感温元件内部充注有制冷剂，安放在低压通道上，直接感受蒸发器出口蒸气的温度。转动调节螺栓即可调节弹簧的预紧力，从而便可调节节流阀的开度和流入蒸发器的制冷剂流量，以调节车内空气的温度。

当蒸发器出口蒸气温度升高时，感温元件内部制冷剂吸热膨胀，压力升高，使球阀压缩，预紧弹簧，从而使节流阀开度增大，进入蒸发器的制冷剂流量增大，蒸发器制冷量增大，车内空气温度降低。反之，当蒸发器出口蒸气温度降低时，节流阀开度减小，制冷剂流量减小，蒸发器制冷量减少，车内空气温度将升高。

(6) 膨胀管。膨胀管与膨胀阀的作用基本相同，只是将调节制冷剂流量的功能取消了。膨胀管有一段直径约为 1.5 mm 的毛细管。当常温高压的液体制冷剂流至断面窄小而长度足够长的毛细管中时，流动阻力急剧增大，制冷剂压力迅速降低，从而起到降压作用。它的工作原理和冰箱上的制冷系统毛细管是一样的。

常见膨胀管的结构如图 9.19 所示，由毛细管、过滤网及两端壳体组成。毛细管是一个内径约 1.5 mm，长约 40 mm 的细铜管，被固定在短的壳体 6 中央。壳体是用塑料做的，为了防止杂质进入毛细管，堵塞毛细管内孔道，塑料壳体用尼龙网围上。制冷剂从壳体 5 进入，通过滤网，经过毛细管再从壳体 6 流出。膨胀管一般插入连接蒸发器的供液管中，为了防止制冷剂从节流孔管外不经过毛细管而进入蒸发器，膨胀管外装有 O 形圈。

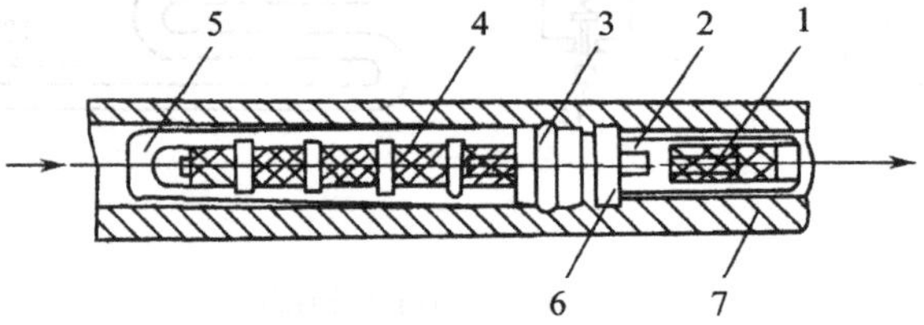

1—毛细管；
2、5、6—壳体；
3—O 形圈；
4—过滤网；
7—供液管

图 9.19 膨胀管

由于膨胀管没有运动部件，所以结构简单、成本低、可靠性高、能耗小。但膨胀管只有节流而没有调节制冷剂流量的功能，在低速运行时制冷效果差一些。

(7) 蒸发器。蒸发器安装在热力膨胀阀高压通道的出口与低压通道的入口之间，其功用是：经节流阀流入的制冷剂液体蒸发成气体，吸收车内热量，从而达到降温的目的。

蒸发器的结构与冷凝器相似，也是由铜管(或铝管)与铝片(或铁片)组成的一种热交换器。有所不同的是，冷凝器通过散热片散热使制冷剂冷凝成高温、高压液体，而蒸发器则是通过铝片(或铁片)吸收其周围的热量使空气冷却降温变成冷气的，故又称为冷却器。由于蒸发器的芯管管径较大、管壁较薄，所以不能与冷凝器互换使用。

蒸发器也分为管片式和管带式两种。为了提高蒸发效率，目前小轿车空调系统普遍采用全铝管带式蒸发器，桑塔纳 2000 系列轿车空调系统采用的即为管带式蒸发器。

5. 空调控制系统

空调控制系统的功用是控制空调系统工作，实现制冷、采暖和通风。控制系统主要由电器部件、真空管路、操纵机构、控制开关等组成。控制系统一方面要对制冷和采暖系统的温度、压力进行控制，另一方面要对车内空气的温度、风量、流向进行操纵控制，从而实现空调系统的各项功能。

对汽车空调制冷系统工作时的温度控制通常使用两种方法：一种是控制蒸发器表面温度；另一种是控制蒸发器压力。前一种控制方式主要通过控制压缩机电磁离合器线圈电路的通、断来控制压缩机的工作状态，从而达到控制蒸发器表面温度的目的。这种方式的特点是压缩机间断运行，该系统又称为循环离合器(Cycling Clulch，CC)系统。根据使用部件的不同，这种系统又分为循环离合器膨胀阀(CCTXV)系统和循环离合器孔管(CCOT)系统两种。后一种控制方式主要根据制冷剂的饱和温度和压力的对应性质，通过控制蒸发器出口压力来控制其表面温度，这种方式的特点是压缩机持续不间断地运行。

一般通过控制压缩机电磁离合器线圈电路的通、断来实现对压缩机工作状态的控制。

1) 温度控制组件

汽车空调控制系统中采用的温度控制组件主要有恒温器、环境温度开关、冷却液过热开关等，主要感应蒸发器表面温度、车内温度、环境温度、冷却液温度等参数。

(1) 恒温器。恒温器一般安装在蒸发器内或靠近蒸发器的冷气控制板上。当蒸发器表面温度或车内温度低于设置温度时，恒温器断开，电磁离合器分离，压缩机停止工作；反之，电磁离合器吸合，压缩机开始工作。它可防止蒸发器表面结霜，调节车厢内的温度。恒温器的常见形式有波纹管式、双金属片式、热敏电阻式等。

① 波纹管式恒温器。波纹管式恒温器的工作原理如图 9.20 所示。在毛细管和波纹管内充有易挥发性的感温介质，毛细管一端插在蒸发器翘片内 20 cm～25 cm 处，感受蒸发器表面的温度，另一端与波纹管相通。当蒸发器表面温度升高或降低时，毛细管内的感温介质便会膨胀或收缩，推动与之相连的杠杆机构控制触点闭合或断开，接通或切断压缩机的电磁离合器线圈电路，从而控制压缩机电磁离合器吸合或分离。旋转调节凸轮可以改变调节弹簧的预紧力，从而改变恒温器的温度控制范围。

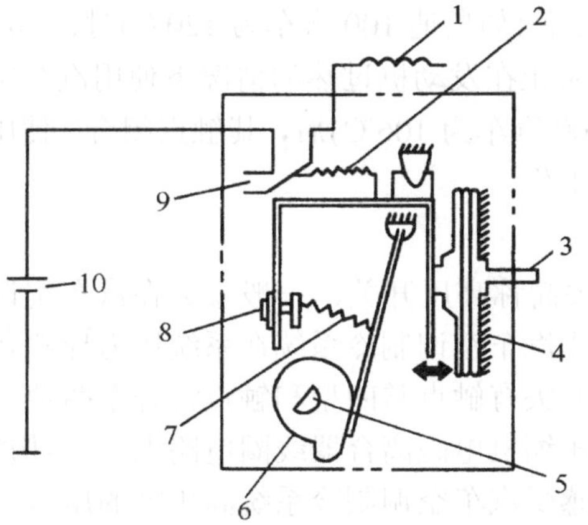

1—电磁离合器线圈；
2—偏心弹簧；
3—毛细管；
4—波纹管；
5—轴；
6—调节凸轮；
7—调节弹簧；
8—调节螺钉；
9—触点；
10—蓄电池

图 9.20　波纹管式恒温器的工作原理

② 双金属片式恒温器。如图 9.21 所示，双金属片式恒温器由两种热膨胀系数相差较大的双金属片组成，在双金属片的端部有一对触点。在设定的温度范围内，双金属片平伸，触点闭合，压缩机电磁离合器线圈电路接通，压缩机工作；当流过恒温器表面的空气温度低于设定的温度时，双金属片变形并使触点分开，电磁离合器线圈电路断开，压缩机停止工作。当温度上升到设定的温度时，双金属片的变形使触点闭合，电磁离合器线圈电路接通，压缩机开始工作。如此反复，便达到控制温度的目的。

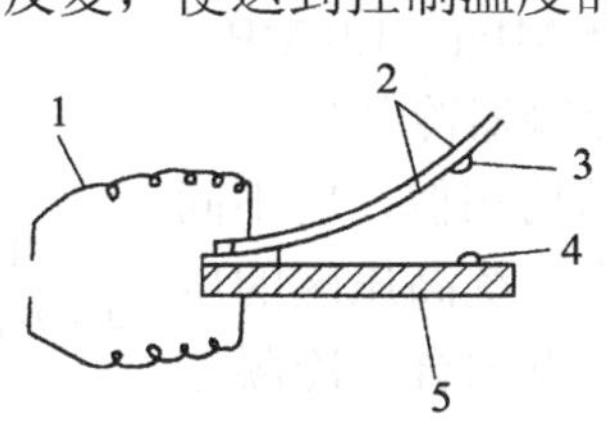

1—导线；
2—双金属片；
3—动触点；
4—定触点；
7—壳体

图 9.21　双金属片式恒温器的工作原理

双金属片式恒温器没有毛细管和感温包，通过感受其安装位置周围的空气温度而工作。

它的温度设定方法与波纹管式恒温器相同。

③ 热敏电阻式恒温器。热敏电阻是指阻值随温度变化而改变的电阻，一种为负温度特性(温度上升其阻值减小)，另一种为正温度特性(温度上升其阻值增大)。汽车空调控制系统中常采用负温度特性热敏电阻。

采用负温度特性热敏电阻作为传感器时，一般被安装在蒸发器的出口处，用于感受蒸发器的温度变化，再将热敏电阻的信号通过放大器放大，以控制压缩机电磁离合器的动作，由此达到控制温度的目的。

(2) 环境温度开关。环境温度开关也是串联在压缩机电磁离合器线圈电路上的一种温控开关。一般在环境温度高于4℃时，其触点闭合，而在环境温度低于4℃时，其触点断开。它使压缩机电磁离合器线圈电路在环境温度低于4℃时无法接通，即在环境温度低于4℃时，汽车空调制冷系统不能工作。

(3) 冷却液过热开关。冷却液过热开关又称为水温开关，一般安装在发动机散热器或冷却液管道上，用于感受冷却液的温度。其开关电路串联在压缩机电磁离合器线圈的电路上。当发动机冷却液温度超过某一规定值(如奥迪100汽车为120℃)时，其触点断开，使压缩机电磁离合器线圈电路断开，从而防止在发动机过热的情况下使用汽车空调系统。当冷却液温度下降到某一规定值(如奥迪100汽车为106℃)后，其触点闭合，使压缩机电磁离合器线圈电路接通，恢复压缩机的正常工作。

2) 压力控制组件

(1) 高压压力开关。高压压力开关简称高压开关，一般安装在汽车空调制冷系统的高压管路或储液干燥器上，其作用是防止汽车空调制冷系统在系统压力异常高时继续工作。

汽车空调制冷系统中常用的高压开关有触点常闭型和触点常开型两种。

触点常闭型高压开关一般串联在压缩机电磁离合器线圈电路上，其结构如图9.22所示。膜片通过高压开关接头处的管道直接感受汽车空调制冷系统高压区的压力。在正常情况下，其触点常闭，接通压缩机电磁离合器电路；当高压区的压力超过一定值时，膜片变形，使固定触点和活动触点分开，从而切断压缩机电磁离合器电路，压缩机停止工作，起到安全保护作用。当高压区的压力低于一定值时，在弹簧的作用下，活动触点和固定触点重新闭合，电路接通，压缩机恢复运行。触点常闭型高压开关的工作压力因使用车型不同而不尽相同，其触点断开压力一般为2.1 MPa～3.0 MPa，闭合压力一般为1.6 MPa～1.9 MPa。

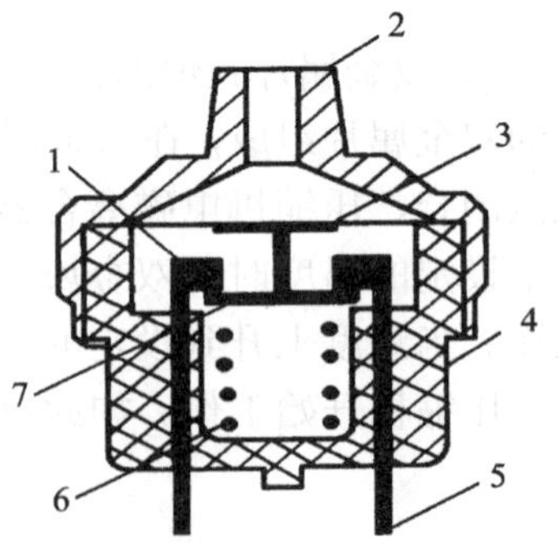

1—固定触点；2—接头；3—膜片；4—外壳；5—接线柱；6—弹簧；7—活动触点

图9.22　触点常闭型高压开关的结构

触点常开型高压开关一般并联在冷凝器冷却风扇的高速挡电路上，其结构与图9.22所示结构相似，所不同的是其触点是常开的。当汽车空调制冷系统高压区的压力超过一定值时，膜片变形，使常开触点闭合，冷凝器冷却风扇的高速挡电路被接通，冷却风扇高速运转，提高冷凝器的散热能力，降低冷凝器的温度和压力；当压力低于一定值时，冷凝器冷却风扇的高速挡电路被切断。

奥迪 100 轿车空调系统中安装在冷凝器出口管路上的压力开关即触点常开型高压开关，其闭合压力约为 1.58 MPa，而触点断开压力约为 1.34 MPa。

(2) 低压压力开关。低压压力开关简称低压开关，其结构如图 9.23 所示。安装位置不同，低压开关的作用也不尽相同。

最常见的一种形式是将低压开关安装在高压区(如安装在储液干燥器上)。此时低压开关的作用是感受汽车空调制冷系统高压的压力是否正常，防止压缩机在压力过低的情况下继续工作。当制冷剂不足或制冷剂泄漏时，随制冷剂一起在系统内循环的冷冻油也可能随之泄漏，并造成制冷系统部件润滑不良现象，如果继续运行，将使压缩机等部件因润滑不良而损坏。低压开关的工作原理是：当高压区的压力低于一定值时，低压开关切断压缩机电磁离合器的电路，使压缩机停止工作；当环境温度低于一定值(多数车辆为10℃)时，低压开关切断压缩机电磁离合器电路。

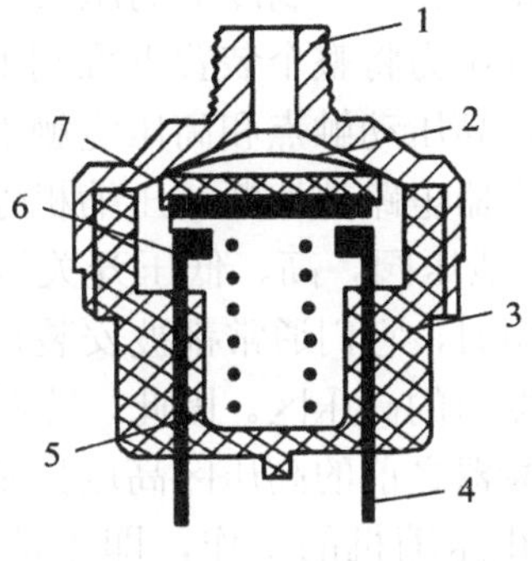

1—接头；2—膜片；3—外壳；4—接线柱；
5—弹簧；6—固定触点；7—活动触点

图 9.23　低压开关的结构

在孔管系统中，低压开关常被安装在低压区，通常安装在蒸发器的出口处，用于感受蒸发器出口处的压力。当蒸发器出口处的压力过低时，蒸发器易出现结冰现象，为防止因该现象的产生而影响汽车空调制冷系统正常工作，低压开关将控制电磁旁通阀的工作，让一部分热制冷剂蒸气通过电磁旁通阀进入压缩机的进口，使蒸发器的压力上升，以防止其结冰。

(3) 高低压联动开关(高低压组合开关)。当高压开关和低压开关都起保护作用时，通常安装在汽车空调制冷系统的高压区。因此，为使结构紧凑并减少接口的数量，通常将高、低压开关制成一体，形成高低压联动开关(高低压组合开关)。高低压联动开关通常被安装在储液干燥器上，其电路一般串联在压缩机的电磁离合器电路上，其作用与单独的高压开关和低压开关相同。

图 9.24 所示为高低压联动开关的结构。

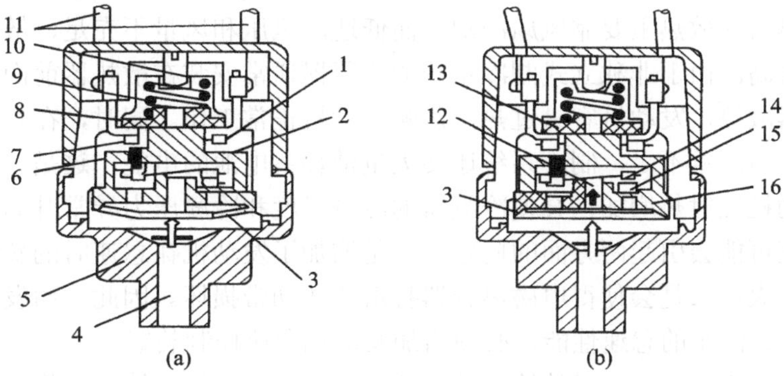

1、7—低压动触点；2、6—低压定触点；3—膜片；4—制冷剂通道；5—开关座；
8—绝缘片；9—弹簧；10—调节螺钉；11—接线柱；12—顶销；13—铜座；
14—高压动触点；15—高压定触点；16—膜片座

图 9.24　高低压联动开关的结构

其工作原理为：当汽车空调制冷系统的压力正常时，膜片处于平衡位置，此时，高压触点和低压触点都闭合，高低压联动开关接通；当制冷剂的压力下降到一定值时，弹簧力将大于制冷剂的压力，推动低压动触点和膜片脱开，压缩机的电磁离合器电路被切断，压缩机停止工作；当制冷剂的压力大于一定值时，制冷剂蒸气压力将整个装置下推到下止点，并继续推动顶销将高压动触点和高压定触点脱开，压缩机的电磁离合器电路被切断，压缩机停止工作。

(4) 泄压阀。高、低压开关被安装在高压区起保护作用时，它们通常都被安装在汽车空调制冷系统冷凝器后的高压区。因此，冷凝器堵塞等现象将导致冷凝器之前的高压区高压异常，高、低压开关不能停止压缩机的工作，即不能起到安全保护作用。为此，有很多汽车空调制冷系统通常在压缩机制冷剂出口处安装有泄压阀。

泄压阀的结构如图9.25所示。当系统压力正常时，弹簧力大于制冷剂的压力，密封阀被压紧而密封；当制冷剂的压力升高到一定值(厂家设定值)时，弹簧被压缩，密封阀被打开，制冷剂被直接释放到大气中，压缩机的压力立即下降；当压力下降到一定值以下时，弹簧压缩密封阀使制冷系统重新处于密封状态。

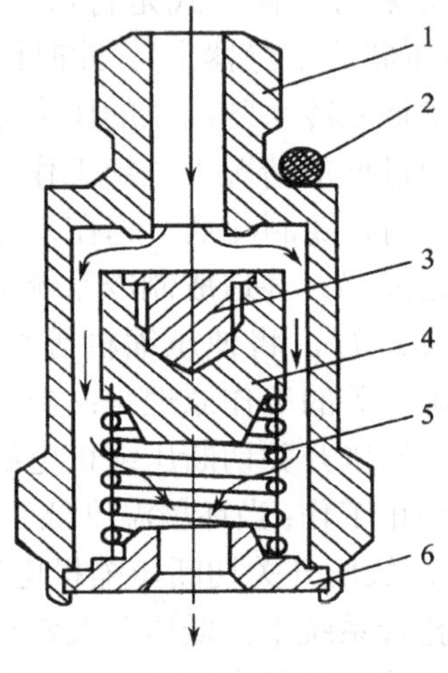

1—阀体；2—O形密封圈；3—密封阀；4—下弹簧座；5—弹簧；6—上弹簧座

图9.25 泄压阀的结构

3) 汽车空调制冷系统运行工况的控制装置

对于非独立式汽车空调系统，空调压缩机是由汽车发动机来驱动的。因此，在有些特定的工况下，需要对汽车空调制冷系统的工作和汽车发动机的动力输出之间进行协调。在现代汽车上，协调上述两者之间关系的常用装置有发动机怠速调节装置和加速断开装置。

(1) 发动机怠速调节装置。制冷压缩机是由发动机带动的。当发动机在怠速或低速时，冷却系散热器的散热主要靠风扇冷却，而低速时风压和风量不充足，散热效果差，致使冷却液温度升高。由于非独立式制冷系统的冷凝器通常安装在散热器前面，将进一步影响发动机散热器散热，发动机容易过热，影响发动机正常工作。同时，在怠速或低速时，发电机发出的电能严重不足，制冷系统还要大量消耗蓄电池的电能，这是一种很不利的工况。再加上发动机辐射热增加，会使冷凝器的冷凝温度和冷凝压力异常升高，压缩机功耗迅速增大。这些可能会引起两方面的问题：一是增加了发动机在怠速时的负荷，导致工作不稳定，甚至熄火；二是会使得电磁离合器打滑或传动带损坏。因此，由发动机带动制冷系统时，为了保证汽车的怠速性能，必须增加发动机怠速控制装置。

发动机处于怠速运行时的输出功率低，此时如果运行压缩机，将会影响发动机的怠速运行工况，可能会造成发动机过热或停机的现象。发动机怠速控制装置在怠速工况时协调汽车空调制冷系统的工作和汽车发动机的动力输出之间的关系。

发动机怠速调节装置的控制方式为：当发动机怠速运行时，如果开启汽车空调制冷系统，怠速调节装置将增加发动机进气道的进气量，增加发动机的输出功率，稍微提高发动机的转速，达到带负荷低速、稳定运转的目的。

在现代车辆中，怠速提升功能往往是结合发动机的怠速控制系统实现的。图 9.26 所示为发动机上最常用的两种怠速控制方式。发动机 ECU 根据信号变化，控制执行元件的动作，控制发动机的进气量，实现对目标功率和目标转速的控制。

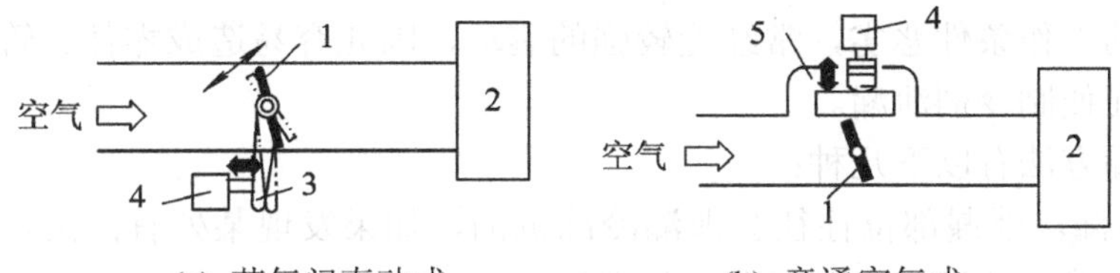

(a) 节气门直动式　　(b) 旁通空气式

1—节气门；2—发动机进气管；3—节气门操纵臂；4—执行元件；5—怠速空气道

图 9.26　发动机怠速控制方式

(2) 加速断开装置。在汽车加速超车或大负荷爬坡时，为了保证发动机有足够的动力，应切断压缩机电磁离合器电路，卸除压缩机的动力负荷，以尽可能大的发动机功率来满足汽车加速所需。常用的加速断开装置(也称为超速控制器)由超速开关和延迟继电器组成。超速开关一般安装在加速踏板下，当加速踏板被踩下达到其最大行程的一定值(一般为 90%)时，超速开关和延迟继电器切断压缩机电磁离合器电路，压缩机停止工作；当加速踏板行程小于其最大行程的一定值(一般为 90%)时，延迟继电器延迟一定时间(10 s～20 s)后接通压缩机电磁离合器电路。

【任务实施】

汽车空调制冷剂的加注

1. 制冷系统抽真空

抽真空的目的是为了排除制冷系统内的空气和水汽，是空调维修中一项重要的工序。因为在维修空调系统、更换制冷零件时，必然会有空气和水汽进入制冷系统，而空气和水汽又会严重影响制冷系统的工作，因此必须抽真空后再加制冷剂。

制冷系统抽真空可按图 9.27 所示接好仪器。具体方法如下：

(1) 把歧管压力表的高、低压软管分别与制冷管路上的高、低压检测接口相连，中间软管与真空泵相连。

(2) 打开歧管压力表的手动高、低压阀，启动真空泵，观察低压表，把系统抽真空至 0.1 MPa。

(3) 关闭歧管压力表的手动高、低压阀，观察歧管压力表，看真空度是否下降。如果真空度下降，则说明系统泄漏，应该查找漏点并维修；如果系统不漏，则应该再打开手动高、

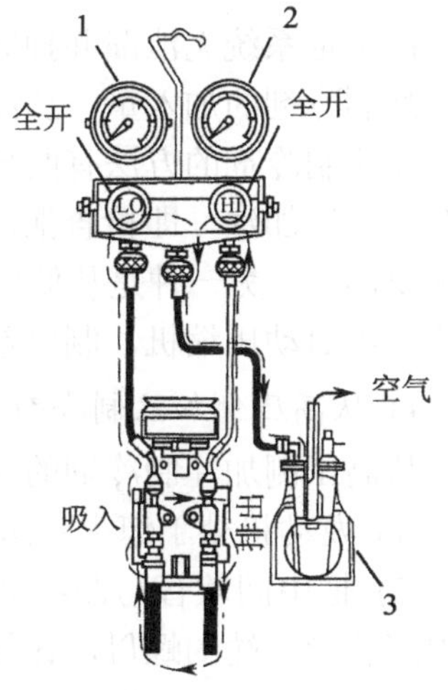

1—低压计；2—高压计；3—真空泵

图 9.27　制冷系统抽真空

低压阀，继续抽真空 15 min～20 min。

(4) 关闭歧管压力表的手动高、低压阀。

(5) 关闭真空泵。先关闭手动高、低压阀，然后关闭真空泵，目的是防止空气进入制冷系统。

2．检查制冷系统泄漏

汽车空调的工作条件恶劣，常经受较强的震动，因此容易造成零件、管路的损坏和接头的松动，从而使制冷剂泄漏。

常用的检漏方法有以下几种：

(1) 外观检漏。泄漏部位往往会泄漏冷冻机油，如果发现某处有油污，可用干净白抹布擦净，如果仍然有油污渗出，说明此处泄漏。

(2) 用检漏设备检漏。用卤素检漏灯或电子检漏仪检漏。

① 卤素灯检漏。点燃检漏灯，手持卤素灯上的空气管，当管口靠近系统渗漏处时，火焰颜色变为紫蓝色，表明此处有大量泄漏。这种方式有明火产生，不但很危险，而且明火和制冷剂结合会产生有害气体，此外也不易准确地定位漏点。因此此种方法使用较少。

② 电子检漏仪。电子检漏仪有多种操作方式，其中最常用的方法为：开启电子检漏仪时，可以听到轻微的嘀嘀声，当电子检漏仪的探头检测到泄漏时，嘀嘀声的频率会加快。操作过程中探头的头部靠近元器件和接头约 5 mm 处。不要让探头的头部直接接触元器件或接头，否则读数会出错，损坏探头。

(3) 真空检漏。用真空泵把系统抽至真空度 0.1 MPa，24 h 后真空度没有明显减小就可以认为没有泄漏。

(4) 压力检漏。向制冷系统充入氮气，然后用肥皂水检漏。如果有泄漏，泄漏处会出现肥皂泡。采用压力检漏时不能使用压缩空气，因为压缩空气里面有水分，水分滞留在制冷管路里会造成膨胀阀冰堵。工业氮气没有腐蚀性、没有水分，价格便宜，但瓶装高压氮气一定要用减压表。

3．加注制冷剂

在确定系统无泄漏并抽完真空之后，就可以加注制冷剂。加注制冷剂之前，首先应该弄清楚制冷剂的加入量，加注量过多过少都会影响空调制冷效果。

加注制冷剂的方法有两种。一种是从高压侧加注，加注的是液态制冷剂，加注速度快，适合第一次加注，即检查泄漏并抽完真空后的加注。加注时要注意不要启动压缩机，制冷剂罐要倒立。另一种是从低压侧加注，加注的是气态制冷剂，加注速度慢，适合补充加注。加注时需启动压缩机，制冷剂罐要正立。

1) 从高压侧加注制冷剂

从高压侧加注制冷剂的方法如图 9.28 所示。

(1) 发动机处于熄火状态，检查泄漏并抽完真空后，关闭手动高、低压阀。

(2) 把中间软管与制冷剂罐注入阀的接头接好，打开制冷剂罐注入阀，拧开歧管压力表中间软管一端的螺母，让气体溢出几秒钟，把空气赶走，然后再拧紧螺母。

(3) 拧开高压侧手动阀，把制冷剂罐倒立，液态制冷剂从高压侧进入制冷回路。

(4) 加入规定量的制冷剂后，关闭制冷剂罐注入阀，关闭歧管压力表的手动高压阀，取下歧管压力表。

注意：加注时不能启动发动机，更不能打开手动低压阀，防止产生压缩机液击现象。

2) 从低压侧加注制冷剂

从低压侧加注制冷剂的方法如图 9.29 所示。

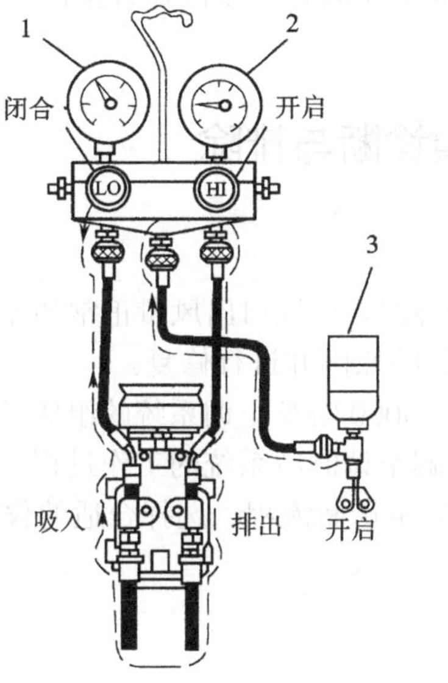

1—低压计；2—高压计；3—制冷剂缺罐

图 9.28 从高压侧加注制冷剂

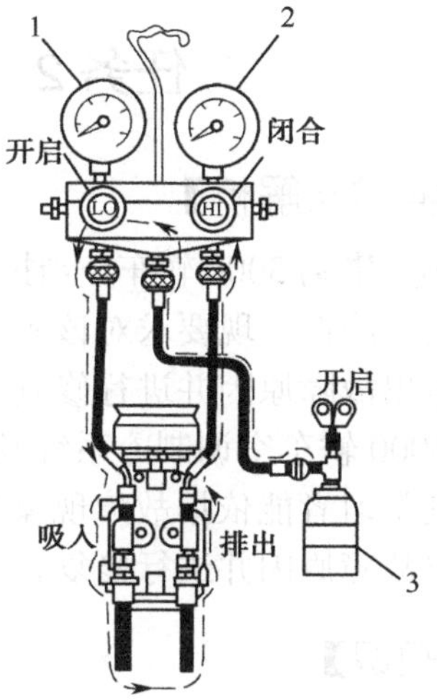

1—低压计；2—高压计；3—制冷剂罐

图 9.29 从低压侧加注制冷剂

(1) 检查泄漏并抽完真空后，关闭手动高、低压阀。

(2) 把中间软管与制冷剂罐注入阀的接头接好，打开制冷剂罐注入阀，拧开歧管压力表中间软管一端的螺母，让气体溢出几秒钟，把空气顶出，然后再拧紧螺母。

(3) 拧开低压侧手动阀，正立制冷剂罐，让气态制冷剂进入制冷系统，当系统压力达到 0.4 MPa 时，关闭手动低压阀。

(4) 启动发动机，打开空调，将暖风电机开关、调温开关打到最大挡。

(5) 打开手动低压阀，让气态制冷剂继续流入制冷回路，一直加到规定量。

(6) 观察储液干燥过滤器的观察窗，确认没有气泡，然后把发动机转速提高到 2000 r/min，检查歧管压力表的高、低压表是否达到正常值。

(7) 关闭制冷剂罐注入阀，关闭歧管压力表的手动低压阀，关闭发动机，取下歧管压力表。

4. 制冷剂排放

由于修理或其他原因常需将制冷系统内的制冷剂排放掉。排放时可以利用回收装置回收制冷剂，但要有专用回收装置。排放时，周围环境一定要通风良好，不能接近明火，否则会产生有毒的气体。

现在介绍一下利用歧管压力表排放制冷剂的具体操作步骤：

(1) 关闭歧管压力表上的手动高、低压阀，并将其高、低压软管分别接在压缩机高、低压检修阀上，将中间软管的自由端放在工作擦布上。

(2) 慢慢打开手动高压阀，让制冷剂从中间软管排出，阀口不能开得太大，否则压缩机内的冷冻润滑油会随制冷剂流出。

(3) 当压力表读数降到 0.35 MPa 以下时，再慢慢打开手动低压阀，使制冷剂从高、低压两侧同时排出。

(4) 观察压力表读数，随着压力下降，逐渐开大手动高、低压阀，直至高、低压表的读数指到零为止。

任务 2　空调系统故障诊断与排除

【任务描述与解析】

一辆桑塔纳 3000 轿车，当按下空调开关进入制冷时，出风口出风量正常却无冷风，车内温度无法降低。现要求对该系统进行检测，查出故障原因并进行修复。

要查出故障原因并进行修复，首先要认识桑塔纳 3000 轿车空调系统的组成及功能，对桑塔纳 3000 轿车空调制冷系统及电路进行分析，理解空调制冷系统的工作过程。本任务的目的是使学习者能依据故障现象分析可能的原因，制定诊断流程；选择合适的仪器进行检测，查出故障原因并进行修复。

【相关知识】

一、汽车空调综合故障诊断方法

1. 看

用眼睛观察空调系统各个零件是否处于正常工作状态。

首先查看干燥过滤器视液镜中制冷剂的流动状况，若流动的制冷剂中央有气泡，则说明系统内制冷剂不足，应补充至适量。若流动的制冷剂呈露状，且水分指示器呈淡红色，则说明制冷剂中含水量偏高，应缓慢放完系统中原有的制冷剂，拆下干燥过滤器，并将其置于 110℃的烘箱内，对干燥剂作干燥处理，排除水分后再用。

其次查看系统中各部件与管路连接是否可靠密闭，是否有微量的泄漏存在。若有泄漏，在制冷剂泄漏的过程中常会有冷冻润滑油一起泄出，故在泄漏处有潮湿痕迹，并依稀可见粘附着一些灰尘。此时应将该处的连接螺帽拧紧或重做管路喇叭口，并加装密封橡胶圈，以杜绝慢性泄漏，防止系统内制冷剂的减少。

最后查看冷凝器是否被杂物封住，散热片是否倾倒变形。此现象将影响流过冷凝器的空气流量，导致冷凝器冷凝效果变差，使流经膨胀阀的制冷剂温度偏高，从而影响系统的制冷效果。此时应将冷凝器清扫干净，将变形的散热翅片修正。

2. 听

首先听压缩机电磁离合器有无发出刺耳的噪声。若有噪声，则多为电磁离合器磁力线圈老化，通电后所产生的电磁力不足，或离合器片磨损引起其间隙过大，造成离合器打滑而发出。这时应重绕离合器磁力线圈或抽掉 1～2 片离合器调整垫片，减小离合器间隙，防止其打滑，从而消除噪声。

其次听压缩机在运转中是否有液击声，若有此声，则多为系统内制冷剂过多或膨胀阀开度过大，导致制冷剂在未被完全气化的情况下吸入压缩机。此现象对压缩机的危害很大，有可能会损坏压缩机内部零件，应缓慢释放制冷剂至适量或调整膨胀阀开度，及时排除故障。

3．摸

高压回路比较热，如果某处特别热，说明这个地方堵了。用手感觉压缩机的进气管和排气管，两者之间应该有明显的温度差，前者发凉、后者发烫。用手感觉比较冷凝器进入管和排出管的温度，正常情况下，前者热一些，冷凝器上部温度比下部温度要高。用手摸储液干燥过滤器，前、后温度应一致。冷凝器输出管到膨胀阀输入管之间是制冷剂高压、高温区，温度应该均匀一致。

低压回路比较凉，用手摸膨胀阀，前、后要有明显的温差，即前热后凉。膨胀阀出口到压缩机之间的软管应该凉而不结霜，正常情况应为结霜后即化，用肉眼看到的只是化霜后结成的水珠。

用手感觉车内出风口有凉的感觉，车内外保持 7℃～8℃的温差。

如果高压回路、低压回路没有明显温差，说明制冷系统不工作或系统泄漏，制冷剂严重不足。

4．测

(1) 用检漏计。用检漏仪可以检查整个系统各接头处是否泄漏。

(2) 用歧管压力表。用歧管压力表检查制冷系统的压力。运转压缩机，发动机转速为 2000 r/min，观察歧管压力表。在一定的大气湿度内，轿车制冷系统工作时的高、低压范围见表 9.1。

表 9.1　制冷管路压力值

相对湿度/%	气温/℃	高压/MPa	低压/ MPa
40～80	25	0.97～1.26	0.12～0.17
	30	1.10～1.41	0.14～0.20
	35	1.23～1.56	0.16～0.22
	40	1.36～1.72	0.17～0.25

(3) 用万用表。用万用表可以检查汽车空调系统电路的故障，判断出电路是断路还是短路。

(4) 用温度计。

① 蒸发器：不结霜的前提下，蒸发器表面温度越低越好。

② 冷凝器：正常工作时，冷凝器入口温度为 70℃，冷凝器出口温度为 50℃左右。

③ 储液干燥过滤器：正常情况下应为 50℃。如果上下温度不一致，说明储液干燥过滤器堵塞。

二、桑塔纳 3000 轿车空调系统电路分析

1．电路组成

图 9.30 所示为上海桑塔纳 3000 轿车空调系统电子控制电路，它由电源电路、进气门

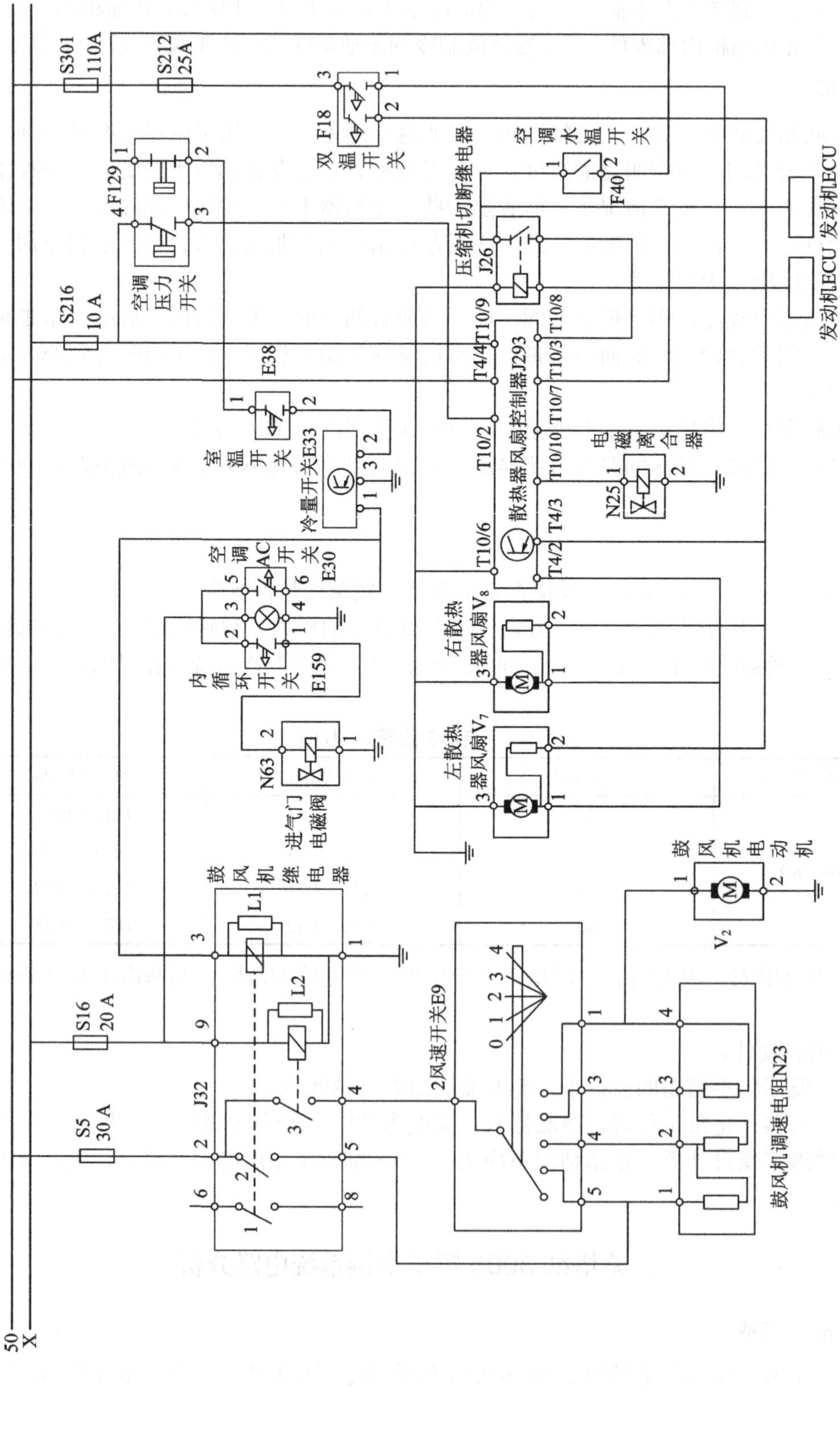

图 9.30 桑塔纳 3000 空调系统电子控制电路

电磁阀控制电路、鼓风机控制电路、空调电磁离合器控制电路、散热器风扇控制电路、空调保护电路等组成。该空调系统在原型号的基础上，对蒸发器、储液器、冷凝器、压缩机等总成和零件做了很大改进，使它的降温效果有了明显提高。

桑塔纳 3000 轿车空调系统的工作受发动机控制，发动机必须能正常工作。发动机 ECU(J220)的 T80/8 端输出高电平时，压缩机切断继电器 J26 才能吸合，制冷系统才能工作。

2. 工作原理

(1) 电源电路。

空调系统由 30 号线和 X 号线供电。30 号线常带电，与蓄电池正极连接，X 号线受点火开关及卸荷继电器(中间继电器)的控制。当卸荷继电器线圈得电吸合，其常开触点闭合后，30 号线上的蓄电池电压就会加至 X 号线上，使连接在 X 号线上的鼓风机、空调电磁离合器、散热器风扇控制部分(除风扇水温控制外)等均得电。

(2) 进气门电磁阀控制电路。

进气门电磁阀 N63 线圈的电流通路为：

X 号电源线→空调熔断器 S16→内循环开关 E159→进气门电磁阀 N63 线圈→搭铁→蓄电池负极

(3) 鼓风机控制电路。

① 鼓风机电动机 V_2 的供电受控于鼓风机继电器 J32，当闭合点火开关时，X 号线通电，鼓风机继电器吸合，V_2 才会得电工作。

鼓风机共有四种不同的转速，以满足不同送风量的要求，转速的变换是由鼓风机风速开关 E9 通过切换调速电阻 N23 来实现的。

当点火开关处于“ON”位置时，X 号线通电，由此形成了以下的电流通路：

X 号电源线→熔断器 S16→鼓风机继电器 J32 内的线圈 2→搭铁→蓄电池负极

当将鼓风机的风速开关置于 1、2、3、4 挡时，就形成了以下的电流通路：

蓄电池正极→30 号线→熔断器 S5→继电器 J32 内的线圈 2 的已闭合常开触点→风速开关 E9 的 2 端

此时，E9 若在 1～4 位，则鼓风机和电动机 V_2 均会得电工作，可从 1 位到 4 位，使鼓风机以依次升高的四种不同速度进行转动，实现对通风量的控制。当 E9 处于 0 位时，鼓风机将停止工作。

② 当 E9 鼓风机开关在 0 位，打开 E30 空调 A/C 开关时，鼓风机继电器 J32 吸合，以保证在启动空调系统时，鼓风机与空调系统同步工作。其电流通路如下：

X 号线电源→熔断器 S16→空调 A/C 开关 E30→鼓风机继电器 J32 内的线圈 1→搭铁→蓄电池负极

上述这一电流通路使 J32 内继电器常开触点 2 得电闭合，从而又形成了如下的电流通路：

蓄电池正极→30 号线→熔断器 S5→继电器 J32 内的线圈 1 的已闭合常开触点→鼓风机调速电阻 N23→鼓风机电动机 V_2→搭铁→蓄电池负极

(4) 空调电磁离合器控制电路。

空调电磁离合器的状态除了受 X 号线、空调 A/C 开关 E30、冷量开关 E33、室温开关 E38、空调水温开关 F40 以及制冷液管路空调压力开关 F129 的控制外，还受散热器风扇控制器 J293 和发动机 ECU 的控制。如果不满足上述任意一单元所设定的条件时，空调电磁离合器的供电都将被切断，从而使压缩机停止工作。

开启空调后，12 V 电压从 X 号线经熔断器 S16、空调 A/C 开关 E30、冷量开关 E33、室温开关 E38、空调压力开关 F129(低压开关)、空调水温开关 F40 后分成三路：第一路到发动机控制单元 ECU 的“T80/10”端，作为空调请求信号；第二路到散热风扇控制器 J293 的“T1 0/3”端，作为散热器风扇低速挡工作信号；第三路经空调压缩机切断继电器 J26 触点后加至散热风扇控制器 J293 的“T10/8”端，作为电磁离合器工作信号。

当发动机 ECU(J220)的“T80/10”端收到空调请求信号时，发动机 ECU(J220)的“T80/8”端输出高电压，压缩机切断继电器 J26 电流通路，使继电器吸合。

当散热风扇控制器 J293 的“T10/8”端为高电平时，风扇控制器的“T10/10”端输出 12 V 电压控制空调电磁离合器吸合，空调工作。

(5) 散热器风扇控制电路。

散热器风扇除了受冷却水温度和发动机舱温度的控制外，还受空调系统工作状态的控制。

① 散热器风扇低速运转：发动机运转时，如果接通冷量开关 E33，且散热风扇控制器 J293 的“T10/3”端为高电平，则风扇控制器的“T4/3”端输出 12 V 电压，控制左、右散热器风扇 V_7、V_8 低速运转。

当发动机冷却液温度达 95℃时，双温开关 F18 内的低温触点(右边)闭合，12 V 电源电压经触点接通风扇电动机的低速挡，左、右散热器风扇 V_7、V_8 低速运转。

② 散热器风扇高速运转：当发动机冷却液温度达 102℃时，双温开关 F_{18} 内的高温触点(左边)闭合，12 V 电压经闭合的触点传到散热器风扇控制器 J293 的“T10/7”端。风扇控制器的“T4/2”输出 12 V 电压，控制左、右散热器风扇 V_7、V_8 高速运转。

(6) 高、低压及其他保护电路。

当空调管路压力高于 1.45 MPa 时，空调压力开关 F129 中的 1.45 MPa 压力开关(左边)闭合，散热器风扇控制器 J293 的端为高电平，其“T4/3”端输出 12 V 电压，控制散热器风扇高速运转，冷却强度加强，使空调系统的冷凝器迅速散热，用于降低制冷系统中的压力。

当空调制冷剂泄漏后，如果管路静态压力低于 0.2 MPa，则空调压力开关 F129 内的 0.2/3.2 MPa 压力开关(左边)断开，散热风扇控制器 J293 的“T10/3”端失电，空调停止工作，以防止空调压缩机在润滑不良的情况下运转而损坏。当管路压力高于 3.2 MPa 时，0.2/3.2 MPa 压力开关也断开，空调不工作，以保护空调管路及压缩机。同理，当发动机冷却液温度高于 119℃时，空调水温开关 F40 断开，空调也将停止工作。

空调压缩机切断继电器 J26 由发动机 ECU 的 T80/8 端控制。它有双向作用：一是全负荷时切断空调；二是空调工作时，控制发动机怠速提升。

当发动机 ECU(J220)有故障或处于急加速工况时，发动机 ECU 的“T80/8”端输出低电平，使压缩机切断继电器 J26 停止工作，散热风扇控制器 J293 的“T10/8”端为低电平，从而使压缩机停止工作。

三、空调系统故障诊断与排除

1. 采暖系统故障

采暖系统的故障现象、原因及排除方法见表 9.2。

表 9.2 采暖系统故障现象、原因及排除方法

故障现象	故障原因	检查及排除方法
不供暖或供暖不足	鼓风机损坏 鼓风机调速电阻损坏 温度调节门真空转换电磁阀损坏 热风管道堵塞 冷却液管道堵塞 加热器芯内部有空气 加热器的翘片变形 加热器芯管道积垢堵塞 热水阀开关或真空电磁阀失效 冷却液不足 发动机的节温器失效	用万用表检查其电阻，如有损坏则进行更换 用万用表检查该电阻，如有损坏则进行更换 更换温度调节门真空转换电磁阀 清理风道 更换冷却液管道 排出加热器芯内的空气 修理或更换 除垢或更换 拆修或更换，保证有足够的热水量 补充冷却液 更换节温器
鼓风机不转	熔断丝或开关接触不良 鼓风机电机损坏 鼓风机调速电阻损坏	检查熔断丝和开关，修理或更换 检查鼓风机，修理或更换 用万用表检查该电阻，如有损坏进行更换
漏水	管路老化、接头松动、热水阀开关关闭不严等	更换水管，修复或更换热水阀开关
过热	温度调节门调节不当 发动机的节温器失效 鼓风机调速电阻失效	调整温度调节门的位置 更换节温器 更换鼓风机调速电阻
除霜热风不足	除霜风门位置调整不当 出风口堵塞 供暖不足	调整除霜风门位置 清理出风 见“不供暖或暖气不足”

2. 制冷系统故障

最为常见的制冷系统故障为完全不制冷和制冷不足。对制冷系统而言，检测制冷系统的压力是故障诊断的根本；同时，判断制冷效果和制冷剂是否适量也是重要的依据。制冷系统的故障现象、原因和检查与排除方法见表 9.3。

表 9.3　制冷系统的故障现象、原因和检查与排除方法

故障现象	故 障 原 因	检查及排除方法
完全不制冷	A/C 开关熔断丝烧断	检查原因、排除故障并更换熔断丝
	电路断路器故障	检查原因、排除故障并更换熔断丝
	A/C 开关故障	检查 A/C 开关，检修或更换
	空调继电器故障	检查空调继电器的接触不良等故障，检修或更换
	电路接线故障	检查相关电路的接线并排除故障
	电磁离合器线圈故障	检查电磁离合器线圈的电阻，检修或更换电磁离合器
	鼓风机故障	检查鼓风机能否运转，检修或更换
	恒温器或放大器故障	检查恒温器和放大器，有故障则更换
	热敏电阻故障	检查热敏电阻，有故障则更换
	高压或低压保护开关故障	检查相应开关，有故障则更换
	制冷剂漏光	检查并修理泄漏点，重新加注制冷剂
	储液干燥器或膨胀阀堵塞	检查储液干燥器和膨胀阀，必要时进行修理或更换
	压缩机故障	检查压缩机，必要时更换
制冷不足	鼓风机转速慢等故障	检查鼓风机的调速电阻，必要时更换
	热敏电阻故障	检查或更换
	恒温器或放人器故障	检查恒温器和放大器。有故障则更换
	电磁离合器打滑	检查原因，对电路、电源进行检修或更换电磁离合器
	冷凝器脏污、管道陷扁、局部堵塞等	检查、清洁或更换冷凝器
	储液干燥器故障	检查或更换储液干燥器
	膨胀阀故障	检查或更换膨胀阀
	蒸发器故障	检查或更换蒸发器
	冷冻机油过多	排出过多的冷冻机油
	系统内有空气	排空制冷剂、抽真空、加注制冷剂
	压缩机故障	检查压缩机，修理或更换

3．电气系统故障

对微机控制汽车空调系统，在诊断和排除故障时，可依靠微机的自诊断功能：通过调取故障码，按照系统提示进行检修。在无故障码时，可转入对一般电气系统的检查流程：电源→点火开关→熔断器→继电器→空调开关(风扇开关、温控开关等)→温控电路→压力保护开关电路→电磁离合器电路。

4．机械故障

汽车空调系统的机械故障一般包括压缩机、鼓风机、皮带轮、离合器、膨胀阀、轴封、热交换器、轴承、阀片等故障。在进行诊断时一般通过有无异响、振动等进行判断。

【任务实施】

桑塔纳轿车空调不制冷故障诊断

一辆桑塔纳轿车，当按下空调开关进行制冷时，出风口出风量正常却无冷风，分析并排除故障。

桑塔纳轿车空调系统控制电路由电源电路、电磁离合器控制电路、鼓风机控制电路和冷凝器风扇电动机控制电路组成，如图 9.31 所示。

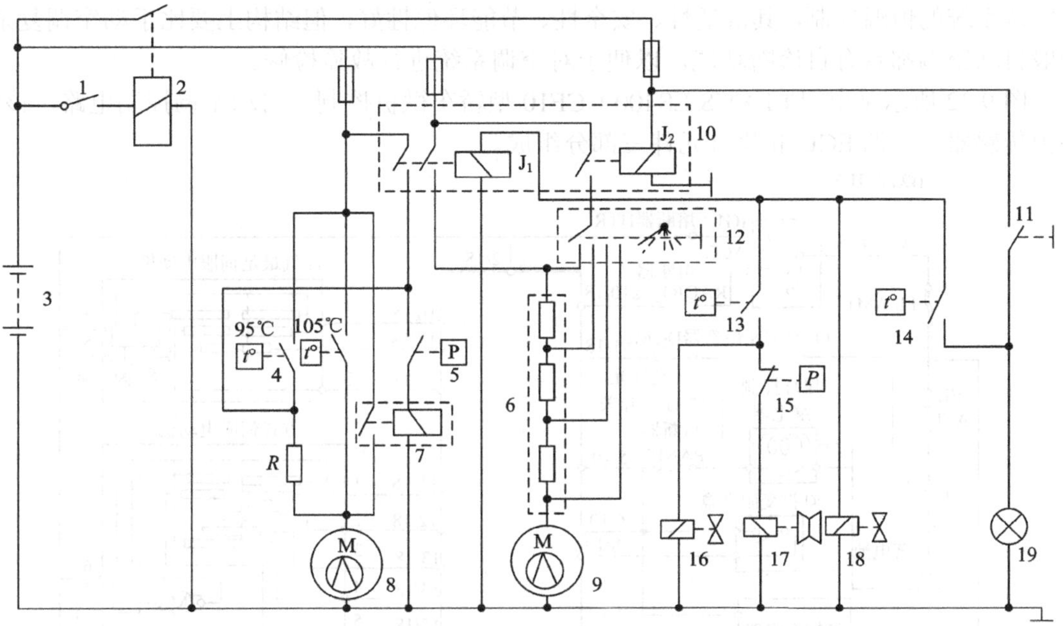

1—点火开关；2—减荷继电器；3—蓄电池；4—冷却液温控开关；5—高压保护开关；
6—鼓风机调速电阻；7—冷却风扇继电器；8—冷却风扇电机；9—鼓风机；10—空调继电器；
11—空调开关A/C；12—鼓风机开关；13—蒸发器温控开关；14—环境温度开关；15—低压保护开关；
16—怠速提升真空转换阀；17—电磁离合器；18—新鲜空气翻板电磁阀；19—空调开关指示灯

图 9.31　上海桑塔纳轿车空调系统控制电路

1．分析元件控制过程

点火开关处于断开、起动、接通位置时，电路分别是如何工作的：＿＿＿＿＿＿＿＿。

环境温度开关 14 如何起作用的：＿＿＿＿＿＿＿＿＿＿＿＿＿＿＿＿＿＿＿＿＿＿＿＿＿。

低压保护开关 15 的作用：＿＿＿＿＿＿＿＿＿＿＿＿＿＿＿＿＿＿＿＿＿＿＿＿＿＿＿＿。

高压保护开关 5 的作用：＿＿＿＿＿＿＿＿＿＿＿＿＿＿＿＿＿＿＿＿＿＿＿＿＿＿＿＿。

冷却风扇电机的控制电路为：＿＿＿＿＿＿＿＿＿＿＿＿＿＿＿＿＿＿＿＿＿＿＿＿＿＿。

2．分析控制过程

你认为该车出现此故障的可能原因有：＿＿＿＿＿＿＿＿＿＿＿＿＿＿＿＿＿＿＿＿＿＿。

通过小组讨论，确定诊断流程。

拓 展 知 识

自动空调系统概述

自动空调系统由于在改善汽车乘坐舒适性、环保节能、安全性、信息显示、操控性能等方面具有明显的优势，所以正在逐步普及。

自动空调系统与手动空调系统采用的是相同的基础部件，即相同的制冷系统、取暖系统、配气系统(机械)部件等，区别在于自动空调系统能够根据乘坐者设定的温度要求，实现空调系统的恒温控制，其舒适性、安全性、节能环保性好，但结构上要比手动空调复杂。一般自动空调都具有自诊断功能，以便于对空调系统进行故障检修。

图 9.32 所示是丰田 LEXUS LS400 UCF10 型轿车微机控制全自动空调控制电路，该电路由传感器、空调 ECU 和执行元件三部分组成。

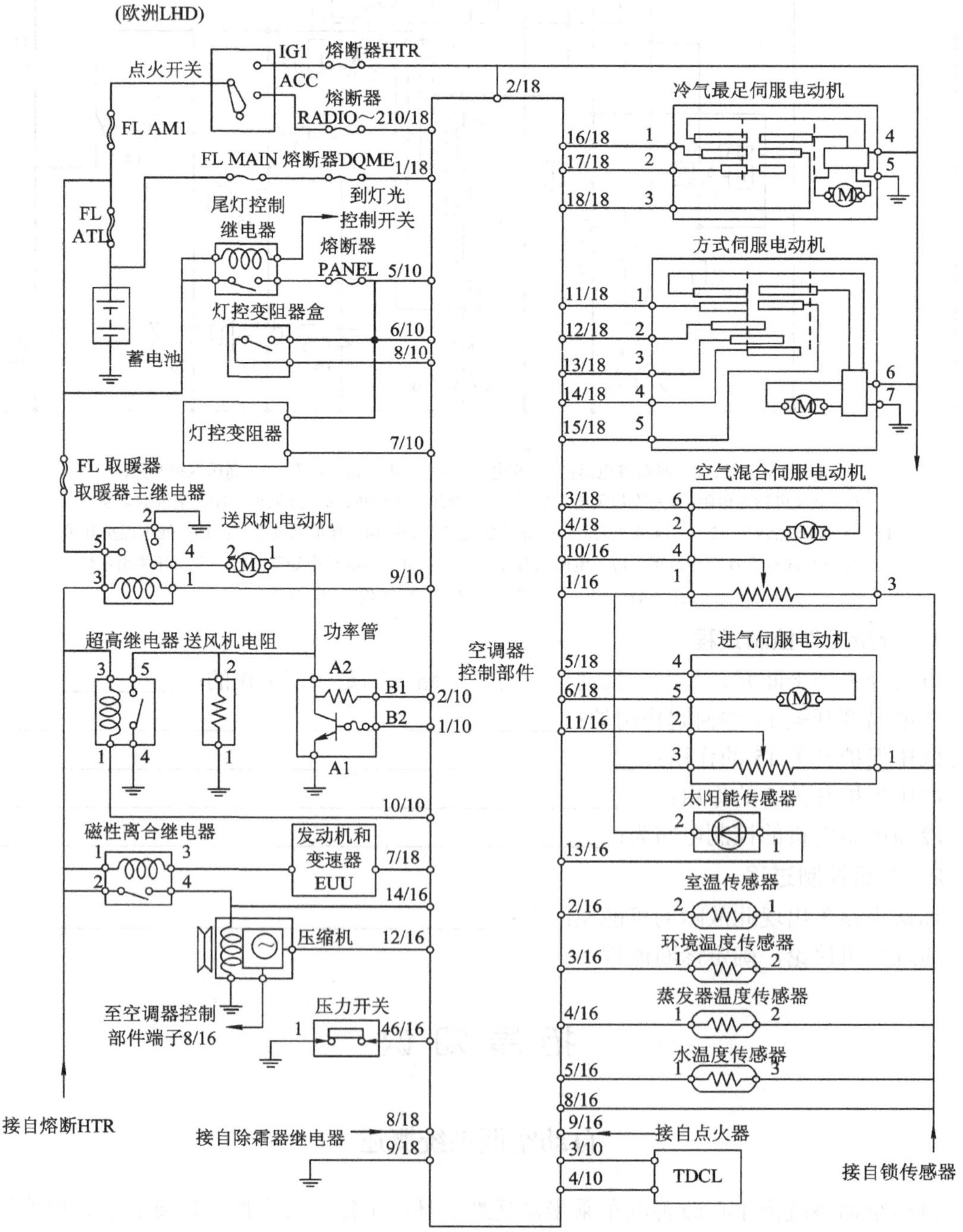

图 9.32 丰田 LEXUS LS400 UCF10 型轿车微机控制全自动空调控制电路

1. 传感器

传感器主要包括车内温度传感器、车外环境温度传感器、蒸发器温度传感器、光照传感器、冷却液温度传感器和压缩机锁止传感器。

车内温度传感器是一个具有负温度系数的热敏电阻。当车内温度发生变化时，热敏电阻的阻值改变，从而向空调 ECU 输送车内温度信号。车外环境温度传感器也是一个热敏电阻，向空调 ECU 输送车外温度信号。蒸发器温度传感器用于检测制冷装置内部的温度变化。当蒸发器周围温度发生变化时，传感器电阻的阻值也随之改变，并向空调 ECU 输出电信号。

光照传感器利用光电效应将阳光辐射程度转变成电信号，并输送给空调 ECU。冷却液温度传感器直接安装在发动机冷却循环的水路上，检测冷却液温度。产生的水温信号输送给空调 ECU，用于低温时的风机转速控制。压缩机锁止传感器是一种磁电式传感器，安装在空调装置的压缩机内，用于检测压缩机转速。压缩机每转一圈，传感器线圈就产生 4 个脉冲信号，并输送给空调 ECU。

2. 执行元件

执行元件包括风门伺服电动机、暖风电机及压缩机电磁离合器等。

风门伺服电动机控制空调的进风方式，电动机的转子经连杆与进风风门相连。该伺服电动机内装有一个电位计，向空调 ECU 反馈风门伺服电动机的位置情况。

当进行温度调节时，空调 ECU 控制空气混合伺服电动机连杆顺时针或逆时针转动，改变空气混合风门的开启角度，从而改变冷、暖空气的混合比例，调节送风温度。电动机内电位计的作用是向空调 ECU 输送空气混合风门的位置信号。

暖风电机的转速可以通过操作空调控制面板上的“高速”、“中速”和“低速”按键设定。

压缩机电磁离合器接收空调 ECU 的指令，控制压缩机的工作。

3. 空调 ECU

空调 ECU 与操纵面板制成一体，它对输入的各种传感器信号和功能选择键的输入指令进行计算、分析和比较后，发出指令，控制各个执行元件动作，使车内温度、空气流动状况等始终保持在驾驶员设定的水平上。

空调 ECU 能够根据驾驶员设定温度及车内温度、车外环境温度、光照传感器等输送的数据，计算所需的送风温度。当驾驶员将温度设置在最冷或最热时，空调 ECU 将用固定值取代上述计算值进行控制，以加快响应速度。

进行自动控制时，如果环境温度或蒸发器温度降至一定值以下，空调 ECU 将控制压缩机间歇工作，即压缩机电磁离合器交替导通与断开，以节省能源。LS400 汽车空调系统故障码如表 9.4 所示。

表 9.4　LS400 汽车空调系统故障码内容

代码	诊　断	故 障 部 位
00	正常	
11	车内温度传感器线路断路或短路	车内温度传感器电路
12	外界环境温度传感器线路断路或短路	外界温度传感器电路
14	水温传感器线路断路或短路	水温传感器电路

续表

代码	诊　断	故障部位
21	日光传感器线路断路或短路	日光传感器电路
22	压缩机锁止传感器线路断路或短路	压缩机锁止传感器电路
31	空气混合风挡位置传感器线路断路或短路	空气混合风挡位置传感器电路
32	进气风挡位置传感器线路断路或短路	进气风挡位置传感器电路
33	① 空气混合风挡位置传感器线路断路 ② 空气混合伺服电动机线路断路或短路 ③ 空气混合伺服电动机被锁止	① 室内混合风挡位置传感器电路 ② 空气混合伺服电动机电路
34	① 进气风挡位置传感器线路断路 ② 进气伺服电动机线路断路或短路 ③ 进气伺服电动机被锁止	① 进气风挡位置传感器电路 ② 进气伺服电动机电路

项目小结

(1) 汽车空调系统主要由：制冷系统、暖风装置、通风装置、空气净化装置和控制系统五大部分组成。

(2) 汽车采暖系统主要分为：水暖式暖风系统、独立热源式和综合预热式三类。

(3) 汽车空调系统中常用的制冷剂有 R12、R134a 两种。R12 进入大气会破坏地球的臭氧保护层，危害人类的健康和生存环境，引起地球的温室效应，因而从 1996 年起，汽车空调的制冷剂开始使用 R134a，到 2000 年全部使用 R134a。

(4) 冷冻油也叫冷冻机油，是制冷压缩机的专用润滑油，它保证压缩机正常运转、可靠工作和延长使用寿命。

(5) 蒸发压缩式制冷系统主要由压缩机、冷凝器、液体膨胀装置、蒸发器等总成组成，各部件之间采用铜管和高压橡胶管连接成一个密闭系统。

(6) 制冷循环过程分为：压缩、膨胀、冷凝和蒸发四个过程。

(7) 制冷系统主要由：压缩机、冷凝器、储液干燥器、膨胀阀、蒸发器等组成。

(8) 空调常用故障诊断方法为：看、听、摸和测。

(9) 空调制冷系统维护的要领为：制冷剂的排放，检漏，抽真空，加冷冻油，加制冷剂和检验。

(10) 水暖式暖风系统一般由控制开关、鼓风机、暖风水箱、循环水控制开关及相应的管路组成。

(11) 通风系统的作用是：在汽车运行中从车外引入一定量的新鲜空气，并将车内的污浊空气排出车厢外，同时还可以防止风窗玻璃起雾。

(12) 通风装置的通风方式一般有动压通风、强制通风和综合通风三种方式。

(13) 汽车空调系统采用的空气净化装置通常有空气过滤式和静电集尘式两种。

(14) 自动控制电路由传感器、空调ECU和执行器元件三部分组成。

练习与思考

一、选择题

1. 汽车空调系统中的哪个装置能够将气体制冷剂变为液态？(　　)

A. 蒸发器　　B. 膨胀阀　　C. 冷凝器　　D. 压缩机

2. 关于汽车空调中的压缩机以下哪种说法不正确？(　　)

A. 压缩机从蒸发器中吸入气态制冷剂

B. 只有气态制冷剂可以压缩，否则会损坏压缩机

C. 压缩机压缩制冷剂，产生高温高压的气态制冷剂进入蒸发器

D. 低压侧压力高，高压侧压力低，此故障多数压缩机内部有泄漏

3. 将液态制冷剂注入完全排空的空调系统时，下列哪一个程序正确？(　　)

A. 确信低压手动阀打开

B. 确保整个过程低压手动阀打开，并让制冷剂罐倒置

C. 在给系统注入液态制冷剂时，不要运转发动机

D. 注入完成后，完全关闭低压手动阀

4. 关于冷凝器，下列说法正确的是：(　　)。

A. 制冷剂进入冷凝器时几乎为100%的蒸气，离开时为100%的液态制冷剂

B. 制冷剂是由冷凝器的顶部进入，由底部流出

C. 冷凝器内部发生堵塞后可以用汽油清洗

D. 清洗冷凝器外部的污物时，用高压水枪更为有效。

5. 能将制冷剂的热量散发到大气中，使高温高压的蒸气变为高温高压的液体，这个装置是(　　)。

A. 压缩机　　B. 蒸发器　　C. 冷凝器

6. 对于离合器循环控制系统，压缩机工作状况是(　　)。

A. 工作－停止－工作的循环状态　　B. 一直工作　　C. 不能确定

二、判断题

1. 电磁离合器是压缩机总成的一部分。　(　　)

2. 冷凝器安装在车厢内。　(　　)

3. 温度传感器通过检测蒸发器表面的温度，控制电磁离合器的工作。(　　)

4. 膨胀阀能控制调节制冷剂流量的大小。　(　　)

5. 通过视液镜可以看到制冷剂的流动状态，从而判断制冷系统的工作状况。(　　)

6. A/C开关用于控制汽车空调是否投入工作。　(　　)

7. 空调不能作为强制通风换气装置使用。　(　　)

三、简答题

1. 汽车空调系统的功用是什么？主要由哪几部分组成？

2. 简述汽车空调制冷系统制冷循环的工作过程。

3. 汽车空调制冷系统主要由哪些部件组成？各部件的功用是什么？

4. 冷凝器与蒸发器的结构有何特点？汽车空调系统常用冷凝器与蒸发器分为哪些类型？

5. 如何进行制冷剂的加注？

6. 简述汽车空调系统不制冷的原因及故障排除方法。

7. 简述广州本田雅阁自动空调系统组成及基本工作原理。

8. H型膨胀阀是如何根据制冷负荷的大小调节制冷剂的流量的？

9. 诊断汽车空调故障有哪些常用方法？

10. 什么是制冷循环？制冷循环过程分为哪四个过程？汽车空调系统是怎样将车内温度降低的？

11. 汽车空调系统常用安全保护装置有哪些？其工作原理分别是什么？

12. 说明微机控制自动空调的工作原理。

项目十　汽车电路图识读与电路分析

【学习目标】

(1) 了解汽车整车电路的组成及电路图的种类。

(2) 掌握各车系电路原理图的特点。

(3) 掌握汽车电路的接线规律和识读电路图的要点。

(4) 能够针对典型车系汽车电路进行分析，熟练识读汽车电路图。

(5) 能运用常用故障诊断方法根据汽车电路图排除故障。

任务 1　汽车电路图识读

【任务描述与解析】

现代汽车电气设备越来越多，电路线路越来越复杂，汽车电气故障在报修车辆中占有相当大的比重，汽车电路图已成为汽车维修人员必备的技术资料。必须能够读懂汽车电路图，才有可能对汽车电气设备进行维修。

通过该任务的实施，学习者应能掌握汽车电路中常用图形符号、标志的具体含义，能读懂汽车总电路图，能分析系统工作原理，能分析线路电流走向，掌握识读汽车电路图的规律，锻炼依据汽车电路图排除故障的技能。

【相关知识】

一、汽车电气线路的基础元件

汽车电气线路的基础元件主要包括导线、熔断器、插接器、各种开关、继电器等，它们是汽车电路的基本组成部分。

1．连接导线

汽车电系的连接导线一般由铜质多丝软线外包绝缘层构成，有高压导线和低压导线两种。低压导线有普通线、屏蔽线、启动电缆和蓄电池搭铁电缆；高压导线分为铜芯线和阻尼线。

1) 低压导线

(1) 导线截面积。导线截面积主要根据其工作电流选择，但是对于一些通电电流很小的导线，为保证导线具有一定的机械强度，汽车电气系统中所用导线的截面积至少不得小于 0.5 mm^2。各种低压导线标称截面积所允许的负载电流见表 10.1。

表 10.1　低压导线标称截面积所允许的负载电流值

导线标称截面积/mm^2	0.5	0.8	1.0	1.5	2.5	3.0	4.0	6.0	10	13
允许载流量/A			11	14	20	22	25	35	50	60

启动电缆用来连接蓄电池与启动机电磁开关的主接线柱，它不以工作电流大小来选定，而受工作时的电压限制。为了保证启动机正常工作，能输出足够的功率，要求在线路上每 100 A 电流所产生的电压降不超过 0.1 V～0.15 V，因此该导线截面积特别大，通常有 25 mm^2、35 mm^2、50 mm^2、70 mm^2 等几种规格。

搭铁电缆也是一种专用连接电缆，连接在蓄电池负极和车身金属或发动机机体之间，故又称为蓄电池搭铁线。蓄电池搭铁线一般采用铜丝编织成的扁形软导线。

汽车 12 V 电气系统主要线路导线截面积推荐值见表 10.2。

表 10.2　汽车 12 V 电气系统主要线路导线截面积推荐值

电 路 名 称	标称截面积/mm^2
尾灯、指示灯、仪表灯、牌照灯、刮水器电动机、电子时钟	0.5
转向灯、制动灯、停车灯、分电器	0.8
前照灯的近光、电喇叭(3 A 以下)电路	1.0
前照灯的远光、电喇叭(3 A 以上)电路	1.5
其他 5 A 以上电路	1.5～4
柴油车电热塞电路	4～6
电源电路	4～25
启动电路	16～95

(2) 汽车导线的颜色代号。为了便于维修，低压导线常以不同的颜色加以区分。各国汽车厂商电路图上多以字母(主要是英文字母)表示导线颜色及其条纹颜色。

2) 高压导线

汽车点火线圈至火花塞之间的电路使用高压导线，用于传送高电压。汽车用高压导线有铜芯线和阻尼线两种，为了衰减火花塞产生的电磁波干扰，目前已广泛使用高压阻尼点火线。带阻尼的高压导线能抑制点火系统对无线电设备的干扰，且效果较好。

3) 汽车电气数据总线

所谓数据总线，就是指在一条数据线上传递的信号可以被多个系统共享，从而最大限度地提高系统整体效率，充分利用有限的资源。汽车电脑与电脑之间的通信和数据共享，常采用 CAN 数据总线。

CAN 数据总线的作用是传输数据，它是双向数据线，分为 CAN 高位和 CAN 低位数据线。数据没有指定接收器，数据通过数据总线发送给控制模块，各控制模块接收到数据后进行计算。一汽宝来、一汽奥迪 A6、上海帕萨特 B5 和 POLO 轿车上都采用了 CAN 双线式数据总线系统。

2. 线束

为了汽车上的全车线路(除启动电缆、蓄电池搭铁线、高压线以外)不凌乱、安装方便和保护导线的绝缘，一般都将同路的不同规格的导线用薄聚氯乙烯带缠绕包扎成束，称为线束，如图 10.1 所示。近年来，国内外汽车为了检修电线方便，用塑料制成开口的软管，将电线束裹在其中，检修时将开口撬开即可。

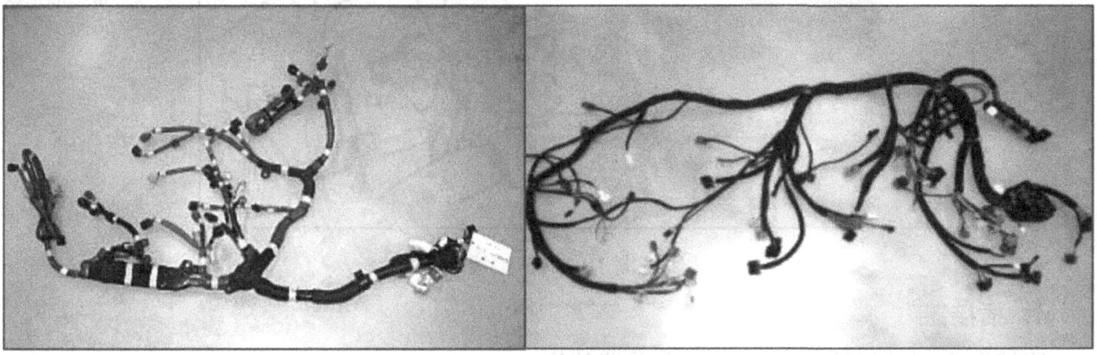

图 10.1　汽车线束

汽车线束总成由导线、端子、插接器，护套等组成。导线端子普遍采用导电性能良好的黄铜、紫铜等材料制成。线路间的连接采用插接器。现代汽车线束总成中有很多个插接器。

3. 熔断器和易熔线

熔断器的保护元件是熔丝，串联在其所保护的电路中。当通过熔丝的电流超过其规定值时，熔丝发热熔断，从而保护线路和用电设备不被烧坏。

熔断器的熔丝固定在可插式塑料片上或封装在玻璃管中。目前，汽车普遍使用便于插拔的塑料擦片式熔断器，如图 10.2 所示。常见的有 3 A、10 A、15 A、20 A、30 A 五种熔断器，其塑料片颜色分别为紫色、红色、蓝色、黄色和绿色。通常将熔断器集中安装在一个盒中，称为熔断器盒。各熔断器都编号排列，有的还在熔断器上涂以不同的颜色，以便于检修时识别。

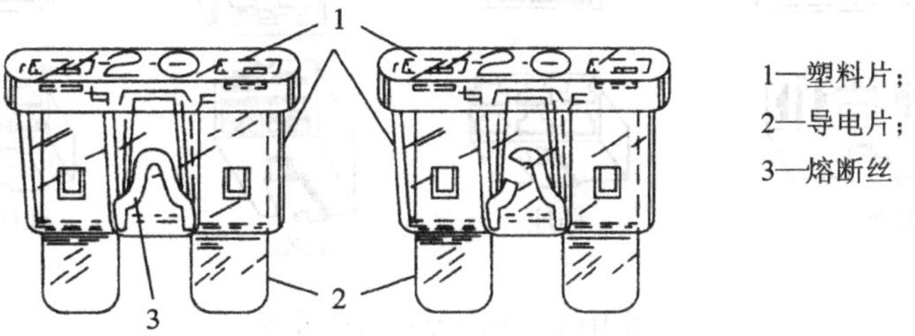

(a) 良好　　(b) 断路

图 10.2　塑料擦片式熔断器的结构

熔断器为一次性器件，更换熔断器时，一定要与原规格相同。特别是不能使用比规定容量大的熔断器，否则将失去保护作用。

易熔线是一种大容量的熔断器，用于保护总体线路或较重要的电路，如图 10.3 所示。它的作用和熔断器相似，当线路出现过大的电流时，易熔线首先烧断，这就保护了线路和线束。易熔线熔断，可能是主要电路发生短路，因此需要仔细检查，彻底排除隐患。

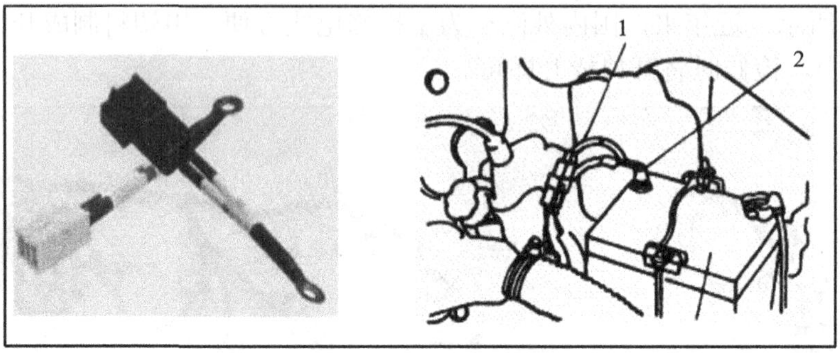

1—易熔线；
2—蓄电池正极

图 10.3　易熔线

4．插接器

连接器又叫插接器，现代汽车上普遍使用。

插接器由插头与插座两部分构成，按使用场合的实际需要，其脚数多少不等。插接脚有平端与针状之分。图 10.4 所示为不同形式的插接器。

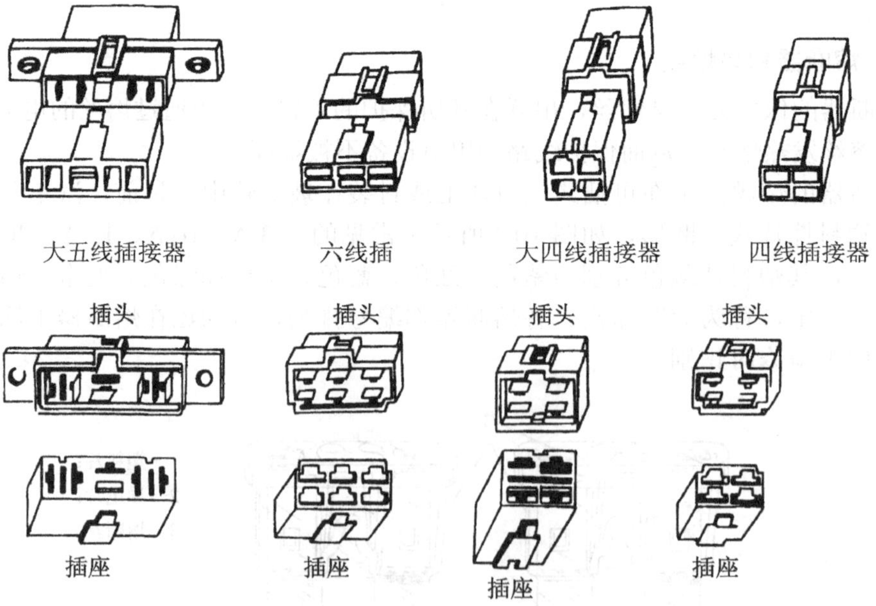

图 10.4　不同形式的插接器

插接器接合时，应先将其导向槽重叠在一起，使插头与插孔对准，然后平行用力插入，这样就可以十分牢固地连接在一起。

为了防止汽车行驶过程中插接器脱开，所有插接器均采用闭锁装置，如图 10.5 所示。在检查及更换插接器时，应先压下闭锁，然后再将其拉开。不压下闭锁时绝不可用力猛拉导线，以防拉坏闭锁或导线。

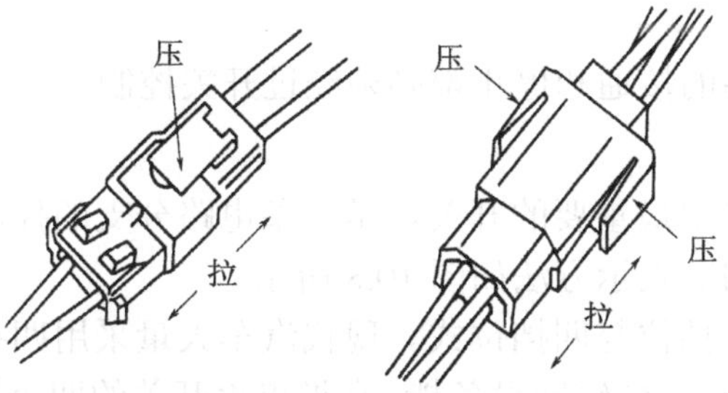

图 10.5　插接器的闭锁装置及拆卸

5．继电器

继电器是利用电磁或机电原理，或其他方法(如热电或电子)实现自动接通或切断一对或多对触点的器件。它用以实现用小电流控制大电流，从而减小控制开关触点的电流负荷，如进气预热继电器、空调继电器、喇叭继电器、雾灯继电器、中间继电器、风窗刮水器/清洗器继电器、危险报警、转向闪光继电器等。按照插接端子的多少，继电器分为 3 端子、4 端子、5 端子、6 端子四种。图 10.6 所示是汽车上常用的继电器。

图 10.6　继电器实物

按照继电器触点的工作状态的不同，继电器通常分为常开型继电器、常闭型继电器和常开常闭混合型继电器。继电器的每个插脚都有标号，与中央接线盒正面板的继电器插座的插孔标号相对应。汽车电路中使用的继电器的主要形式如图 10.7 所示。

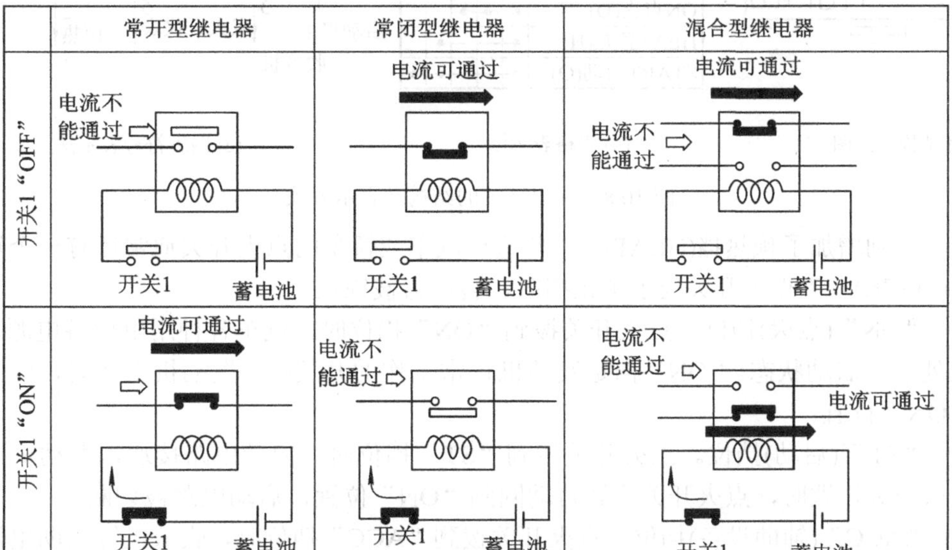

图 10.7　汽车电路中使用的继电器类型

6．电路开关

汽车上所有用电设备的接通和停止都必须经过开关控制。

1) 点火开关

点火开关是汽车电路中最重要的开关，是各条电路分支的控制枢纽，它是多挡多接线柱开关。点火开关的结构及表示方法如图 10.8 所示。

常用的点火开关有三挡位与四挡位式。现代汽车大量采用四挡位式点火开关，它在三挡位的基础上增加了一个 ACC 辅助设备挡。常见点火开关的四个接线柱是：1 号——(BAT)电源接线柱，与蓄电池正极和发电机电枢接柱相连；2 号——(IG)点火接线柱，连接点火电路、仪表电路及发电机励磁电路等；3 号——(ACC)辅助电器接线柱，连接收放机等辅助电器；4 号——(ST)启动接线柱，连接启动电路。

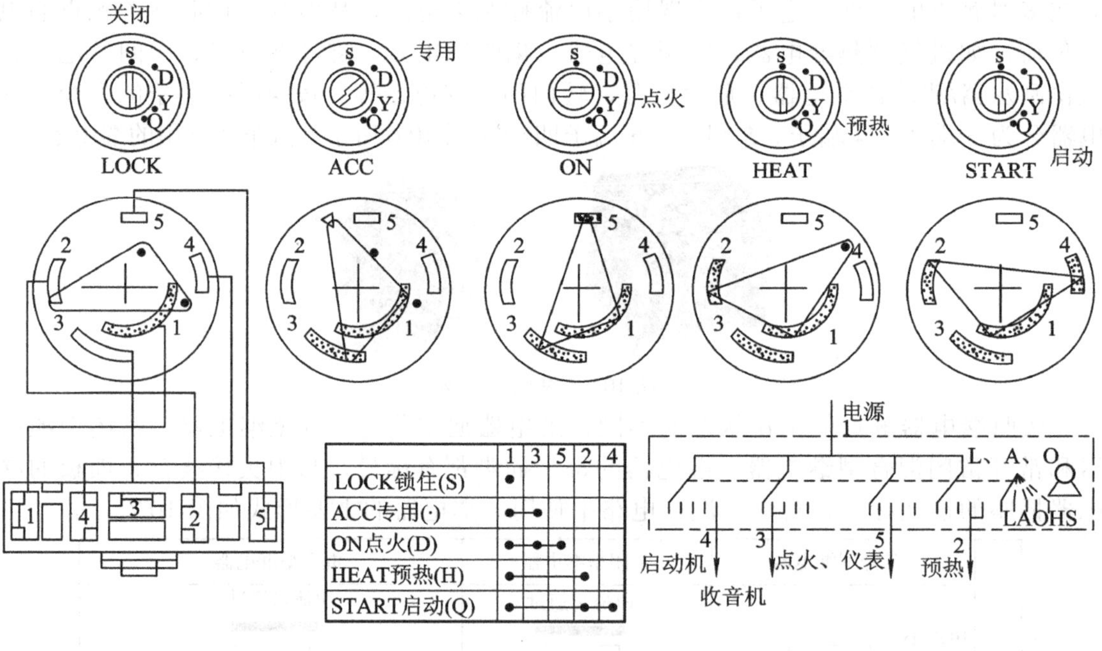

(a) 结构示意图　　(b) 表格表示法　　(c) 图表符号表示法

图 10.8　点火开关的结构及表示方法

柴油车则增加了预热挡(HEAT)。一些进口汽车或轿车的点火开关通常还有一个转向盘锁止挡(LOCK)，当点火开关处于锁止挡时，转向盘被锁止。

(1) “ON”(点火)挡位。点火开关拨到“ON”挡位时，汽车各种用电设备电源接通，发动机处于待启动状态。“ON”挡是发动机正常工作的开关挡，发动机工作时，点火开关处于“ON”位置。

(2) “ST”(启动)挡位。点火开关拨到“ST”挡位时，启动电路接通，发动机启动；放松点火开关钥匙时，点火开关钥匙自动回到“ON”位置，启动电路被切断。

(3) “ACC”(辅助设备)挡位。点火开关拨到“ACC”挡位时，收放机等辅助电器设备电源接通。点火电路和交流发电机等设备电源处于断开状态。

(4) “LOCK”(锁止)挡位。当点火开关拨到“LOCK”挡位时，全车电路电源切断(除防盗系统)，点火开关钥匙可插入或拔出，转向盘无法有太大的活动，以防汽车被窃。

2) 组合开关

组合开关由两种及两种以上的开关集装在一起，可使操纵更加方便。多功能组合开关将照明开关(前照灯开关、变光开关)、信号(转向、危险警告、超车)开关、刮水器/清洗器开关等组合为一体，安装在便于驾驶员操纵的转向柱上。

日产轿车组合开关的挡位和接线柱关系如图 10.9 所示。

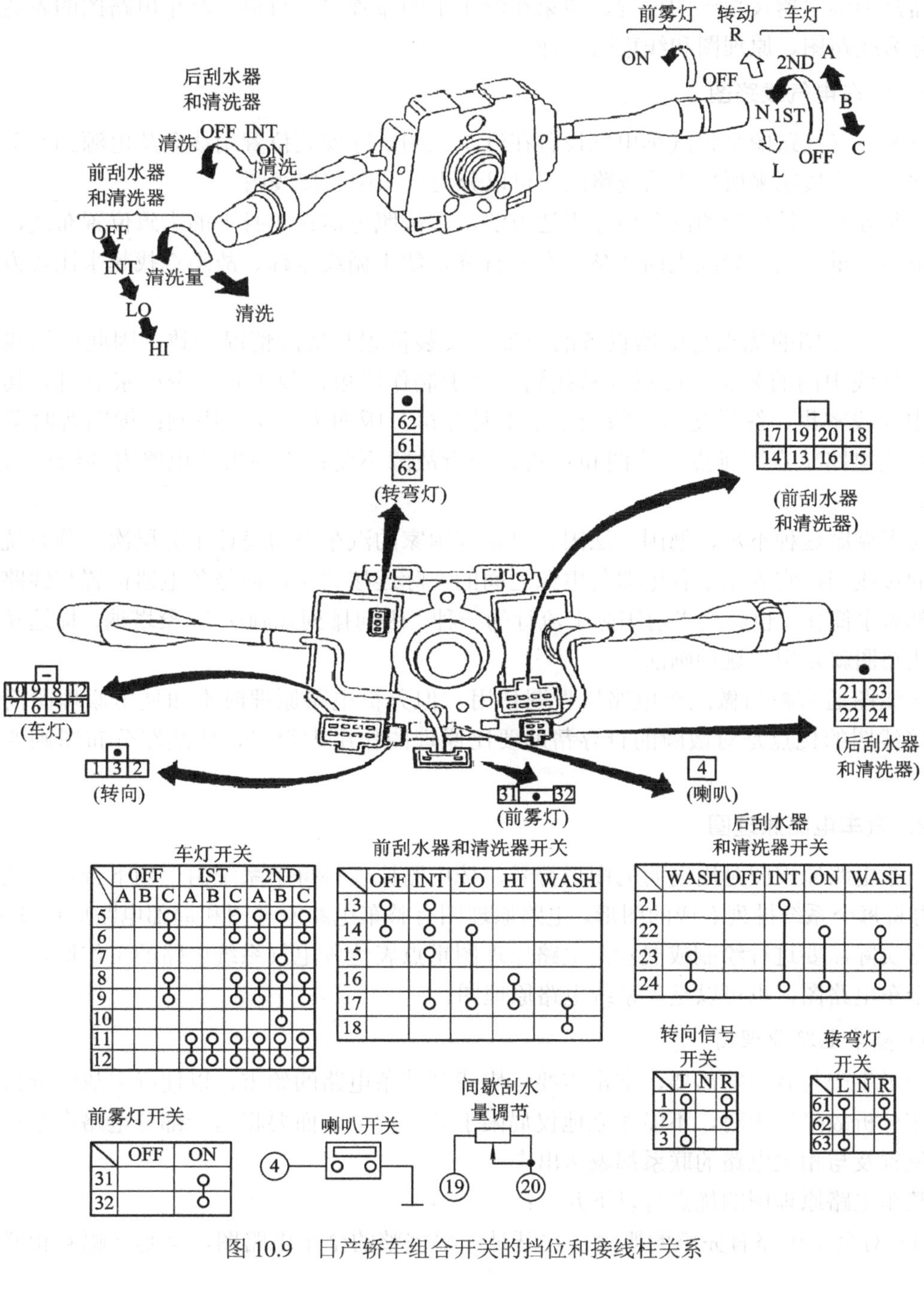

图 10.9　日产轿车组合开关的挡位和接线柱关系

二、汽车电路图的种类

汽车电路图是利用各种符号和线条构成的图形，电路图清楚地表示了电路中的各组成元件、电源、熔丝、继电器、开关、继电器盒、接线盒、连接器、电线、搭铁等。有些电路图还表示出了电器零件的安装位置、连接器的形式及接线情况、电线的颜色、接线盒和继电器盒中继电器及熔丝的位置、线束在汽车上的布置等。目前，汽车电路图的表达方法可以分为线路图、原理图和线束图三种。

1. 汽车电气线路图

汽车电气线路图是将汽车电气设备在汽车上的实际安装位置用线条从电源到开关，再至搭铁一一连接起来所构成的线路图，可以分为分布图和接线图。

线路分布图是传统的汽车电路表达方法，它按照电器在车身上的大致位置布线，具有整车电器数量准确、导线走向清楚、有始有终、便于循线跟踪、故障查找起来比较方便等特点。

这种电路图的优点是电器设备的外形、安装位置与实际情况一致，因此可循线跟踪查线，导线中间的分支、接点容易找到，便于制作线束，故仍有不少厂家沿用。其缺点是图中导线密集、纵横交错，版面小了不易分辨，版面大了又受限制；读图费时费力，不易抓住电路重点、难点，读图和查找、分析故障不便；不易表达电路内部结构与工作原理。

为了克服这种不足，德国、法国、日本等国家的汽车公司设计了分层次、分系统表达形式的接线图，它表示了各电器与电源之间的实际连接关系，但是各电器位置与线路的布局等都做了简化，也就是当前国际上流行的一种“纵向排列式画法”。桑塔纳、捷达轿车的全车线路图就是用了这种画法。

接线图通常被当做汽车电路原理图使用，但分析电路原理时不如使用原理图简单明了。接线图的优点是对故障的查寻帮助要比原理图作用大得多，比线路分布图则要简明得多。

2. 汽车电路原理图

汽车电路原理图是用简明的图形符号，按电路原理将每个系统由上到下合理地连接起来，再将每个系统排列而成的图形。电路原理图有整车电路原理图和局部电路原理图之分，可根据实际需要进行绘制或展示。电路原理图重点表达各电气系统电路的工作原理，既可以是全车电路图，也可以是各系统电路原理图。

1) 整车电路原理图

为了生产与教学的需要，常常需要尽快找到某条电路的始末，以便确定故障分析的路线。在分析故障原因时，不能孤立地仅局限于某一部分，而要将这一部分电路在整车电路中的位置及与相关电路的联系都表达出来。

整车电路原理图的优点有以下几点：

(1) 对全车电路有完整的概念。它既是一幅完整的全车电路图，又是一幅互相联系的局部电路图，重点难点突出、繁简适当。

(2) 在此图上建立起电位高、低的概念。其负极“–”接地(俗称搭铁)，电位最低，可用图中的最下面一条线表示；正极“+”电位最高，用最上面的那条线表示。电流的方向基本都是由上而下，路径为电源正极“+”→开关→用电器→搭铁→电源负极“–”。

(3) 尽可能减少电线的曲折与交叉，布局合理，图面简洁、清晰。图形符号考虑到元器件的外形与内部结构，便于读者联想、分析，易读、易画。

(4) 各局部电路(或称子系统)相互并联且关系清楚，发电机与蓄电池间、各个子系统之间的连接点尽量保持原位，熔断器、开关及仪表等的接法基本上与原图吻合。

这种画法对电路做了高度简化，图面清晰，电路简单明了、通俗易懂，对分析、排除故障十分有利。但图形符号不太规范，不利于与国际标准统一，因而也不利于交流。

2) 局部电路原理图

为了弄清楚汽车电器的内部结构、各个部件之间相互连接的关系，掌握某个局部电路的工作原理，常从整车电路图中抽出某个需要研究的局部电路，参照其他翔实的资料，必要时根据实地测绘、检查和试验记录，将重点部位进行放大、绘制并加以说明。这种电路图的电器少、幅面小，看起来简单明了，易读易绘；其缺点是只能了解电路的局部。

3. 汽车线束图

汽车线束图是表达汽车线束分布情况的图形。整车电路线束图常用于汽车厂总装线和修理厂的连接、检修与配线。线束图主要表明电线束各用电器的连接部位、接线柱的标记、线头、插接器(连接器)的形状及位置等，它是人们在汽车上能够实际接触到的汽车电路图。线束图一般不去详细描绘线束内部的电线走向，只将露在线束外面的线头与插接器详细编号或用字母标记。它是一种突出装配记号的电路表现形式，非常便于安装、配线、检测与维修。如果再将此图各线端都用序号、颜色准确无误地标注出来，并与电路原理图和线路图结合起来使用，则会起到更大的作用，且能收到更好的效果。

三、汽车电路图形的符号及标志

汽车上用电设备数量较多，用电器元件表示汽车电路非常复杂。因此，通常利用图形符号和文字符号来表示汽车电路构成、连接关系和工作原理。为了使电路图具有通用性，便于进行技术交流，构成电路图的图形符号和文字符号是有统一的国家标准和国际标准的。汽车常见的图形符号有电路图形符号和仪表、开关、指示灯标志图形符号。为了使导线与汽车电器元件尽可能准确无误地连接，汽车电气图采用了大量的接线柱标志。了解一些接点标记，会给读图和维修带来许多方便。

四、汽车电路图的识读要领

1. 一般汽车电路的接线规律

汽车线路一般采用单线制、用电设备并联、负极搭铁、线路有颜色和编号加以区分，并以点火开关为中心将全车电路分成几条主干线，即常火线(30 号线)、附件火线(ACC 线)、点火开关控制火线(15 号线)。

(1) 常火线(B 线或 30 号线)：从蓄电池正极引出，直通熔断器盒，再从盒中引出较细的火线。

(2) 点火开关控制火线(IG 线或 15 号线)：点火开关在“ON”(工作)和“ST”(启动)挡才有电的电线，必须有汽车钥匙才能接通点火系统、发电机他励、仪表系统、指示灯、信号系统、电子控制系等重要电路。

(3) 专用线(ACC 线)：用于发动机不工作时需要接入的电器，如收放机、点烟器等。

(4) 启动控制线(ST 线或 50 号线)：启动机主电路的控制开关(触盘)常用磁力开关来控制通/断。磁力开关的吸引线圈、保持线圈可以由点火开关的启动挡控制。

(5) 搭铁线(接地线或 31 号线)：汽车电路中，以元件和机体(车架)金属部分作为一根公共导线的接线方法称为单线制，将机体与电器相接的部位称为搭铁或接地。

搭铁点分布在汽车全身，由于不同金属相接(如铁、铜与铝、铅与铁)，形成电极电位差，有些搭铁部位容易沾染泥水、油污或生锈，有些搭铁部位是很薄的钣金件，都可能引起搭铁不良，如灯不亮、仪表不起作用、喇叭不响等。要将搭铁部位与火线接点同等重视，所以现代汽车局部采用双线制，设有专门公共搭铁接点。为了保证启动时减少线路接触压降，蓄电池极桩夹头、车架与发动机机体都接上大截面积的搭铁线，将接触部位彻底除锈、去漆、拧紧。

2. 汽车电路读图的基本方法

由于各国汽车电路图的绘制方法、符号标识以及文字、技术标准等不同，因此有很大差异，甚至同一国家不同公司的汽车电路图也存在着较大差异。要想完全读懂一种车型的整车电路图，特别是较复杂的进口轿车的电路图，并非是一件容易的事，因此掌握汽车电路读图的基本方法是十分必要的。

在认识了汽车电路图中的图形符号及有关标志，知道了汽车电路图的种类，清楚了汽车电路图中的电线及接线柱标记的基础上，可以按照以下方法对整车电路图进行阅读。

1) 化整为零

按整车电路系统的各功能及工作原理，可以把整车电气系统划分成若干个独立的电路系统，分别进行分析。

在大概掌握全图的基本原理的基础上，再把一个个单元系统电路分割开来，这样就容易抓住每一部分的主要功能及特性。

在框划各个系统时，一定要遵守回路原则，注意既不能漏掉各个系统中的组件，也不能多框划其他系统的组件。一般规律是：各电器系统只有电源和总开关是公共的，其他任何一个系统都应是一个完整的，独立的电器回路，即包括电源、开关(保险)、电器(或电子线路)、导线等。从电源的正极经导线、开关、保险丝至电器后搭铁，最后回到电源负极。

2) 认真阅读图注

在阅读局部电路图时，首先必须认真地多阅读几遍图注。牢记电气图形符号，熟记电路标记符号。对照图注查看元器件的名称、位置、数量、接线情况。清楚该部分电路所包含哪些常见元器件、哪些重要新颖元器件，有利于在读图中抓住重点。通过读图注可以初步了解该汽车都装配了哪些电气设备。然后通过电气设备的数码代号在电路图中找出该电气设备，再进一步找出相互连线和控制关系。

3) 熟悉电器元件及配线

现代汽车的线路复杂程度与日俱增，线路中有大量的配线插接器、接线盒、继电器、接地点等，熟悉这些电器元件在电路图中的表示符号、位置、连接方式、内部电路，对阅读汽车电路图会有很大帮助。

4) 掌握各种开关在电路中的作用

开关是控制电路通/断的关键，特别要注意，继电器不但是控制开关也是被控制对象。

通常可以按操纵开关的功能及不同工作状态来分析电路的工作原理。例如点火系统供电，点火开关应处于点火挡或启动挡。在标准画法的电路图中，开关总是处于零位，即开关处于断开状态；电子开关的状态则视具体情形而定。这里所说的电子开关主要包括晶体管及晶闸管等具有开关特性的电子元件。

在一些复杂电路控制中，一个主开关往往汇集许多导线，分析汽车电路时应注意以下几个问题：

(1) 蓄电池(或发电机)的电流是通过什么路径到达这个开关的，中间是否经过其他的开关和熔断器，这个开关是手动的还是电控的？

(2) 这个开关控制哪些用电器，各个被控电器的作用分别是什么？

(3) 开关的许多接线柱中，哪些是直通电源的，哪些是接用电器的，接线柱旁是否有接线符号，这些符号是否常见？

(4) 开关共有几个挡位，在每一挡中，哪些接线柱有电，哪些无电？

(5) 在被控的用电器中，哪些电器应经常接通，哪些应短暂接通，哪些应先接通，哪些应后接通，哪些应当单独工作，哪些应当同时工作，哪些电器不允许同时接通？

5) 全面分析开关、继电器的初始状态和工作状态

在电路图中，各种开关、继电器都是按初始状态画出的。即按钮未按下、开关未接通，继电器线圈未通电，其触点未闭合(指常开触点)，这种状态称为原始状态。阅读电路图时，可以把含有线圈和触点的继电器看成是由线圈工作的控制电路和触点工作的主电路两部分。主电路中的触点只有在线圈电路中有工作电流流过后才能动作。在识图时，不能完全按原始状态分析，否则很难理解电路的工作原理，因为大多数用电设备都是通过开关、按钮、继电器触点的变化而改变回路，进而实现不同的电路功能的。所以，必须进行工作状态的分析。

6) 牢记回路原则

任何一个完整的电路都是由电源、熔断器、开关、控制装置、用电设备、导线等组成。电流流向必须从电源正极出发，经过熔断器、开关、控制装置、导线等到达用电设备，再经过导线(或搭铁)回到电源负极，才能构成回路。因此电路读图时，有三种思路：

思路一：沿着电路电流的流向，由电源正极出发，顺藤摸瓜查到用电设备，开关、控制装置等，回到电源负极。

思路二：逆着电路电流的方向，由电源负极(搭铁)开始，经过用电设备、开关、控制装置等回到电源正极。

思路三：从用电设备开始，依次查找其控制开关、连线、控制单元，到达电源正极和搭铁(或电源负极)。

实际应用时，可视具体电路选择不同思路，但有一点值得注意：随着电子控制技术在汽车上的广泛应用，大多数电气设备电路同时具有主回路和控制回路，读图时要兼顾两回路。

7) 注意进口汽车电路图的特点

进口汽车一般只配有接线图，其原理图往往是有关人员为研究、使用和检修而收集和绘制的。由于这些图的来源不同、收集时间不同以及符号变更等，在画法上可能出现差异。所以在读电路原理图时应注意这一点。

8) 注意收集资料和经验积累

注意深入研究典型汽车电路，做到触类旁通；特别要注意实际工作经验的积累，新技术、新工艺的应用和创新。此外，汽车电子控制系统越来越多，其读图方法除以上所述要领适用外，以下方法与步骤对汽车电子控制系统的读图也很有帮助。

要以电控系统的ECU为中心，因为这是整个系统的控制中心，所有电器部件都必然与这里发生关系。对 ECU 的各个接脚有大致印象，弄清楚分为几个区域，各区接脚排列的规律。

找出该系统给ECU供电的电源线有哪些，注意一般ECU都不只一根电源线，弄清楚各电源线的供电状态(如常火线或开关控制)。

找出该系统的搭铁线有哪些，注意分清哪些是在ECU内部搭铁，哪些是在车架上搭铁，哪些是在各总成机体上搭铁。

找出哪些是系统的信号输入传感器，各传感器是否需要电源，并找出相应的电源线，该传感器在哪里搭铁。

找出系统的执行器有哪些，弄清电源供给和搭铁情况，电脑控制执行器的方式(控制搭铁端或电源端)。

总之，掌握这些读图的基本方法，只是为读图打下一定基础，要达到快速准确地读图，还需要不断地学习和实践。

【任务实施】

解放CA1092全车电路图的识读

以解放 CA1092 全车电路图为例，熟悉汽车电路读图的基本方法。解放 CA1092 汽车整车电气系统电路原理图如图 10.10、图 10.11 所示。将其分为四大系统，即电源、启动、点火系统电路；仪表、收放机及警报信号系统电路；刮水器、暖风、点烟器系统电路；照明和信号系统电路。分析各子系统的工作原理和电路电流的流向。

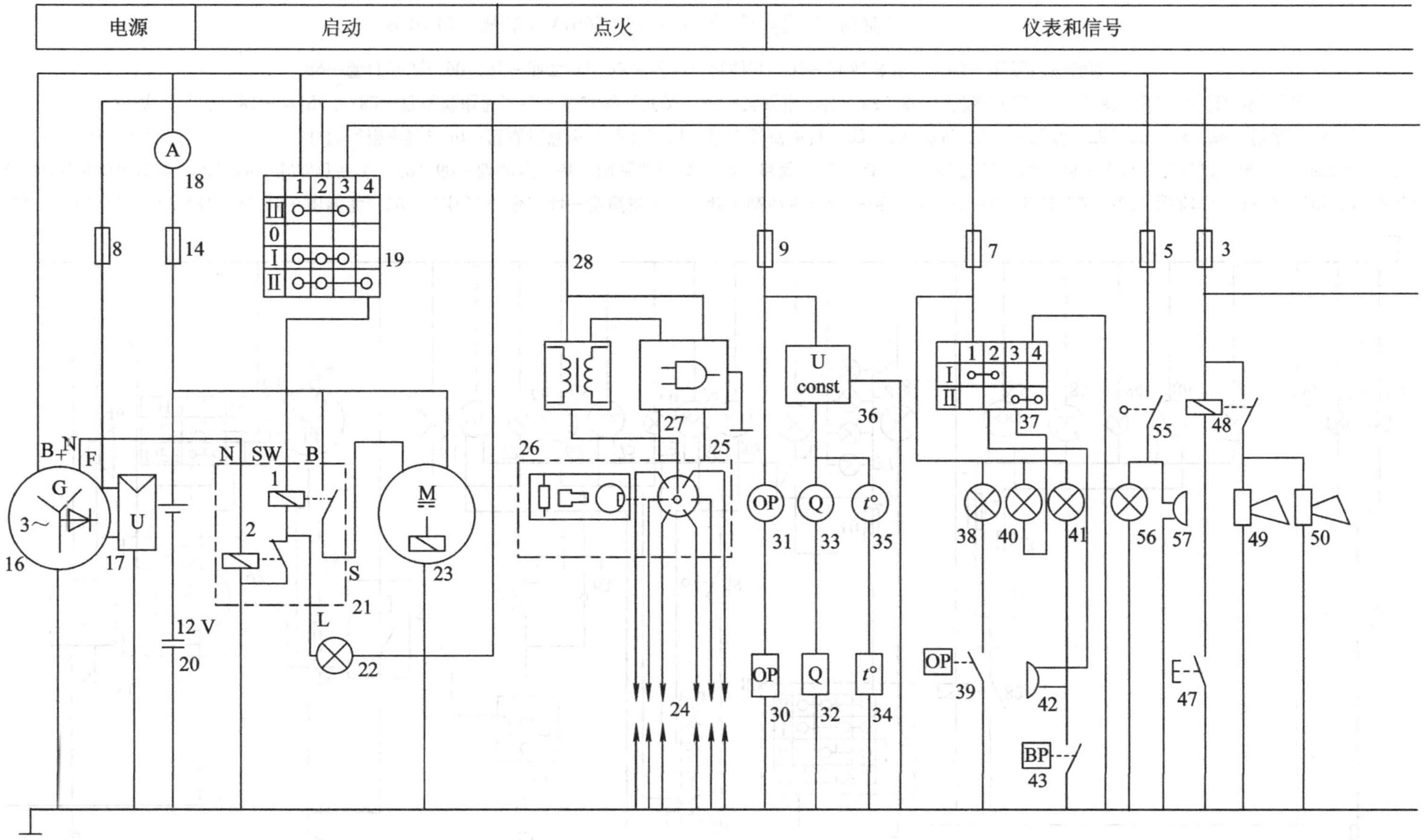

3、5、7、8、9、14—熔断器；16—交流发电机；17—晶体管调节器；18—电流表；19—点火开关；20—蓄电池；21—组合继电器；22—充电指示灯；23—启动机；24—火花塞；25—分电器；26—点火信号发生器；27—点火控制器；28—点火线圈；30—油压表传感器；31—油压表；32—燃油表传感器；33—燃油表；34—温度表传感器；35—温度表；36—稳压器；37—停车灯开关；38—机油压力报警灯；39—机油压力报警开关；40—停车指示灯；41—气压报警灯；42—气压报警蜂鸣器；43—低压报警开关；47—喇叭按钮；48—喇叭继电器；49、50—喇叭（G、D）；55—倒车灯开关；56—倒车灯；57—倒车蜂鸣器

图 10.10　解放 CA1092 汽车整车电气系统电路原理图(a)

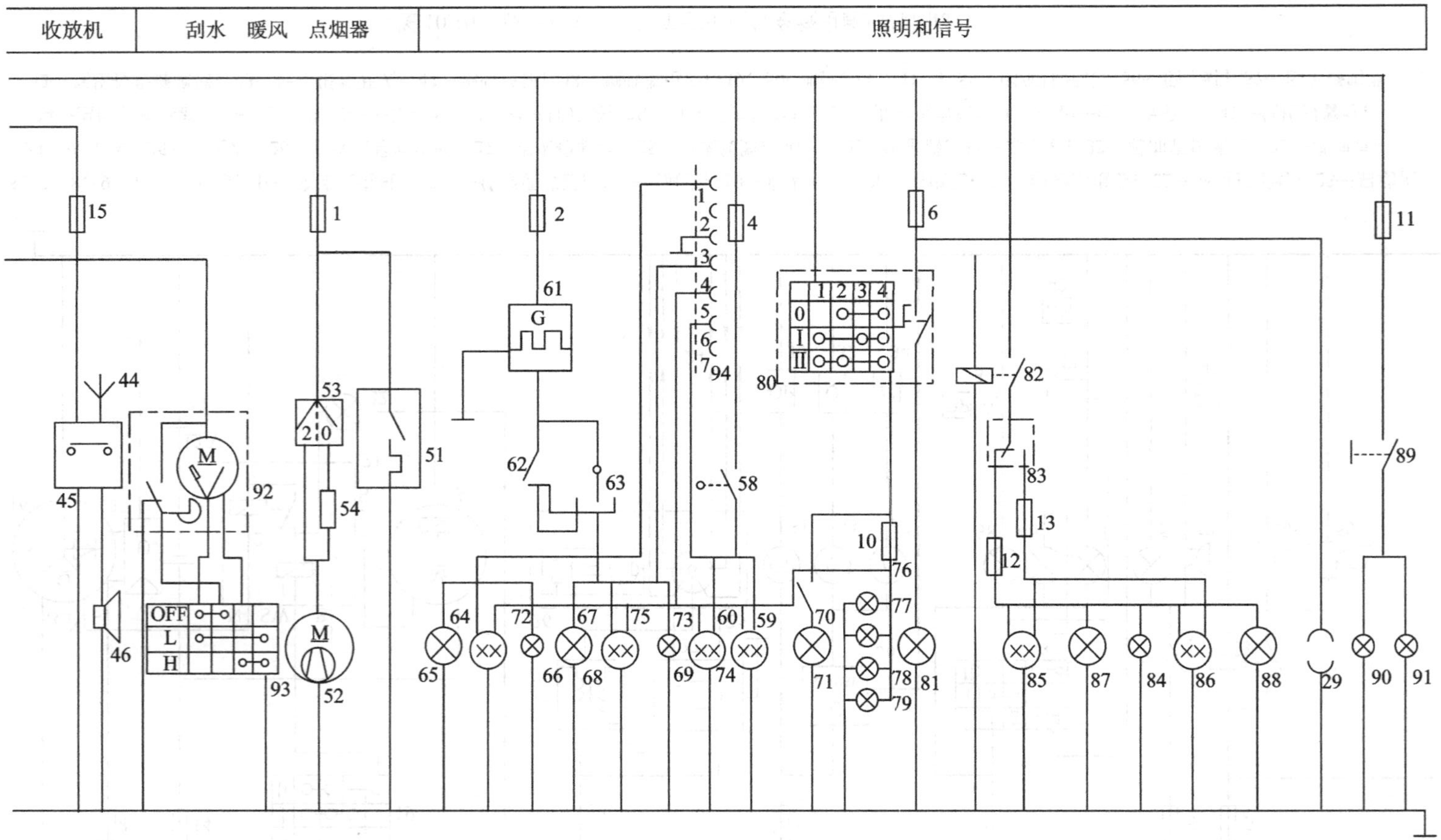

1、2、4、6、10、11、12、13、15—熔断器；29—工作灯插座；44—收放机天线；45—收放机；46—扬声器；51—点烟器；52—暖风电动机；53—暖风电动机开关；54—暖风电动机变速电阻；58—制动灯开关；59、60—制动灯；61—闪光器；62—危险报警开关；63—转向灯开关；64、65—左转向信号灯；66—左转向指示灯；67、68—右转向信号灯；69—右转向指示灯；70—发动机罩下灯开关；71—发动机罩下灯；72、73、74、75—示宽灯；76、77、78、79—仪表照明灯；80—车灯开关；81—室内灯；82—灯光继电器；83—脚踏变光开关；84—远光指示灯；85、86—前照灯(远/近光)；87、88—前照灯(远光)；89—雾灯开关；90、91—前雾灯；92—刮水器电动机；93—刮水器开关；94—七孔挂车插座

图 10.11 解放 CA1092 汽车整车电气系统电路原理图(b)

任务 2　典型车系电路识图

【任务描述与解析】

汽车电路图种类繁多，在掌握了汽车电路识图的规律和方法的基础上，选择一些典型的汽车全车电路进行全面深入的分析，便可做到举一反三，全面掌握汽车电路识图的基本技能。

本任务通过选取几种典型车系汽车电路为对象，对典型汽车系统的电路进行详细的分析，以使学习者初步掌握全车线路故障诊断与排除方法。

【相关知识】

一、丰田车系电路识图

丰田汽车是我国进口汽车中数量最多的车种，丰田皇冠(CROWN)、雷克萨斯(LEXUS)、凯美瑞(CAMRY)等车型均有一定的保有量。一汽与丰田公司合资生产的夏利 2000、威姿、威驰、花冠、皇冠等轿车在国内也有一定的市场占有率。

丰田车系电路图中的电气元件通常有文字直接标注。电路总图中各系统电路按长度方向逐个布置，并在电路图上方标出各系统电路的区域和代表该电路系统的符号及文字说明。电路图中绘出了搭铁点，并标注代号与文字说明，可以从电路图了解线路搭铁点，直观明了。电路图中，有的还直接标出线路插接器的端子排列和各端子的使用情况，给识图和电路故障查寻提供方便。

1. 电路图中使用的符号及其含义

丰田车系电路图中使用的符号及含义见表 10.3。

表 10.3　丰田车系电路图中使用的符号

名　称	图 形 符 号	名　称	图 形 符 号	名　称	图 形 符 号
熔断器 易熔丝	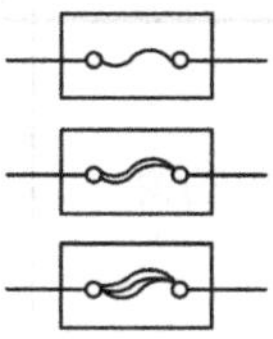	模拟速度传感器		刮水器停放位置开关	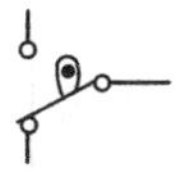
断路器	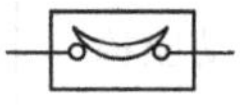	短路插销	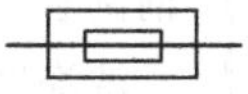	三极管	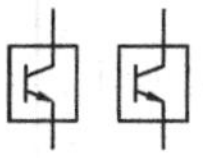
双流向继电器	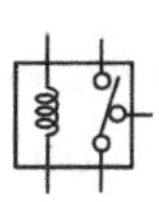	电磁阀或电磁线圈	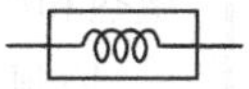	继电器 ① 常闭 ② 常开	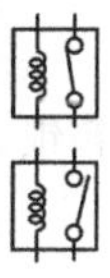

续表

名　称	图 形 符 号	名　称	图 形 符 号	名　称	图 形 符 号
电阻	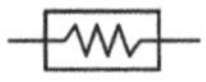	点火线圈	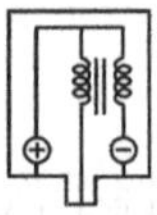	手动开关 ① 常开 ② 常闭	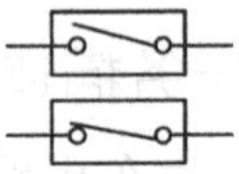
按键式变阻器	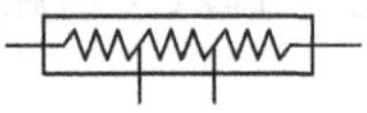	模拟式仪表		双投掷开关	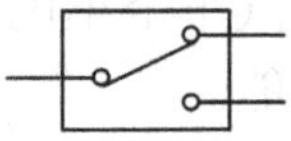
无极可变电阻器	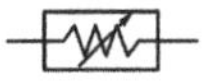	数字式仪表		配线 ① 不连接 ② 铰接	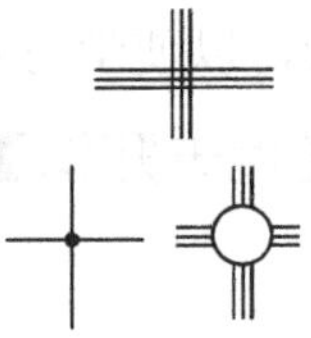
热敏电阻传感器	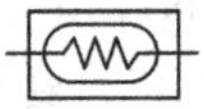	点火开关	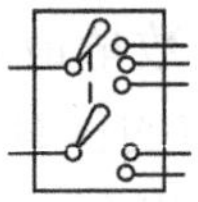		

2．各系统的符号及其含义

丰田车全车电路由各个独立的系统所组成，丰田汽车电路图中使用的符号见表 10.4。

表 10.4　丰田车系电路图中各系统使用的符号

名　称	图 形 符 号	名　称	图 形 符 号	名　称	图 形 符 号
ABS(防抱死制动系统)		发动机控制		超速加速	
AC(空调)		前雾灯		电源	
自动天线	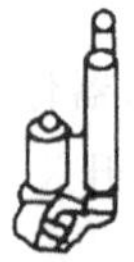	燃油加热器		电动窗	
倒车灯		前刮水器和洗涤器		电动座椅	
行李箱锁		电热和废气控制	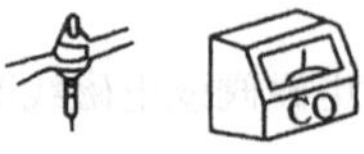	散热器风扇和冷凝器风扇	

续表

名　称	图 形 符 号	名　称	图 形 符 号	名　称	图 形 符 号
化油器		电热塞		音响	
充电系统		大灯		后雾灯	
点烟器和时钟		大灯光束水平控制器	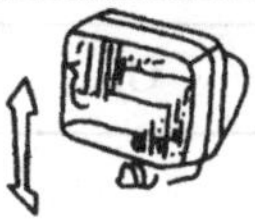	后窗除雾器	
组合仪表		大灯清洁器		后刮水器和洗涤器	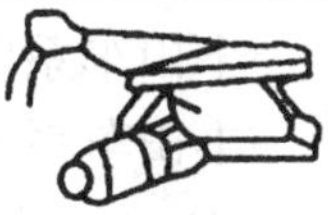
巡航控制		喇叭		遥控后视镜	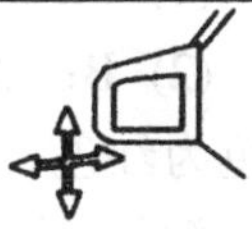
门锁		照明	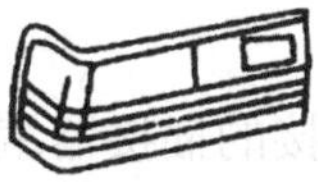	座椅加热器	
电子控制变速器和AT指示灯		车内灯		换挡杆锁	
电控液压冷却风扇	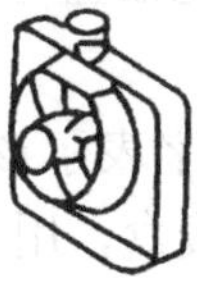	灯光自动切断		SRS(乘员辅助安全系统)	
电控安全带张力减小器		灯光提醒蜂鸣器		启动和点火	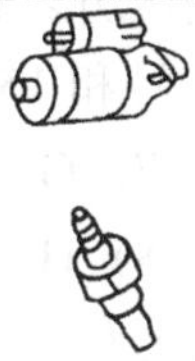
停车灯		车顶窗		尾灯	
转向信号和危险信号灯		开锁和座位安全带警告灯			

3．导线颜色

线路图中导线的颜色用字母表示，其含义见表 10.5。

表 10.5 导线颜色代码及其说明

颜色代码	颜 色	颜色代码	颜 色	颜色代码	颜 色
B	黑	R	红	LG	浅绿
G	绿	W	白	P	粉红
L	蓝	BR	棕	V	紫
O	橙	GR	灰	Y	黄

4．电路图的标示方法

丰田车系电路图的标示方法如图 10.12 所示。

丰田车系电路图中各部分的含义如下：

(1) A：表示各子系统的标题符号。

(2) B：表示配线颜色。例如，线路图中导线颜色编号为 R，则说明在实际电路中，导线颜色为红色。如果导线为双色，则由第一个字母表示配线基本颜色，第二个字母表示配线的条纹颜色。例如，导线颜色编号为 L－Y，则在实际电路中，导线的基本颜色为蓝色，条纹颜色为黄色。

(3) C：表示与电器元件连接的插接器编号。S40 或 S41 表示与启动继电器相连接的插接器。

(4) D：表示插接器的引脚编号，其中插座和插头编号的方法不同。在插座编号中，顺序为从左至右，从上至下；插头则从右至左，从上至下。

(5) E：表示继电器盒。圈内数字表示继电器盒号码，图示继电器盒号码为 1，表示 EFI 主继电器在 1 号位置。

(6) F：表示接线盒。圈内数字表示接线盒(J/B)号码，圈旁数字表示该插接器插座位置代码。接线盒上一般印上阴影，使其与其他元件区分。不同的接线盒，用不同的阴影标出，以便区分。例如图中的 3B 表示它在 3 号接线盒内；数字 6 和 15 表示两条配线分别在插接器 6 号和 15 号位置。

(7) G：表示相互关联的系统。

(8) H：配线与配线之间的插接器。带插头的配线用符号“》”表示，外侧数字 12 表示引脚号码。

(9) I：用“( )”中内容表示同车型不同系列、不同发动机或不同技术下的不同配线或连接。

(10) J：表示屏蔽的配线。

(11) K：表示接地点位置。接地点在电路图中用“▽”符号表示。

(12) L：表示系统电路图如果分开两页以上，则相同的配线用同一个数字(如用 1，2，3，…)表示其连接关系。

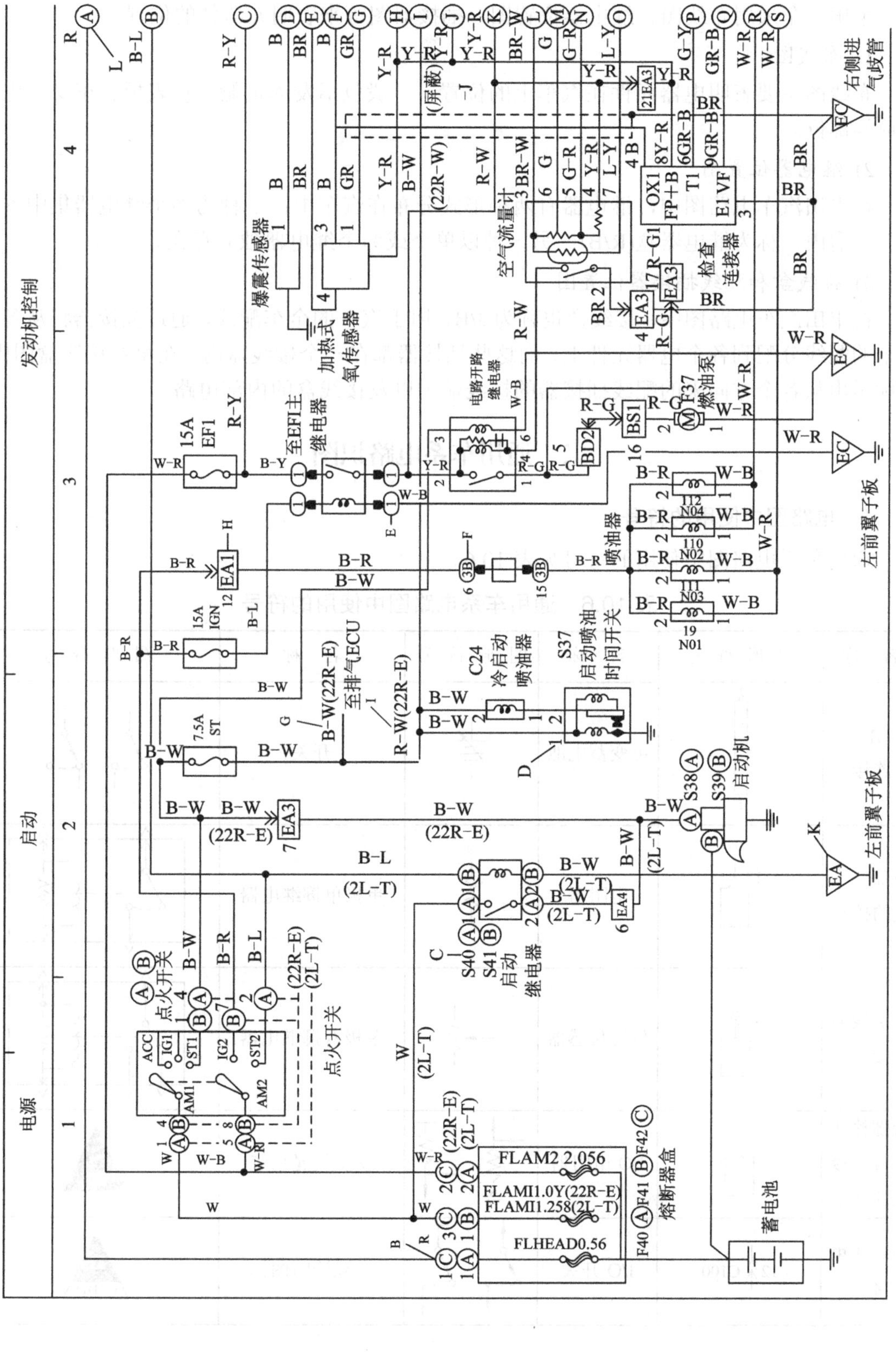

图 10.12　丰田车电路图的标示方法

5．元器件位置

丰田汽车采用布线图、继电器位置图、插接器图等来表明元器件的位置。

1) 布线图

布线图主要表明电器元件在汽车上的位置，一般包括发动机舱、仪表板、车身、电动座椅等部位。

2) 继电器位置图

在丰田汽车电路图中，继电器有两种形式分布在汽车中：一种为多个继电器集中安装在一个盒内，称为继电器盒(R/B)；另一种以单个或两个继电器独立存在。

3) 接线盒和配线插接器位置图

在丰田汽车电路图中，接线盒也称为J/B，用于汽车的全车配线，通过插接器将从各方向来的配线分配到各个电器元件上，而这些插接器都在一个接线盒内。在每个接线盒图中，都标示出从各个方向来的配线插接器的接线端子以及接线盒的内部电路。

二、通用车系电路识图

1．电路图中使用的符号

通用车系电路图中使用的符号见表10.6。

表10.6　通用车系电路图中使用的符号

名　称	图形符号	名　称	图形符号	名　称	图形符号
可熔断连接		可变蓄电池		开关	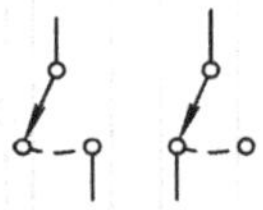
与部件连接的接头	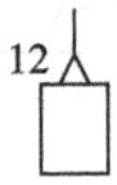	电阻器		单极单掷继电器	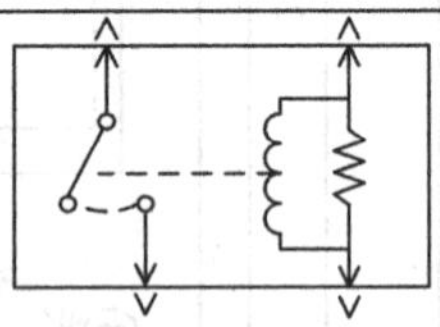
带引线的接头		位置传感器		单极双掷继电器	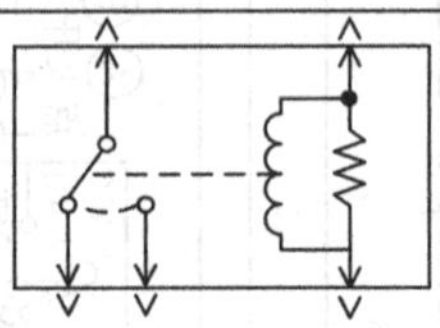
带螺栓或螺钉连接孔的端子	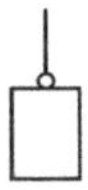	I/O电阻器	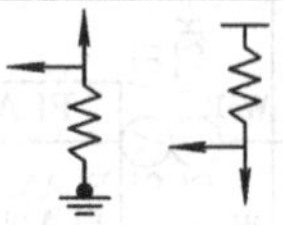	安全气囊系统	
串联线束接头	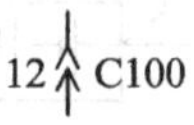	I/O开关	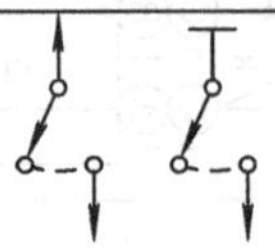	车载诊断图标	

续表

名　称	图 形 符 号	名　称	图 形 符 号	名　称	图 形 符 号
并合接头	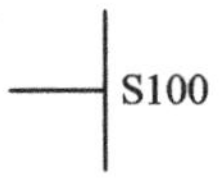	二极管		重要提示图标	
贯穿式密封圈		晶体		部件局部	
底盘搭铁	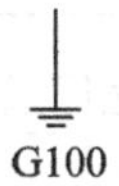	加热芯		完整部件	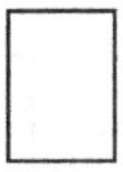
壳体搭铁	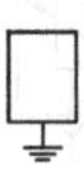	电动机		熔丝	
单丝灯泡	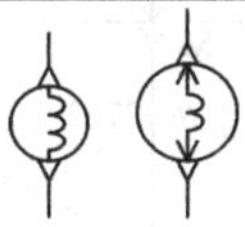	电磁阀		断路器	
双丝灯泡	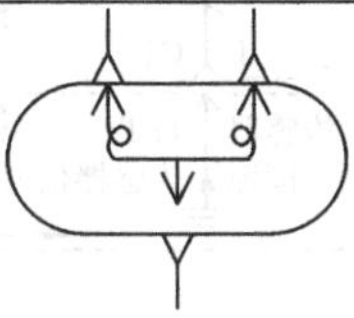	线圈		电压指示器框示意图上的这些框格指示熔断器何时有电压	所有时间热 预运行发热 预开始发热 预附件或运行发热 预运行和开始发热 预运行、灯泡测试和开始发热 预驻车或前大灯位置前大灯开关发热 预固定式附件电源(PAR)发热
发光二极管	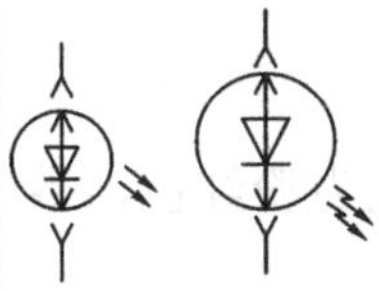	天线			
电容器		护板			

2．电路图的标识方法

下面以上海别克轿车自动变速器控制电路图为例，说明通用车系电路图各部分的含义，如图 10.13 所示。

各部分的含义说明如下：

1——“运行或启动发热”，表示线路在点火开关处于点火或启动挡时有电，电压为蓄电池工作电压。

2——表示 27 号 10 A 的熔断器。

3——虚线框表示没有完全表示出接线盒所有部分。

4——表示导线由发动机机罩下导线接线盒的 C2 连接插头的 E2 插脚引出，连接插头编号 C2 写在右侧，插脚编号 E2 写在左侧。

5——符号和 P100 表示贯穿式密封圈，其中 P 表示密封圈，100 为其代号。

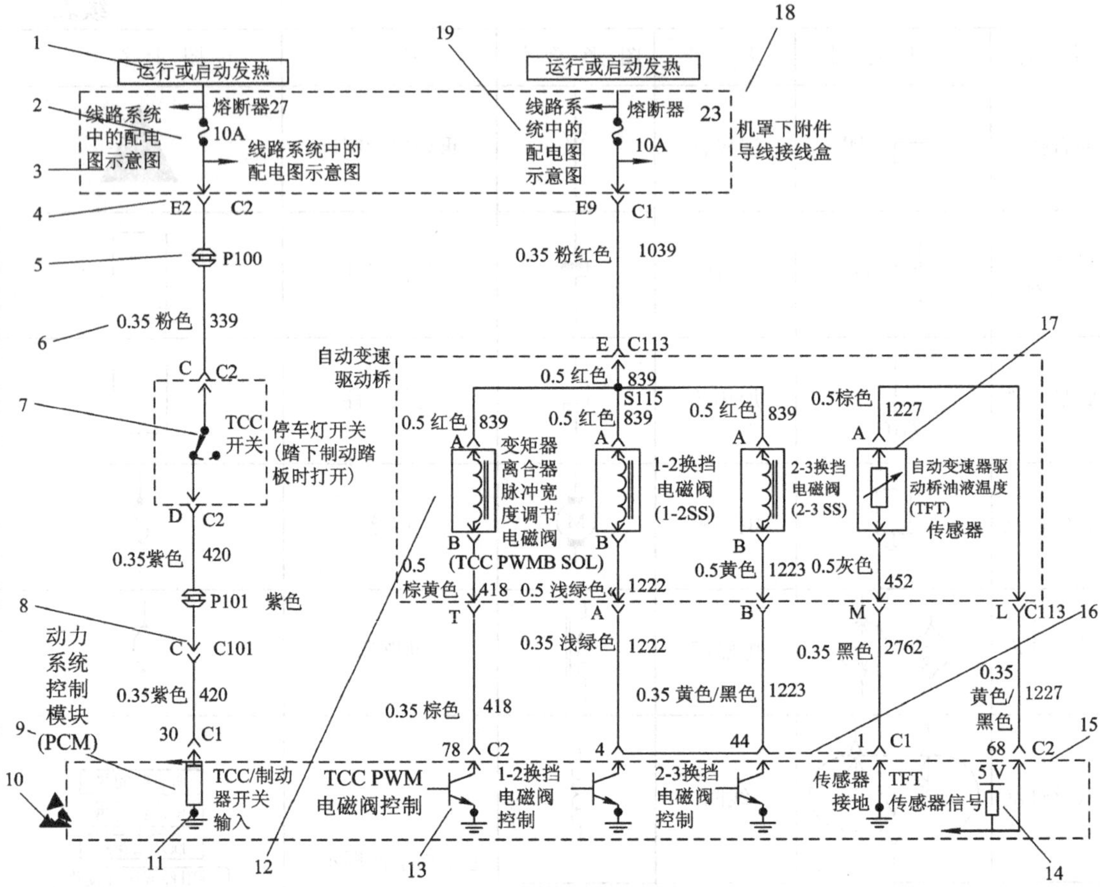

图 10.13 通用车系电路图的标识方法

6——“0.35 粉红色”表示导线截面积为 0.35 mm^2，线的颜色为粉红色，数字“339”是车辆位置分区代码，表示该线束位置在乘客室。

7——表示 TCC(液力变矩器中的锁止离合器控制)开关，图中表示 TCC 处于接通状态，其开关信号经过 P101 和 C101，由动力总成控制模块(PCM)中的 C1 插头 30 号插脚进入 PCM 中。

8——表示直列线束插接器，右侧“C101”表示连接插头编号(其中 C 表示连接插头)，左侧“C”表示直列线束插接器的 C 插脚。

9——表示输出电阻器，这里用来把 TCC 和制动灯开关的信号以一定的电压信号的形式输出给动力总成控制模块 PCM 的内部控制电路。

10——表示动力总成控制模块 PCM 是对静电敏感的部件。

11——符号表示搭铁。

12——表示在自动变速器内部的 TCC 锁止电磁阀。此电磁阀控制液力变矩器内部锁止离合器的结合。它在点火开关处于点火或启动挡时，通过 23 号 10 A 的熔断器供电。

13——表示带晶体管半导体元件控制的集成电路。这里为动力总成控制单元 PCM 内部集成的控制电路，控制电磁 J 阀驱动电路，通过 PCM 搭铁。

14——表示输出电阻。PCM 提供 5 V 稳定电压，通过内部串接电阻与自动变速器油温传感器(NTC 型电阻)信号传给 PCM。

15——表示动力总成控制模块 PCM 的 C2 连接插头的 68 插脚。

16——虚线表示 4、44、1 插脚均属于 C1 连接插头。

17——表示自动变速器内部的自动变速器油温传感器，它是一个随温度增加而阻值减小的 NTC 型电阻。

18——表示部件的名称及所处的位置。该机罩下附件导线接线盒位于发动机的左侧(从车的前面看)。

19——表示导线通往机罩下附件导线接线盒的其他电路。对目前所显示的电气系统没有作用，是一种省略的画法。

三、雪铁龙车系电路识图

1. 电路图中使用的符号

雪铁龙车系电路图中使用的符号见表 10.7。

表 10.7　雪铁龙车系电路图中使用的符号

名　称	图形符号	名　称	图形符号	名　称	图形符号
线头焊片接点		摩擦式触点		零件框图(带有原理图)	
插头接点		带电阻手动开关(点烟器)		零件框图(无原理图)	
插接器接点	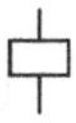	电阻		零件部分框图	
带有分辨记号的插接器接点		可变电阻		零件部分框图	
不可拆接点(铰接)	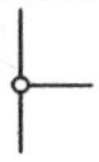	手动可变电阻		指示器	
不可拆接点(铰接)		机械可变电阻		热电偶	
经线头焊片搭铁		热敏电阻		热断路器	
经插接器搭铁		压力可变电阻		屏蔽装置	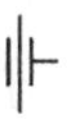
经零件外壳搭铁		可变电阻		蓄电池单格	

续表

名　称	图形符号	名　称	图形符号	名　称	图形符号
开关(无自动回位)		线圈		电容器	
手动开关		指示灯		电动机	
转向开关		照明灯		双速电动机	
动合触点(自动回位)		双灯丝的照明灯		交流发电机	
机械开关		发光二极管	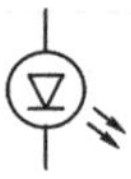	发声元件	
压力开关		光敏二极管	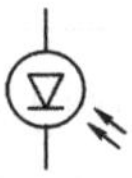	电极	
温度开关	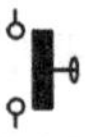	二极管		氧探测器	
延时断开触点		熔断器	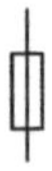	接线柱	
延时闭合触点		分流器		NPN 型晶体三极管	
动断触点(自动回位)		电子控制组件		PNP 型晶体三极管	
手动开关		继电器组件		联动线(轴)	
				备用头	(　)

2. 电路图的标识方法

雪铁龙公司电路图在表现形式上与通常的电路图有较大差别。该车系电路原理图与布线图的标示方法如图 10.14 所示。

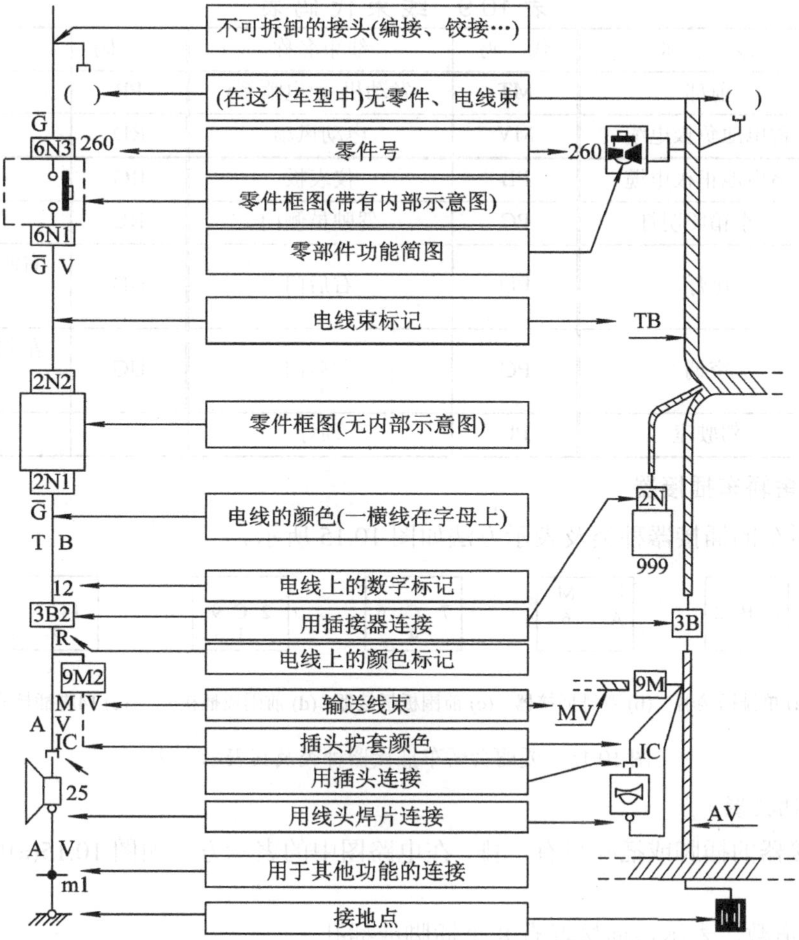

图 10.14　雪铁龙车系电路原理图与布线图的标示方法

3. 导线颜色的代码

爱丽舍轿车电路中导线的颜色代码是用英文字母表示的，见表 10.8。

表 10.8　爱丽舍轿车导线颜色代码

颜色代码	颜　色	颜色代码	颜　色	颜色代码	颜　色
N	黑色	J	柠檬黄	G	灰色
M	栗色	V	翠绿	B	白色
R	大红(瓦伦加红)	Bl	湖蓝	Lc	透明
Ro	玫瑰红(粉红)	Mv	深紫		
Or	橙色	Vi	紫罗兰		

4．线束代码

电路图中各导线都标明其所在线束的代码，为寻找线路的方位和走向提供了方便。各种线束的代码见表 10.9。

表 10.9　线束代码表

代　码	线束名称	代　码	线束名称	代　码	线束名称
AV	前部	MT	发动机(和电喷系)	PP	乘客侧门
CN	蓄电池负极电缆	MV	电动风扇	RD	右后部
CP	蓄电池正极电缆	PB	仪表板	RG	左后部
EF	行李箱照明灯	PC	驾驶员侧门	RL	侧转向灯
FR	尾灯	PD	右后门	UD	右制动蹄片磨损指示器
GC	空调	PG	左后门	UG	左制动蹄片磨损指示器
HB	驾驶室	PL	顶灯		

5．爱丽舍轿车插接器

爱丽舍轿车的插接器种类及表示方法如图 10.15 所示。

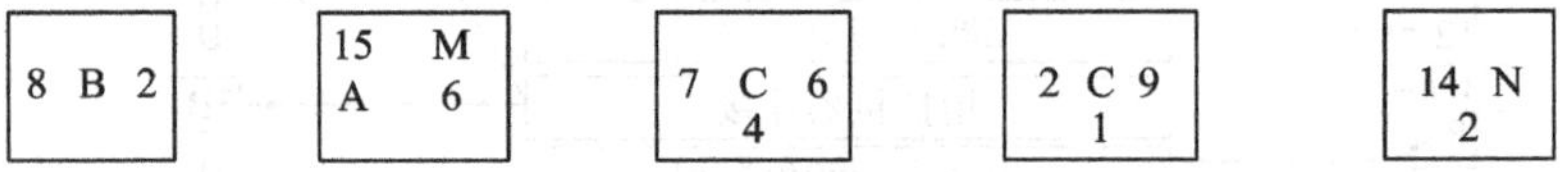

(a) 单排插接器　(b) 双排插接器　(c) 前围板插接器　(d) 前围板插接器　(e) 14脚插接器

图 10.15　爱丽舍轿车插接器种类及其表示方法

1) 单排插接器

单排插接器的插脚或插孔只有一排，在电路图中的表示方式如图 10.15(a)所示。识别方法如下：

8——通道数，表示该插接器有 8 个插脚或插孔。

B——插接器的颜色，B 表示白色。

2——线号，表示插接器的第 2 号线。

2) 双排插接器

双排插接器的插脚或插孔有两排，在电路图中的表示方式如图 10.15(b)所示。识别方法如下：

15——通道数，表示该插接器有 15 个插脚或插孔。

M——插接器颜色，M 表示颜色为栗色。

A——列数，表示该插接器中的 A 列。

6——线号，表示 A 列中的第 6 号线。

3) 前围板插接器

前围板插接器位于前风玻璃左下侧的车身内，用于前部线束和仪表板线束的连接。它共有 62 个通道，其颜色为黑色，由 8 组 7 脚的插孔和 3 组 2 脚的插孔组成，如图 10.16 所示。在电路图中的表示方式如图 10.15(c)所示，识别方法如下：

7——通道数，表示 7 个通道的接线板。

C——表示前围板插接器，其颜色为黑色。

6——组数，表示第 6 组。

4——线号，表示第 6 组的第 4 号线。

图 10.15(d)的识别方法如下：

2——通道数，表示 2 脚插脚或播孔。

C——表示前围板插接器。

9——组数，表示第 9 组。

1——线号，表示第 9 组的第 1 号线。

4) 14 脚圆插接器

该插接器位于发动机罩下左侧的熔断器盒内，用于前部 AV 线束与发动机 MT 线束的连接。在电路图中的表示方法如图 10.15(e)所示，识别方法如下：

14——通道数，表示该插接器有 14 个插脚或插孔。

N——插接器的颜色，N 表示黑色。

2——线号，表示插接器的第 2 号线。

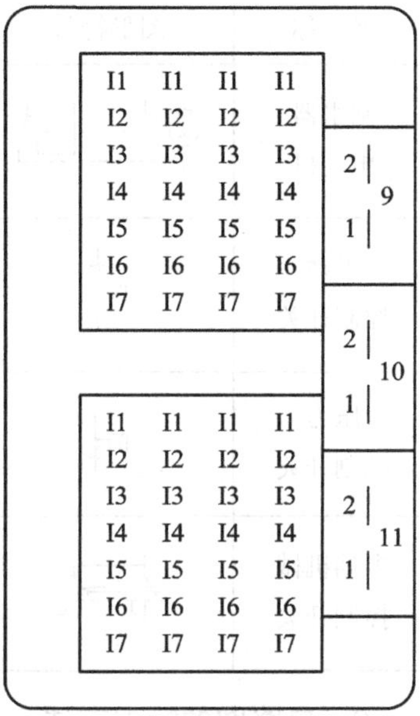

图 10.16　前围板插接器布置图

四、大众车系电路识图

1. 大众车系电路图中使用的符号

大众汽车公司的电路图遵循德国工业标准，其电路原理图采用“纵向排列式画法”，给读图提供了方便。奥迪、桑塔纳、捷达、帕萨特等大众车系轿车电路图中使用的符号见表 10.10。

表 10.10　大众车系电路图中使用的符号

名　称	图形符号	名　称	图形符号	名　称	图形符号
交流发电机	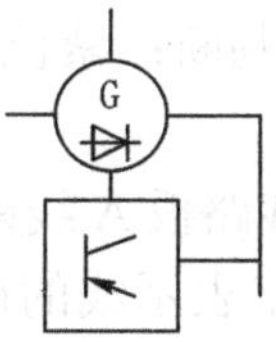	机械控制开关		后风窗加热器	
启动电动机	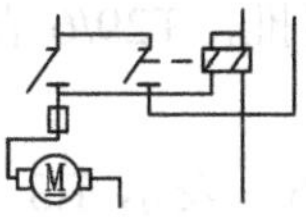	热能控制开关	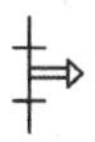	车内照明灯	
点火线圈	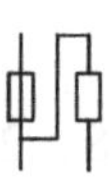	冷却液温度传感器		火花放电点	

续表

名　称	图形符号	名　称	图形符号	名　称	图形符号
刮水器电动机	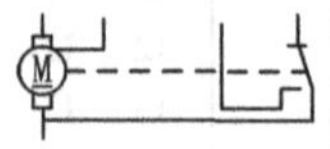	继电器	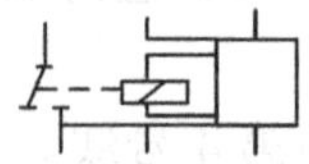	扁平插头	
手动控制开关		电喇叭	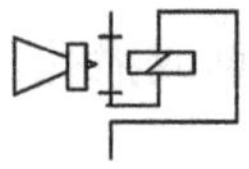	多孔连接插头	
压力控制开关		继电器	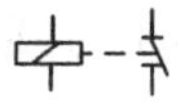	电磁阀	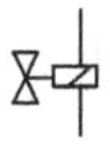
多挡机械控制开关	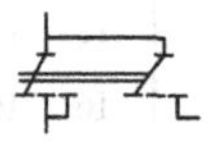	点烟器		指示仪表	

2．电路图的标识方法

为了识读电路，现以桑塔纳 2000 轿车部分电路为例进行说明，如图 10.17 所示。具体识读过程如下：

(1) 整车电气系统正极电源分三路。标有“30”的为常火线，电压为 12 V，即与蓄电池直接相连，中间不经过任何开关，不论是停车时还是发动机处于熄火状态时均有电。专供发动机熄火时仍需要用电的电器使用，如停车灯、制动灯、报警灯、顶灯、冷却风扇电动机等。标有“15”的为小容量电器火线，它是在点火开关接通后才能有电的火线。标有“X”的为车辆起步时才可接通的大容量电器用火线。

(2) 搭铁线也分三路。标有“①”的为搭铁线；标有“②”、“③”、“④”的为中央线路板搭铁线；标有“⑦”的为尾灯线束搭铁线；标有“31”的为中央线路板内部搭铁线。

(3) J2 为继电器(电子控制)，表示该继电器位于中央线路板上第 12 位。

(4) S 代表熔丝，其后的数字代表该熔断器在中央线路板上的位置。例如，S19 表示该熔断器处于中央线路板第 19 位，熔丝的容量可从它的颜色来判断：紫色为 3 A，红色为 10 A，蓝色为 15 A，绿色为 30 A，黄色为 20 A。

(5) A13 为中央线路板接头说明，该黑/蓝色导线连接于中央线路板 A 线束第 13 位插头上。以此类推，B28 即在 B 线束第 28 位插头上。导线上标有的数字表示线的截面积，如 1.5、1.0 和 2.5 分别表示该线截面积为 1.5 mm^2、1.0 mm^2 和 2.5 mm^2。

(6) T29/8 表示连接插头，即 29 孔插头的第 8 位。以此类推，T29/6 表示 29 孔插头的第 6 位。

(7) 导线尾部标号表示该导线连接的开关接线柱号，如“15”表示 E3 开关的“15”接线柱。

(8) K6 表示危险报警闪光灯指示灯。

(9) [102]、[128]、[238] 表示此导线与线路图下端第 102、128、238 编号上方的导线连接。

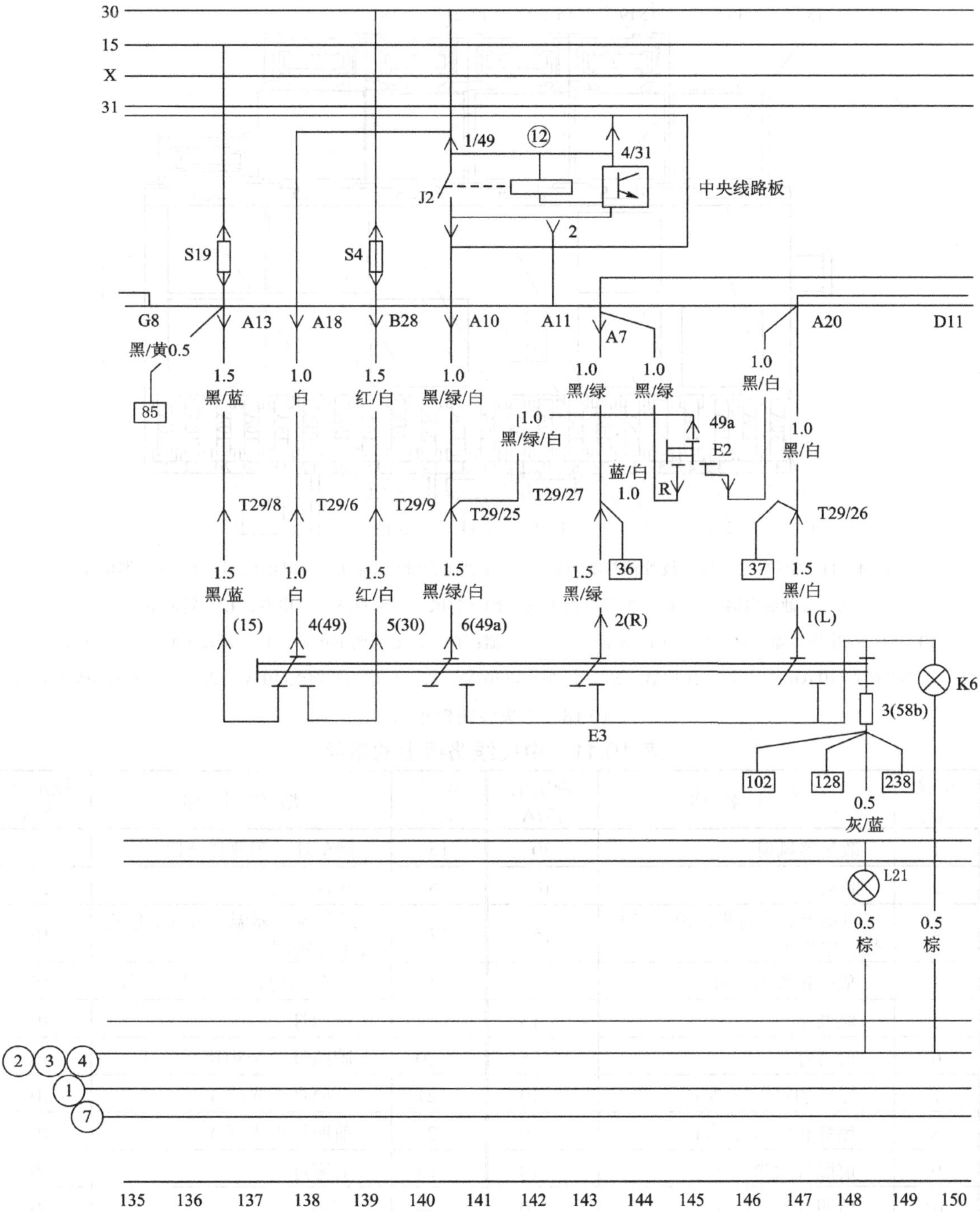

图 10.17　桑塔纳 2000 轿车部分电路

3. 熔丝及辅助设备接线盒

桑塔纳 2000 系列轿车整车电气系统采用中央线路板方式，即大部分继电器和熔丝都安装在中央线路板正面。中央线路板的正面布置如图 10.18 所示，中央线路板上的熔丝见表 10.11。

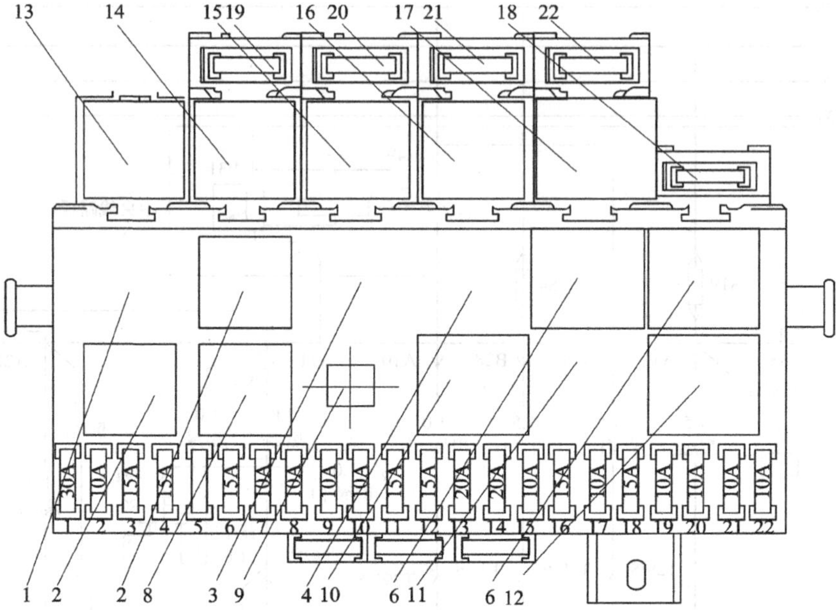

1、3、4、11—空位；2—进气歧管预热继电器；5—空调组合继电器；6—喇叭继电器；7—雾灯继电器；8—“X”接触继电器；9—拆卸熔丝专用工具；10—前风窗刮水及洗涤继电器；12—转向继电器；13—冷却风扇继电器；14、15—车门玻璃升降器继电器；16—内部照明继电器；17—冷却液位指示继电器；18—后雾灯熔丝(10 A)；19—过热保护器；20—空调熔丝(30 A)；21—自动天线熔丝(10 A)；22—电动后视镜熔丝(3 A)

图 10.18 中央线路板正面布置

表 10.11 中央线路板上的熔丝

熔丝编号	熔 丝 名 称	额定电流/A	熔丝编号	熔 丝 名 称	额定电流/A
1	散热器风扇	30	15	倒车灯、车速传感器	10
2	制动灯	10	16	双音喇叭	15
3	点烟器、收音机、钟、车内灯、中央集控门锁	15	17	进气预热器温控开关、怠速截止电磁阀	10
4	危险报警闪光灯	15	18	驻车制动、阻风门指示灯	15
5	燃油泵	15	19	转向灯	10
6	前雾灯	15	20	牌照灯、杂物箱照明灯	10
7	尾灯和停车灯(左)	10	21	前照灯近光(左)	10
8	尾灯和停车灯(右)	10	22	前照灯近光(右)	10
9	前照灯远光(右)	10	23	后雾灯	10
10	前照灯远光(左)	10	24	空调	30
11	前风窗刮水器及清洗装置	15	25	自动天线	10
12	电动摇窗机	15	26	电动后视镜	3
13	后风窗加热器	20	27	ECU	10
14	鼓风机(空调)	20			

注：熔丝 23～27 为桑塔纳 2000GSi 型轿车的编号，插在中央线路板的旁边。

主线束从中央线路板反面接插后通往各用电器。中央线路板反面布置如图 10.19 所示。中央线路板上标有线束和导线接插位置的代号及接点的数字号。主要线束的插件代号有 A、B、C、D、E、G、H、L、K、M、N、P、R。其中，P 插座插入常火线，R、K、M 均为空位插孔。查找时只要根据电路图中导线与中央线路板区域中下框线交点处的代号就能了解其导线在某个线束中的第几个插头上。

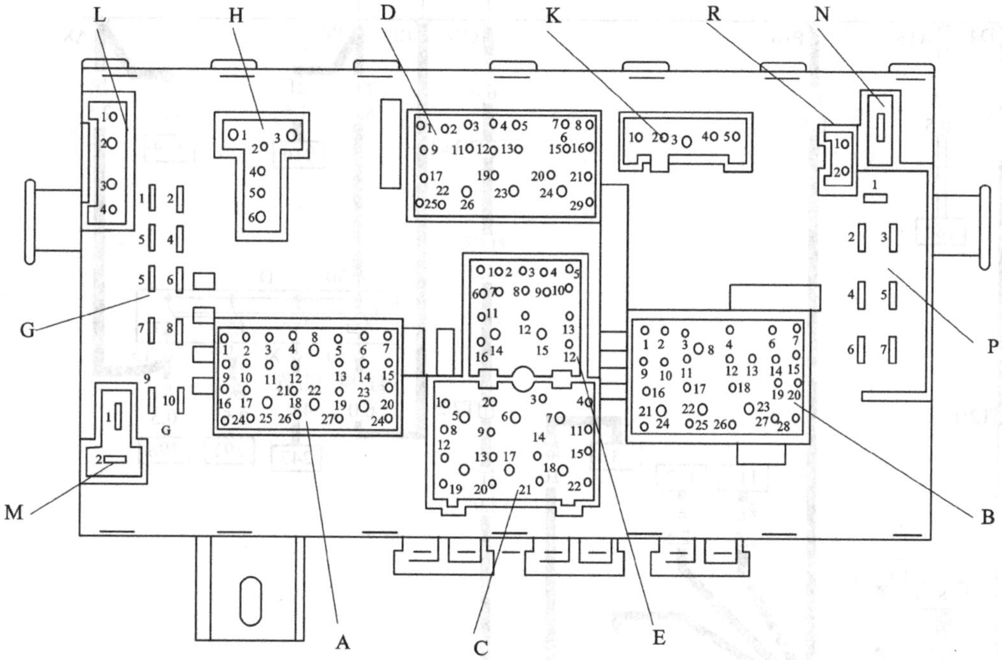

A—用于仪表板线束，插件颜色为蓝色；
B—用于连接仪表板线束，插件颜色为红色；
C—用于连接发动机室左边线束，插件颜色为黄色；
D—用于连接发动机室右边线束，插件颜色为白色；
E—用于连接车辆后部线束，插件颜色为黑色；
G—用于连接单个插头(主要用于冷却液不足指示控制器)；
H—用于连接空调装置的线束，插件颜色为棕色；
K—空位；
L—用于连接喇叭等线束，插件颜色为灰色；
M—空位；
N—单个插头(主要用于进气歧管预热器的加热电阻的电源)；
P—单个插头(主要用于蓄电池火线与中央线路板“30”的连接，中央线路板“30”与点火开关“30”接线柱连接)；
R—空位；

图 10.19　中央线路板反面布置

4．桑塔纳 2000GSi 型轿车全车线路图

桑塔纳系列轿车的电气部分可以分为几个系统：电源系统、启动系统、点火系统、照明系统、仪表系统、信号系统和辅助电器设备。图 10.20 所示为一部分桑塔纳 2000GSi 型轿车的全车电路图。

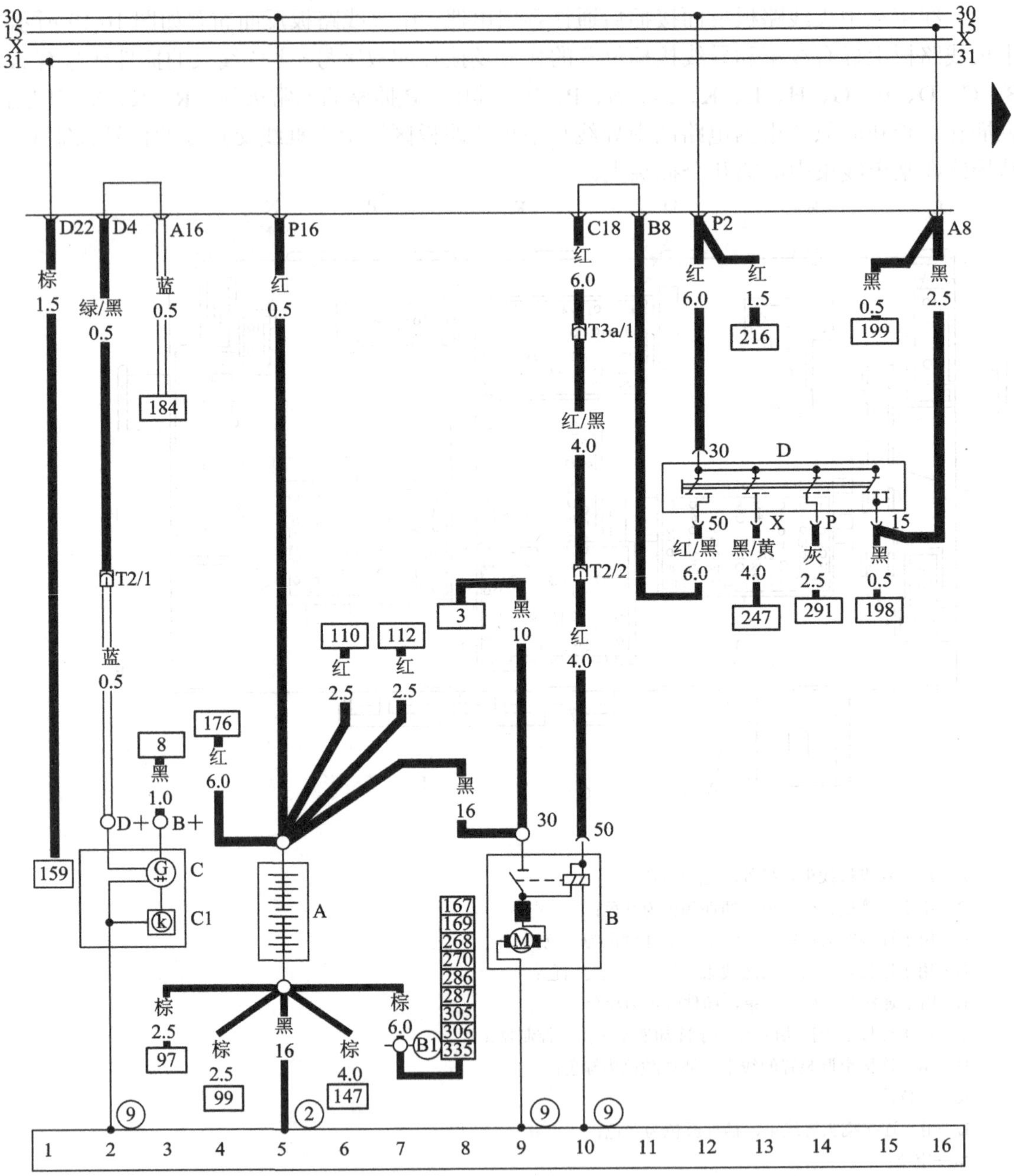

A—蓄电池；B—启动机；C—交流发电机；C1—调压器；D—点火开关；

T2—发动机线束与发电机线束插头连接(2 针，在发动机舱中间支架上)；

T3a—发动机线束与前大灯线束插头连接(3 针，在中央线路板后面)；

②—接地点(在蓄电池支架上)；⑨—自身接地；B1—接地连接线(在前大灯线束内)

图 10.20 桑塔纳 2000GSi 型轿车交流发电机、蓄电池、启动机、点火开关电路图

对于启动系统电路的工作原理及线路连接情况如下所述。

当点火开关置于启动挡时，电路为：蓄电池正极→红色导线→中央线路板单端子插座

“P”端子→中央线路板内部线路→中央线路板单端子插座“P”端子→红色导线→点火开关“30”端子→点火开关“50”端子→红黑双色导线→中央线路板“B8”端子→中央线路板内部线路→中央线路板“C18”端子→启动机“50”端子→进入电磁开关→搭铁→蓄电池负极；产生电磁力接通启动机主电路，其主电路为：蓄电池正极→黑色电瓶线→启动机主接线柱→电磁开关接触盘→启动机→搭铁→蓄电池负极。

其他系统电路的工作原理及线路连接可参照相关资料分析。

【任务实施】

桑塔纳轿车全车线路识读

通过任务训练，初步掌握全车线路的连接方法及基本规律，熟悉汽车各系统电路的组成和各元器件在汽车上的实际位置；分析系统工作原理和线路电流走向，学会拆画系统电路图。此任务可以在桑塔纳轿车或其全车线路实验台架上进行。

1. 任务训练要点

在全面分析某车型总电路图的基础上，以某一系统电路为研究主体，分析该系统的工作原理和电流流向，结合原车实际的线路连接进行验证，最后拆画出该系统的电路图来。下面以桑塔纳轿车电路图为例进行说明。

1) 汽车电路的接线规律

首先认识中央接线盒正面的各继电器、熔断器的作用及中央接线盒反面各组合插头的作用。

桑塔纳轿车将全车的大部分继电器和熔断器都集中在一块“中央线路板”的正面上，而另一面则是线束插座。这种结构有利于检修和布线。电气线路包括充电系统、启动系统、点火系统、照明系统、仪表指示系统、开关控制系统、进气预热系统和散热器风扇控制系统(后两项为自动控制，不需要人为操纵)。

2) 全面分析总电路图

桑塔纳轿车总电路各电器部分的线路纵向排列，清晰明了。整车电器系统正极电源分三路：“30-A”路是常火线，12 V，通过P区接柱、红色导线、启动机电缆直接与蓄电池相连；“15-B”路是受点火开关控制的小容量电器火线。

读图时，一是要注意各图形的编号，根据编号在本页下部查出图形表示什么元件；二是要注意读懂电路图下面的坐标，以确定该图形元件所处的位置；三是要注意各线路在中央接线板、继电器及其他电器元件上的接口编号，通过接口编号能读懂其线路走向。

全车线路是否有故障，是根据仪表的指示情况和各电器的工作情况来判断的，所以进行本任务时，必须用装备完整的全车线路(装有技术状况完好的发动机的立体台架用整台车)进行。首先按下列步骤操作：

(1) 转动点火开关(起动发动机)，并将发动机逐渐加速到1500 r/min～2000 r/min。

(2) 逐个操纵各控制开关。其次观察各步操作中，仪表的指示和各电器的工作是否正常，异常则说明有故障。

2．任务训练注意事项

(1) 拆下或装上蓄电池电缆时，应确保点火开关或其他开关都已断开，否则会导致半导体元器件的损坏。

(2) 拆卸和安装元件时，应切断电源。

(3) 更换烧坏的熔断丝时，应使用相同规格的熔断丝。

拓 展 知 识

一、通用别克君威轿车前照灯及雾灯电路分析

1．前照灯及雾灯的电路原理

(1) 自动前照灯控制模块、光照传感器和车身控制模块电路如图 10.21 所示。

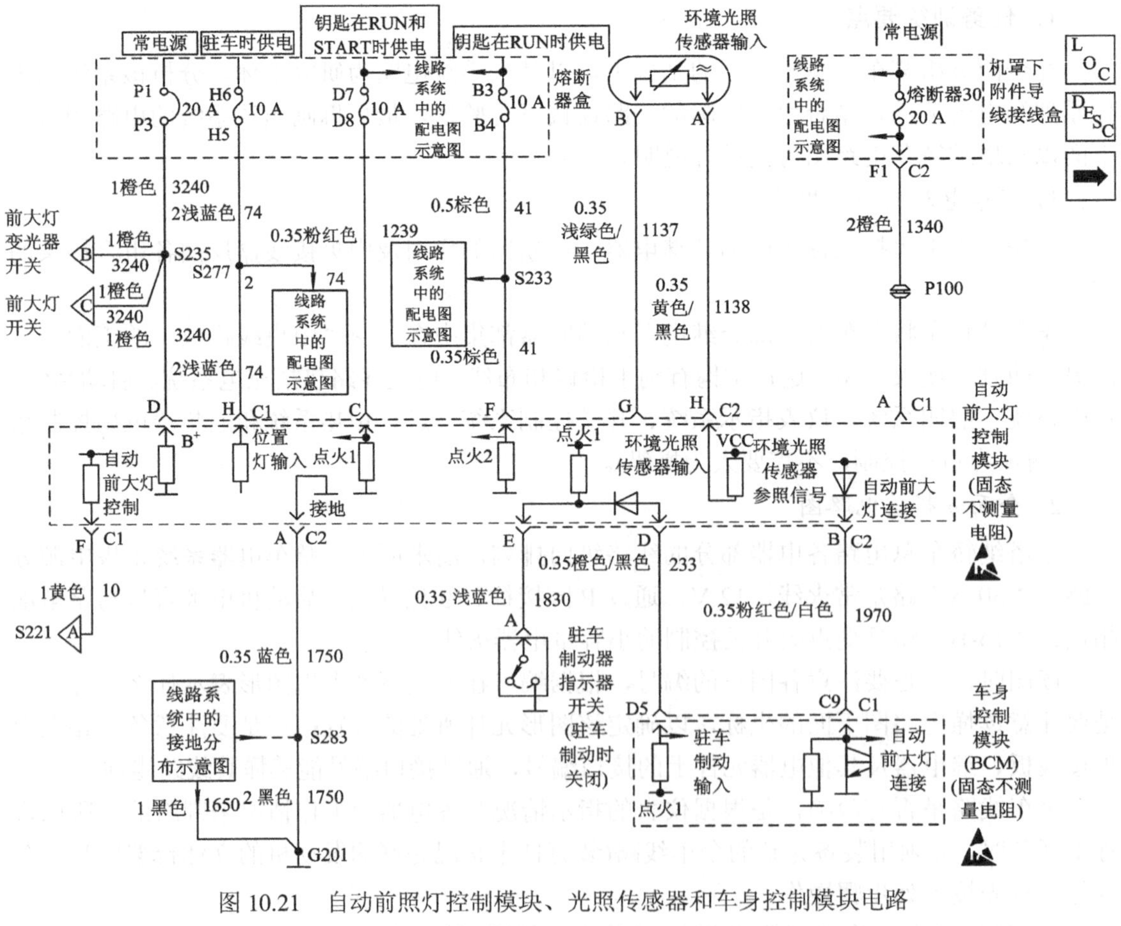

图 10.21 自动前照灯控制模块、光照传感器和车身控制模块电路

(2) 前照灯、前照灯开关、变光器开关和车身控制模块电路如图 10.22 所示。

(3) 前雾灯、前雾灯开关及车身控制模块电路如图 10.23 所示。

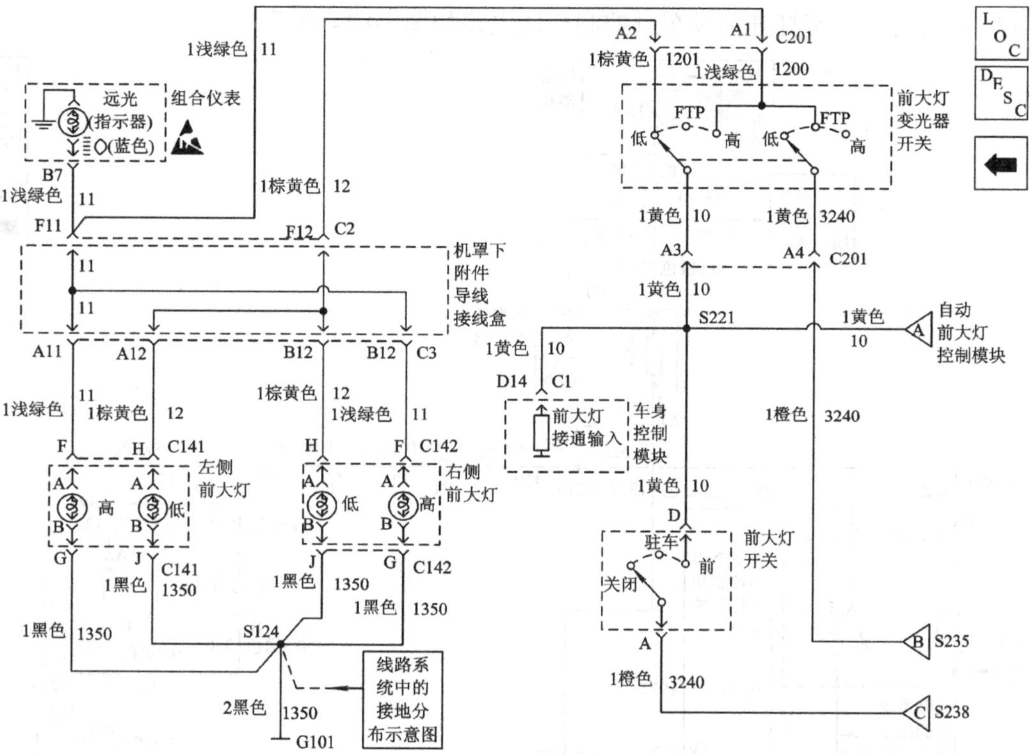

图 10.22　前照灯、前照灯开关、变光器开关和车身控制模块电路

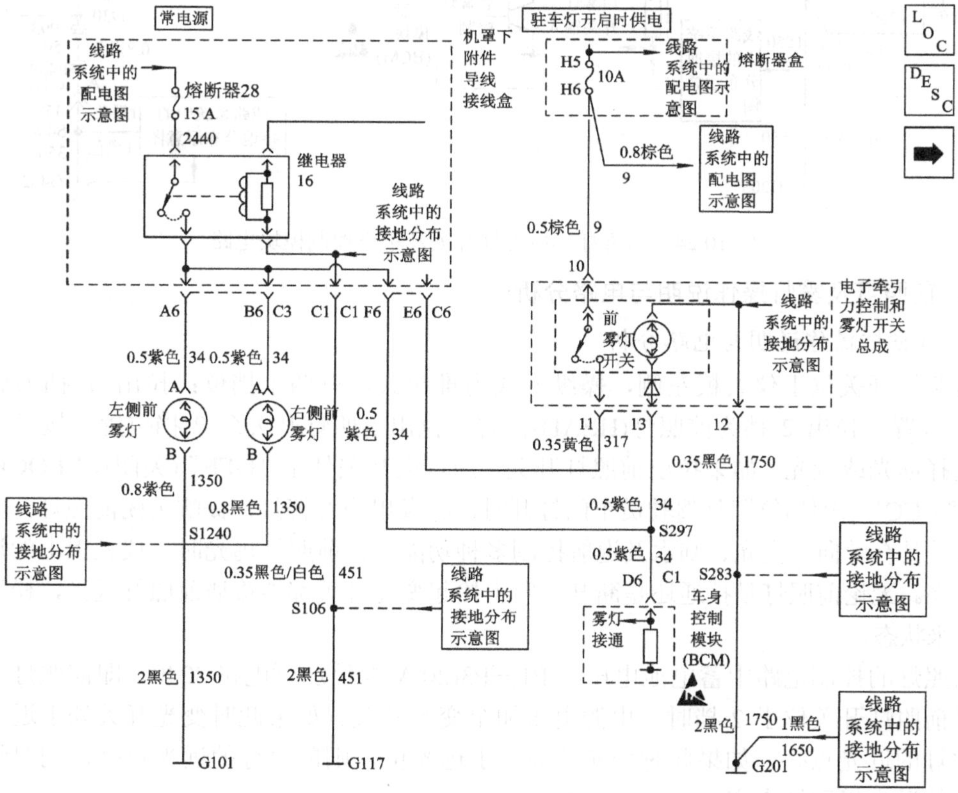

图 10.23　前雾灯、前雾灯开关及车身控制模块电路

(4) 后雾灯、后雾灯开关及车身控制模块电路如图 10.24 所示。

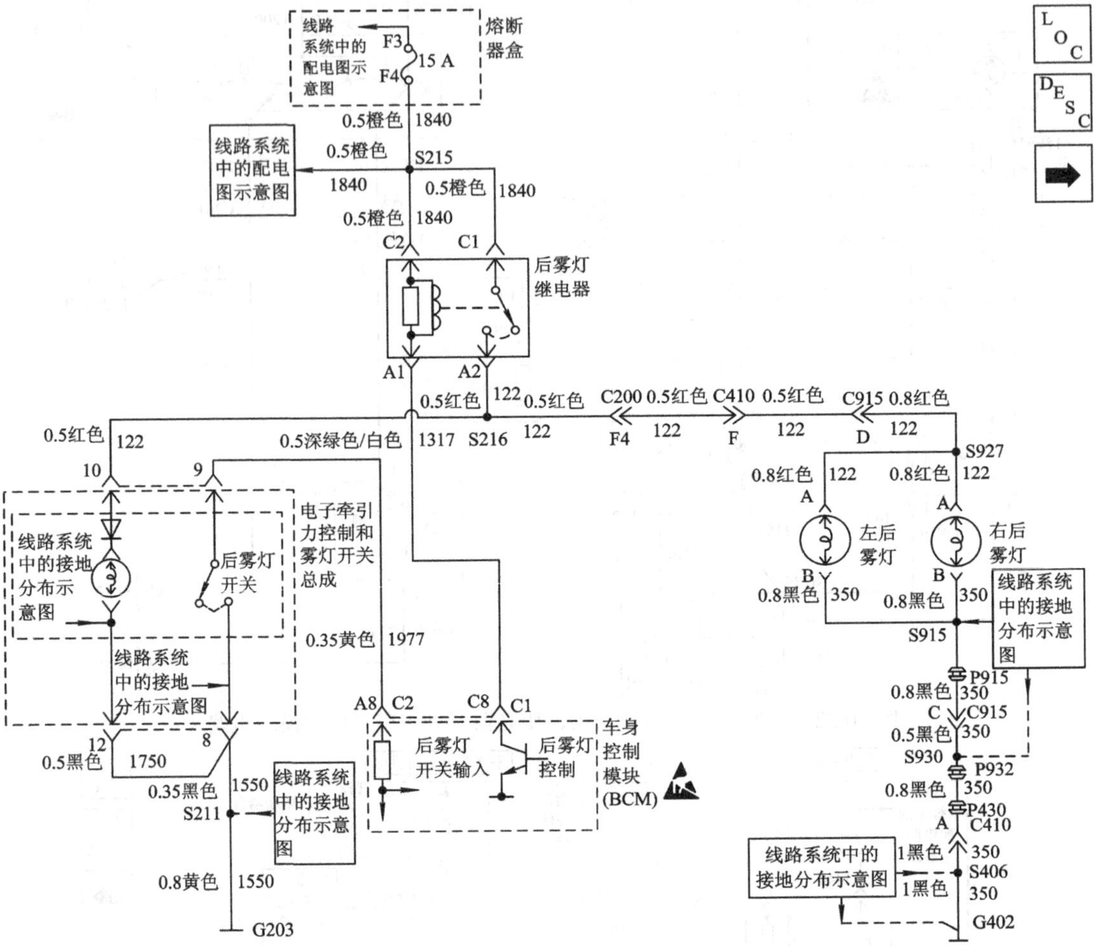

图 10.24 后雾灯、后雾灯开关及车身控制模块电路

2. 前照灯及雾灯操作说明与电路分析

1) 前照灯操作说明与电路分析

前照灯开关位于仪表板左侧，操纵方式为推拉式，有两个挡位：拉出 1 挡为驻车灯(PARK)位置；拉出 2 挡为前照灯(HEAD)位置。拉出前照灯开关至 2 挡位置，接通变光开关可选择远光或近光。如果拉出前照灯开关，当点火开关处于“OFF”(关闭)、“LOCK”(锁止)或“ACC”(附件)位置且驾驶员车门打开时，将发出声音警告，提醒关闭前照灯开关。多功能开关具有转向、变光、刮水及巡航控制多种功能。在前照灯远光时，仪表板上的远光指示灯点亮。无论前照灯是接通还是断开，向上抬起变光开关都能接通前照灯远光，松手后可回到原来状态。

前照灯的控制电路中蓄电池电压经 P1—P3(20 A)熔丝加至电路 3240，即前照灯开关 A 端。当前照灯开关位于 2 挡时，电源电压加至变光开关。如果此时变光开关处于近光位，则前照灯的近光点亮；如果此时变光开关处于远光位，则前照灯的远光点亮，同时组合仪表板上的远光指示灯点亮。

超车灯电路如图 10.21 和图 10.22 所示，蓄电池电压加至电路 3240，向上抬起超车灯开关时，开关内部远光触点接通，前照灯的远光点亮，它不受点火开关及前照灯开关的控制。

对于自动前照灯来说，当接通点火开关且关闭前照灯开关时，如果自动前照灯控制模块检测到光线足够暗且松开驻车制动器时，前照灯自动接通。只要符合自动前照灯开启条件，就无法手动关闭。如需车辆怠速时临时关闭自动前照灯，可将点火开关从关闭(OFF)转到锁止(LOCK)位置，拉紧驻车制动器，然后启动发动机并怠速运行，自动前照灯将保持关闭，直到松开驻车制动器。自动前照灯工作且前照灯开关位于“OFF”位置时，自动控制模块还将开启驻车灯、侧灯、牌照灯和仪表板背景灯。关闭发动机后，自动前照灯会延迟约 90 s，提供外部照明，称为照明回家功能。如果要立即关闭前照灯，可拉出再关闭前照灯开关。延时照明功能可以自动设置或取消，方法是关闭所有车门，点火钥匙位于“RUN”位，进行以下操作：

(1) 按下并保持锁定开关，同时接通和断开前照灯开关 2 次。

(2) 松开锁定开关。这些操作必须在 10 s 内完成，下一步操作时间间隔不超过 10 s。

(3) 按下并保持开锁开关，同时接通和断开前照灯开关 2 次。

(4) 松开开锁开关。这些操作必须在 10 s 内完成。

如果听到 1 次钟鸣声，说明前照灯照明延时功能被取消；如果听到 2 次钟鸣声，说明前照灯延时功能已启用。在断开车上蓄电池 1 年时间内，以上设定不会改变。

如图 10.21 所示，环境光照传感器是一个光敏电阻，位于仪表板中部前方靠近风窗玻璃处。当外界光照强度增加时，传感器电阻减小，自动前照灯控制模块通过检测传感器阻值决定是否点亮前照灯。自动前照灯工作时，通过电路 10 接通前照灯。当点火开关接通且自动前照灯控制模块检测到光线暗时，如果踩下驻车制动，则前照灯不会点亮；松开驻车制动后，前照灯自动点亮；自动前照灯点亮后，再踩下驻车制动器时前照灯不会熄灭。

2) 雾灯操作说明与电路分析

前雾灯位于保险杆杠皮中，前雾灯开关位于仪表板左侧前照灯开关下部。只要驻车灯启亮，按前雾灯开关按钮便可打开前雾灯，前雾灯开关的指示灯启亮。再按该开关便可关闭前雾灯。后雾灯位于后行李箱门饰件内，靠近倒车灯。后雾灯开关位于仪表板左侧前照灯开关下部。只要驻车灯启亮，按后雾灯开关按钮便可打开后雾灯，后雾灯开关上的指示灯启亮。再按下该开关便可关闭后雾灯。

当驻车灯通电时，熔丝 H5—H6 通过电路 9 向前雾灯开关提供电压，按下前雾灯开关(ON)，接通电路 317 向继电器 16 线圈侧提供电压，继电器通过电路 451 接地，继电器工作，触点闭合，通过继电器触点向前雾灯电路 34 提供电压，前雾灯则通过电路 451 接地，前雾灯点亮。同时，电路 34 启亮雾灯开关内的指示灯。如果雾灯供电电路或继电器损坏，则电路 34 失电，前雾灯和前雾灯开关内的指示灯将不点亮。

如图 10.24 所示，熔丝 F3—F4 通过电路 1840 向后雾灯继电器线圈侧和开关侧提供电压，当按下后雾灯开关(ON)时，电路 1977 通过后雾灯开关与 1550 电路接通搭铁，车身控制模块(BCM)的 C2—A8 引脚接收到该接地信号后，控制电路 1317 接地，继电器触点闭合，将电压加至后雾灯电路 122，后雾灯通过 G402 接地，后雾灯及后雾灯开关内的指示灯点亮。

二、爱丽舍车内照明系统电路分析

爱丽舍轿车每部分电路都由布线图与电路原理图两部分表示。布线图标明了各电器元件在车上的位置，便于电气系统的维修及故障查找。爱丽舍轿车电路采用了大量的插接件。插接件没有互换性，从而避免了拆装过程中插错线的可能性。

爱丽舍轿车车内照明系统布线图如图 10.25 所示，电路原理图如图 10.26 所示。

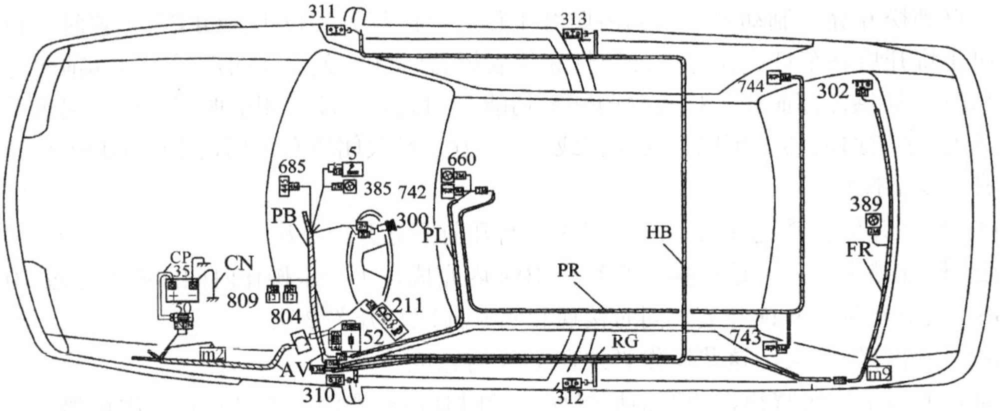

图 10.25　车内照明系统布线图

1．阅读灯工作电路

当需要阅读灯工作时，将点火开关置于 M 挡或 A 挡，同时将阅读灯开关闭合。其工作电路为：蓄电池正极→黑色的蓄电池正极电缆线 CP→发动机罩下熔断器盒 50→黑色 2 脚插接器的 1 号线→前围板插接器的第 9 组 2 脚插头的 1 号线→仪表板线束 PB 的黑色线→黑色 2 脚插接器的 1 号线(点火开关供电端)→点火开关 300→灰色 2 脚插接器的 1 号线(点火开关输出端)→驾驶室内熔断器盒 52 中的黑色 2 脚插接器的 2 号线→熔断器 F9→柠檬黄色 4 脚插接器的 2 号线→黑色 7 脚双排插接器的 B 列第 4 号线→顶灯线束 PL→阅读灯 660(开关闭合)→黑色 7 脚双排插接器的 A 列第 4 号线→仪表板线束 PB→前围板插接器的第 11 组 2 脚插头的 1 号线→前部线束 AV→搭铁→蓄电池负极。

2．前顶灯工作电路

前顶灯的工作不受点火开关的控制，但可以监测车门的关闭，用于提示车门开闭状态，起安全警示作用。当前顶灯开关拨至监测挡，车门未关闭时前顶灯亮。前顶灯监测车门关闭的工作电路为：蓄电池正极→黑色的蓄电池正极电缆线 CP→发动机罩下熔断器盒 50→黑色 2 脚插接器的 1 号线→前围板插接器的第 9 组 2 脚插头的 1 号线→仪表板线束 PB 的黑色线→驾驶室内熔断器盒 52 中的黑色 2 脚插接器的 1 号线→熔断器 F8→白色 8 脚插接器的 5 号线→黑色 7 脚双排插接器的 A 列第 3 号线→顶灯线束 PL→前顶灯 742(开关拨至监测挡)→黑色 7 脚双排插接器的 A 列第 1 号线→仪表板线束 PB→栗色 13 脚双排插接器的 B 列第 7 号线→驾驶室线束 HB→任一个门控开关 310、311、312、313(车门未关闭时开关闭合)→搭铁→蓄电池负极。

前顶灯也可由其开关控制以直接工作。

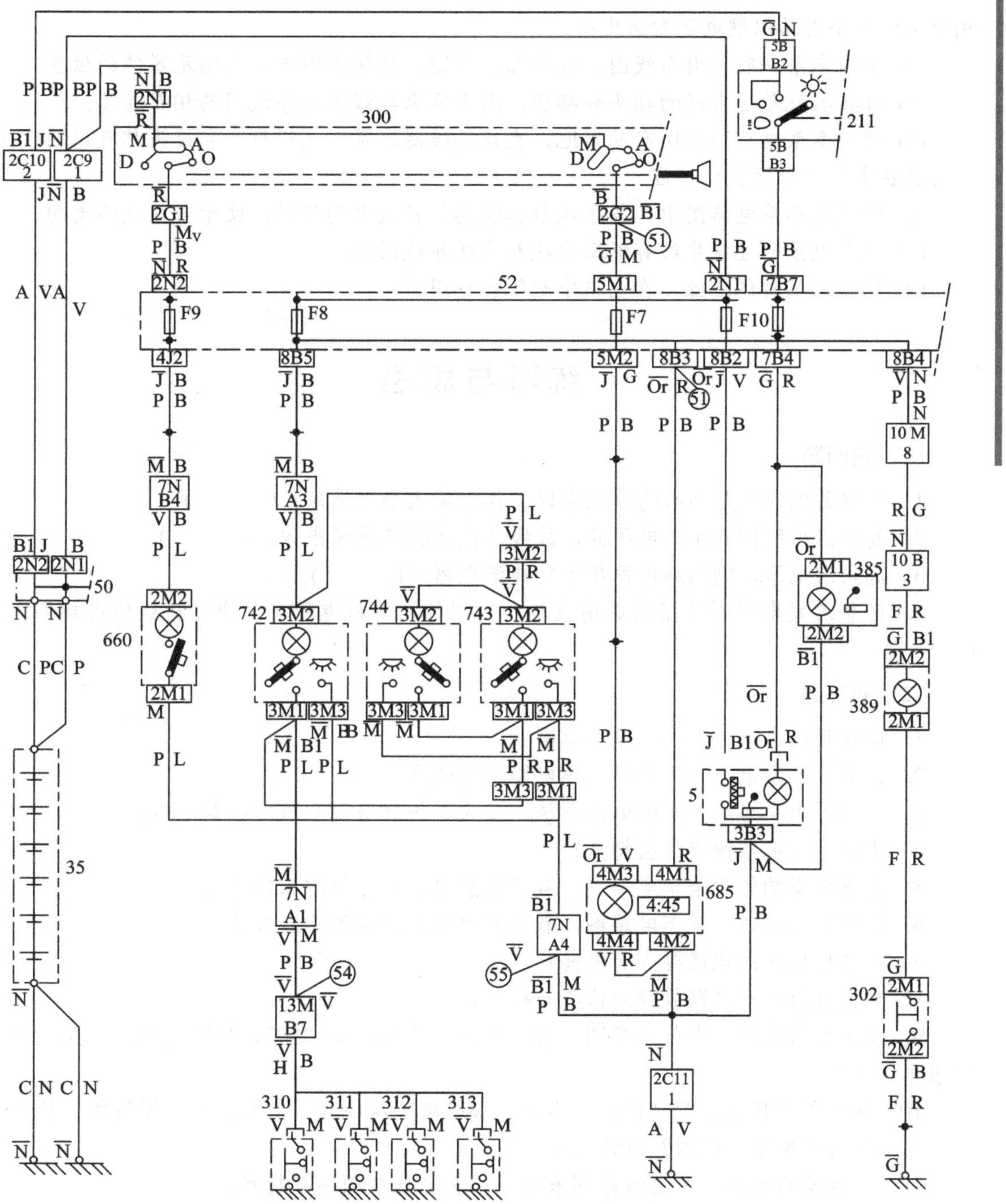

图 10.26　车内照明系统电路原理图

项 目 小 结

(1) 汽车电路常见的有线路图、电路原理图、线束图等三种表示法。

(2) 大众车系电路图的特点为：接点标记具有固定的含义；所有电路纵向排列，不互相交叉；整个电路以继电器盒为中心。

(3) 丰田车系一般采用布线图、继电器位置图、插接器图等来表明元器件的位置。

(4) 插接器就是通常说的插头和插座，用于线束与线束或导线间的相互连接。

(5) 通用车系电路图上所有的接地、直接插接器、贯穿式密封圈和接头都有识别代码，并与其在车辆上的位置相对应。

(6) 雪铁龙车系电路图中，各导线都标明其所在线束的代码，便于查找线路走向。

(7) 汽车电系的连接导线有低压导线和高压导线两种。

(8) 熔断器俗称保险丝，在电路中起保护作用。

练习与思考

一、判断题

1. 连接蓄电池与起动机的导线应以工作电流大小来选定。(　　)

2. 高压点火线因其承载电压高，故线芯截面积选得都很大。(　　)

3. 起动继电器、喇叭继电器属于功能继电器。(　　)

4. 硅整流发电机调节器的选用应与所选用的发电机电压、功率、搭铁极性相匹配。(　　)

二、简答题

1. 简述识读汽车电路图的基本原则。

2. 以某一车型电路为例说明汽车电路识图的方法。

3. 分别画出桑塔纳汽车的电源系统、点火系统和空调系统的控制电路。

4. 大众车系电路图有什么特点？

5. 根据桑塔纳轿车全车电路图，叙述前照灯、转向灯的工作原理。

6. 根据桑塔纳轿车全车电路图，叙述点火系统的故障诊断方法。

7. 电路原理图的识读要点有哪些？

8. 如何进行汽车电路故障的诊断与检修？

9. 上海桑塔纳轿车电气线路图上的一些统一符号，如“30”、“15”、“X”、“31”等分别表示什么？

10. 熔断丝为什么能起“保险”作用？如果熔断丝烧坏了，那么能否用铜丝代替？

11. 什么是电路原理图？有什么特点？

12. 上海桑塔纳轿车的总线路图采用了什么画法？简述其特点。

参考文献

[1] 吴涛. 汽车电气设备与维修. 西安：西安电子科技大学出版社，2006.
[2] 刘美灵. 汽车电气设备与维修. 北京：北京航空航天大学出版社，2008.
[3] 吴涛. 汽车电气系统检修. 北京：电子工业出版社，2010.
[4] 张茂国. 汽车电气设备构造与维修. 北京：人民交通出版社，2004.
[5] 李春明. 汽车电器与电路. 北京：高等教育出版社，2003.
[6] 吴涛. 夏利轿车电喷系统维护. 北京：中国劳动社会保障出版社，2004.
[7] 姜京花. 汽车电气设备构造与维修. 北京：人民交通出版社，2005.
[8] 周建平. 汽车电气设备构造与维修. 北京：人民交通出版社，2005.
[9] 李良洪. 怎样看汽车电路图. 福州：福建科学技术出版社，2004.
[10] 高吕和. 汽车电器系统维修. 北京：化学工业出版社，2010.
[11] 王凤军. 汽车电器系统检修. 天津：天津大学出版社，2010.
[12] 安宗权. 汽车电气系统检修. 北京：人民邮电出版社，2009.
[13] 关志伟. 汽车空调技术. 北京：人民交通出版社，2009.
[14] 岳江. 汽车空调系统检修. 北京：人民邮电出版社，2009.
[15] 凌永成. 汽车电气设备. 北京：北京大学出版社，2010.
[16] 王鹏举. 汽车电气设备与维修. 北京：北京理工大学出版社，2010.
[17] 黄军辉，等. 汽车电气及车身电控技术. 北京：人民邮电出版社，2009.